日治時期
雲林縣的古典詩家
三　編

鄭定國　許雅茹　朱繪文　高清安
黃佳芬　蔡連吉　呂幸宜　陳玟豪
謝瑞安　蔡幸純　張瑞和　陳晏汝　吳岱壎
吳瓊梅　彭振利　胡淑婷　蔡孟蚵　黃振崇
合　　著

臺灣近百年研究叢刊
文史哲出版社印行

國家圖書館出版品預行編目資料

日治時期雲林縣的古典詩家三編 / 鄭定國等
著. -- 初版. -- 臺北市: 文史哲, 民 94
　面：　公分 -（臺灣近百年研究叢刊;14）
含參考書目
ISBN 957-549-619-1 (平裝)

1. 中國詩 – 歷史 – 現代（1900–）2. 中
國詩 – 評論
820.9108　　　　　　　　　　91015959

臺灣近百年研究叢刊　14

日治時期雲林縣的古典詩家三編

著　　者:鄭　　　定　　　國等
出 版 者:文　史　哲　出　版　社
　　　　　http://www.lapen.com.tw
登記證字號:行政院新聞局版臺業字五三三七號
發 行 人:彭　　　正　　　雄
發 行 所:文　史　哲　出　版　社
印 刷 者:文　史　哲　出　版　社
　　　　　臺北市羅斯福路一段七十二巷四號
　　　　　郵政劃撥帳號：一六一八○一七五
　　　　　電話886-2-23511028 · 傳真886-2-23965656
實價新臺幣五○○元
中 華 民 國 九 十 四 年 (2005) 九 月 初 版

三編序文

　　臺灣意識逐漸延伸到臺灣文學的領域，這原是極可喜的現象，然而令人深深隱憂的地方仍復不少，譬如研究人員的新增，永遠趕不上研究的需求和進度。又如臺灣社區快速產業化，相對的文獻典籍似水銀瀉地般消失迅捷。由於人才的培養需要時間，田野調查的迫切，又急於流星，兩者步調似乎難以齊駕，對於研究臺灣文學的人來講，對此真是心急如焚。

　　積土成山，聚沙成塔，我們已經出版了《日治時期雲林縣的古典詩家》第一編、第二編，今又完成第三編，前後收錄了三十九位古典詩家的研究成果，其中有幾篇雖是研究同一位詩家，但因析論角度不同，是可以多方參考的。一如前二編，本書的作者是我和國立雲林科技大學漢資料整理學研究所的研究生共同研撰，在「雲林文學史專題」課程教學相長之餘，師生共同的成果再度結集。今承文史哲出版社彭正雄先生慨以付梓，將文字百世的功德分享大眾，實是文壇美事，大家皆感恩之。

　　第三編我們介紹的古典詩家有：曾丁興、廖重光、張英宗、洪大川、陳錫津、黃傳心、王君華、李水波、徐德欽、王金鐘、黃文陶、曾人杰、鐘淵木、廖學昆、陳元亨、李萬居、魏等如等十八位。這些人多半不見史傳，如今以田野調查的一手資料轉換成研究成果，其間的艱辛是可以想見的。

　　愈來愈閃耀奪目的雲林古典詩家光芒，讓人正視雀躍，顯現雲林的區域文學始終都像朝天宮的燈市一般亮麗璀璨。

　　愛臺灣，就要愛臺灣地方區域文學。

　　余近日大病一場，髮妻趙台萍女史倏忽滅世，讓我驟然鰥居，生活頓失重心。人生原是南柯一夢，猶如風送流花時過門，紅塵之間無

路問，今後惟有書房圖畫影裡喚真真。夜裡，綺羅聞香依舊，但我闔不上眼，忍聽林表杜鵑擾人。暑假日治時期雲林縣古典詩家正編、續編、三編同時出書，昔日她關心的事，今已出書向台萍致候，望魂魄常來對坐。往後多少淒涼風月，當看透虛空，佛前共修，燈下互慰。

鄭定國　謹記
2005.07.31

日治時期雲林縣的古典詩家三篇

目　次

陳延年《雪杏軒吟草》漢詩初探

鄭 定 國

一、前言：日治時期雲林古典文學生態

　　日治時期雲林古典文學的環境較諸鄰近的他縣市，如彰化、嘉義則不如遠甚。但不表示雲林的古典文學的領域沉寂，相反的，依然有風起雲湧而老中青三代接棒遞嬗之跡。就目前已知北港有汾津吟社、彬彬吟社、鄉勵吟社[1]；西螺有茲社；元長褒忠有褒忠吟社、元長詩學研究會；台西有共同吟社；斗南有斗南吟社，斗六有斗山吟社、雲峯吟社，這些詩社成員創作的活動，從日治時期、光復初期一直都沒有間斷，到了 1965 年所有雲林詩社的成員併入雲林詩人聯吟會新的詩社組織，讓雲林地區古典文學定期聚會擊鉢創作的傳統活動得以繼續流傳下去。除此之外，地方上也有零星的古典詩學團體在運作，如西螺 1970 至 1973 年有「懿德吟詩會」[2]，1953 年斗六有六鰲詩社，1956年有海山蒼吟社，1971 年至 1974 年有「中國詩經研究會斗六分會」等。這些零星詩社不數年便消失得無影無蹤。

　　陳延年早年參加茲社，時間很短，後來成為褒忠吟社的中堅社員，褒忠吟社是培養陳延年創作古典詩的園地。然而，我們根本不清楚褒忠吟社何時創設？誰創設的？目前從陳延年保存的《褒忠吟社課題》

---

1 鄉勵吟社先設於北港，後來遷到口湖鄉李西端「求得軒漢書房」繼續教導學習。
2 懿德吟詩會創立時間應晚於茲社，日治時期便已存在，鐘淵木曾於 1970 年前後實際負責此詩社的運作。

稍微曉得活動時間約在 1939 年至 1946 年，當時成員有吳莫卿、蕭登壽、蔡秋桐、吳水鏡、陳延年等二十四人。課題的詞宗有紀錄可查的含吳莫卿、陳國樑、黃傳心、陳明德、薛咸中、蔡如笙、陳文石、陳月樵等，其中又以吳莫卿指導最勤，而黃傳心，在《丹心集·重過雲林褒忠感作》有「舊時桃李舊時林，未了因緣未了因」得知黃氏對指導褒忠吟社的那段歲月也是非常懷念的。陳延年除了加入褒忠吟社之外，更是元長詩學研究會的社長，在元長地區指導百餘位漢文學生，也曾參加萍香吟社的擊鉢活動，並且參加大成吟社的徵詩活動。大成吟社在彰化縣，萍香吟社在高雄市，可見他不是一位交遊閉塞的詩人，他也曾替兒子陳永昌報名參加汾津吟社，並常以兒子陳永昌的名字發表作品在早期的雲林詩人聯吟會，足見他熱愛詩學，願意積極參與詩社的活動。

　　日治時期雲林詩社始終不絕，而所屬的詩人，如黃紹謨、吳景箕、張立卿、陳錫津、蕭登壽、陳元亨、洪大川、龔顯昇、王東燁、李西端、李萬居、邱水謨、黃篆、蘇鴻飛、廖學昆、張英宗、黃傳心、黃文陶、王子典、張禎祥…等等，他們的活動輻射力遍布全台，畢竟雲林古典文學家的才氣與活力仍然有限，要引領全台騷壇的風潮在力量上自然是有限，然而他們的著作俱在，日後雲林古典文學在台灣區域性文學上是不會缺席的，曾擁有永遠不可磨滅的存在地位。

二、陳延年的生平和張達修的因緣

　　陳延年，字松齡，澎湖湖西庄沙港村人士。1912 年生，1970 年卒，享年 59 歲。從 18 歲舉家遷駐雲林北港，便一直在雲林定居，曾任職元長、四湖等地小學教師，到因公別世為止，有四十年餘年的流金時光生活在雲林，並將一生所學全部貢獻給雲林。

　　延年先生參加北港、元長、褒忠地區的詩社活動甚早，甚至於因為澎湖陳春林先生也是離鄉在高雄奮鬥，所以對於春林先生所創的萍香吟社徵詩活動偶有參加。延年先生的作品出現在「元長詩學研究會」的油印課題講義中，此時延年先生是社長兼詞宗的身份，因此擬作了

〈蔡秋桐詞兄令孫存中週歲紀念〉三首七絕。「元長詩學研究會」從未耳聞，今看到資料和活動照片方知其運作時間應在雲林縣詩人聯吟會 1965 年成立之前，約爲 1951 年前後。據廖雪蘭[3]說北港在 1936 年有「彬彬吟社」，是時延年先生家居北港，筆名「斌斌」，或許竟是他所創。

　　由於張達修先生詩名早著，時常擔任全台詩社徵詩活動的評審和詩社的詞宗，延年先生許多入選的作品，如〈合歡杯〉、〈斗山拾翠〉、〈雲林縣詩人聯吟會成立紀盛〉等等都是張氏所選拔，所以兩人應是相識，至少紙上因緣是有的。因此本文將在「張達修暨其同時期漢詩研討會」[4]上發表〈陳延年雪杏軒吟草漢詩初探〉，也是蠻有意義的。

三、《雪杏軒吟草》內容的探析

　　《雪杏軒吟草》的內容是台灣鄉土文化的自然呈現，是以文字爲媒介做人與人之間的交會，文字之間鉤勒出無限情感交錯和無盡的愛。總計《雪杏軒吟草》七絕 239 首、七律 97 首、五絕 3 首、五律 2 首、四言詩 5 首，共 346 首詩。另有詩鐘、對聯 211 組。

　　無可否認的延年先生大部分的作品，不是課題便是擊鉢吟會上即席，還有許多參加徵詩活動的詩篇，至於自發性創作的詩篇是不多的。尤以舞弄定格的對聯詩鐘作品多達 211 組是靈性較少的，比較上也是較缺乏石破天驚的爆發性創造力。當然，其中所表達儒雅風情的個人觀點仍值得尊重，自有可取之處。下文僅就他純然詩篇內容的部分來探討，對聯和詩鐘則暫時闕如不談。

（一）女性生活的書寫

　　延年先生詩篇裡書寫女性的詩題，有〈丐婦〉、〈老妓〉、〈美人怨〉、〈雨夜花〉、〈採蔗女〉、〈虛榮女〉、〈貧家女〉、〈合歡杯〉、〈敬步名簪贈歌妓〉等，這些作品透露出詩人喜歡佔在同情

---

3 廖雪蘭《台灣詩史》第二章〈台灣之詩社〉，頁 56。
4 張達修暨其同時期漢詩研討會將於 2005 年 6 月 25 日在南投文化局舉行，並有十篇論文發表。

女性的觀點和視界上看世間冷暖。譬如：

> 口唱蓮花著敝衣，朝朝托鉢倚柴扉。
>
> 韓娥計勝鬚眉甚，忍辱偷生雪恨歸。　　　〈丐婦三首其二〉

他認爲丐婦的偉大在於免教夫死子啼，在現實生活中丐婦的托鉢計策遠勝過無所事事的鬚眉丈夫，忍辱偷生等待機會爲家庭雪恨，盼能有站起來的一日。又如：

> 獨守香巢百感生，烟花隊裡負芳名。
>
> 夜深忽憶少年事，重整琵琶哭五更。　　　〈老妓三首其二〉

昔日所編織的愛情早已遠逝，深夜偶有憶及，所憶少年事只能藉琵琶琴音暗自啜泣，寫來聲情入木，緊扣老妓之悲。

> 花容月貌帶嬌羞，巧轉秋波上翠樓。
>
> 忽見鴛鴦雙戲水，金龜婿未許心求。　　　〈美人怨七首其二〉

〈美人怨〉這首詩寫得春意盎然，且心理層遞的技巧極好。前二句將美人的嬌羞姿色活潑個性全盤托出，原本期待有個好結局，不料後二句採用落差的寫作技巧，形成反差明顯的對比，雖無怨字，怨意即彰。詩中把女性心理轉變層次，刻畫的具象而美化。又如：

> 跣足蓬頭著布裳，朝朝背負破籃筐。
>
> 田間採蕨充飢餓，贏得摩登巧艷粧。　　　〈貧家女二首其二〉

詩的前二句，既說此女「跣足蓬頭」，又說「背負破籃筐」，分明是在刻畫貧家女的窮困。第三句「採蕨」說明這是貧家女唯一可以改善生活的可憐方法。最勁爆的是末句，詩人以貧家女「採蕨」所得僅能充飢，猶思「摩登巧艷粧」來反映人性的追求欲望，貧家女根本沒有認清那種欲望竟是奢望的可悲，在寫作技巧上正是佈置意外反諷結局，造成詩的張力的擴大。

（二）鄉土文化風景的書寫

　　詩人朝夕沐浴在雲林地方文化和風景當中，對地方文化和地方景色十分關懷，很容易便以台灣鄉土文化的景緻爲書寫的對象，其中不乏純以雲林風土景物爲主。如〈汾津燈市〉是書寫北港的燈市；〈落花生〉是書寫北港的花生；〈斗山拾翠〉是素描斗六風光；〈湖岩曉鐘〉是閱讀斗六湖山岩寺廟風景；〈草嶺晚霞〉是刻畫古坑草嶺之崔

巍；還有〈虎溪春暖〉是紀錄土庫虎尾的山明水秀。茲舉數例說明如
後：

> 　　根生葉下殘花落，莢結沙中待雨淋。
> 　　等待登場收拾後，攜來佐酒好談心。　　　　〈落花生〉

落花生醜拙於外，剝殼去皮，便見花生仁的香氣營養，是佐酒談心的
好伴侶，在此之前，「待雨淋」是一番淬練的過程，落花生也可以聯
想成璞玉經過琢磨即成良師益友好伙伴。

> 　　湖岩曉霧尚迷濛，嘹喨鐘音出寺中。
> 　　韻繞雲林醒客夢，聲迴精舍闡禪宗。
> 　　悠揚聽去花飄地，繼續傳來樹迓風。
> 　　最是錚鏦繞入耳，萬千俗慮盡皆空。　　　〈湖岩曉鐘三首之二〉

〈湖岩曉鐘三首之二〉詩，以曉鐘貫串全詩，「鐘聲」的意象不但醒
客夢，洗滌俗慮，更以花般空靈的步伐逍遙於大自然中。詩的五、六
句「悠揚聽去花飄地，繼續傳來樹迓風」詩美辭美意境更美，將花朵
樹葉的繽紛旋落與鐘聲的悠揚作對話，造就成擬人化的生命力。

> 　　雨霽虹消現夕陽，流霞倒映賽霓裳。
> 　　寒潭潰決名仍在，草嶺崔巍勢益彰。
> 　　紫錦紛紛飄五彩，紅綃片片煥三光。
> 　　天然美景同滕閣，孤鶩齊飛艷漢疆。　　　〈草嶺晚霞二首其一〉

草嶺是雲林縣古來勝景，每因地震而山搖地動，高崖成寒潭，低地成
絕頂，史上不知多少次，1999 年 921 地震又淹數村形成大潭，然而不
數年潭水復乾涸為窪地。沒有想到，山河的變化猶不輸人事的是非，
原來一切都是無常。草嶺晚霞的流美，在台灣民眾的內心固然勝過南
昌名勝滕王閣，只不過草嶺風光也是大自然的吉光片羽而已。

　　詩人對於台灣風物風景有很多紀錄，如同其他台灣古典詩人一樣
把愛播散在鄉土，書寫在台灣地圖上任何一個名勝古蹟，這種個人生
命和土地、文化結合是真正的台灣精神。

　　（三）生命歷程的書寫

　　生命中激動的事情，詩人自會紀錄，也可能故意缺漏。我們從延
年先生詩篇中尋找若干可能是他生命中驚心動魄的事件，透過如此的

觀察，希望迅速翻閱他生命的書籍，深入了解他人生的觀點。現在首先列舉元長鄉小說家蔡秋桐在日治時期前往韓國參觀考察，行前延年先生贈詩〈秋桐先生將之滿鮮俚辭數語以壯行途二首〉、〈被雨薯簽〉。其次，詩人參加褒忠、元長地區的詩社「褒忠吟社」、「元長詩學研究會」的歲月。其三，台灣光復以後，詩人寫下〈冬夜旅次〉六首、〈新營師資訓練班有感〉、〈民國三十五年八月望夜於新營〉等思鄉之作，這三個階段對詩人對台灣近百年來的歷史都是意義重要的，我們試著舉例來闡釋：

> 情緒絲絲綰柳條，驪歌唱徹離魂銷。
>
> 今朝好景君須記，駟馬高車路匪遙。
>
> 　　　　　　　　　　〈秋桐先生將之滿鮮俚辭數語以壯行途二首其一〉

蔡秋桐是雲林小說家，日治時期他出任元長街長曾經去日本和韓國參觀考查，由於蔡氏見識廣、經驗豐，能以細膩的觀察，反諷的人物刻畫，完成許多思想深度、質量很高的小說作品，原來他白話文學的作品素養源自傳統詩文的培養。蔡秋桐能去滿鮮，代表日本人治台的力量正當盛行時。

> 褒優貶劣鑒新詩，忠正評論筆一枝。
>
> 吟詠由人翻腦力，社朋奪幟趁今時。　　〈褒忠吟社〉

> 安排紙筆與弓戈，盤試嬰孩智若何。
>
> 此日賓興來應舉，存中慧比別人多。
>
> 　　　　　　　　　　〈秋桐詞兄令孫存中週歲紀念〉
>
> 　　　　　　　　　　元長詩學研究會的擬作

擊鉢吟的壞處是依題限韻，缺乏情性，而好處是凝聚社員之間的感情，尤其在日治時期詩社幾乎成為漢文教育的養成場所。「褒忠吟社」和「元長詩學研究會」是從未知曉的詩社，它位於雲林縣海邊鄉鎮和城市鄉鎮的居中地段，現在出土的資料足以填補日治時期雲林詩社的史料，從而證明那年代詩社在雲林是從城鎮到海隅都能均衡而蓬勃的發展。詩人參加「褒忠吟社」的這段流金歲月，傳統古典詩社也在蛻變當中，所謂新舊文學之爭，正代表著台灣文學現象的遞嬗和傳承。

偷閒散步出新營，擬向西郊賞太清。

寶鏡團圓蟾有影，桂枝錯落葉無聲。

液池覽勝懷唐后，牛渚吹簫記謝生。

此夕追隨惟月姊，同行同坐倍多情。

〈民國三十五年八月望夜於新營〉

氣象蕭疎不忍看，江湖浪跡豈悲酸。

忽思故土腸空斷，怎奈他鄉事未寬。

千里關山千里恨，一番霜雪一番寒。

可憐惟有天邊月，斜照客窗伴漏殘。　　〈冬夜旅次六首其四〉

朔風凜冽凍身寒，擁被牀中睡未安。

燈下敲詩消夜永，爐邊酌酒到更闌。

千端客緒談非易，萬縷鄉情說亦難。

獨坐無聊誰是伴，一輪孤月在欄杆。　　〈冬夜旅次六首其五〉

台灣光復後，師資需求孔急，詩人在民國三十五年六月起詩人參加新營的師資訓練班，在異鄉台南爲客，中秋節如此，冬夜也如此，由於離開雲林北港元長已達半年，所以在冬夜裡寫下〈冬夜旅次六首〉，這六首可是出自肺腑的力作，是延年先生作品中少有的書寫心境的系列作品。延年先生受訓後正式成爲國校教師，此後是詩人振翅高舉的時代，也是象徵台灣教育的真正落實。

　　以上延年先生的詩篇記錄了日治到台灣光復之間的文學、教育的轉變，非常具有時代的意義。

四、結　語

　　觀察延年先生《雪杏軒吟草》的初步印象，所寫的內容包含甚廣，總脫不出對台灣鄉土的愛護。至於寫作技巧平實，絲毫沒有雕琢的造作，讓他的作品感覺自然而平凡，這也許在文字上錘鍊功力仍有所不足，但這同時也反映了日治時代教育資源的不足，也是無可奈何的時代悲劇。我們且從詩人爲台灣鄉土文化文學留下大量的素材和時代的軌跡上著眼，《雪杏軒吟草》的確是難能可貴而值得珍視了。

附錄、陳延年（松齡）先生年譜初稿

鄭定國編撰

先生名延年，字松齡，曾經使用斌斌、斌斌生、綠蓮、雍堂等筆名，澎湖縣湖西鄉沙港村下社人士。生於日治時期明治四十五年，為父親陳明德先生的妾洪氏所生，其下有弟陳益壽、陳如珪、陳育庚、陳如璧、陳澎海。陳明德先生通曉天文地理和藥理的研究，延年先生因為家學淵源，職是之故精研古文，並對國術、白鶴拳法有獨到的心得，最令友人稱道的是古詩寫作、命理和藥理的研究。曾於北港朝天宮鐘鼓樓落成全國徵廟對聯活動時，以「朝野同欽，顯赫神靈揚笨港；天人共仰，慈悲聖駕溯湄洲。」贏得全台第一名，目前刻在朝天宮鐘鼓樓上，讓人憑弔。延年先生的著作有《雪杏軒吟草》、《雪杏軒詩聯集》、《雪杏詩鍾》。茲將其年譜序列如後：

民國元年壬子（西元 1912 年，明治 45 年大正元年），一歲
　　生活：一月三十日出生，為庶子。父陳明德，字鼎莊，生於 1880
　　　　　年 8 月 13 日，卒於 1946 年 6 月 22 日。母，洪氏嗽，生於
　　　　　1883 年 6 月 24 日，卒於 1976 年 8 月 7 日，為明德先生之
　　　　　妾。
民國十八年己巳（西元 1929 年，昭和 4 年），十八歲
　　生活：自澎湖湖西鄉沙港村遷居雲林北港街。
民國二十七年戊寅（西元 1938 年，昭和 13 年），二十七歲
　　生活：娶妻龔銀杏，生於 1916 年 5 月 20 日。二十三歲來歸陳氏。
　　備考：龔氏在 2003 年 7 月 19 日因福壽齊備含笑辭世，享壽 88
　　　　　歲。
民國二十八年己卯（西元 1939 年，昭和 14 年），二十八歲

生活：延年先生參加褒忠吟社，當時社員有蕭登壽、蔡秋桐、吳水鏡、林淄、長田國助、林志仁、陳蒼明、蔡羽清、白山煥章、王介仁、吳誕登、丁見、蔡羽士、陳輝玉、洪氏金寶、蔡澤民、陳玉麟、林格、蔡乾修、廖万賦、吳莫卿、蕭興、張文禮等二十四人。

民國二十九年庚辰（西元 1940 年，昭和 15 年），二十九歲

生活：十二月四日產下孿生女兒二位，長女陳智惠，於十二月八日早夭，次女陳美惠於 1942 年四月一日早夭。

延年先生參加鄉蔡秋桐先生長子婚禮，足見蔡、陳二家情誼。在此之前延年先生任「元長詩學研究會」社長，並與小說家蔡秋桐家族維持良好的交流。

民國三十年辛巳（西元 1941 年，昭和 16 年），三十歲

作品：〈蔡秋桐先生將之滿鮮俚辭數語以壯行途〉七絕二首。

民國三十一年壬午（西元 1942 年，昭和 17 年），三十一歲

生活：詞友永靖張作舟來訪，作〈被雨薯簽〉，陳延年、蔡秋桐均有〈敬和張作舟被雨薯簽〉的和詩。

作品：〈歡迎張作舟先生〉七絕二首。

備考：陳明德、陳玉麟、蔡秋桐都有〈歡迎張作舟先生詩〉。

民國三十二年癸未（西元 1943 年，昭和 18 年），三十二歲

生活：遷居雲林虎尾區海口鄉東勢厝（今東勢鄉）。

四月一日長男陳永昌出生於元長鄉，五塊村。

褒忠社友吳誕登來訪，陳府招待，宴席之間，有陳明德、陳延年、陳玉麟和吳誕登四人聯吟。

作品：〈三十二年十月二十日褒忠吟社社友吳誕登君過訪座上聯吟〉七絕二首。

民國三十四年乙酉（西元 1945 年），三十四歲

生活：台灣光復，延年先生派為元長鄉第三國民學校雇員。

民國三十五年丙戌（西元 1946 年），三十五歲

生活：延年先生重抄《雪杏軒吟草》成冊，足見在此之前曾做編輯。凡二次編輯皆未出版。第一次編輯，取名《雪杏軒詩

集》，第二次編輯始作《雪杏軒吟草》。吟草之前有元長鄉鄉長吳仁義題字「育英」、林火螢題「至誠」、蔡秋桐（愁洞）題「精萃」。然後依序爲七言絕、七言律、五言絕、五言律，乃依文體分類。最後附錄父親陳明德（鼎莊）的詩作，也分七言絕、七言律兩類。另外延年先生早期曾編輯《雪杏詩鐘》，後改名爲《松齡存稿》，全錄詩鐘的作品。

延年先生於元長鄉長南村李國統先生住宅設雪杏軒漢學堂，教導漢文、尺牘、千家詩、幼學瓊林、四書等，招生三十餘人。延年先生除親自授課外，另請李國統先生助理教學。

六月，參加國小師資訓練班，十二月十二日結業於台南新營，曾與邱水謨、洪天賜、鄭旺生、林子明、林余、李燈焜、薛石樵等同班。

作品：〈新營師資訓練班有感〉七律一首。〈民國三十五年八月望夜於新營〉七律一首。〈銀河〉七律二首。

民國三十六年丁亥（西元 1947 年），三十六歲

生活：四月十八日生三女陳淨淨，於七月十四日早夭。

今年五月起從雇員提昇爲雲林元長鄉客厝國民學校代用教員。

爲擴大漢文教學，延年先生同時在元長鄉子茂村、五塊村、瓦窯村、新吉村等村落設立雪杏軒分堂，每天利用夜間至雲林沿海地區，從事國學、漢文、國術等義務教育工作。

民國三十七年戊子（西元 1948 年），三十七歲

生活：於九月一日到任元長國小教國文。

於九月四日生次子陳永欽。

民國三十八年己丑（西元 1949 年），三十八歲

作品：〈祝陳慶輝宗兄令嚴慈椿萱並茂〉七律三首（椿萱並茂徵詩）。

民國四十年辛卯（西元 1951 年），四十歲

生活：於十月三日生三子陳永清。

民國四十一年癸巳（西元 1952 年），四十一歲

生活:延年先生參加元長國小第一屆民眾補習班女子班畢業典禮。

延年先生 41 年起至 49 年服務於元長鄉新生國民學校，共九年時間。約民國四十三年至民國四十五年間兼任鹿南分校主任，到了四十五年八月起免兼新生國校鹿南分校主任。

延年先生在元長鄉教導漢文，100 位學生感念，並贈錦旗乙面紀念。

民國四十二年癸巳（西元 1953 年），四十二歲

生活：於十一月十二日生四女陳素芬。

備考：素芬因九歲不幸罹患腦膜炎而癱瘓，在 1980 年 11 月別世。

民國四十五年丙申（西元 1956 年），四十五歲

生活：於四月二十四日生五女陳素欣，於五月十日早夭。

今年 8 月起免兼元長鄉新生國校鹿南分校主任。

民國四十七年戊戌（西元 1958 年），四十七歲

生活：延年先生參加全國詩人聯吟大會榮獲第一名。

民國四十八年己亥（西元 1959 年），四十八歲

生活：八月七日台灣因颱風過境造成「八七水災」，全台各地水患嚴重。

作品：〈水災〉七律一首。

備考：父親陳明德先生作〈水災〉七律一首。

民國四十九年庚子（西元 1960 年），四十九歲

生活：八月一日全台發生八一大水災。

今年八月三十一日調回元長國校服務。

民國五十年辛丑（西元 1961 年），五十歲

生活：五十年、五十一年共二年時間在元長國校服務。

民國五十一年壬寅（西元 1962 年），五十一歲

生活：自元長鄉長南村遷出，搬家到北港鎮華勝里。

九月一日轉赴四湖鄉三崙國校服務。

民國五十二年癸卯（西元 1963 年），五十二歲

生活：去年起至五十九年，共八年時間服務於四湖鄉三崙國民學

　　　校。民國五十二年起兼三崙國校廣溝分校主任。

　　　長子永昌任職於北港高中。

民國五十三年甲辰（西元 1964 年），五十三歲

　　生活：延年先生參加三崙國校第八屆畢業典禮。

民國五十四年乙巳（西元 1965），五十四歲

　　生活：參加雲林縣詩人聯吟會，當選首屆理事。

　　作品：延年先生毛筆親書：「酒後茶餘堪舞劍，花間月下好吟詩」
　　　　　對聯。

民國五十六年丁未（西元 1967 年），五十六歲

　　生活：延年先生參加朝天宮徵聯掄元。

民國五十七年戊申（西元 1968 年），五十七歲

　　生活：詩人當選雲林詩人聯吟會理事。

民國五十八年己酉（西元 1969），五十八歲

　　生活：長子永昌考入國民黨雲林縣黨部，先後拜斗南鎮、斗六市
　　　　　民眾服務社主任。

　　作品：發表〈顏寨春耕〉七律二首、〈汾津聖廟〉七律一首、〈草
　　　　　嶺晚霞〉七律二首。

　　備考：長子永昌 2002 年 8 月退休。長媳王美亮 2003 年 1 月從雲
　　　　　林縣婦女會秘書任上退休。育有二男一女。

　　　　　次子永欽 1972 年淡江大學化學系畢業。2002 年榮獲全國
　　　　　十大傑出工程師獎，歷任福懋興業公司廠長、副理、經理，
　　　　　2005 年任職該公司研發中心主任。次媳莊玉嬪，現任國立
　　　　　台灣大學醫學院附設醫院雲林分院護理主任。育有二女一
　　　　　男。

　　　　　三子永清，目前經營古董藝品行，並發展至大陸。三媳蔡
　　　　　淑惠，治家條理穩妥，育有二男一女。

民國五十九年庚戌（西元 1970），五十九歲

　　生活：在雲林四湖鄉三崙國校服務，8 月 1 日起免兼三崙國校廣
　　　　　溝分校主任。延年先生因為平日工作過於辛勤，積勞成疾，
　　　　　而於 9 月 26 日因公殉職，享年 59 歲。

王君華漢詩研究

呂　幸　宜

一、前　言

　　中國傳統詩有著「思無邪」及「溫柔敦厚」之精神，與「興、觀、群、怨」之作用。鄭氏定臺後，設官立治，撫慰山胞，屯田墾荒，大興文教，中國文化因而大盛於台灣，台灣詩學亦於此時萌芽。

　　國民政府遷台之後，大批學者及詩人（以于右任爲代表）渡海來台，「外省籍」詩人也組織詩社，並與「本省籍」詩人往來唱和，爲台灣詩社注入新的風貌。五十年代作爲台灣一個「文學歷史時期」，正值反共文學大行其道之時期，當時在這大時代的氣氛包圍下，不管是小說、新詩還是古典詩，均難免沾染其色彩，到目前爲止，在兩岸所出版的文學史書中，很少得到正面的評價。從較早大陸福建出版的文學史形容這個時期的文學：『純是充當國民黨當局「反共復國」的宣傳工具，完全失去藝術價值。』

　　然而生活型態和教育型態日益改變，學校取代了詩社和私塾；國語取代了原本較接近古音古韻的閩南語客家語；繁忙的工商社會取代了步調較悠閒的農業社會，傳統詩風日益衰微早已是不爭的事實。尤其是在當今社會中，文學創作本已是日趨小眾的活動，古典詩則更是小眾中的小眾，各地的詩社成員幾乎都有青黃不接的現象，詩作的品質也有日漸衰微的憂慮。

　　當然，台灣古典詩的資料確有待開發之空間，但本文限於筆者時

間之限制和手上所有資料之缺乏，且本身才疏學淺，僅可作分類整理與粗淺解讀，必有掛一漏萬之處，留待來日有興趣者再作研究補足。

二、王君華先生生平記略

圖一　王君華 40 歲時照片，取自《雲林三公考》。

　　王君華，1916 年 2 月 6 日出生，卒於 1984 年[1]，享年 69 歲，福建東山人，別號如湘[2]，又號重斯（圖一）[3]，在東山老家中有四個兄弟姐妹。父親嗜酒，早年就搭船離家，母親何氏含辛茹苦，一肩挑起家計。[4]君華先生畢業於黃埔軍校第十九期[5]，故年輕時就隨軍隊來到臺灣，之後任職於斗六，曾在斗南及西螺居住過，民國五十四年又搬至嘉義市，在市內又搬遷五處，每日須通車往返工作，在民國六十四年又搬至雲林縣斗六市。其配偶名為王周慕蘭[6]，家中共有八個成員，兒女眾多，經濟負擔沈重，家境 清苦。詩云：

1　由嘉義市東區戶政所辦事員之資料轉述。
2　《雲林文獻》中的「雲林文獻委員會現職一覽表」，頁 5。但戶籍謄本中所記錄是民國陸年生，即西元 1917 年。
3　《雲林志稿》中君華先生所寫得文章其署名皆出現「東山重斯 王君華」。
4　王君華〈遙祭先妣何孺人在天之靈詩〉十二首中有提及家庭背景（詩文之友，十二卷三期）1960.4.1
5　王君華〈春日小簡敬呈達雲黃主席〉其中有：「公有黃埔扶搖者，我亦遲來一兄弟。」作者自注：「公為第一期先進，余十九後學，故云。」但戶籍謄本中所記錄是畢業於「中央軍官學校」。
6　戶籍謄本中有所記錄，參照附錄。

肩挑八口生存擔，賃廡螺陽實可哀。

朝夕往返卅卅里，星霜輪轉十餘回。

食無求飽居無所，人不虧心事不推。

落得清風空兩袖，箇中苦楚莫須猜。

王君華〈春日小簡敬呈達雲黃主席〉之四

中華藝苑十七卷五期 1963.5

在詩友眼中君華先生人品清高，滿腹文采，下筆猶如神助，頃刻千言。
詩云：

飽筆文章力不疲，寫來字字皆珠璣。

如君品格清如許，大展雲林在此時。

陳錫津〈寄贈王組長君華〉

雲林文獻第二卷第一期 1953.3

圖二　1952 年雲林縣政府暨文獻委員會外景。

圖三　1952 年雲林縣文獻委員會第二次委員會議成員合影。
前排右起第一位即 37 歲的王君華先生。

　　君華先生的青春歲月幾乎皆奉獻於雲林縣政府（圖二），民國四十
一年七月任雲林縣文獻委員會編纂組組長（圖三），即《雲林文獻》[7]主
編，其個性耿直、負責，對於自已擔任這種考據寫史的工作，具有強
大的使命感，由〈書懷〉一首可見文人的氣節，不僅具有「史識」，
更具有「史德」。

　　　　一載艱難仗筆耕，雲文使命已雙成，
　　　　每因任重勞無價，時恐職虧有埋名。
　　　　儉可養廉成座右，勤能補扭自咸傾，
　　　　褒忠懲惡史家事，賦予千秋百舌聲。

王君華〈書懷〉之一

雲林文獻第二卷第四期 1953.11

民國六十三年一月離任，九月調任雲林縣政府行政室專員。不過他因
編史緣故，又捲入同事之間的派系鬥爭，當時應該遭受了一些不合理
的對待，而發出不平之鳴。詩云：

7　《雲林文獻》，季刊，雲林縣文獻委員會編印，民國四十一年十一月二十日出版創
　刊號，四十二年三月出刊二卷一期，至十一月出至二卷四期後停刊：前後共出五期。

斗山棲隱春秋十，憎命文章不值錢。

纂史劇憐恩怨誤，印書翻感是非牽。

人因派系分歧見，事出公私受累連。

楚引秦腔皆濫調，燃萁煮豆苦相煎。

王君華〈春日小簡敬呈達雲黃主席〉之三

中華藝苑十七卷五期 1963.5

公為吏部一天官，任重雙肩苟且難。

賞罰升沉憑理法，薰猶功過賴聽看。

成規誤我多悲憤，條例弄人亦浩歎。

十載年資應採算，澄清銓政見忠奸。

王君華〈申訴〉

詩友之文 16 卷 2 期 1962.5.1

三、王君華先生之文章及著作

　　王君華民國四十一年十一月至四十二年九月有許多文章發表於《雲林文獻》上，所發表之文章共有以下諸篇：〈以忠奸衡量林爽文〉、〈雲林教育志初稿（上）（二）（三）〉、〈丙戌進士徐德欽〉、〈創刊週年與未來趨向〉等文章。君華先生認為「讀史難，寫史更難，評史亦匪異乎！」[8]，《雲林文獻》為一歷史性刊物，而他又是主編，職務上的需要，所以許多文章內容都具有濃厚的歷史、考據文學色彩。[9]〈湖山巖行紀〉、〈西螺大橋與西螺同盟會〉、〈草嶺巡禮〉、〈草嶺潭的恩怨〉、〈斗南寒林廟素描〉、〈東勢賜安宮散記〉，更都是君華先生親臨其地、身入其境才收集整理出許多寶貴的資料，對於文獻的整理保存及歷史的重現功不可沒。

　　尤以《雲林縣志稿》[10]所缺的卷五教育志，則以民國四十九年五

8　《雲林文獻》第一卷第一期〈以忠奸衡量林爽文〉，頁 87。

9　《雲林文獻》第一卷第一期〈編餘〉，頁 129。

10　民國七十年十月，雲林文獻委員會所編刊之《雲林縣志稿》，自第二十五輯起改名為《雲林文獻》，與舊刊同名，並繼續出刊至今。

月出版君華先生纂修的〈教育志稿〉補之，全文長達四十餘萬言，所記載資料之豐富，更爲千百年後有關當時之教育情形提供了依據與參考，可見王君華先生認真負責的態度及實事求是的精神。

　　於民國四十四年三月，出版了一本重要著作《雲林三公考》，其內容記載對雲林地區有所貢獻的歷史人物，自認負有查考「三公」[11]生平史實之責任，故下筆須量情議理、密慮縝思。其另一著作《生命底歷程》，內容主旨大多宣揚反共抗俄之革命精神。[12]

四、王君華之交遊

　　王君華先生爲了完成《雲林三公考》，曾找詩友「佩劍詩人」陳錫津協助資料蒐集，對其十分感謝。他見到六十五歲的錫津先生，是鶴髮童顏，容色和悅，精氣旺盛的。詩云：

> 迢遙卅里訪先生，祇仰丰姿壯此行。
> 鶴髮矜持精與氣，童顏駐足色與情。
> 華堂璀璨光門第，碩德其英享令名。
> 爲著聖書揚聖女，還期共濟啓心聲。

王君華〈感賦呈郢正〉

詩文之友九卷五期 1958.8.1

> 卅年早已識先生[13]，別後無文各自行。
> 立德養身名不俗，溫恭處世洽人情。
> 治家有法垂模範，教育相承著令名。
> 詩長君華篇聖女，老翁資助發書聲。

陳錫津〈謹次君華詞長原玉〉

詩文之友九卷五期 1958.8.1

而吳景箕當時亦擔任《雲林文獻》的編輯顧問，兩人往來密切，且在

11　《雲林三公考》頁 3：「三公」者：一爲翁裕（雲寬）公、二爲薛蒲（登選）公、三爲楊逞（文麟）公所謂「三者」也。
12　《雲林三公考》書後曾簡略介紹，但未提及出版日期。
13　但四十年前，王君華先生只有三歲，待查。

《雲林文獻》與《詩文之友》中應答不少[14]，雖多是互相推崇，但也顯示兩人交情頗深。茲錄兩首如下：

> 王子豪文者，年華正壯時。
> 英靈通氣息，素昧獲新知。
> 萬緒抽毫就，千言不待思。
> 吾才原七步，今服八叉奇。

吳景箕〈又贈王先生〉
雲林文獻第二卷第二期 1953.6

> 歲月如流急，風塵識面時。
> 情深蒙勗學，日久證相知。
> 吾道崇尼父，公才邁左思。
> 古今文獻在，一筆共探奇。

王君華〈敬次原玉〉
雲林文獻第二卷第二期 1953.6

君華先生並為其之第六本詩集《詠歸集》作〈序〉，其中提出對於作詩的若干觀點，力言詩之價值可與文並賀齊驅，並認作詩之難易來自作者自身具有的天賦和興趣，讓「詩情迴於腦際、詩意充塞於心扉」，才可做出「真」詩。[15]對於同是大陸來台人士李維喬先生更是十分關心，獲知朋友臥病在床，即刻寫詩問候。詩云：

> 翰墨淋漓至，斯人藥石殫。
> 煩多終損腦，食少易傷肝。
> 病自口中入，禍從話裡盤。
> 髑髏原有句，且莫等閒看。

---

14 王君華：〈次呈梅鶴仙館主人鳴皋居士 次韵〉（雲林文獻，第二卷第一期 1953.3）；〈某日迷老以鳴皋兄近作「陸放翁」七言律詩一首示余遂生詩思握管試作二首和韻並呈鳴皋詞兄粲正〉二首（詩文之友，十一卷六期 1960.1.1）；〈以介眉壽鳴皋詞長五九華誕席上即占〉（詩文之友，十三卷三期 1960.10.1）；〈自像詩呈景箕孟梁劍堂三君子〉兩首（詩文之友，十五卷二期 1961.11.1）；〈敬和景箕吳兄「元旦書懷」原玉〉、〈答鳴皋吳處士〉（詩文之友，十五卷六期 1961.3.1）；〈鳴皋處士有詩一首贈余謹和瑤韵〉、〈謹和鳴皋兄歲暮君華國威二兄軒過有作原玉〉（詩文之友，十六卷二期 1962.5.1）。
15 見吳景箕：《梅鶴仙館詩存別冊》（雲林縣：雲林文獻季刊社，民43，初版），

王君華〈驚聞維喬詞長臥病即寄〉
詩文之友十卷二期 1958.10.1

　　還與當時文壇上的名人，均有酬唱贈答之作。如：黃法、劉孟梁、譚訥、蔡秋桐，佛門僧侶白聖法師，政壇人士蔡文忠[16]等。

五、《王君華詩草》[17]概述

　　依《王君華詩草》所統計出其古典詩有 119 首，其中七律最多，共 80 首；七絕次之，共 25 首；五律 10 首；詞 3 首；詩鐘 1 首。體裁大致區分如下：

	七　律	七　絕	五　律	詞	詩　鐘
雲林文獻	5	8	1	0	0
詩文之友	52	1	3	2	0
中華藝苑	22	16	6	1	1
鯤南詩苑	1	0	0	0	0
總　　計	80	25	10	3	1

　　民國四十一年至四十二年之詩作多發表於《雲林文獻》上，應和君華先生當擔任主編有關，內容多以雲林史實、記遊和職務上的歌詠為主，較積極樂觀。《雲林文獻》四十一年十一月停刊後至五十三年，詩作始見於《詩文之友》、《中華藝苑》與《鯤南詩苑》等刊物，內容多是懷念祖國鄉之情懷、自憐自艾且欲遁入空門，較消極遁世。再

〈序〉。
16 民國四十一年擔任雲林縣議會第二屆議員。
17 由雲林科技大學漢學所編製。

依其詩作內容歸納成六種類別：（一）悲嘆命運；（二）誦經禮佛；
（三）反共報國；（四）朋友酬唱；（五）寫景詠物；（六）追思親
友。篇名和體裁整理如下：

（一）悲嘆命運 ——〈似立卿詞長「六一書懷」原玉〉四首（七律）、
〈連宵風頓生鄉愁夜不成寐披衣起坐得詩兩律呈寄秋江陸故人〉兩首
（七律）、〈春日小簡--寄袋江黃劍堂〉三首（七律）、〈自像詩呈
景箕孟梁劍堂三君子〉兩首（七律）、〈驪歌（告別西螺而作）〉一
首（七律）、〈書懷〉四首（七律）、〈申訴〉一首（七律）、〈春
日小簡敬呈達雲黃主席〉五首（七律），共有七律 22 首。

（二）誦經禮佛 ——〈春日偶遇沈天恩兄于斗南齋堂詩以贈之〉一首
（七律）、〈簡寄白聖法師〉一首（七律）、〈歲暮寄候聖上人兼示
鳴皋吳處士〉一首（七律）、〈贈慧明上人主持龍善寺〉一首（七律），
共有七律 3 首。

（三）反共報國 ——〈詠懷〉一首（七絕）、〈敬贈譚納兄〉一首（五
律）、〈老感 次韻〉一首（七絕）、〈讀譚納兄「癸巳遊阿里山偶成
七絕五章並示同遊李，傅二兄以紀遊」有感，謹以原韻和之，並示雲
林詩友，因為時間匆促，率爾草成，敬祈斧正：〉五首（七絕）、〈似
五十初度感懷原玉〉兩首（七律）、〈國父誕辰書懷〉一首（七律）、
〈壽總統蔣公七十晉四華誕有序〉一首（七律）、〈鳴皋處士有詩一
首贈余謹和瑤韻〉一首（七律），計七絕 7 首，五律 1 首，七律 5 首，
共有 13 首。

（四）朋友酬唱 ——〈次呈梅鶴仙館主人鳴皋居士 次韻〉一首（七
律）、〈敬次「賀晉江詩家李維喬先生見贈原韻似劍堂十三律節九首」
又贈王先生原玉〉一首（五律）、〈次參觀斗南寒林廟例祭有感 次韻〉
一首（七絕）、〈感賦呈郢正〉一首（七律）、〈奉和寄懷瑤韻〉一
首（七絕）、〈驚聞維喬詞長臥病即寄〉一首（五律）、〈賦呈被嫂
夫人並贈台西諸理事〉五首（七律）、〈林雪美小姐與余素昧生平此
次膺選三峽鎮長事出非凡特賦二律寄贈〉二首（七律）、〈以介眉壽
鳴皋詞長五九華誕席上即占〉一首（五律）、〈和順與余堂兄弟惟素
昧生平遙聞婚慶有感于衷特以詩四首寄賀〉四首（七絕）、〈壽螺溪

詹丁枝道人有序〉五首（五律）、〈歸去來詩有序〉二首（七律）、
〈與劉孟梁詩〉兩首（七律）、〈敬和景箕吳兄「元旦書懷」原玉〉
一首（七律）、〈答鳴皋吳處士〉一首（七律）、〈金縷曲賀黃文香
小姐歸寧〉一首（詞）、〈臨江仙賀黃文香小姐于歸〉一首（詞）、
〈青年節訪林等兄於新莊感賦〉一首（七律）、〈謹和鳴皋兄歲暮君
華國威二兄軒過有作原玉〉一首（七律）、〈養氣園謁蔡文忠兄與蔡
四嫂感賦〉一首（七律）、〈遙寄秋桐蔡詞長〉一首（七律）、〈夜
宿馬埔村遇雨〉一首（七律）、〈寄呈白聖法師佛史一冊並題詩贈〉
一首（五律）、〈壬寅冬至日訪王少君女史未遇感賦〉一首（七律）、
〈滿庭芳賀新年有序〉一首（詞）〈某日迷老以鳴皋兄近作「陸放翁」
七言律詩一首示余遂生詩思握管試作二首和韻並呈鳴皋詞兄粲正〉二
首（七律），計七絕 6 首，五律 9 首，七律 23，詞 3 首，共有 41 首。

（五）寫景詠物 ——〈大仙八景〉八首（七律）、〈芳草夕陽樓即事
詩並序〉十二首（七絕）、〈水火同源〉一首（七律）、〈和陰曆七
月二日率瑞兒、君華、立卿、錫津父子同遊怡然村址亭三秀園即景詩
二首和韻〉一首（七律）、〈秋遊三秀園有序〉二首（七律）、〈菰
蒲遙六八映畫橋底東山〉一首（詩鐘），計七絕 12 首，七律 12 首，
詩鐘 1 首，共有 25 首。

（六）追思親友 ——〈驚聞仁義兄令太夫人仙逝賦此〉一首（七律）、
〈遙祭先妣何孺人在天之靈詩〉十二首（七律）、〈悼李維喬詩〉二
首（七律），共有七律 15 首。

六、《王君華詩草》作品探析

（一）悲嘆命運

　　時局動亂，離開故鄉，隨軍來台，使得君華先生詩作中交織著「作
客他鄉」和「懷才不遇」的愁緒，對於台灣，作者是感到自己猶如「斷
翎孤鳥」且抱持著作客他鄉的心境，因此詩作之中常有「弱絮」、「飄
零」等字眼來比擬自身的處境，此種流落異鄉的感嘆，但仍心懷壯志，
便形成了大陸來台人士作品中主要的基本論調。例如：

落拓天涯嘆此生，斷翎孤鳥獲誰迎。
身憐弱絮隨風舞，心似飛花任品評。
七載雲林餘案牘，十年台嶠痛鶼鳴。
寒梅尚有傲霜志，待向人間訴不平。

王君華〈似立卿詞長「六一書懷」原玉〉之四

詩文之友十卷四期 1959.4.1

春風秋雨枉沉思，客舍蕭條只自知。
憎命王陵[18]驚索字，游心賈島[19]愛尋詩。
林泉棲隱懷君復，湖海飄零感子期。
今古絕絃成恨史，湯湯流水欲何之。

王君華〈春日小簡--寄袋江黃劍堂〉之二

詩文之友十四卷四期 1961.5.1

正值春暖花開，然而卻有秋天蕭颯的惆悵，只因世情的險惡，使得君華先生富於正義感的個性爲之憤懣，也許因爲在工作上並不順遂，詩中常自比爲有苦吟詩人之稱的「賈島」，更爲自己所遭受的待遇感到不公，而有所感慨。

生來運命不逢辰，潦倒窮途執與親。
報國文章輸垃圾，傳家詩禮化煙塵。
升沉官海憑金玉，苦樂人間重餅銀。
我最傷心無酒臭，膳夫終日作勞薪。

王君華〈自像詩呈景箕孟梁劍堂三君子〉之二

詩文之友十五卷二期 1961.11.1

---

18 王陵曾由項羽手中救出劉邦一家人，所以深得劉邦和呂后的尊重。王陵個性耿直，講義氣，話又多，是朝廷中有名的血性漢子。因此，劉邦遺言在曹參之後，由王陵接任丞相之位。之後王陵反對呂太后稱制、封諸呂子弟爲王，呂太后也不敢得罪他，仍以王陵爲皇帝太傅，但王陵不願接受，告老還鄉，從此不問政事。

19 賈島（779－843）生於唐代宗大曆十四年，卒於唐武宗會昌三年。據《新唐書》卷一七六《韓愈傳》附傳謂：賈島早年爲僧，法號無本。然而賈島之考運似乎不佳，由「應憐獨向名場苦，曾十餘年浪過春。」〈贈翰林〉，「自嗟憐十上，誰肯待三徵。」〈即事〉等詩語，可見賈島連續應試十餘年，皆未能及第，備嚐場屋之苦。

（二）誦經禮佛

家境清苦，又加工作上的不如意，故在其較後期（民國五十一、二年）的作品中，呈現出對於現實感到失望、看破紅塵、不問俗事、皈依佛門的傾向，或許才能得到心境上的平靜，此時有多首詩作皆透露出此種訊息，這是和之前的詩作相異之處。詩云：

> 家亡國破匪常時，共挽狂瀾應制宜。
> 此世無違開後覺，今生有幸繼先知。
> 行齋論道明心鏡，禮佛除邪見性姿。
> 虎去善來雖遁迹，動員僧侶仗扶持。

王君華〈贈慧明上人主持龍善寺〉
詩文之友十一卷四期 1959.11.1

> 君為墨客我騷人，舊雨重逢情更親。
> 潦倒窮途哀賈島，浮沉宦海哭蘇秦。
> 前生既有沙門志，此世恨無法水身。
> 秋月春花留匪易，誦經禮佛樂振振。

王君華〈春日偶遇沈天恩兄于斗南齋堂詩以贈之〉
詩文之友十六卷四期 1962.7.1

時至年終歲末，感嘆命運乖舛，不滿現況，之後又加上親人過世，內心十分淒苦哀痛，雪上加霜，似乎又更堅定了想遁入空門的意志。

> 又值年殘臘鼓催，飄零身世任咻饋。
> 窮途我負王陵志，知命公為賈島才。
> 兒女庭前歌俎豆，荊妻堂上痛瓊瑰。
> 相逢莫笑黃花瘦，一襲袈裟亦快哉。

王君華〈歲暮寄呈聖上人兼示鳴皋吳處士〉
詩文之友十七卷五期 1963.2.1

（三）反共報國

五十到六十年代中期正是台灣文壇上「反共文學」盛行之時，在反共復國的基本國策下，宣洩反共情緒創作於此時大行其道。[20]君華

---

20 見古繼堂：《簡明台灣文學史》〈第十一章：20 世紀 50 年代台灣的「反共文學」〉（台北市：人間，2003 年），初版。

先生於其時代氣氛包圍下，且又擔任刊物主編，須配合國家政策，自然無可避免的有此類作品的出現，本就是軍人出身，受報效國家之教育思想影響應根深蒂固，又基於是大陸來台人士的處境，不難看出作者去國懷鄉之思佔了很大的一個元素，更帶有熱血男兒的豪情壯志及回歸祖國的深切期盼。

> 此身何幸著雲林，聊洩艱時報國心。
>
> 夢筆無花慚我拙，依生壯志肯銷沉。

王君華〈詠懷〉

（雲林文獻，第二卷第二期）1953.6.20

和譚納先生有多首此類詩作之往來，內容讀來鏗鏘有力、意氣風發，可知彼此皆有同仇敵愾、反共復國的雄心壯志。

> 已是反攻日，軸艫待扣舷，碧空晴萬里，藍水盪三千。
>
> 笳鼓揚天表，旌旗耀日邊，元戎齊仰止，運幄仗雙肩。

王君華〈敬贈譚納兄〉

雲林文獻第二卷第三期 1953.9

> 讀罷新詩意悄然，依人作嫁經幾年！
>
> 不為名利為家國，消滅豬毛[21]喜若仙。

王君華〈讀譚納兄「癸巳遊阿里山偶成

七絕五章並示同遊李，傅二兄以紀遊」

有感，謹以原韵和之，並示雲林詩友，

因為時間匆促，率爾草成，敬祈斧正：〉

之五，雲林文獻第二卷第三期 1953.9

> 浮世令名似弗違，壽登天命是耶非。
>
> 復仇姑作東瀛計，謀略尚須北國飛。
>
> 倦鳥天涯雙振羽，騷人海角一征衣。
>
> 收京還待同勞力，共釣金陵燕子磯。

〈五十初度感懷似原玉〉之一

鯤南詩苑二卷四期 1957.5

---

21 王君華自注：豬指朱德，毛指毛澤東。

　　由以上作品一掃悲情愁緒，可見作者神采奕奕且恨不得即刻便可執戟上戰場，回歸祖國彷彿指日可待，滿腔熱血的神情躍然紙上。

　　（四）朋友酬唱

　　中國文人十分喜愛以詩會友，君華先生亦有此風雅。在其詩作中，此類作品數量最豐，足見交遊廣闊，以及當時盛行朋友贈答的風氣。雖然作品中免不了和朋友之間的相互推崇、景仰，但也可看出彼此情誼之深，且為真正君子之交。

> 年華五二正風流，閱歷方知道不休。
>
> 作客人間原是夢，馳名士籍幾更秋。
>
> 桑田滄海多虛幻，黃卷青燈伴斗牛。
>
> 有琴音同調感，今生願與結良儔。

王君華〈呈梅鶴仙館主人鳴皋居士 次韵〉
雲林文獻第二卷第一期 1953.3

而朋友更是他傾吐心事的對象，故有時也會向其友悲嘆命運造化弄人，抒解心中的鬱悶。

> 濁世熙熙未濁身，長林原可作亡秦。
>
> 比干行誼驚天地，博望聲威懾鬼神。
>
> 君到遐齡稱富貴，我逾不惑嘆艱辛。
>
> 無情造物偏刁恒，而此居心玩弄人。

王君華〈青年節訪林等兄於新莊感賦〉
中華藝苑十五卷四期 1962.4

此類作品除朋友之間的詩作吟詠贈答之外，亦包含祝壽喜慶之詩詞，是其作品中較脫離淒苦的部分，茲錄二首於下：

> 祝嘏人齊集，華堂喜宴開。
>
> 形丁字作席，架十人銜杯。
>
> 至聖前歌舞，先人下覆醅。
>
> 良辰兼吉日，嘉兆慶胚胎。

王君華〈壽螺溪詹丁枝道人有序〉之三
中華藝苑十三卷五期 1961.5.1

本是豪門珠掌上，競技不讓鬚眉，

徑田場裡挺天姿，名聞諸戰士，望重眾英雄。

此日塗脂兼擦粉，瑤池仙女真似，

拜辭爹娘作于歸，唏噓淚欲滴，笑上親迎車。

王君華〈臨江仙詞賀黃文香小姐于歸〉

詩文之友十五卷六期 1962.3.1

（五）寫景詠物

　　早在康熙時，台灣就有八景詩的描寫，當時台灣所提供的自然景觀處處是詩人進入化外世界的發現與驚喜[22]，王君華先生亦有八景詩之寫作，應是配合當時火山大仙寺[23]（圖四）徵詩之活動，其體裁與格式可謂承襲台灣古典自然詩的傳統，此〈大仙八景〉分別為〈大仙擂鼓〉、〈碧雲曉鐘〉、〈關嶺溫泉〉、〈水火同源〉（圖五）、〈凍山曉翠〉、〈紫雲夕照〉、〈石室仙蹤〉、〈白水青螺〉。茲錄一首於下：

圖四　台南縣白河鎮大仙寺。

---

22 江寶釵：《台灣古典詩面面觀》（台北市：巨流，1999 年），初版，頁 130。

23 大仙寺又名大仙巖，或稱舊巖，可以說是臺灣第一巨剎，位於白河鎮仙草里岩前一號，這座巨剎是清康熙四十年(西元 1701 年)臨濟高僧參徹創建。

圖五　臺南縣白河鎮水火同源。

曾聞此是麒麟口，國姓一拳禍患生。

玉枕地靈昭史乘，碧雲人傑永題名。

同源水火多奇蹟，相處草蟲亦寵榮。

風雨狂來泉愈沸，熊熊茶火夢魂驚。

王君華〈大仙八景之水火同源〉[24]

中華藝苑十二卷六期 1961.1

傳統詩社常會舉辦徵詩的活動，或以相同的題目，讓詩人吟詩，再由詞宗評出名次。這類擊缽吟詩的活動，君華先生也曾共襄盛舉，多以寫景詩呈現。茲錄一首亦是〈水火同源〉同名詩如下：

傳是麒麟血造成，久經遺老話分明。

穴沖烈燄烘烘起，洞湧流泉滾滾清。

不受雨風催息減，可知草木亦繁榮。

長留勝蹟千秋在，端藉鄭王始著名。

王君華〈水火同源〉

詩文之友十五卷六期 1962.3.1

---

24 水火同源名列臺灣七景之一和臺南縣八景之一，也是臺南縣第一風景區，一向被視為臺南縣的櫥窗，聞名全省。與溫泉並稱為關仔嶺的兩大招牌。水火同源在枕頭山麓西南，由紅葉公園前行約 3 公里即可抵達。

和多位好友在秋高氣爽的時節，偷得浮生半日閒，相約同遊大埤的「三秀園」，暫時拋開塵世煩憂。

> 名園往事感如煙，歲月蹉跎缺復圓。
> 亭榭四三環果樹，池塘一二遠桑田。
> 張公既作桃源主，王子亦成閬苑仙。
> 難得餘生閒半日，新知舊雨笑樽前。

王君華〈秋遊三秀園有序〉[25]
中華藝苑十八卷四期 1963.10

（六）追思親友

君華隨國軍來台，「孤舟」渡海來台，就定居下來，與母親別離幾十年，必日日盼望來自家鄉任何的消息，更期待可回故鄉一探。但傳來的卻是母親已離開人間的訊息，於是作了 12 首七律來懷念母親，宣洩心中難以言喻之悲痛！茲錄二首如下：

> 迢遙湖海廿三秋，戴月披星寄望郵。
> 報國何辭身百戰，傾家那惜蕩孤舟。
> 沙場正喜重生日，廬舍方期再世遊。
> 一紙淋漓魚雁至，慈容已杳楚山丘。

> 呱呱墜地自名門，論理亦應許叔孫。
> 掌上明珠無值價，堦前麟趾有乾坤。
> 三朝便作翁姑媳，十載猶躬婢僕闇。
> 如此生辰如此命，烏啼月落淹江村。

王君華〈遙祭先妣何孺人在天之靈詩〉之一及之三
詩文之友十二卷三期 1960.4.1

和維喬先生同是大陸渡台人士，亦有六年的交情[26]，對於祖國的懷念牽掛十分契合，好友先辭世，由詩中可得知君華先生非常不捨。

25　三秀園在雲林縣大埤鄉舊庄地方，園大佔地五六畝，為張禎祥處士世居之所。詩中的〈序〉提到及：「新秋某日與鳴皋、指迷、立卿諸君子驅車暢遊，並承主人饗以午宴，舊雨重逢、西窗再翦，真樂事也！因有所感。」

26　王君華〈悼李維喬詩有序〉之二，曾提及「…六載交遊成昨夢，白雲蒼狗恨連年。」

渡海東來不帝秦，臥薪嘗膽盡酸辛。

權將筆桿當鎗桿，忍把肉身作鐵身。

宿願未償音已杳，初衷雖遂志難伸。

無情造物多刁怛，不召鷗鳧召信人。

王君華〈悼李維喬詩有序〉之一

詩文之友十三卷六期 1961.1.1

五、結　論

　　王君華先生雲林史學方面，貢獻匪淺，有關考據歷史文章，下筆傾刻千言，才華無庸置疑。而古典詩的寫作，正如王君華先生所言，也「難」，也「易」，容易的是它只有幾十個字就是一首詩，然而，「難」也正難在此處，如何在有限的字數中，把意思精鍊的表達出來，是以古典詩雖是短短數字，卻是韻涵無窮的。

　　生活環境對一個人十分深遠，從他身上可得到驗證，早年即離鄉背井，流遇他鄉，工作上又受到不公平的對待，寫「詩」便是其宣洩情緒最好的方式。命運乖舛的君華先生，或許是生不逢時吧！常自比成「賈島」，滿腹經綸無處發揮與伸展，鬱鬱不得志，故多數詩中總瀰漫些悲憤淒苦之情，在他的詩作中可以看到時代的縮影，有大陸來台人士流落異域的感懷;亦有當時政治策略影響文壇的「反共文學」的氣息，我們可以看成是一個亂世文人的感時傷懷。雖然君華先生的詩作略顯悲情，但都無損於其寫史態度和內涵，而所遺留的大量雲林史實及詩作，更為雲林古典文壇的夜空，增添且交織出些許的光彩！

附錄：《王君華吟草》作品繫年

1916 民國 5 年 1 歲　王君華出世。

1918 民國 7 年 3 歲　與詞友陳錫津初識。

1949 民國 38 年 34 歲　國民政府播遷來台。

1952 民國 41 年 37 歲　**禁止日本語與台灣話教學**

　　任職於雲林縣文獻委員會編纂組組長。41.7

　　文章：〈以忠奸衡量林爽文〉41，10，3、〈湖山巖行紀〉。（雲
　　　　林文獻，創刊號）41.11.20

1953 民國 42 年 38 歲　**實施「耕者有其田」**

　　文章：〈西螺大橋與西螺同盟會〉、〈草嶺巡禮〉、〈草嶺潭的
　　　　恩怨〉。

　　詩作：〈次呈梅鶴仙館主人鳴皋居士　次韵〉。（雲林文獻，第二
　　　　卷第一期）42.3

　　發表：〈雲林教育志初稿（上）〉、〈斗南寒林廟素描〉42.6.9

　　詩作：〈敬次「賀晉江詩家李維喬先生見贈原韻似劍堂十三律節
　　　　九首」又贈王先生原玉〉、〈次參觀斗南寒林廟例祭有感　次
　　　　韵〉42.6.9、〈詠懷〉42.6.20（雲林文獻，第二卷第二期）

　　文章：〈雲林教育志初稿（二）〉、〈丙戌進士徐德欽〉、〈東
　　　　勢賜安宮散記〉。

　　詩作：〈敬贈譚納兄〉、〈老感　次韵〉、〈讀譚納兄「癸巳遊阿
　　　　里山偶成七絕五章並示同遊李，傅二兄以紀遊」有感，謹
　　　　以原韵和之，並示雲林詩友，因為時間匆促，率爾草成，
　　　　敬祈斧正：〉五首。（雲林文獻，第二卷第三期）42.9

　　發表文章：〈創刊週年與未來趨向〉、〈雲林教育志初稿（三）〉。

　　發表詩作：〈書懷〉四首。（雲林文獻，第二卷第四期）42.11

1954 民國 43 年 39 歲　結識李維喬。

1955 民國 44 年 40 歲　出版《雲林三公考》一書。44.3

1957 民國 46 年 42 歲

　　詩作：〈五十初度感懷似原玉〉兩首。（鯤南詩苑，二卷四期）
　　　　　46.5

1958 民國 47 年 43 歲　八二三金門炮戰

　　詩作：〈感賦呈郢正〉。（詩文之友，九卷五期）47.8.1

　　詩作：〈奉和寄懷瑤韵〉、〈驚聞維喬詞長臥病即寄〉。（詩文
　　　　　之友，十卷二期）47.10.1

1959 民國 48 年 44 歲

　　詩作：〈國父誕辰書懷〉。〈詩文之友，十卷四期）48.2.1

　　詩作：〈似立卿詞長「六一書懷」原玉〉四首。（詩文之友，十
　　　　　卷四期）48.4.1

　　詩作：〈驚聞仁義兄令太夫人仙逝賦此〉（詩文之友，十一卷一
　　　　　期）48.5.1

　　詩作：〈賦呈祓嫂夫人並贈台西諸理事〉五首、〈贈慧明上人主
　　　　　持龍善寺〉（詩文之友，十一卷四期）48.11.1

1960 民國 49 年 45 歲

　　詩作：〈某日迷老以鳴皋兄近作「陸放翁」七言律詩一首示余遂
　　　　　生詩思握管試作二首和韻並呈鳴皋詞兄粲正〉二首（詩文
　　　　　之友，十一卷六期）49.1.1

　　詩作：〈遙祭先妣何孺人在天之靈詩〉十二首（詩文之友，十二
　　　　　卷三期）49.4.1

　　詩作：〈林雪美小姐與余素昧生平此次膺選三峽鎮長事出非凡特
　　　　　賦二律寄贈〉兩首。（中華藝苑，十二卷一期）49.7

　　詩作：〈以介眉壽鳴皋詞長五九華誕席上即占〉。（詩文之友，
　　　　　十三卷三期）49.10.1

　　詩作：〈大仙八景〉之〈大仙擂鼓〉、〈碧雲曉鐘〉、〈關嶺溫
　　　　　泉〉等三首。（中華藝苑，十二卷五期）49.11　好友李維
　　　　　喬於同年十一月十一日逝世。

　　詩作：〈大仙八景〉之〈水火同源〉、〈凍山曉翠〉、〈紫雲夕
　　　　　照〉等三首（中華藝苑，十二卷五期）49.12、〈壽總統蔣

公七十晉四華誕有序〉。（詩文之友，十三卷五期）49.12.1

1961 **民國** 50 **年** 46 **歲**

詩作：〈悼李維喬詩有序〉兩首。（詩文之友，十三卷六期）50.1.1

詩作：〈大仙八景〉之〈石室仙蹤〉、〈白水青螺〉等兩首。（中
　　　華藝苑，十三卷二期）50.2

詩作：〈和順與余堂兄弟惟素昧生平遙聞婚慶有感于衷特以詩四
　　　首寄賀〉。（中華藝苑，十三卷三期）50.3

詩作：〈連宵風頓生鄉愁夜不成寐披衣起坐得詩兩律呈寄秋江陸
　　　故人〉兩首。（中華藝苑，十三卷四期）50.4

詩作：〈春日小簡--寄袋江黃劍堂〉三首、〈壽螺溪詹丁枝道人
　　　有序〉五首、〈孤蒲遙六八映畫橋底東山〉。（中華藝苑，
　　　十三卷五期）50.5.1

詩作：〈歸去來詩有序〉兩首。（詩文之友，十四卷六期）50.8.1

詩作：〈自像詩呈景箕孟梁劍堂三君子〉兩首、〈與劉孟梁詩〉
　　　兩首。（詩文之友，十五卷二期）50.11.1

詩作：〈芳草夕陽樓即事詩並序〉十二首。（詩文之友，十五卷
　　　三期）50.12.1

1962 **民國** 51 **年** 47 **歲**

詩作：〈敬和景箕吳兄「元旦書懷」原玉〉、〈水火同源〉、〈答
　　　鳴皋吳處士〉、〈金縷曲賀黃文香小姐歸寧〉、〈臨江仙
　　　賀黃文香小姐于歸〉。（詩文之友，十五卷六期）51.3.1

詩作：〈春日偶遇沈天恩兄于斗南齋堂詩以贈之〉、〈青年節訪
　　　林等兄於新莊感賦〉。（中華藝苑，十五卷四期）51.4

詩作：〈鳴皋處士有詩一首贈余謹和瑤韵〉、〈謹和鳴皋兄歲暮
　　　君華國威二兄軒過有作原玉〉、〈申訴〉、〈簡寄白聖法
　　　師〉。（詩文之友，十六卷二期）51.5.1

詩作：〈碧雲曉鐘〉（詩文之友，十六卷三期）51.6.1

詩作：〈青年節訪林等兄於新莊感賦〉（詩文之友，十六卷四期）
　　　51.7.1

詩作：〈養氣園謁蔡文忠兄與蔡四嫂感賦〉、〈遙寄秋桐蔡詞長〉、

　　　　　〈夜宿馬埔村遇雨〉。（詩文之友，十六卷五期）51.8.1

　　詩作：〈寄呈白聖法師佛史一冊並題詩贈〉。（中華藝苑，十六
　　　　　卷三期）51.9

　　10.8 王君華從斗南搬至西螺。

1963 民國 52 年 48

　　詩作：〈和陰曆七月二日率瑞兒、君華、立卿、錫津父子同遊怡
　　　　　然村址亭三秀園即景詩二首和韻〉。（詩文之友，十七卷
　　　　　一期）52.1.1

　　詩作：〈歲暮寄候聖上人兼示鳴皋吳處士〉。（詩文之友，十七
　　　　　卷五期）52.2.1

　　詩作：〈壬寅冬至日訪王少君女史未遇感賦〉。（詩文之友，十
　　　　　七卷六期）52.3.1

　　詩作：〈驪歌（告別西螺而作）〉。（詩文之友，十八卷一期）
　　　　　（中華藝苑，十七卷四期）52.4.1

　　詩作：〈春日小簡敬呈達雲黃主席〉五首。（中華藝苑，十七卷
　　　　　五期）52.5

　　詩作：〈秋遊三秀園有序〉兩首。（中華藝苑，十八卷四期）52.10

1964 民國 53 年 49 歲　吳濁流創刊台灣文藝

　　詩作：〈滿庭芳賀新年有序〉一首。（中華藝苑，十九卷一期）
　　　　　53.1

1965 民國 54 年 50 歲　11.9 王君華離開西螺，搬至嘉義市。

1970 民國 59 年 55 歲

　　志書：〈人民志・人口篇〉，〈人民志・氏族篇〉，〈人民志・
　　　　　語言篇〉，〈人民志・禮俗篇〉（舊）《雲林縣志稿，卷
　　　　　二》59.10.1

1974 民國 63 年　59 歲台灣「十大建設」開始

　　一月離任雲林縣文獻委員會編纂組組長，同年九月調任爲雲林縣
　　政府行政室專員。

　　四月搬至雲林縣斗六鎮。

1984 民國 73 年 69 歲　王君華先生過世。

參考書目

1. 王君華：《雲林三公考》（嘉義市：太平洋出版社，1955 年）。

2. 王君華主編：《雲林文獻》（一）（二）（台北市：成文出版社有限公司，1983 年）。

3. 仇德哉主修：《雲林縣志稿》（共十八冊）（台北市：成文出版社有限公司，1983 年）。

4. 古繼堂：《簡明台灣文學史》（台北市：人間，2003 年，初版）。

5. 江寶釵：《台灣古典詩面面觀》（台北市：巨流，1999 年，初版）。

6. 林文龍編：《台灣詩錄拾遺》（台中市：台灣省文獻委員會，1979年）。

7. 林文寶、林素玫、林淑貞、周慶華、張堂、陳信元合著：《台灣文學》（台北市：萬卷樓圖書有限公司，2001 年）。

8. 許俊雅：《台灣寫實詩作之抗日精神研究：一八九五 —— 一九四五年之古典詩歌》（台北市：編輯館，1987 年）。

9. 陳明台著：《臺灣文學研究論集》（台北市：文史哲出版社，1997年）。

10. 廖一瑾（雪蘭）著：《臺灣詩史》（台北市：文史哲出版社，1999年）。

11. 吳景箕：《梅鶴仙館詩存別冊》（雲林縣：雲林文獻季刊社，1954年，初版）。

12. 鄭定國主編：《日治時期雲林縣的古典詩家》（台北市：里仁書局，2005 年）。

13. 鄭定國編：《王君華詩草》（雲林縣：雲林科技大學漢學所，2003年）。

14. 賴郁文：《吳景箕及其詩研究》（雲林：雲林科技大學漢學資料整理研究所碩士論文，2004 年），頁 57。

一、單篇論文

1. 施懿琳：〈台灣古典文學的蒐集、整理與研究〉，《師生論壇》

（第一輯）（雲林：雲林科技大學，2003 年），頁 126-130。

2．莫秀蓮：〈王君華吟草初探〉，鄭定國編注：《日治時期雲林縣的古典詩家續編》（台北市：里仁書局，2004 年）。

3．鄭定國：〈四湖旋馬庭主人林友笛漢詩析論〉，《漢學論壇》（第二輯）（雲林：雲林科技大學，2003 年），頁 99-124。

4．鄭定國：〈陳錫津傳統詩的初探〉，（雲林：雲林科技大學漢學研究國際學術研討會，2004 年 10 月 30 日），頁 4-25。

王金鐘漢詩研究

陳　晏　汝

摘　要

一、前言：王金鐘先生與北港汾津吟社

　　王金鐘，雲林縣笨港人（今北港鎮）。依戶籍資料所載生於明治二十九年二月十七日，卒年尚不可考，因爲王金鐘先生曾於民國三十六年攜帶妻兒遷出至台南縣，此後下落尚未查到。

　　民國十一年（西元 1922 年）與詩友曾席珍、王東燁、龔顯昇、曾人潛、龔顯伴、蔡谷、魏金讀、龔烟墩、高秋鴻、張長川、郭鴻翔、李冠三、蕭登壽、洪清雲等十五人創立「北港汾津吟社」。並與汾津吟社的詩友曾人潛、陳培坤、龔顯昇、楊金城、龔顯伴、王東燁組成「詩棋八仙侶」[1]。

　　汾津吟社之活動，日治時期亦以課題及擊鉢吟爲主。所謂擊鉢吟是一種限時、限題、限韻、限格律的即席競詩，起源甚早。擊鉢吟實爲詩人恃才遊戲之作，詩成之後，爲求公平，分交左，右詞宗評定高下，而且每一位詩人都絕對服從詞宗之評定，詞宗的產生則由詩社的社員相互推選，或是聘請當代有名望地位崇高者擔任。

　　由於汾津吟社位在北港，從以前就以商港見稱，因爲交通尚堪便

---

[1] 鄭定國：〈北港汾津吟社王東燁詩草〉，《漢學所國際學術研討會論文集》，（雲林：雲林科技大學漢學資料整理研究所國際研討會，2002 年）頁 304-307。

利,加上該社喜愛閱詠賦詩,以詩會友,在日治時期尤爲興盛。吟社的社員們也交流甚廣,不單與當地的各個不同性質的吟社有時常往來,在加入嘉社時,更到外地各區與不同縣市的吟社連誼互訪,屬於全島範圍的聯吟社會。汾津吟社的集會由社員輪流籌劃舉辦,總幹事王東燁先生負責社裡的行政事務。汾津吟社經歷三位社長的帶領,第一任社長爲曾席珍先生開始,直到一九六五年雲林縣詩人合併「汾津吟社」、「斗六吟社」、「鄉勵吟社」等社員,以及其他詩人共同組成「雲林縣詩人聯誼會」,汾津吟社就此走入歷史。當時的很多資料因爲年代的關係有些已經很難追尋,僅存的文書檔案有些已經流失或是損壞,只能靠其後人所提供的資料文本,以及追蹤當時曾經到過的吟社及詩會所蒐集保存的作品,還有日據時代相當具代表性的詩刊《詩報》,來找尋他所留下的足跡。並藉由詩作的發表來看其寫作的理念、動機、風格、修養等,可能也看出台灣各地方的吟社有那些方面的差別及其特殊性。

二、王金鐘詩作之賞析

日據時代,有其特殊的環境地域,在當時台灣古典詩仍有其發展的空間,志同道合的詩人共組吟社,亦有課題擊鉢,其中作品水準年免參差,但是流露真性情之詩作仍不乏其數。

初看王金鐘的詩作可以感受到一份恬靜舒適的生活態度,在那個動盪不安的年代,仍然保有一份關懷開闊的心,聽風觀月,體察自然界的幻化萬千,寄情風物情懷,雖然對其生平目前了解有限,經由實地勘查北港仁和街上,當地老者對王金鐘此人雖無所識,但是我們從其發表於詩報或是和詩社詩友之間所發表的部份詩作中,仍然不難體察王金鐘先生對朋友之情誼頗爲重視,有幾首詩作都是以祝賀壽宴或是祝福朋友遠行發展的祝詞詩作,如〈祝楊連基氏赴大陸發揮〉。或許用字譴詞並非每一首都是上成之作,但字裡行間仍可以看到有幾分心思在裡頭。王金鐘詩作的量數目前蒐集到的不算多,約近四十首,但詩的內容取材分佈範圍廣博,尤以彰化地區最爲平凡,故有傳云後

來王金鐘先生客座於彰化。此一事情經由探究並無發現其遊走的確切蹤跡，但尤其詩作發表看來可以臆測他應該來往於雲林和彰化之間。礙於王金鐘的生平軼事仍未探查完全，故對於王金鐘的為人比較難以有具體的說明，在此暫且將王金鐘發表於詩報或是其他吟社的作品作一歸類，並且試做討論其成詩的時空背景，並且盡量以較為廣義的客觀的論點來為其詩作做分析品評。

王金鐘的詩作裡頭，有多首詩都是吟詠花草植物，想必平時對蒔花拈草應有一番興趣，因此更能領略其中樂趣，並且在詩社客題時變能信手寫來，讓人咀嚼再三。此外有不少詩作是關於對於景緻得描寫，和一年四季的描繪，重要節日的賀詞，以及和友人之間的抒發。

茶是中國人特愛的飲料，多數的文人雅士愛酒更愛茶，回甘的甜味脣齒留香，縈繞喉頭久久難以散去，王金鐘對茶的喜愛更甚，詩句裡頭用了「怡神最愛一甌清」，可見茶是助他的提神飲料，而且偏好武夷山的茶，最後一句還點出想因為自己的喜愛，而搬家到武夷山旁定居呢！

〈茶癖〉

雀舌龍芽漫費評，怡神最愛一甌清，

武夷自古多名種，甚欲移家伴此生。

晉陶淵明不為五斗米折腰，是眾所皆知的事。此外陶淵明愛酒嗜酒亦是為人津津傳頌之事，王金鐘在詩友發表的這兩篇詩作裡頭，點出了酒的風味是迷人，讓人不得不沉醉其中，更願意和陶淵明一樣，沉醉醺醺然的感覺，不難感受王金鐘的個性應該也屬於豪邁不拘小節之人。

〈菊酒之一〉[2]

甘醇何美謝家紅，釀出柴桑自不同；

準擬清霜勻老圃，一樽拼醉小籬東。

〈菊酒之二〉[3]

柴桑佳釀永留風，一飲延齡壽不窮，

我與淵明同逸興，乾坤杯底任朦朧。

2 詩友 8 卷 3 期 1957.12.1。
3 詩友 8 卷 3 期 1957.12.1。

無論是傲骨的梅花，宛如君子勁節的菊花，因風而搖曳生姿的竹子和柳樹，或是秋天的落葉片片，都在王金鐘的筆下再次賦予新的感受，也巧妙的運用古人高亮的志節來引申自己心中欲想描摹的情感，或許一首同樣的詩的名稱，但總能在同中有所變化，借物擬人，情感盡在不言中。

〈養菊之一〉

柴桑移植快如何，秘訣籬編日揣摩，
瘦古如君堅晚節，趨炎卻遜傲霜多。

〈養菊之二〉4

彭澤歸來隱興舒，滋培玉蕊稱幽居，
詩心一片如君淡，媚世無方莫笑余。

〈訪梅〉5

不辭踏雪到岩隈，數點枝頭露粉腮；
對賞無言情繾綣，月明林下獨徘徊。

〈春柳之一〉6

長堤三月燕鶯拋，淡蕩煙籠滿樹梢，
寄語行人休折取，柔條留待贈知交。

〈春柳之二〉7

三起三眠暖氣交，迎風無力舞芳郊。
千條萬縷凝烟碧，費卻鶯梭幾度拋。

〈夏柳〉8

春婆夢醒景全非，萬縷千絲碧四圍，
避暑人來休折取，反攻留待作鞭揮。

〈竹影〉9

成林終與鳳棲遲，夏玉因風舞幾枝；

---

4 詩友 8 卷 2 期 1957.12.1。
5 詩報 291 期 1943.3.10。
6 詩報 298 期 1943.6。
7 詩報 298 期 1943.6。
8 台灣擊鉢詩選第一輯，1964.2.1。
9 詩報 303 期 1943.9.24。

最好納涼頻到此，清陰匝地夕陽移。

〈子母竹之一〉 10

漢帝庭前勁節生，群臣爭頌照昇平；
湘妃淚點庭堅詠，安得高風孝子榮。

〈子母竹之二〉 11

子母相依歲月更，七賢聚會早揚名；
佇看葉茂擎天日，引鳳棲鸞得意鳴。

〈子母竹之三〉 12

樹竿搖曳葉敷榮，純孝高風博盛名；
雪壓霜欺難改節，化龍指日上雲程。

〈落葉〉 13

萬樹不禁霜，辭枝片片黃，
飄零隨水急，歷亂逐風狂。
歸鳥藏難密，哀蟬恨轉長，
萌芽還有日，莫慢歎荒涼。

景色的描寫可以分成隨意的偶感，可能是散步在田間小路因當時情景的感觸，或是至某一地的觀光旅遊而心裡有感，對於情景的描寫可以採性靈迴響，亦可以照實景的書寫，並以文字加以潤飾，而王金鐘應該也是帶有相當古典文學基礎之人，字裡行間總能旁徵博引許多典故，使得詩作有畫龍點睛之效果！

〈田村即景〉 14

一水縈迴繞幾家，清禾綠柳影交加；
婦人也解供耕職，信手揮除斷草芽。

〈花曈〉 15

乍捲珠簾月半彎，迷濛香霧滿園間，

---

10 詩友 46 卷 2 期。
11 詩友 46 卷 2 期。
12 詩友 46 卷 2 期。
13 詩友 3 卷 5 期。
14 詩報 297 期。
15 詩報 296 期。

牡丹未醒增嬌豔，恰似楊妃帶醉顏。

〈野望〉[16]

炊烟雜幕雲，天外雁呼群，
稚子歸途急，農人作業勤，
湖光朝夕異，草色雨晴分，
回顧吟懷爽，優遊到夕曛。

〈鹿港觀潮〉[17]

申江水接洛江青，極目驚濤阻客船，
疑是鼉鯨翻巨浪，浪花點點似明星。

〈彰城賞月〉[18]

有約橫溪會故知，恰逢三五夜涼時，
光輝流照千家樂，艷態分來一鏡姿，
遣興人多欣共賞，推敲我愧句偏遲，
昂頭定寨山峰外，樹影婆娑映酒巵。

〈日月潭消夏之一〉[19]

名勝天然坐挹宜，瑞陽曾此駐吟旗，
綠槐樹上蟬聲唱，碧水湖中掉影移，
涼沁頓忘三伏日，炎消如過八秋時，
臨風勃勃心花放，更昌饒歌對碧漪。

〈日月潭消夏之二〉[20]

炎威漸迫覺身疲，涵碧樓前策杖時，
解慍涼生風習習，怡神歌聽韻遲遲，
潭銜落日波光轉，嶺掛殘霞樹色移，
絕好消遙清靜境，又逢野老話禊期。

〈村居之一〉[21]

---

16 詩報 253 期 1941.8.2。
17 詩友 7 卷 4 期 1957.7.1。
18 詩友 5 卷 2 期 1956.3.1。
19 詩友 6 卷 2 期。
20 詩友 6 卷 2 期。
21 詩報 316 期 1944.6.6。

一水縈洄遶草爐，夕陽斜照柳扶疏，
年來最愛躬耕樂，無事安閒好讀書。

〈村居之二〉[22]

遶屋稻梁穗漸舒，田頭田尾草頻除，
添栽蔥韭為蔬食，免與人爭買魚肉。

〈帽影〉[23]

尋芳到處一鞭俱，月夕花晨印滿途；
移到龍山斜照處，團團跡訝落平蕪。

實際物的描寫，所用的主題都是鄉村裡頭容易見到的東西，例如稻草人更是農村田野間的代表物，只是王金鐘的這首詩作似乎另有隱含的旨意。

〈聽鶯〉[24]

双柑斗酒出芳郊，纖錦頻邊柳上拋，
巧囀嬌聲和蝶板，隨風入耳聽交交。

〈荷池〉[25]

亭亭翠蓋露凝珠，點綴波心似畫圖，
寄予採蓮須子細，鴛鴦交頸夢歡愉。

〈稻草人〉[26]

草扎人身擁蔽裘，手持竹杖護田疇，
勘嘆大半冠裳客，茅塞胸中在上流。

〈玉連環之一〉[27]

思將交頸效鴛鴦，比德雕圓用意長，
一段姻緣成隔世，希奇艷福羨韋郎。

〈玉連環之二〉[28]

---

22 詩報 316 期 1944.6.6。
23 詩報 241 期 1941.2.4。
24 詩報 294 期。
25 詩友 6 卷 6 期。
26 詩報 241 期 1941.2.4。
27 詩報 237 期。
28 詩報 237 期。

　　　　神雀含來兆厥祥，天然勾貫射圓光，
　　　　明徵四世三公應，德澤綿延實可方。
四季景象的詩裡頭，讀起來都有一種輕淡溫暖的感受，可以感受作者
的溫柔敦厚樸實無華的特色，古人說道：詩可以言志。若從王金鐘的
詩裡頭可以看出他的淡泊。

　　　〈春風之一〉[29]
　　　吹散紛紛舞蝶狂，高飄到處有餘香，
　　　聲傳千里天崖遍，習習融合喜氣揚。

　　　〈春風之二〉[30]
　　　不寒不暖更飄香，文飾高張處處揚，
　　　端藉東風吹的到，愧無美酒談炎涼。

　　　〈秋曉之一〉[31]
　　　蒼碧雲天雁陣橫，經年漂泊客心驚，
　　　晨星幾點淒涼感，殘月半彎離別情，
　　　岸柳籠烟迷遠望，江楓夾路映前行，
　　　羨他魚艇方纔出，水面迎風到處平。

　　　〈秋曉之二〉[32]
　　　天高露下未成水，極目蕭條感慨增，
　　　月落西江風力緊，寒窗坐對一殘登。

　　　〈寒意〉[33]
　　　萬物凋殘亂不齊，霜風刺骨欲沉迷，
　　　勘歎世上交情薄，范叔無人贈一綈。

　　　〈送臘〉[34]
　　　悵觸玄冥駕返時，筵開數處酒迎蒞，
　　　離歌唱罷乾坤老，一點冬心忍別離。

_____

29 詩報 272 期 1942.5.20。
30 詩報 272 期 1942.5.20。
31 詩報 275 期 1942.7.10。
32 詩報 302 期 1943.9.7。
33 詩報 268 期 1942.3.18。
34 詩報 150 期 1937.4.1。

〈微雨〉 35

村前村後籠隱霾，細雨簾纖乍濕階，

佇看枯苗沾已足，一春自慰老農懷。

〈賞雨〉 36

颯颯東風裡，靡微濕六街，

催詩添逸興，坐對更忘懷。

節慶祝賀的詩作，是在特殊的節日裡頭或是特殊場合裡頭的詩作，都有其想要傳達的目的，也可以知道讀書人的心中，仍有其遠大的報復和憂國的情操。而其中有幾首是為朋友而作的詩，知道王金鐘先生應該也是個重情義的人。

〈祝楊連基氏赴大陸發揮〉 37

弘農累世出奇才，前有申公佐定臺，

此次看君登大陸，應符富貴迫人來。

〈王桂木令萱堂七十一壽〉 38

教子成名懿德揚，筵開七一奏霓裳，

樽傾北海乾坤老，壽並南山歲月長，

繞膝兒孫欣舞綵，賡詩騷客喜登堂，

蟾光寶婺相輝映，共祝延綿百世昌。

〈慶雙十節〉 39

推翻帝制豈尋常，起義爭雄在武昌，

國慶今朝人盡祝，中興漢族繼炎黃。

〈慶雙十節〉 40

節逢雙十應無疆，追念偵忠為國殤，

寄語從戎諸志士，矢承先列奠金湯。

35 詩報 314 期 1944.4.25。
36 詩友 9 卷 6 期。
37 詩報 198 期 1939.4.1。
38 詩友 8 卷 3 期 1957.12.1。
39 詩友 8 卷 3 期 1957.12.10。
40 詩友 9 卷 3 期。

〈慶于老獲詩歌獎〉[41]

元老騷壇早壇場，年高德邵更詞章，
千秋絕掉留風韻，一代新聲耀國光，
氣魄堪追唐李杜，鋒芒不遜晉鍾王，
奪魁莫怪人低首，麟閣題名願已償。

〈植樹節〉[42]

栽培曾不惜艱難，做育人才一例看，
為棟為樑期豈妄，防洪防旱計良安，
枝高企望擎天立，葉嫩還愁任雨殘，
吩咐充薪休剪伐，長留蒼翠護吟壇。

〈恭祝蔣公七十華誕之一〉[43]

天生聰慧豈尋常，德化中華政績良，
威震當年曾北伐，位尊此日鎮南疆，
運籌雄略誰能匹，破敵奇謀世莫當，
文武齊名公獨具，精神豐滿壽星光。

〈恭祝蔣公七十華誕之二〉[44]

杖國筵開鬢未霜，龍姿益壯健而康，
階前虎拜千秋祝，闕下人傾萬壽觴，
德配乾坤興漢室，胸藏韜略壓扶桑，
卅年重上期頤算，朝野賡歌晉賀章。

〈元旦遊員林偕錦標兄遊公園偶作〉[45]

一年佳興在今朝，為愛騷人姓字標，
鉅飲屠蘇情繾綣，同觀名勝足消遙，
鶯聲恰恰風光媚，蝶影翩翩景色饒，
此地繁華傳已久，宵來到處起笙簫。

其他的詩作亦有幾首，其中也有擊缽吟，可以知道王金鐘的詩作和其

---

41 詩友 5 卷 4 期。
42 詩友 6 卷 1 期。
43 詩友 6 卷 5 期。
44 詩友 6 卷 5 期。
45 詩報 244 期 1941.3.21。

他當期的詩人相比不算多，但是仍然曾經在當時雲林和彰化的詩社裡頭，留下不少還不錯的作品。

〈迎春〉

幾樽柏酒又珍肴，共迓東君山遠郊，

難得流鶯解人意，翻新歌韻助推敲。

〈客夢之一〉46

鄉懷寂寂夜三更，忽入邯鄲好夢成；

歷盡風霜空富貴，黃粱未熟客心驚。

〈客夢之二〉47

寒雨瀟瀟落渭城，無端愁思客心驚，

夜來化蝶歸鄉去，彷彿山妻下榻迎。

〈中秋步月之一〉48

妝成艷態下樓時，踏遍街衢姊妹陪，

如此良宵如此月，幽遊何礙夜歸遲。

〈中秋步月之二〉49

桂花香氣夜侵肌，大放清光月滿時，

絕好圓山山外路，嫦娥伴我步遲遲。

〈秋讌之一〉50

玉露金風入酒巵，情懷不減鹿鳴時，

縱無佳句題紅葉，一醉黃花足忘疲。

〈秋讌之二〉51

盛會欣逢樂不疲，綺筵喜設在東籬，

一樽共酌黃花釀，主客忘形拚醉宜。

〈月鏡〉52

---

46 詩報 240 期。

47 詩報 240 期。

48 詩友 7 卷 1 期。

49 詩友 7 卷 1 期。

50 詩報 234 期 1940.10.18。

51 詩報 234 期 1940.10.18。

52 詩報 264 期 1942.1.20。

外天菱花七寶成，宵當餅節大光明，

高懸銀漢雙星會，遠映金閨兩姓盟，

圓滿能符憑月老，姿容增艷比雲英，

案頭貯有千秋鑑，今古家庭見最精。

三、結　語

　　日據時期台灣詩社的發展沒有因為日本的佔領而凋零，反而是一個巔峰時刻，依書上記載當時全台詩社數目相當驚人，而且報章雜誌也大量刊載作品。王金鐘先生也是當時的一個詩人，他的詩作少數幾篇留存在當時的詩報、詩友等刊物，還有各吟社的擊鉢吟裡頭，但可能因為工作或是等些不明的因素，就此斷了關於王金鐘的相關資訊。依據北港戶政所查到的資料，王金鐘先生戶籍裡頭登記的職業是商，流動攤販！雖然他的名字出現過很多詩社，但是當作者實地勘查仁和街上時，並沒有人熟知此號人物！雖然如此，但是未來仍有努力的空間，透過田野的實地調查，或許時間的耗費更多，但或許將有一更完善的資料出現。

　　總而言之，曾經出現畢竟留下痕跡，王金鐘先生恬適的農村子弟性格，在他詩作上的表現，仍為當時的園地投注一些力量！王金鐘先生詩作內容多採集自然，其中雖有一二則點出時代的抱復期許，但多數詩作依然走清新質樸，灑脫，言語平鋪直敘，情感真摯。因此雖然王金鐘先生目前我們所得的資料線索仍有限，但曾經在雲林的漢詩詩壇中，不失一位不錯的作家！

李水波漢詩研究

陳 玟 豪

一、前　言

　　日據時期的台灣，因日本的高壓統治與思想改造，致使台灣人無法表達其愛國的思想言論，於是，大部份的文人藉「賦詩言志」，來寄託他們的情意。而本文所要探討的鄉勵吟社剛好創立於日據時期中後期，屬於日本對台灣實施皇民化運動的時期，其中李水波先生為創社元老，鄉勵七子之一，故其詩確有其值得研究之價值與意義。

二、生平簡述

　　李水波先生，字源濤，西元 1910 年生於雲林口湖鄉梧北村。西元 1933 年(民國二十二年)，與六名雲林當地人創立鄉勵吟社（社址於雲林縣北港鎮），人稱「鄉勵七子」[1]。其創社目地在鼓吹鄉友互相勉勵、共挽頹風、保存道德文化為目地。[2]每逢歲首，例舉五社聯吟[3]，月賦課題一次，曾有「海濱鄒魯」之美譽。先生的啟蒙老師就是他的叔父，也就是當代有名的政治家與漢學詩文作家 —— 李萬居先生。以下是李

1　李水波、林國賜、曾仁杰、曾人岸、邱謨、黃篆、黃天賜等七人。
2　曾仁杰〈鄉勵吟社概略〉，《雲林文獻》二卷二期，雲林縣文獻委員會，1953 年 6月。
3　五社：石社、江濱吟社、白水吟社、鯤水吟社與鄉勵吟社（江寶釵，《嘉義地區古典文學發展史》，第 342 頁，1998 年 6 月）。

萬居先生於結婚三十週年時所寫送給先生的一首七言絕句：

　　〈結婚三十年週年紀念書懷〉[4]

　　三十年間轉眼過，韶光事業兩蹉跎；

　　神州一夢成狐穴，劫後尼山近若何！

從小先生就受李萬居先生的影響，逐漸培養出詩文閱讀與創作的興趣。

三、鄉勵吟社[5]

　　鄉勵吟社創社之宗旨以鼓吹漢文化，教育鄉弟子為目標，且吟社社員大多為口湖鄉李西端先生「求得軒」書齋的弟子。

　　創社初期（1933～1935）主要以「鄉勵七子」為主要社員，社員名單如下：李水波、林國賜、曾仁杰、曾人岸、邱謨、黃篆、洪天賜等七人。之後藉由同伴的介紹而入社者有：植梧李毓岑、李永茂、金湖曾萬主、後厝李夏、大溝陳振輝、台子莊川成、成龍李泰、蕃薯厝王慶雲、周讀、蔦松黃啟宗、堘底張啟、林厝寮林定國等十二人入社。由於當時社員年輕少壯、興趣濃厚之故，一時之間鉢聲悠揚，為當時的北港、口湖等靠海的鄉鎮增添不少文化氣息。

　　第二階段（1936～1940）因為社長曾仁杰先生從北港歸隱金湖（位今雲林縣口湖鄉），再轉入嘉義入淡交吟社[6]，自民國二十六年（西元1937年）蘆溝橋事變後再轉入水林鄉；而此時社員大多失去聯繫，致鉢聲沉寂。此時期新入社員蓋劉國賢、莊川成二人而已。後來劉氏旅寓嘉義入淡交吟社[7]，最後歸中埔鄉灣潭村；周讀遷嘉義入麗澤吟社[8]；黃篆長子因案被日人下獄而死之故而遭受打擊[9]；加上盟軍轟炸台灣，一時社員四處奔散。

---

4 李萬居先生手稿。

5 張作珍，〈北港地區傳統詩社研究〉，第65~66頁，2001年6月。

6 江寶釵，《義地區古典文學發展史》，第255~254頁，淡交吟社沿革中，提到曾仁杰、劉國賢、莊川成等人曾入淡交吟社。

7 同上註。

8 同上註，255~256頁，麗澤吟社沿革，寫到周玉亭曾入麗澤吟社。

9 張作珍，〈北港地區傳統詩社研究〉，第66頁。

第三階段（1941～1944）此時國外戰事正酣，但日軍已漸露敗象，對台灣的政經文教更趨高壓。而社長曾仁杰決定重回金湖，東山再起。

第四階段（1945～1968）台灣光復後，越年，將社址移至口湖鄉士紳李西端先生之宅第，定每月集社開會及課題一次。此時鼓吹加入之社員眾多有李協、李明泰、李崑、李清水、李清汛、蔡明耀、蔡清田、李榮宗、吳住德、李啓東、李炳耀、吳老權、蔡文生、林永福、黃郎、邱明宗、柳南龍、李坤茂、許順、吳勝三、呂親興、洪木材、方茂山、林振興、李榮黃、楊清定、蔡文清、李西清、李龍城、張燦庭等，共有多達三十人加入，後又有「求得軒」同儕等數十人加入，若陳金昌、李文進、孫朝明、李勝彥、王太郎、李丁紅、李宗義、孫義光、林清池、蔡鳳基、洪玉璋、洪玉川、林金郎等人，一時聲勢大振，因而有「海濱鄒魯」之美譽。後因傳統詩日漸沒落、後繼無人；新式教育興起，塾學關閉；重要成員紛紛遷居他鄉，若邱水謨、張清輝遷居嘉義；李勝彥遷居台南，入延平詩社；洪玉璋、李清水徙台北；蔡鳳基移豐原。致缽聲漸寂，至西元 1968 年雲林縣詩人聯吟會成立。至此，以鄉勵吟社為名的詩社活動乃告終止。[10]

四、詩作賞析[11]

現今所看到先生之作品皆為收錄自詩報之作品。雖說大部皆為擊缽聯吟課題所作，但實際上應該也融入了先生幾分的作品特色，也許並非興緻所至而作，但仍有其參考的價值。而若要再深入探討了解先生之詩風則需要再發掘新的作品資料。以下僅就收錄自詩報之作品節錄其中幾首做一簡單之整理：

〈寒衣〉[12] 七絕

寂寂孤檠照影單，為郎憔悴太心酸。

寒衣此日裁初就，欲寄伊人塞外難。

---

10 同上註，第 67 頁。

11 〈李水波吟草〉，雲林科技大學漢學所藏書。

12 昭和 9 年 1 月 1 日（西元 1933 年），發會擊缽吟於北港。

這是一首七言絕句，發表於《詩報》73 號。詩中可見男人要出征而妻兒為他做征衣的酸楚。

　　　〈撮合山〉[13]七絕

　　　恍同繫足用紅絲，大手良言信可知。

　　　撮合敖山兼不返，免教遠隔似天涯。

這是一首七言絕句，發表於《詩報》76 號。因為詞友邱水謨與陳雪花小姐新婚擊鉢，所以詩意為有情人終成眷屬。

　　　〈詩興〉[14]七絕

　　　酌酒無殊陶令癖，吟詩不遜謫仙名。

　　　不辭一醉成佳句，興會方能得廣生。

這是一首七言絕句，發表於《詩報》82 號。主要是寫為了可以寫出好的詩句不惜一醉換得佳句。

　　　〈新婚燭〉[15]七絕

　　　芙蓉帳裡照紅妝，一對清輝燦洞房。

　　　從此玉人相向坐，好顏教上有容光。

　　　〈新婚燭〉[16]七絕

　　　榮煌寶炬耀新房，齊放光明照上床。

　　　一對玉人相枕臂，無遮好共赴高唐。

　　　〈新婚燭〉[17]七絕

　　　熒熒蓮炬列蘭房，焰透芙蓉帳裡光。

　　　寄語新郎須剪剔，好教燭燭照紅妝。

新婚燭共做三首，均發表於《詩報》83 號。內容是說詞友邱水謨、陳雪花女士新婚時，那種到處點燃紅色燭火喜氣洋洋的情形，還要新郎善待新娘。

　　　〈初夏雜詠〉[18]七絕二首

---

13 昭和 9 年 3 月 1 日（西元 1933 年），為邱水謨、陳雪花新婚擊鉢吟。
14 昭和 9 年 6 月 1 日（西元 1933 年），擊鉢吟。
15 昭和 9 年 6 月 15 日（西元 1933 年），擊鉢吟。第三名。
16 同上註，第四名。
17 同上註。第七名。
18 昭和 9 年 7 月 1 日（西元 1933 年）所作。

麥含秀色柳垂金，勝景真堪挈伴尋。

乳燕亦窺人趣意，依依不捨舊巢林。

櫻桃香熟女郎來，欲摘瓊珠熳爛開。

信口悠揚歌韻好，偶聞一曲幾忘回。

二首〈初夏雜詠〉是發表於《詩報》84號之詩作。整首詩主要是描述夏天麥子、櫻桃初熟，楊柳垂金，景色迷人的情形，其中穿插乳燕，女郎和歌聲，是輕鬆活潑亮麗的夏日情懷。

〈簾〉[19]七絕

冷篩千嶂一鈎蟾，媚映佳人景益添。

藉汝垂功分內外，不教露面別疑嫌。

本首〈簾〉詩發表於《詩報》86號，內容是描寫簾幕將月下佳人分隔，營造出神秘的感覺。

〈輓林維朝先生〉[20]七絕三首

一世才雄稱莫敵，栽培後輩盡衷情。

何期撒手騎鯨去，往事傳來淚欲傾。

諄諄勸世世稱賢，叨任南州參事權。

莫料蓉城文詔至，甘心撒手枉呼天。

遺篇讀罷淚雙流，佳句空餘恨不休。

痛惜騷壇傾柱石，扶輪大雅賴誰謀。

這些輓詩發表於《詩報》87號，為悼念嘉義聞人林維朝先生所作。

〈旅感〉[21]七律

年先如水悵難回，故我依然總可哀。

逆旅恨隨千里月，家鄉信斷一枝梅。

---

19 昭和9年8月1日（西元1933年）所作。
20 昭和9年8月15日（西元1933年）所作。
21 昭和9年9月1日（西元1933年）所作。另首〈旅感〉作於昭和10年3月15日，詩報101期。

　　　離懷未飲當如醉，客邸無人不染埃。

　　　自恨謀生空白髮，一貧如洗志成灰。

　　〈旅感〉七絕

　　　砧杵聲聲欲斷腸，長安甘苦百經營。

　　　蕭條異地無聊賴，老我空餘兩鬢霜。

〈旅感〉詩前首表於《詩報》88 號，為感懷身世之作，先生自述為謀求生活而生白髮卻仍一貧如洗。以此抒發情感。另首〈旅感〉發表於次年，同樣表達出異地求生不得意的景況。

　　〈眼波〉[22]七絕

　　　凝眸含笑眼頻傳，巧送秋波入意牽。

　　　莫怪王家桃葉女，遺留千古有情天。

本首詩發表於《詩報》96 號，為課題之作。主要是描寫姑娘眼波頻送秋波予男孩的巧笑妙盼的威力。文中所提「王家桃葉女」乃是指王獻之與桃葉女的故實。

　　〈祈雨〉[23]七絕二首

　　　禾苗匝地欲枯黃，只望淋漓雨露瀼。

　　　若得精神如束子，甘霖潤澤豈尋常。

　　　滿眼將枯劇可憐，黎民無力庇苗鮮。

　　　誠心只學桑林禱，惟願甘霖早沛然。

〈祈雨〉發表於《詩報》105 號，主旨寫乾旱無雨民為所苦，滿心祈禱甘霖下降。

　　〈首夏即景〉[24]七絕

　　　赤帝司權駕始回，池塘菡萏菁蕤初開。

　　　著詩覓句槐陰下，又得蟬聲送韻來。

本詩發表於《詩報》106 號，主旨寫初夏炎熱的景象，但詩人以覓句寫詩卻得蟬聲回應的俏皮手法表達，足見幽默。

---

22 昭和 10 年 1 月 1 日（西元 1934 年）所作。
23 昭和 10 年 5 月 15 日（西元 1934 年）所作。
24 昭和 10 年 6 月 1 日（西元 1934 年）所作。

〈偶慶〉[25]七絕二首

如梭日月悵難回，摧老霜絲滿面來。

事與心違憐伏櫪，空拋壯志劇堪哀。

礫礫奔波又壹年，艱難世步奈何天。

可知骨相原窮命，枉費精神意志堅。

〈偶慶〉二詩發表於《詩報》106 號，詩在敘說先生自己運途乖舛，雖然意志堅定，猷敵不過命運，奔波多年仍窮困潦倒。

〈白鷺〉[26]七絕

雪羽蹁躚為訪鱗，蓼花影裏寄閒身。

逍遙最羨君高士，不管滄桑到幾春。

〈白鷺〉詩發表於《詩報》44 號，為先生早期作品，旨在描寫白鷺的悠閑。

〈晚步〉[27]七絕

納涼結伴到池塘，滿眼清光接水光。

為愛幽涼忘坐久，一鉤明月已斜牆。

〈晚步〉詩發表於《詩報》62 號，旨在寫晚上到池塘邊閒坐所看到的夜景。

〈月照書窗〉[28]五絕

姮娥多雅意，斜照入書房。

慰我情無限，孤窗桂正香。

〈月照書窗〉詩發表於《詩報》43 號，也是先生早期之作，且為先生罕見之五絕作品，旨在寫讀書至深夜，月色映照入窗桂花飄香所引起的聊以自慰的感受。

〈鄉感〉[29]七絕

雞聲驚破遊人夢，夜夜鄉關一片心。

---

25 昭和 10 年 6 月 1 日（西元 1934 年）所作。
26 昭和 7 年 10 月 1 日（西元 1931 年）所作。
27 昭和 8 年 7 月 1 日（西元 1932 年）所作。
28 昭和 7 年 9 月 15 日（西元 1931 年）所作。
29 昭和 8 年 2 月 1 日（西元 1932 年）所作。

　　　　萬感愁添羈旅恨，且將杯酒對孤吟。

〈鄉感〉詩發表於《詩報》52 號，旨在寫身在異地的遊子想念故鄉之情。

　　〈獨酌〉[30] 七絕

　　孤斟自覺逍遙趣，贏得詩人樂此生。

　　笑煞忘恩名利客，心心只想作虛榮。

〈獨酌〉詩發表於《詩報》95 號，旨在描述先生自得其樂，諷刺忘恩追求名利之人。

　　〈哭蘇遠騰君〉[31] 七絕四首

　　一坯黃土可憐君，失卻英才欲斷魂。

　　莫料天心多挫折，忍拋妻妾付修文。

　　汾津豪傑餘無幾，啟意仙遊累到君。

　　一世英名成底事，空餘父母淚如灃。

　　天心嫉妒有才人，一世英明念八春。

　　痛惜箕裘無克紹，北堂剩有老年身。

　　一番事業在新聞，褒德匡奸賴有君。

　　健筆一支能判世，何其更付到修文。

這四首詩發表於《詩報》75 號，旨在悼念北港汾津詞友蘇遠騰先生，蘇先生在新聞界服務，但僅活了 28 個年頭，留給老父母無限傷心。

　　〈祝台灣警察協會十五週年之紀念〉[32]

　　安寧秩序認來真，報國忠心絕點塵。

　　不負皇恩年十五，應教基礎更維新。

　　共扶時事最精神，創立於今十五春。

　　謢道持安涵本領，為君為國更閑民。

---

30 昭和 9 年 12 月 15 日（西元 1933 年）所作。
31 昭和 9 年 2 月 15 日（西元 1933 年）所作。
32 昭和 8 年 12 月 15 日（西元 1932 年）所作。

〈祝台灣警察創刊時報十五週年之紀念〉

尊重條綱義氣純，全憑時報鑄來真。

光輝十五依精在，實質當教永不垠。

欲尊綱領啟將來，十五而今喜共栽。

寄語諸君須徹底，莫看此報做飛灰。

這四首詩發表於《詩報》72 號，為慶祝日治時期台灣警察協會和宣傳報紙創立十五週年紀念的應酬作品。

〈送吳註窗兄回故里〉七絕

揮淚憐君志未成，那堪折柳送吟旌。

一杯別酒心如醉，最後滄桑變幾程。

本詩發表於《詩報》64 號，為送別朋友吳註窗事業奮鬥不成功而不得已回歸故里之作。

〈農家樂〉[33] 七絕

山田滿眼麥穗繁，到處頻聞笑語溫。

我愛茅廬三兩棟，逍遙半讀半鋤園。

〈山居〉

林泉久謝俗塵情，滑徑蒼苔遍地生。

幸喜山禽知寂意，時時婉轉弄歌聲。

〈農家樂〉和〈崐〉詩發表於《詩報》140 號，〈農家樂〉為描寫農家生活恬適安樂之作。〈崐〉詩，則旨在描寫山居之生活。這二首詩呈現詩人對農家山居的欣羨。

〈秋味〉[34] 七絕

一天寒意赴湘潭，恰值鱸肥味正甘。

欲學淵明頻酌酒，清香籬下對孤含。

〈秋味〉詩發表於《詩報》52 號，為描寫秋天到潭中捕魚，寒天獨酌之樂。

〈中秋戲作〉[35] 七絕

---

33 昭和 11 年 11 月 2 日（西元 1935 年）所作。
34 昭和 8 年 2 月 1 日（西元 1932 年）所作。
35 昭和 10 年 2 月 1 日（西元 1934 年）所作。

銀盤萬里十分圓，不負中秋此夜天。

莫怪明皇遊興大，當知月殿景新鮮。

〈汾津泛月〉

壹舟詩酒最怡情，舉棹汾溪徹底清。

漁父不知亡國恨，浩歌猶唱太平聲。

〈中秋戲作〉詩發表於《詩報》98號，為描寫中秋景色迷人之作。而〈汾津泛月〉發表於《詩報》106期，昭和10年6月1日，詩中對日本人的統治，實有怨言。在日人統治時期，未免太膽大。

〈元旦雜詠〉[36] 七絕二首

門前松竹迎新年，匝地春光遍大千。

柏酒盈樽傾此日，人間喜得慶團圓。

祥光靄靄兆豐年，入眼王春景色鮮。

最喜吟身仍健在，勝他宦海幾千千。

〈元旦雜詠〉詩發表於《詩報》55號，為描寫過年時大家慶團圓的景象。而最值得高興的就是身體健康，這比任何事都重要。

五、結　語

鄉勵吟社創立之宗旨，志在保存漢文化、藉詩教傳承，教育鄉民子弟。曾仁杰曰：

> 『鄉勵』二字之意義，志在鼓吹原北港郡下鄉村士子，千鈞一髮，共挽頹風，為我們大中華民國保存固有道德與五千年文化之觀念為目的，所以當在日本帝國主義統治之下，我們正式樹立詩幟，飄揚於孤島之一隅，旗鼓堂皇，開催發會式。[37]

鄉勵吟社在當時日本的皇民化高壓統治政策之下成立，精神實是令人敬佩，因為他們時時必須冒著被逮入獄之危險，大膽的在詩報中創作詩文以表達對漢民族的思念與期待光復之情。可惜的是光復之後，新

---

36 昭和8年3月15日（西元1932年）所作。

37 同註2。

式的西方教育興起，漢學逐漸衰落，以致今日我們身爲台灣的子弟卻對自己本土的作家與詩人一無所知！希望藉由本土意識不斷的甦醒，能幫我們後代的子孫留下一些真正屬於台灣的文學發展史。

六、參考書目

1.《李水波吟草》，雲林科技大學漢學所藏書。

2.江寶釵，《嘉義地區古典文學發展史》，嘉義市立文化中心，1998年6月。

3.張作珍，〈北港地區傳統詩社研究〉，南華大學，2001年6月。

4.鄭定國，《日治時期雲林縣的古典詩家》第一編，台北里仁書局，2005年8月。

附　註

　　雖然李水波先生之長媳對於先生之事所知不多，但於電話訪談中知道李水波先生育有二男三女，除長子李文博先生定居高雄外，其餘皆在台北，先生退休後經常往來台北、高雄之間居住。而李水波先生的夫人現在定居在台北。

李萬居漢詩析論

蔡 孟 珂

一、前 言

　　李萬居（1901-1966），雲林縣口湖鄉人。曾赴上海及法國求學，受其堂兄李西端扶助甚多，若沒有李西端就無今日的李萬居。一生雖致力於政治，由於其深厚的國學底子，對於漢詩多有創作，詩作內容與生涯中的遭遇息息相關。他是台灣典型青年抗日而投身報效祖國的例子，曾任歷屆台灣省參議會議員，其創作的詩句「盡瘁一生為自由，詞嚴義正比春秋。」可用來形容這位民主的代議士最佳寫照，另一首詩所寫的「夢寐憂時歌當哭，歲闌何計遣悲愁。」更是他感嘆為民主政治奉獻一生，卻又回天乏力的無奈。民國三十六年，《公論報》的創辦以公正超然的立場批評當時的時政，又曾刊登過台灣作家的文章而引起軒然大波，但對台灣文學的發展功不可沒。也因此他遭受政治、經濟雙方面的壓力，付出過相當大的代價。擔任省議員二十年期間，以問政犀利出名，因此有「魯莽書生」的稱號。本文試著從李萬居的生平和作品中，探討其創作路程的軌跡。

二、李萬居的生平

（一）出生及社會背景

李萬居（1901－1966），字孟南，別號魯莽書生。父李籛先生，母吳嬌女士，姊李藕。西元 1901 年（明治 34 年）出生於雲林縣口湖鄉[1]梧北村[2] —— 即以農漁維生的濱海地帶。雲林沿海，本屬沙洲、潟湖、西湖錯綜之地，旱田遼闊，地近散沙，農務難興；臨海地區，岸遠水淺，舟楫難通，故多闢漁塭；討海維生，必須冒著生命危險。從李父病逝之後，愛讀書的李萬居不得不離開村中的學堂，幫忙家中生計。不論是到田裡工作或是挑東西上街叫賣，他都毫無怨言的順從母親。

（二）李西端的扶助

十四歲那年，母親受到李萬居堂兄李西端先生的勸說，讓他到自己籌辦的私塾 ——「求得軒[3]」書齋就學。「求得軒」書齋於民國三年（西元 1914 年）由李西端延聘董拱先生任教。李西端經過多年苦讀有成後，因有感鄉村教育落後，而口湖鄉居民多貧困無力就學，於書齋中教授漢文[4]。由於日據時代日人禁止台灣人學習漢文，李西端不為所懼，持續推動漢文教育，當時慕名而來的人甚多。口湖鄉文學風氣鼎盛，詩人吟詩、作詩風氣盛行，此地區的詩人均拜讀於李西端先生門下，西端先生對此地區教育影響甚大。因此，李萬居又重拾了讀書的

1　口湖一帶大約在康熙末年，即有泉漳移民入墾，在乾隆五十年（西元 1785 年）前後全域墾成。從其第名緣起的追溯，約可探測出原景觀。濁水溪沖積扇以西南沿海地方，有多處皆以「湖」為地名的聚落，口湖則是四湖、後湖、內湖、施厝湖等地之入口位置，故得名。

2　梧北村與梧南村在未分村之前，本名「宜梧村」，以本地種有大片宜梧樹為名。後因村民時有衝突，又符合分村條件，故分為梧北村和梧南村。

3　「求得軒書齋」於民國三年（西元 1914 年）由李西端先生創立，聘請董拱擔任授課的老師。教學方式採學長制，休暇時間不限。束脩隨意，並無定數。當時口湖鄉人民貧困，就學不易，求得軒對於此地的教育功不可沒，當時人們常自稱是「寮仔大學」畢業的，即是對書齋的一種肯定。求得軒在光復後仍繼續開業，後來因為九年國教的實施，民眾受教育的機會大增，才在民國六十年歇館。

4　《雲林鄉土教材系列 16》，頁 35。

機會，於書齋中飽讀詩書，爲他日後的詩作奠定下良好的基礎。

當時的台灣已受日本統治，日本強徵人民的賦稅，使得人民生活困苦，又更何況是在貧困的口湖鄉。雖然李萬居在十五歲時就開設蒙館教授學生，但微薄的薪水入不敷出，於是他只好離開家鄉到嘉義縣的布袋街（今布袋鎮）當鹽丁[5]，但是因日吏苛捐雜稅日重，且逼債日急，李母不堪忍受，於是於民國八年（西元 1919 年，大正八年）懸樑自盡。這對年僅十八歲的李萬居來說，真是一大打擊，他成了無父無母的孤兒了。

後來他到台中烏日糖廠工作，期間積極參加「台灣文化協會」[6]的活動，此協會的文化啓蒙活動對李萬居青年時期政治思想的逐步成熟，提供很大的助力。李萬居的堂弟的病逝對他又是再一次的心靈受創，因爲堂弟林李梱患腦膜炎，他隻身在被隔絕的草寮中照顧堂弟，完全無視於日本村長的威嚇，最後還是無法挽回堂弟的性命。更令人生氣的是，在堂弟下葬完之後，他被日本村長懷疑感染腦膜炎爲由，被拘禁在草寮中。憤怒的他在草寮中寫出一句詩：「三呎牢籠鎖自由，鐵窗困白少年頭。」

母親的慘死、堂弟的病逝和自己無端遭到的屈辱，使青年李萬居心中鬱積了悲憤，他想衝破這禁錮的牢籠，但能往哪去呢？沉思許久，他決定前往祖國求學，雖然那是一個遙遠而陌生的環境，但在眼前那是一個能讓他找到希望的地方。

（三）負笈求學

民國十三年（西元 1924 年），李萬居進入上海文治大學就讀，雖然在台灣只受過私塾的教育，所謂：「萬事起頭難。」，起初忙碌的課業讓他感到吃力，不過憑著農家子弟的苦幹精神，漸漸的迎頭趕上

---

5 康熙末期，台灣官府即往閩南的漳州府南靖縣招募客籍工頭趙元、蔡瑪爲、黃孔等三人，率領鹽丁二十餘人，至打鼓澳屯闢鹽田。早期的鹽場，有私耕的，也有官營的。但「私鹽」常有削價競銷的現象，嚴重影響官府的收益。雍正四年，清廷下令打鼓澳的鹽田全部收歸官營，鹽丁隨之成爲官方的長期僱工。

6 台灣文化協會成立於 1921 年，由蔣渭水等人籌組，推林獻堂爲總理，參加者近千人，並「以謀台灣文化向上」爲宗旨。該協會具有強烈的反殖民統治，要求民族獨立的傾向。發行過會報、文化叢書和《台灣民報》，並開辦學術講座、通俗演講會等。

別人。第二年,他轉入上海民國大學就讀,期間受了章太炎先生的教誨,讓他動了想出國留學的念頭,最後他選擇了留學的地點 —— 法國。

受到堂兄李西端和親友的資助讓他得以成行,西元 1928 年,他進入巴黎大學文學院就讀,專供社會學,旁及文學,過著勤奮而儉樸的生活。從他寄給李西端的詩中可見李萬居有多怕辜負了鄉親的期待,而不敢懈怠。

〈寄懷西端兄〉[7]

曠目斜曦心幾碎,夢中猶認舊家門。

春光浴我常溫暖,淚灑征衣為感恩。

留學期間他研究法國大革命時代的思想和普魯東[8]的學說,後來他加入了意識形態接近「國家主義」[9]的「中國青年黨」。經過七年的努力,他終於完成學位,在民國 21 年(西元 1932 年)啟程返國回到上海。

(四)成家立業

李萬居回到上海後,忙著從事翻譯的工作,翻譯出的作品受各界肯定,逐漸展露頭角。然而他的終身大事卻受周遭親友關切,經由介紹李萬居認識了鍾賢瀯女士,原本抱獨身主義的鍾女士被他的熱烈追求打動,可從他寫的詩中窺見一番:

〈秋日訪賢瀯不遇〉[10]

心情別後餘惆悵,閒踏秋風落葉來。

佇立空階緣底事,屐痕何處認蒼苔。

〈海上寄懷賢瀯〉[11]

歇浦樓頭感索居,別來消息近何如。

平生最愛湘山水,雲斷秋聲正雨餘。

---

7 《珠沉滄海》,頁 147。
8 普魯東是十九世紀法國的經濟學家,社會學家、無政府主義的創始人之一。他認為私有制度違反平等,共產主義違反獨立,主張要尋找出一各平等和獨立的「合題」。也就是建立一個自由社會,以個人所有為基礎的互助制社會。李萬居身於日據時代的台灣,親身經歷日本的高壓統治,因此他對普魯東的學說心生嚮往。
9 國家主義是一種凡事皆以國家的利益為主,而個人應盡力效忠國家的政治主張。此種政治主張易引起人民的愛國思想。
10 《珠沉滄海》,頁 148。
11 同上。

　　終於在民國二十四年（西元 1935 年）兩人結婚了。從李萬居結婚一直到民國二十六年之間，長子南輝、長女湘如相繼出世，家庭生活幸福美滿。這段期間，是他一生中最恬靜而安適的日子，而不久之後這片寧靜，卻被日本的炮火打散了。民國 26 年（西元 1937 年）中日戰爭爆發，李萬居應日本問題權威專家王芃生[12]的邀請，加入國際問題研究所，負責蒐集對日的軍事、政治情報，奔波於漢口、重慶、香港和越南間。珍珠港事變後，李萬居受命為國際問題研究所辦事處少將主任，負責廣東地區敵情的工作。對研究敵情，消滅敵軍的工作，有極大的貢獻。但當時湘桂會戰正如火如荼進行中，前線軍情告急，敵軍已經臨城而下，李萬居攜同妻而逃難。李萬居的兒子李南雄回憶道[13]，「逃難途中，盡是翻入溝旁的車輛，被輾斃而無人問津的屍體，記得還見到一頭被老虎吃剩的水牛殘骸。晚上，天氣冷的不行，我和哥哥、姊姊裹在父親的大衣裡，在火堆邊烤火，禦寒過夜……」。就這段逃難的生涯，李萬居也作了一些詩，從詩中可以窺見當時的狀況慘烈、民不聊生的描寫。

〈日寇進侵犯桂林遭難湘桂途中雜詠其一〉[14]

妻挑鍋碗夫挑兒，行乞街頭為止飢。

千里行來疲瘦甚，那堪風雨又相欺。

〈日寇進侵犯桂林遭難湘桂途中雜詠其二〉[15]

萬里西行肯老親，貧窮益發見情真。

流亡自古艱難甚，忠孝而今尚有人。

　　民國三十三年（民國 1944 年），李萬居一家在重慶近郊定居，不久就創辦《台灣民聲報》。在無意中，他邂逅了上海時的同學林嘯鯤，舊雨重逢，感慨萬千。林先生寫了一首詩給李萬居，記此次相逢之事。

〈贈李萬居詞兄〉[16]

---

12 王芃生（西元 1893-1946 年），原名王大楨，字芃生，湖南醴陵人，日本帝國大學經濟部畢業，潛心研究日本政情。
13 《李萬居評傳》，頁 88。
14 《珠沉滄海》，頁 150。
15 《珠沉滄海》，頁 151。
16 《珠沉滄海》，頁 82-83。

　　十八年來勞燕分，不知客裡又逢君。

　　縱談滄事渾如夢，一沐歐風更出群。

　　班白自憐潘令鬢，清新絕愛謫仙文。

　　何期收復澎湖島，共理簑衣釣暮雲。

天空的雲霧總算散開了，民國三十四年對日抗戰勝利。同年四月，李萬居內定接收台灣報紙即《台灣新生報》，六月又受聘為「台灣調查委員會」兼任專門委員。十二月，榮獲國民政府頒發甲等勝利勳章。李萬居心中充滿歡喜，因為台灣脫離了日本五十一年的統治，他就要凱旋的回台灣了。

　　民國三十四年（西元 1945 年），李萬居返回台灣，擔任《台灣新生報》的首任社長。李萬居選擇了自己喜愛的新聞事業，蓄勢待發。返台的第二年，他被台南參議會推選為台灣省議員，同年省議會成立，當選為副議長，接著又成為制憲國大代表，前往南京參與制憲的工作。從民國三十五年當選省議員起，李萬居在議會問政長達二十一年之久。

　　除了民眾請託、各項為民服務外，李萬居長期關注人權保障，新聞自由，出版自由，集會結社自由、司法獨立等問題，人稱議會五虎將[17]之一[18]。

　　《公論報》[19]為李萬居在民國三十六年（西元 1937 年）創辦的，在當時政治壓力和財務困窘的情況下，仍維持公平的立論空間，創下當時民營報紙銷售量最大的佳績。《公論報》發行之旨趣與言論立場，一如李萬居於民國四十六年該報創刊十週年時所說：「本報在三十六年創刊之初，即曾提示我們的理想，曰民主、自由與進步。台灣五十年間在日本帝國主義的殘酷統治之下，我們的先人以至於我們不斷的

17 省議會五虎將為李萬居、吳三連、郭國基、郭雨新、李源棧。

18 《鄉土教材系列 16》，〈我的家鄉－口湖鄉〉，頁 34。

19 《公論報》於 1947 年為李萬居所創立，由於報導詳實、立論公正，因此有「台灣大公報」的盛譽。1961 年，《公論報》資金籌轉困難，決定增資重新組織公司，不料新股東舉行改組，李萬居被架空，報社新任總經理在未經李萬居先生的同意下，更動人事，雙方產生裂痕；新任社長張祥傳也向法院提出訴訟，請求判決李萬居先生將《公論報》發行權交還給公司。在這場官司中，李萬居敗訴，判決他必須繳出 200 萬的擔保金，否則要交出《公論報》的產權。為了避免報社落入他人手中，李萬居透過《公論報》向讀者募款，但最後在內外因素的夾雜之下，李

奮鬥，犧牲無數生命以求者，也不外是在日本人壓迫統治被推翻之後，才有可能實現可能的民主和自由，不只是不甘受異族統治而已。在二十世紀六十年代，我敢肯定的說：是民主主義的偉大時代，它的思想潮流如水之就下，沛然莫之能禦。」[20]但《公論報》的言論不甚受當局歡迎，政府視其為眼中釘，於是李萬居在政治上飽受箝制，又加上他的家中無緣故發生火警，讓《公論報》頓時失去經濟上支撐的力量。最後在當年執政黨的刻意安排下，《公論報》公然被奪，成為名實俱亡的御用報紙。這是李萬居生命上一個重大的打擊。

（五）鞠躬盡瘁

為了落實台灣的政黨政治，促進民主自由，在民國四十九年（西元 1960 年），李萬居與雷震等人籌組中國民主黨，後來飽受執政黨的壓力，不得不中止。又加上《公論報》經營問題和鍾賢瀬夫人的逝世，讓他過著挫折、痛苦的晚年。在他晚年有幾首詩作足以表達當時的心境：

〈乙巳歲闌感懷〉[21]

滔滔風水感危樓，極目蒼茫哀九州。
夢寐憂時歌當哭，歲闌何計遣悲愁。

〈寒宵聽雨〉[22]

錯落簾前滴答聲，連宵寒雨打殘更。
堪憐枯寂心靈裡，絕似空山一老僧。

在民國五十五年（西元 1966 年），李萬居因糖尿病併發心臟病，病逝於臺大醫院，享年六十六歲。「踏盡人間艱險路，雄才豈竟是書生！」此一詩句，可說是其一生最佳寫照。雲林縣的詩人們也寫了挽詩，以示哀悼：

〈輓詩〉　　成龍　邱水謨[23]

心忠家國志難移，莫把書生魯莽嗤。

萬居於 1961 年 3 月 5 日宣佈休判，結束《公論報》公論報 13 年的生命。
20 《台灣報業演進四十年》，頁 79。
21 曼池：《珠沉滄海》，頁 157。
22 同上。
23 曼池：《珠沉滄海》，頁 211。

壇上諍言關輔政，報中公論為匡時。

清廉兩袖風無物，功績千秋口有碑。

未飲黃龍先飲恨，珠沉滄海不勝悲。

〈輓詩〉　楂梧　李清水[24]

冷雨淒風噩耗傳，人間痛失一名賢。

立言不朽揚三島，讜論永彰達九天。

報界驅馳誇驥展，議壇歷屆羨蟬連。

于今赴召修文去，剪紙招魂涕淚漣。

三、李萬居作品析探

　　李氏一生幾乎為政治而奔波，留下的作品並不多。但在他人生的一些關鍵時期，總是有所感的沉澱心靈，寫出當時心情的寫照。其作品內容多為抒懷、敘事之作，由其子李南輝教授彙集成篇[25]，共有七律六首、七絕四十一首、五言古詩三首。以下分成四項，為其創作進行論述。

（一）負笈求學時期

　　青少年時期的李萬居見聞過、也親身體驗到日本帝國主義統治的殘酷無情。而他的母親在受到日本收稅人不堪的精神凌虐，選擇懸樑自盡，含恨離世，這堅定李萬居要向外尋求發展的信念，想返回祖國唸書。在二十四歲離開台灣赴上海求學，憑著農家子弟奮發進取的苦讀精神，努力提升自己的程度，以期能對國家有點貢獻。以下是他在上海求學時的幾首七言律詩作品：

〈秋夜讀蓼莪〉[26]

愁聽西風萬籟吹，深宵不寐讀毛詩。

蓼莪半句腸千斷，風樹一聲血萬絲。

十載終天恨抱盡，三春罔極報無期。

24　曼池：《珠沉滄海》，頁213。

25　李萬居詩作由其子李南輝整理，收錄於《珠沉滄海》一書中。

26　曼池：《珠沉滄海》，頁145。

　　孤哀萬里煢煢客，濕盡衣襟抵自悲。

李萬居獨自一人在海外求學，是舉目無親的孤兒，不禁獨自悲傷。而〈蓼莪〉是《詩經》中的一首詩，內容是描寫孤兒感嘆自己的處境。李氏此時感受特深，未能報養育恩，因為父母早已雙亡，只留下他形單影隻的在世上。

〈校樓夜坐之一〉[27]　　潘敬修

課餘兀坐壹身遙，愁聽車聲起逆潮。
匝地風雲心已碎，過江烽火髮先焦。
幾時得遂和平願，何日能將憂恨消。
海角層樓聊寄足，不堪清冷可憐宵。

〈校樓夜坐之二〉[28]　　潘敬修

韶華虛度暗傷神，學業拋荒愧見親。
眼底乾坤更撓攘，胸中益氣益輪囷。
難憑濁酒消閒恨，應借金經淨俗塵。
明月半沉人不寐，最無淨土可安身。

〈步潘敬修小姐韻之一〉[29]

雁聲驚動故鄉遙，萬種愁懷似逆潮。
荊棘蓬台傷已遍，烽煙祖國惜成焦。
牢騷滿腹憑誰訴，歲月廿年恨忽消。
同是天涯零落客，可憐最惟此寒宵。

〈步潘敬修小姐韻之二〉[30]

秋殘羈旅倍傷神，鍾子離蓬孰可親。
細雨瀟瀟魂黯黯，寒燈寂寂意囷囷。
未籌萬丈英豪氣，豈避三分世俗塵。
月上紗窗人太息，飄飄最是客中身。

李萬居與大學的同窗潘敬修小姐有詩文往返、詩句唱和之誼。《校樓

---

27 曼池：《珠沉滄海》，頁145。
28 曼池：《珠沉滄海》，頁145-146。
29 曼池：《珠沉滄海》，頁146。
30 曼池：《珠沉滄海》，頁146。

夜坐》與《又》是潘敬修小姐接獲他《秋夜讀蓼莪》一詩之後，拋出
的回應。《步韻》、《又》兩首詩是李氏步《校樓夜坐》與《又》兩
首詩的原韻回敬的。從潘淨修小姐的兩首詩來看，她也是具有高遠理
想與濟世匡時的人，所以李萬居能與其產生共鳴。而他面對上海這複
雜的環境視而不見，而專心一致的求學。從「荊棘蓬台傷已遍，烽煙
祖國惜成焦」[31]這一句中，軍閥割據，連年混戰，祖國大陸並非他想
像中那麼純潔可愛，也飽受列強橫逆的屈辱。然而書生報國之志未墜，
且希望從此走上報效祖國、振興民族之路，所以在其詩作中有「未籌
萬丈英豪氣，豈避三分世俗塵」之語。李萬居曾將他和潘小姐的詩寄
給台灣的堂兄及堂侄們，並加以說明：「詩可以羣，可以怨，李白抒
情詩，何等艷情，至於毛詩，勞人思婦，閨女怨夫，傳流萬世，推為
詩之鼻祖也，『潘女士之不堪清冷可憐宵』。『難憑濁酒消閒恨』，
『應居金經淨俗塵』，『明月半沉人不寐』，數句頗含一種意味，故
和之，但讀詩作詩必如孔子曰：『詩三百一言以蔽之曰：思無邪。』」
[32]

〈寄懷西端兄〉[33]

矚目斜曦心幾碎，夢中猶認舊家門。

春光浴我常溫暖，淚灑征衣為感恩。

受章太炎的鼓舞，李萬居前往法國留學。受到家鄉人和李西端的贊助
之下，他才能如願前往，身處異地，每每想起他們時，在自己求學的
路途上豈敢怠惰。雖然在夢中有好幾次都像是回到家鄉了，但一醒來
卻還是在巴黎，而獨自流下淚來。

〈懷莉君〉[34]

心緒無端淆亂劇，眼前景色已全非。

漫言風雨連朝夜，那許輕泥稍染衣。

對同樣在巴黎讀書的施莉君小姐，李萬居曾對她心生仰慕，留下這樣

---

31 楊錦麟：《李萬居評傳》，頁26。
32 曼池：《李萬居傳》，頁47。
33 曼池：《李萬居傳》，頁147。
34 曼池：《珠沉滄海》，頁147。

的懷念詩句。

（二）佳侶良緣婚後時光

李萬居的夫人鍾賢瀞[35]女士本來抱著獨身主義，但李萬居卻打動了她的芳心。在兩人初識時，男方就寫了好幾首情感抒發的詩，內容多為相思之情。雖然李氏從事的工作常因為政治情況的改變，使得全家不停的遷移住所，而鍾女士毫無怨言，默默的在背後打理家庭，讓先生無後顧之憂。尤其在李萬居晚年的生活中，扮演不可或缺的角色，她在李萬居長達一年的住院生涯中，四處籌措醫療費用又加上為公論報處理經營的事項，終於因為勞累而病倒，任由病魔奪走性命，先行告別世間，離開她的最愛李萬居先生。鍾賢瀞女士的過世給李萬居很大的精神打擊，所以寫了好幾首詩紀念她，讀起這些詩真是讓人感慨啊！

〈申江郊外獨坐湖邊有感〉[36]

試將心事寫新詩，萬木難容我一枝。

獨對湖光驚落葉，歸來憔悴又秋時。

初識鍾賢瀞女士，李萬居心中有無限歡喜，因為對感情的事害羞而將內斂的情感寄託於詩上。從「歸來憔悴又秋時」一句可看出李氏感嘆著時光消逝而有想成家立業之感。

〈出訪賢瀞松滬途中口占〉[37]

數點漁燈日正昏，淡然物色足銷魂。

十年夢斷芭蕉雨，寥落西風憶故國。

初訪賢瀞女士之後，在返家時不禁看著此地此景又思念起她，又引申到對於台灣這片故土的思念一樣，時時刻刻都於心中懷念不已。

〈秋日訪賢瀞不遇〉[38]

心情別後餘惆悵，閒踏秋風落葉來。

佇立空階緣底事，屐痕何處認蒼苔。

---

35 鍾賢瀞女士（1905~1965），湖南長沙人。
36 曼池：《珠沉滄海》，頁147。
37 曼池：《珠沉滄海》，頁147-148。
38 曼池：《珠沉滄海》，頁148。

熱戀中的男女是心心相繫的，恨不得對方時時刻刻都能在身邊，而李
萬居也不例外。一天興起去拜訪賢澍小姐，居然撲了個空，對李氏心
中真是有萬般無奈感。從「屐痕何處認蒼苔」此句可看出李氏和鍾賢
澍女士相見次數是有多頻繁，階梯上都看不著青苔的痕跡。

〈海上寄懷賢澍〉[39]

歇浦樓頭感索居，別來消息近何如。

平生最愛湘山水，雲斷秋聲正雨餘。

「平生最愛湘山水」此句乃是李萬生表達出最深切的愛意。鍾女士為
湖南人，李氏借由「湘山水」來寄寓出平生最愛就是鍾賢澍，此句最
為人所傳頌。

〈結婚三十週年紀念書懷〉[40]

三十年間轉眼過，韶光事業兩蹉跎；

神州一夢成狐穴，劫後尼山近若何。

李萬居夫婦結婚三十年，兩人相互扶持於生活中。而令人感嘆的是，
在中日抗戰勝利後，原來祖國已殘破不堪，不勝唏噓，原來李萬居所
對祖國懷抱著希望，而今破滅。

〈悼先室鍾賢澍夫人輓聯〉[41]

上聯

窮通禍福無憑，三十年憂患同經。受盡世間崎嶇，飽受人情冷
暖。念此景何堪，此情何既。勞瘁數平生，兒女依前，撒手豈
能瞑目去。

下聯

呼號悲創曷已，千萬言衷語莫訴。深佩卿才卓犖，猶感卿德溫
良。歎有志難伸，有憾難補。衰殘悲後死，夫妻永訣，傷心猶
冀再生緣。

李萬居為其愛妻寫輓聯，娓娓訴出他與夫人深厚的情感，實在令人傷
感落淚啊。

39　曼池：《珠沉滄海》，頁148。
40　曼池：《珠沉滄海》，頁148。
41　曼池：《珠沉滄海》，頁154。

〈悼先室鍾賢濬夫人之一〉[42]

吳淞攜手踏苔行，誓定駕盟共生死。

玉戒無端深夜碎，柔腸哭斷夢中醒。

李萬居初識鍾賢濬時，常在吳松江畔散步，說好要共生死，沒想到夫人先行離開一步。而鍾賢濬已佩帶二十餘年的玉戒指，當她進醫院之夜突然碎斷，李萬居知道這是一個不詳的徵兆，在這徵兆之下的結局令人痛斷柔腸。

〈悼先室鍾賢濬夫人之二〉[43]

卅年嚐盡心酸味，窮困張羅端賴君。

淒訣更闌成永訣，衣襟血跡雜啼痕。

李萬居回憶平日的生活種種都端靠夫人的支挂，無論如何的窮困，夫人不棄不離。

〈悼先室鍾賢濬夫人之三〉[44]

誰知一語終成讖，天道無公莫比倫。

回憶三湘風景好，斷腸人自泣黃昏。

〈悼先室鍾賢濬夫人之四〉[45]

從此無人憐傻勁，洞庭昨夜不揚波。

與君不盡纏綿意，玉斷瀛洲哭奈何。

〈悼先室鍾賢濬夫人之五〉[46]

勇毅由來稱絕倫，何期應召赴天閽。

最難忘是湘山水，血汗滂沱為君哭。

李萬居在詩中不斷提起「三湘」、「湘水」，其實所指皆為鍾賢濬女士。

〈惜別〉[47]

世路崎嶇不易行，心靈深處更悽清。

42 曼池：《珠沉滄海》，頁154。
43 曼池：《珠沉滄海》，頁154。
44 曼池：《珠沉滄海》，頁155。
45 曼池：《珠沉滄海》，頁155。
46 曼池：《珠沉滄海》，頁155。
47 曼池：《珠沉滄海》，頁155。

送君明日乘舟去，寂寞寒齋度此生。

在喪禮上的李萬居種種的不捨，心生孤寂。

〈再夢先室鍾夫人之一〉[48]

低聲枕畔喚瀟瀟，是夢相逢疑是生。

回首長沙遊樂趣，傷心仍憶舊時情。

〈再夢先室鍾夫人之二〉[49]

久違相見倍相親，夢裡依稀似若真。

一自更殘魂斷後，九州何處覓伊人。

〈過臺大醫院先室鍾夫人生前所住之病房〉[50]

偶經此地越心傷，追憶遺容更斷腸。

豈意天公偏善妒，人生修短渺無常。

從鍾賢瀟夫人過世後，李萬居在夢中不斷會憶起她，在夢境中會以為夫人是不是重新生還了？所謂日有所思，夜有所夢，李氏的腦中不段盤旋著夫人的影像，甚至連經過夫人病逝的地方，都傷感的不能自己。

（三）二次大戰期間

李萬居學成歸國後，於上海曾擔任過翻譯工作。在香港、廣東、越南一帶，從事對日本軍事情報的蒐集工作時，遭遇過不少麻煩，飽受威脅。第二次世界大戰後，曾參與收復台灣的調查工作並回台接收新聞事業，還擔任過省議員。李氏在大陸面對的抗戰工作，經常面對烽火連天的環境，而使得全家經常性顛沛流離的逃難，在期間他也有不少因戰亂環境而舒懷寫出的詩作。回到台灣後，身在故土上，詩中的描寫更為情意真贄，也隔著台灣海峽對大陸發出感嘆。

（二次大戰期間）

〈敵犯雷州遭難廉江元宵寄内之一〉[51]

明月團團照小園，元宵景色滿黃昏。

柔情欲寄何從寄，兵燹中原幾斷魂。

48　曼池：《珠沉滄海》，頁156。

49　曼池：《珠沉滄海》，頁156。

50　曼池：《珠沉滄海》，頁156。

51　曼池：《珠沉滄海》，頁150。

元宵之夜，月圓但是親人卻不能團圓，戰亂使得李萬居和家人難以相見。

〈敵犯雷州違難廉江元宵寄内之二〉[52]

> 雷州烽火虜書沉，南國征人感不禁。
>
> 斜倚欄杆勞悵望，試將紅豆寄同心。

太平洋戰爭爆發後，李萬居被派往雷州半島、廣州灣等地，冒著生命的危險，從事對日本的情報工作。此時，他與家人分隔兩地，在「斜倚欄杆勞悵望，試將紅豆寄同心」一句中，看到其牽掛家人的心，並紅豆來代表相思之情。

〈雷州旅次感懷之一〉[53]

> 烽火中原已五年，征塵愁殺海南天。
>
> 丹心萬劫雄圖在，忍聽東都泣杜鵑。

由此詩可知戰況的慘烈，但李萬居憑著對祖國的熱愛，仍是扛負著知識份子強烈的時代責任感。

〈雷州旅次感懷之二〉[54]

> 頹然醉裡且忘情，最怕更闌酒亦醒。
>
> 踏盡人間艱險路，雄才豈竟是書生。

其詩間透露出知識份子報效祖國、解救民族危難的責任和決心。書生指的應該就是李萬居本人。

〈贈月友同志〉[55]

> 不許中原騁敵騎，沙場誓願表英姿。
>
> 人前掩淚酬家國，誰信雄心屬女兒。

李月友女士爲人機警，有愛國熱誠，在沙場上負責危險的工作，一點也不輸給男人，所以李萬居才作此詩相贈。以「沙場誓願表英姿」一句，對她作出讚賞和肯定。

〈弔石達開〉[56]

---

52 曼池：《珠沉滄海》，頁150。
53 曼池：《珠沉滄海》，頁150。
54 曼池：《珠沉滄海》，頁150。
55 李月友，女，廣東人，爲當時負責遞送情報的情報員，後移居台灣。
56 曼池：：《珠沉滄海》，頁149。

蜀中去後無蹤跡，半壁河山未竟功。

剩有詩篇遺恨在，西江嗚咽哭英雄。

欲憑赤手驅胡虜，百戰終虧一簣功。

韜略千秋垂史乘，未應成敗論英雄。

以太平天國的軍事專家石達開，能作詩文，最後被清軍殺害。若以歷史事件的節國來論英雄，是不可以的。因此，李萬居緬懷歷史人物時，用詩抒發出他的感觸。

〈日寇進侵犯桂林遠難湘桂途中雜詠之一〉[57]

妻挑鍋碗夫挑兒，行乞街頭為止飢。

千里行來疲瘦甚，那堪風雨又相欺。

〈日寇進侵犯桂林遠難湘桂途中雜詠之二〉[58]

萬里西行背老親，貧窮益發見情真。

流亡自古艱難甚，忠孝而今尚有人。

港九淪陷之後，又逢日軍進犯湘、桂，李萬居帶著一家大小逃難，在沿路上他目睹逃難民眾的慘狀。此兩首詩描寫真實，清楚描述出當時民不聊生的情況，讀來令人動容。

（四）台灣光復後那段歲月

〈過柳州訪日人鹽見聖策〉[59]

七載中原滿戰氛，驅車重返柳江門。

誰知萬里風塵客，冷雨濛濛獨訪君。

〈盜飲〉[60]

不因盜飲始知名，風趣畢公早蜚聲。

醉抱酒缸君勿笑，可憐今日幾人醒。

於省議會任職時所作的詩，「盜飲」所暗指那些作了不正當事情的人，「可憐今日幾人醒」點出了光復後台灣政治風氣的敗壞。

〈哀大陸之一〉[61]

---

57 曼池：《珠沉滄海》，頁150。
58 曼池：《珠沉滄海》，頁151。
59 曼池：《珠沉滄海》，頁151。
60 曼池：《珠沉滄海》，頁151。
61 曼池：《珠沉滄海》，頁152。

莫說黃巢嗜殺人，毛朝手法更新奇。

一從公社開鑼日，大陸飢寒憶萬民。

〈哀大陸之二〉[62]

交心本是尋常事，獻首原來不足奇。

忽報中原成樂土，漫山遍野盡遺屍。

〈哀大陸之三〉[63]

誰道呼天得避秦，鐵牢深鎖黑陰陰。

幾經浩劫丹心在，西望神州哭陸沉。

暗指由毛澤東統治下的中國大陸，人民生活不安定且經濟狀況不佳。單單由一人獨統天下，政治壓迫非常厲害。雖然李萬居幾經戰亂後，仍胸懷熱誠和抱負，但卻只能遙望祖國而感嘆。

〈憶鍾山〉[64]

家國興亡豈偶然，誰能隻手可撐天。

鍾山再會知何日，悽絕滄桑十六年。

〈秋夜愴懷大陸之一〉[65]

心潮起伏總難平，欲叩蒼蒼問此生。

底事宵深淚不已，中原匪禍尚縱橫。

〈秋夜愴懷大陸之二〉[66]

劫後剩餘報國身，江山豈許屬他人。

魯戈倘可揮西日，未信神州竟陸沉。

共產黨在大陸橫行，雖然李萬居心懷壯志，卻無能為力，以「中原匪禍尚縱橫」此句最為明顯描述出大陸的情況。

〈台灣光復二十週年感懷之一〉[67]

八載河山成血海，中華兒女足千秋。

喜看故土歸原主，東海春潮日夜流。

---

62 曼池：《珠沉滄海》，頁 152。
63 曼池：《珠沉滄海》，頁 152。
64 曼池：《珠沉滄海》，頁 152。
65 曼池：《珠沉滄海》，頁 153。
66 同上。
67 同上。

八年抗戰終於結束，從日本人手中重新拾回台灣這片故土，心中有無限歡喜。

〈台灣光復二十週年感懷之二〉[68]

屈辱春帆五十年，低頭飲泣祇呼天。

重光豈是尋常事，忍擲頭顱億萬千。

「屈辱春帆五十年」指出台灣受日本統治五十年，人民受壓迫的情況，李萬居有切身的經驗。而台灣能光復，靠的是先列們拋頭顱灑熱血，才有今日。

（五）平素生活紀事

〈南行車中即景〉[69]

沿途碧草盡如茵，緣樹青山更可人。

為愛故鄉風景好，菜根粗飯不辭貧。

此為李萬居搭火車返鄉時，在沿路上看見的景色，回到自己的故鄉，心中有無限的歡喜。

〈臺中途中口占〉[70]

搔首方知歲月侵，卅年抱負誤行吟。

浩然壯志今猶在，西望神州哭陸沉。

此首也是在火車上作的詩，他感嘆年華老去，只剩當年的抱負在，但無奈中國大陸已淪陷為共產黨的統治。

〈西營海邊觀月〉[71]

漁灯晃漾水晶晶，明月翻徒海底生。

我立黃昏微醉後，秋風涼露滿西營。

〈弔延平郡王〉[72]

三百年間一脈存，浩然正氣滿乾坤。

聲威永樹思明島，義烈長留鹿耳門。

澎湖怒潮猶有恨，嶙峋卞璧應歸原。

---

68 同上。
69 曼池：《珠沉滄海》，頁151。
70 曼池：《珠沉滄海》，頁151。
71 曼池：《珠沉滄海》，頁148。
72 曼池：《珠沉滄海》，頁149。

萍蹤踏遍歐亞土，為覓靈方振國魂。

上面兩首詩爲李萬居遊歷台南時所作，「萍蹤踏遍歐亞土，爲覓靈方振國魂」一句，「萍蹤」指的應爲李萬居自己行遍歐亞，爲了國家付出血汗，流露出濃厚的鄉土情懷。

〈有感〉[73]

袈裟壹襲披身上，擺脫人間未了緣。
頂佛名山習靜坐，如虹內氣貫三千。
死生聚散殆前因，天道無常莫認真。
凄戚不堪秋雨夜，斷腸人對斷腸人。

李萬居晚年面對政治和報業的不如意，加上身染疾病，豪氣消磨殆盡。而有了想成爲空山老僧之意，要擺脫眼前的一切，遁入山林。

〈乙巳歲闌感懷〉[74]

滔滔風水感危樓，極目蒼茫哀九州。
夢寐憂時歌當哭，歲闌何計遣悲愁。

〈寒宵聽雨〉[75]

錯落簾前滴答聲，連宵寒雨打殘更。
堪憐枯寂心靈裡，絕似空山一老僧。

李氏晚年面對世態炎涼、貧病交加的情況，對此感受深刻。在他意氣風發時，貴客迎接不暇，而今門可羅雀，實在令人感到悲哀。

〈哭倪師壇兄之一〉[76]

十年評論邦家事，下筆如飛殆若神。
文士古來多落拓，寒風冷雨哭斯人。

〈哭倪師壇兄之二〉[77]

盡瘁一生為自由，詞嚴義正比春秋。
平常不慣逢君語，海峽清波任暢流。

這兩首詩皆是在悼念《公論報》的總主筆倪師壇所作。倪師壇在台灣

---

73 曼池：《珠沉滄海》，頁156。
74 曼池：《珠沉滄海》，頁157。
75 同上。
76 曼池：《珠沉滄海》，頁158。
77 同上。

光復後，赴台擔任李萬居在政治上的左右手，被台灣當局無理逮捕入獄，後病故於獄中。李萬居悲憤悼念亡友之情，毋寧說是對他自己的政治環境、內心世界的真實寫照。他如此的執著追求，終其一生不悔，當然代價是相當慘重的。

〈乙巳除夕喜聞秀華孫女誕生於檀香山〉[78]

> 除夕飛來信，喜報妳誕生。
> 初啼異凡響，眼大且晶瑩。
> 苦惱消除盡，心情頓爽清。
> 若妳祖母在，狂歡隨笑聲。
> 盼妳長大日，成為女中英。
> 切記我中華，本是古文明。
> 勿讓居里民，專美莫與競。
> 科學放光輝，舉世咸振驚。

李萬居的長子李南輝在美國有了下一代，讓晚年處於貧病狀況的他，暫時丟去了煩惱，而將未來的希望寄託在新生命上。

〈送次兒南雄赴美留學〉[79]

> 行行異國去，男兒貴自強。
> 開拓新境界，氣概志昂揚。
> 首要是做人，量宏福無疆。
> 人羣相扶助，社會即繁昌。
> 大智若傻子，忍讓容何傷。
> 治學勤求證，立論慎較量。
> 學問無涯際，浩瀚似海洋。
> 朋友互切磋，真理共研商。
> 宇宙無窮大，天空任翱翔。
> 臨飛增惆悵，離情酒一觴。

李萬居的次子在母喪之後，不忍拋下多病的父親赴美深造，但是李萬居一在催促他趕緊出發，不用掛心他，因此作了一首送別詩。此首五

---

78 曼池：《珠沉滄海》，頁157。
79 曼池：《珠沉滄海》，頁158。

言古詩，詩中囑咐兒子首要之事在做人，也指出了李萬居一生街以社會大眾利益為優先而甘願捨棄生命的志向，希望兒子能承襲，整首詩充滿了舐犢之情。

四、結　論

　　因為李萬居政治人物的身分，鮮少有人注意他的文藝創作，尤其是漢詩。詩是最精練的語言，對作者來說，除了用篇幅較長的文章抒發己意之外，詩就是最佳的言意代表。李萬居一生幾經波折的人生，橫跨清領時期、日據時代、民國時期，對他的文藝創作多有影響。尤其是當他在大陸從事對日情報工作，和回到台灣後展開的議員生活，於詩作中都可窺見當時他的處境與心境的寫照。綜觀李萬居的詩，雖然沒有傳統詩人般注重格式與用典，讀起來極為平易近人，尤其是描寫與妻子鍾賢瀞女士的詩作，更讓人覺得真摯動容。雖然並沒有顯赫的詩作為人所傳頌，不過李萬居卻在雲林的文學發展上，留下可歌的一頁。

附錄（一）、參考書目

一、專　著

賴佳慧著：《台灣放輕鬆3》，台北：遠流出版社。

楊錦麟著：《李萬居評傳》，台北：聯經出版社，1993年。

曼池著：《珠沉滄海》，台北：李萬居先生傳記編纂委員會，1968年。

雲林縣政府編印：《鄉土教材系列16》，雲林：雲林縣政府出版，2002年。

鄭定國編注：《日治時期雲林縣的古典詩家》，台北：里仁出版社，2004年。

王文裕著：《台灣先賢先列專輯 —— 李萬居傳》，南投：台灣省文獻會，1997年。

梁明雄著：《日據時期台灣新文學運動研究》，台北：文史哲出版社，2000年。

鄭定國編注：《日治時期雲林縣的古典詩家續編》，台北：文史哲出版社，2005年。

祝萍，陳國祥合著：《台灣報業演進四十年》，台北：自立晚報社文化出版部，1987年。

中國地方自治學會主編：《台灣地方自治人物誌》，台中：台灣省諮議會出版，2001年。

台灣省文獻會採集組主編：《雲林縣鄉土史料》，南投：台灣省文獻委員會出版，1998年。

施懿琳、中島利郎、下村作次郎、黃英哲、黃武忠、應鳳凰、澎瑞金合著：《台灣文學百年顯影》，台北：玉山社出版社，2003年。

二、學位論文

張作珍：〈北港地區傳統詩社研究〉，南華大學碩士論文，2001年。

林哲瑋：〈邱水謨漢詩研究〉，雲林科技大學碩士論文，2004年。

三、期刊論文

張耕陽口述，陳爾靖筆記：〈公論自在人心－李萬居與公論報〉《中
外雜誌》第六十六卷，第二期，1999 年。

附錄（二）李萬居生平年表

1901 清光緒二十七年，明治三十四年，一歲。

出生於雲林縣口湖鄉湖北村。今年農曆六月二十三日（國曆七月
二十二日）生，家中排行第二。父李錢先生，母吳嬌女士，姐李
藕。

清政府與列強簽訂《辛丑條約》。

1910 清宣統二年，明治四十三年，十歲。

父李錢病逝，家道中落。

台灣雜誌社創刊《台灣》。

1914 民國三年，大正三年，十四歲。

得堂兄李西端幫助復學，師事董拱。

新台灣社創刊《新台灣》。

1915 民國四年，大正四年，十五歲。

設館教授初啓蒙幼童習漢文。

1919 民國八年，大正八年，十九歲。

赴嘉義縣布袋街（今布袋鎮）任鹽丁，是年八月十七日（農曆七
月二十三日），母吳嬌不堪忍受日吏威逼，懸樑自盡。

雲林西螺茭設成立。

發行《台灣文藝叢詩》創刊號。

日本在台灣頒布「教育令」推動日語。

台灣總督府首任文官總督田健治郎到任。

1920 民國九年，大正九年，二十歲。

赴台中縣烏日鄉擔任烏日糖場管理員。

以留學東京的台灣生爲主體的《台灣青年》創刊。

連雅堂於台南出版《台灣通史》上、下兩冊。

1924 民國十三年，大正十年，二十四歲。

離開台灣赴上海求學，當過排字工人，後進入文治大學就讀。

嘉義岱江吟社成立。

《台灣詩報》創刊。

連橫《台灣施薈》發刊。

1925 民國十四年，大正十五年，二十五歲。

轉入上海民國大學就讀，與章炳麟等人有師生情誼，並與中國青年黨接觸。

雲林雲峰吟社成立。

蔗農爭取權利，爆發二林事件。

1926 民國十五年，昭和元年，二十六歲。

得李西端等親友襄助，是年初秋，赴法國留學。

賴和主編《台灣民報》

文藝欄。

1928 民國十七年，昭和三年，二十八歲。

入法國巴黎大學文學院就讀，攻讀社會學，歷時七年。其間，加入中國青年黨。

雲林斗南吟社成立。

台北帝國大學成立。

1932 民國二十一年，昭和八年，三十二歲。

夏，自巴黎大學畢業。秋，返抵上海，從事法文著作的翻譯。

1933 民國二十二年，昭和九年，三十三歲。

受聘為中山文化教育館編譯。

雲林北港鄉勵吟社成立。

1935 民國二十四年，昭和十一年，三十五歲。

與鍾賢瀞女士結婚。同年九月三十日，長子李南輝出生。

1936 民國二十五年，昭和十二年，三十六歲。

舉家遷居南京，繼續任職於中山文化教育館，主要譯作有《法國社會運動使》、《現代英吉利政治》、《詩人柏蘭若》、《開著

的門》、《爲誰寫作》、《戲劇與教育》等。與宋斐如、沈雲龍等人相識。

發生「西安事變」。

1937 民國二十六年，昭和十三年，三十七歲。

長女李湘如出世。與王芃生相識，秋，入王芃生主持的國際問題研究所工作。

七月七日抗日戰爭爆發。

台灣總督下令廢除報紙漢文板。

展開「皇民化運動」。

1938 民國二十七年，昭和十四年，三十八歲。

負責「國際問題研究所」粵、桂、香港及越南等地對日的情報工作，並擔任《戰時日本》半月刊編輯委員，撰寫有關日本及亞太地區形式的政論文章。

《台灣新民報》從週刊改爲日報。

1939 民國二十八年，昭和十五年，三十九歲。

任「國際問題研究所」港澳辦事處主任。是年與李純青、謝東閔等人相識。

「台灣詩人協會」擴充改組爲「台灣文藝家」協會，並發行《文藝台灣》。

1940 民國二十九年，昭和十六年，四十歲。

次子李南雄在香港出生。

1941 民國三十年，昭和十七年，四十一歲。

調返重慶，港九淪陷。

太平洋戰爭爆發。

推動皇民化的「皇民奉公會」開始活動。

台北《台灣新民報》改爲《新南新聞》。

1942 民國三十一年，昭和十八年，四十二歲。

繼續在粵、桂地區從事情報工作。家小暫居桂林，鍾賢瀞女士開設「健生產科醫院」。

1944 民國三十三年，昭和二十年，四十四歲。

四月，侵華日軍發起豫湘桂戰役，李萬居一家撤返重慶。

1945 **民國三十四年，昭和二十一年，四十五歲。**

四月任「台灣革命同盟會」常務委員兼行動組長；並擔任《台灣民聲報》發行人。

六月，受聘為「台灣調查委員會」兼任專門委員。

九月，被委為「台灣省行政長官公署」。

前進指揮所新聞事業專門委員。

十月，返台，擔任《台灣新生報》發行人兼社長。

十二月，榮獲國民政府頒發甲等勝利勳章。

八月，日本投降，抗日戰爭慘勝。

「台灣文化協進會」成立。

1946 **民國三十五年，昭和二十二年，四十六歲。**

四月當選「台南縣參議會」議員及第一屆「台灣省參議會」議員、副議長。十月，當選制憲「國民大會」代表。

《中華日報》、《台灣月刊》、《台灣文化》發刊。

1947 **民國三十六年，昭和二十三年，四十七歲。**

三月，參與「二二八事件處理委員會」有關折衝、善後工作。九月《台灣新生報》改組，被聘為董事長，旋即辭職。十月，《公論報》創刊，任發行人兼社長。

「二二八事件」爆發。

1950 **民國三十九年，昭和二十六年，五十歲。**

幼子少禹出生。

頒布「台灣省戒嚴時期新聞雜誌管制辦法」。

1951 **民國四十年，昭和二十七年，五十一歲。**

當選「第一屆台灣省臨時省議會」議員。

《台灣風物》創刊。

1954 **民國四十三年，昭和三十年，五十四歲。**

連任第二屆「台灣省臨時省議會」議員。住所「瀞園」失火，化為焦土。

藍星詩社成立。

創世紀詩社成立《幼獅文藝》刊行。

1957 **民國四十六年，昭和三十三年，五十七歲。**

當選爲「第三屆台灣省臨時省議會」議員（後改制爲第一屆省議員），發起「在野黨及無黨無派候選人」座談會，與郭新雨、郭國基、李源棧、吳三連等合稱「省議會五虎將」。

《聯合版》改名爲《聯合報》。

1958 **民國四十七年，昭和三十四年，五十八歲。**

籌組「中國地方自治研究會」，不獲當局核准。

1959 **民國四十八年，昭和三十五年，五十九歲。**

第三屆「台灣省臨時省議會」改爲第一屆台灣省議會。

發生八七水災。

1960 **民國四十九年，昭和三十六年，六十歲。**

四月當選「第二屆台灣省議會」議員，組織「選舉改進座談會」，並倡組「中國民主黨」，爲該黨發言人之一。

九月，雷震案發生，「中國民主黨胎死腹中」。

鄉勵吟社社長曾仁杰於枕頭山自縊。

《現代文學》創刊。

1961 **民國五十年，昭和三十七年，六十一歲。**

《公論報》發商產權糾紛，後中落入他人手中。

1963 **民國五十二年，昭和三十九年，六十三歲。**

第五次當選省議員。

《中華雜誌》創刊。

《文藝沙龍》創刊。

1965 **民國五十四年，昭和四十一年，六十五歲。**

夫人鍾賢瀞女士病逝於「台灣大學醫院」。

成立「台灣文學獎」。

1966 **民國五十五年，昭和四十二年，六十六歲。**

第一屆台灣文學獎頒獎，七等生、鍾鐵民、鍾肇政、張彥勳、廖清秀獲佳作獎。

附圖錄：李萬居照片集錦

（1）李萬居本人照片。

（2）李萬居工作情景。

（3）李萬居曾在口湖鄉梧北村調天府教授學生。

（4）李萬居先生故居前的一口水井，為李萬居之父
　　開設中藥鋪之所在，因而村民稱為「藥店口」。

（5）利用李萬居先生的故居重新整修而成的
　　「李萬居故居－精神啟蒙館」。

（6）「李萬居故居─精神啟蒙館」的正門。

（7）李萬居先生少年時所居住的草房模型。

（8）「公論亭」

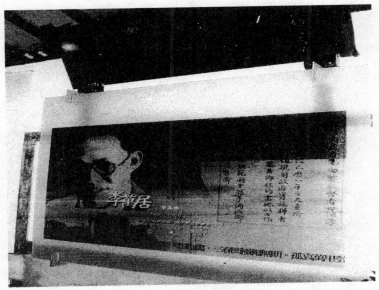

（9）啟蒙館內一景

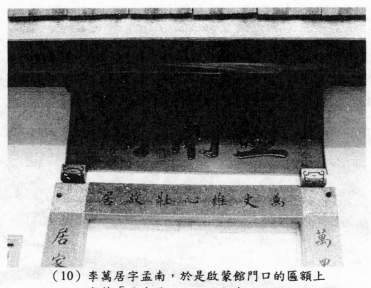

（10）李萬居字孟南，於是啟蒙館門口的匾額上
　　　寫著「孟南居」，以示紀念。

洪大川漢詩初探

黃 佳 芬

事志齋主人 —— 洪大川

一、前　言

　　就研究台灣文學的範疇而言，古典文學實佔有一席之位，無可取代，亦不容輕忽，許多詩作反映了時代的變遷、社會的樣貌、地方的風物、與人文的精神，此乃台灣研究不可或缺的一環，亦是彌足珍貴的文化資產。我輩既為台灣人，不可不知台灣事，故筆者欲盡棉薄之力，整理台灣古典詩家洪大川之遺作。

　　洪大川，本名洪龍波，號西疇逸老，西元 1907 年（民國

前四年）出生於嘉義縣新港鄉安和村洪厝。自小刻苦向學，博覽群書，畢生致力筆耕不輟，著有《事志齋詩文集》一書。其古典詩題材廣泛，文字洗鍊，音韻和諧，引事用典，渾化無跡，蘊思含毫，氣韻天成。年屆不惑，於北港懸壺濟世，其仁心仁術，亦名聞遠近，堪稱一代儒醫。

二、古往今來

（一）漢人拓台的歷史新頁

明天啓元年（1621），顏思齊、鄭芝龍率眾乘十三舟入笨港，建立笨港十寨，正式開啓漢人拓台歷史。乾隆十五年（1750），滔滔的笨港溪（今稱北港溪）氾濫，新生的水路將笨港街中分為二，於是形成了笨港南街與笨港北街。後將新溪北岸稱為「北笨港」，南岸稱為「南笨港」。乾隆四十七年（1782），笨港發生漳泉械鬥，泉籍各縣佔優勢地位，多數漳人乃遷往東方之「蔴園寮」（今嘉義縣新港鄉）。迨至嘉慶八年（1803），再度山洪，笨港溪南移加速，南街行郊紛遷北街，故北街變成了笨港街區主體。道光三十年（1850），原笨港地區再發生漳、泉械鬥，漳人幾悉遷往蔴園寮。蔴園寮原本只是個小聚落，因湧入大量移民，又帶來官署與寺廟，居民變成以笨南港來者為主，於是改稱「笨新南港」，後略稱為「新港」（今嘉義縣新港鄉）。咸豐七年（1857），北港溪從彌陀寺東南方潰決改道，將南街截斷為新南港及舊南港，原南街因北港溪河道日趨南移，陸續崩毀。北街於同治年間稱北港街，至清末而迄日據未變，光復後稱北港鎮，古笨港遂變成今日之北港[1]。

（二）奠定新港文風的王得祿

洪大川，嘉義縣新港鄉人。提起嘉義，就不能不提起清代台灣人官位最顯赫，也是當時台灣籍中唯一受封伯爵稱號的王得祿將軍。王得祿（1770－1842）字百遒，號玉峰，嘉義人。乾隆五十一年（1786），林爽文事起，陷諸羅城，得祿以武生，從官軍克復縣城。事平敘功，賞戴五品花翎。六十年，遷福建督標右營千總。嘉慶元年（1796），

---

1 參見《北港鎮志》，北港鎮公所印行，民國 78 年，頁 58-60、74-75。

調提標水師營，歷年捕海盜，以勇敢著稱。七年，擢至金門左營游擊。時洋盜蔡牽、朱濆等分擾各洋，勢甚張，得祿屢敗蔡牽黨羽。十年，陞署澎湖協副將。十二年，擢福寧鎮總兵、調南澳鎮總兵。十三年，授浙江提督，總統閩浙兵船，專剿蔡牽。十四年，剿蔡牽於定海之漁山，決死戰，牽船覆，落海死。奏入，晉封子爵，賞戴雙眼花翎。道光元年（1821）擢浙江提督。二年，奏請休致。十二年，張丙亂，擒賊目張紅頭，賞加太子少保銜。十八年，晉太子太保銜。二十一年英吉利犯廈門，命駐守澎湖以扼之。二十二年卒於防次，贈伯爵加太子太師，賜祭葬[2]。其墓園宏大雄偉，是嘉義縣唯一的一級古蹟，原位處新港鄉安和村，佔地兩公頃餘，墓埕左右各列文官、武將石人、石馬、石羊、石獅等八座，是台灣少見的完整官員古墓，農地重劃後，劃入六腳鄉雙涵村。原故居則闢為王氏家廟，家廟內還保存王得祿將軍在世所穿的衣甲及遺物，以供人瞻仰。王得祿除了馳騁沙場外，對地方事務及教育也相當注重。如當年因為戰爭之故，許多人流離失所，連三餐都沒著落，他便設立義倉，造福人民。在教育方面，為教化子弟，道光十五年（1835），王得祿將軍與笨港縣丞龐周及地方士紳等集資興建「登雲書院」[3]，取其紀念王將軍平步青雲之意，以勗勉學子，從此學人雲集，人才輩出，奠定了新港濃厚的文教基礎。

（三）延續漢文化的林維朝

　　林維朝（1868-1934）字德卿，號瀚堂，別署怡園主人，台灣嘉義新港人。生於同治七年（1868），七歲從林逢其學，遍讀經史及八股試帖，更縱覽小說，好圍棋，嚮往統管、歌曲、跑馬之事。光緒十三年（1887）中嘉義縣學生員第十一名。十七年（1891）任嘉義團練分局長，翌年升打貓石堡團練局長等職，而他雖係文人，頗富韜略，曾同新港縣丞陳仁山剿滅溝尾寮庄匪首黃矮。乙未割臺，嘗內渡大陸東山原籍，唯懷鄉心切，兩年後復返臺。時地方騷擾，曾協助日軍綏靖，

2　張子文、郭啓傳、林偉洲撰文，盧錦堂主編：《台灣歷史人物小傳－明清時期》，臺北：國家圖書館，2001年6月出版，頁20。
3　日據時期禁止講學，書院遂失修，且民國前6年（1904）、民國前8年（1906）兩度大地震，書院夷為平地，只剩下一碑。現今嘉義縣新港鄉的文昌國小就是登雲書院遺址，校內還保有當時的「新建登雲書院捐緣金名碑」。

受殖民當局重視，擢用爲街庄長，並聘爲公學校教師。1902 年授佩紳章。1904 年以新港街庄長兼任大潭區長，二年後重攝月眉潭區。1908年晉升爲嘉義廳參事。1913 年更兼嘉義銀行董事長。維朝少受儒學教育，日據後，漢學逐漸式微，常懷憂慮，時登雲書院倒塌，依日人律令，不得重建，林維朝乃自行在怡園開館，即便後來日人禁私塾、書院教習漢文，依然弦歌不輟，洪大川就是他最後收的學生。此外，林維朝更聯絡新港文人，於 1923 年組成鷇音吟社，藉詩文之唱酬以延斯文一脈。他更理解到宗教之重要，漢禮樂藉廟宇爲活動場域，乃重修奉天宮，並將登雲書院春秋二季祭孔時之樂局，取「簫韶九成，鳳凰來儀」之義，改辦爲鳳儀社，又獎倡新港北管劇團「舞鳳軒」，爲新港贏得「北管巢」之美譽。其本人亦致力鄉邦文獻，曾任《嘉義縣志》編纂委員，完成新港地區「學制調查事項」。1934 年去世，年六十七。著有自傳《勞力略歷》、《文稿》、《雜作》及詩集《怡園吟草》等。編有《怡園唱和集》、《壽詩文集附並蒂菊詩》等。[4]

三、洪大川生平概述

　　洪大川，本名洪龍波，號西疇逸老，民國前四年（1907）出生於嘉義縣新港鄉安和村洪厝。幼時曾夢魁星於額前書一字「魁」，驚醒後一心想識字、學字，因家境清貧，世以務農爲生，父親洪意遂不許其購書及就學，雖說如此，亦不能改易洪大川向學之志，由是刻苦自學，抄寫墳間之墓碑及路上所見之招牌以學字，如有不解之處，則詢問他人其字詞音義如何，亦常於農作之時畫地習字。洪母憐其子，間或私與購書錢，故大川自小即嗜書如命，以至於廢寢忘食，不知終老，經常夜半即起，捧書誦讀，直至天明，恆樂此而不疲。其治學謹嚴，凡觀覽群書，初以黑筆詳加句讀，次以紅筆眉批作記，加之聰穎過人，悟性極高，遂博通群經，工於詩文。[5]善卜，亦精研地理風水及中醫，十九歲即於蕃薯厝設帳授學，二十歲拜林維朝爲師，自此，並遊於前

4　張子文、郭啓傳、林偉洲撰文，國家圖書館特藏組編輯：《台灣歷史人物小傳－明清暨日據時期》，臺北：國家圖書館，2003 年 12 月初版，頁 275。

5　由洪大川長女洪采薇女士口述，筆者整理。

清秀才林維朝與新竹吳薆培[6]二夫子之門，國學造詣更臻厚實。曾加入淡交吟社[7]、菼社[8]、鷇音吟社。[9]年屆不惑，定居北港，加入汾津詩社[10]，成爲該社重要成員。光復後，曾和呂雲騰[11]等人，於北港民眾服務處開設漢文研究班，專授漢詩習作。民國五十五年（1966），雲林縣詩人聯吟會成立，被推選爲理事長。[12]晚年懸壺濟世，兼以詩文自娛，著有《事志齋詩文集》一書。又筆者於雲林縣詩人聯吟會定期擊缽課題中，發現洪大川仍有不少詩作發表，故推論其畢生所創作之漢詩必不下千餘首，待日後筆者將繼續作一完整研究。

四、詩作析論
（一）寫景詠物之作
〈秦淮月〉

六朝艷跡水連天，打槳曾欣皓月圓。

一自王郎迎去後，更無人與鬥嬋娟。

詩中引用東晉王獻之與秦淮名妓桃葉相戀的典故[13]，與秦淮河畔的一輪皓月相襯，爲景物增添了人情之美。洪大川用典自然，融情入景，詩境亦淡雅，似有王孟韋柳之風。

〈鄭王梅〉

此節何由勁，延平手植來。南都新寵沃，東閣舊移栽。

萬點飄鯤頂，三分孕鶴胎。崇祠春日麗，憑探幾人回。

今台南延平郡王祠中有梅數棵，舊有標記，係移自鄭成功舊宅，爲鄭

---

6 吳薆培，字樹百，號穎芝，又號隱蛛。江蘇吳縣人，光緒十六年庚寅恩科探花。
7 廖一瑾（雪蘭）：《臺灣詩史》，臺北：文史哲出版社，1998年初版，頁52。民國二十一年，嘉義市何木火、李詩全等，邀集地方人士，創立淡交吟社。
8 同上註，頁39。民國八年，西螺鎮黃文陶、廖學昆等，邀集地方人士，創立芸社，翌年社員激增，乃改稱菼社。
9 同上註，頁43。民國十二年，嘉義新港林維朝邀集當地青年，創立鷇音吟社。
10 同上註，頁41。民國十一年，北港曾席珍邀集地方人士創立汾津吟社。
11 呂雲騰，汾津詩社社員。雲林和安國民學校第一任校長。
12 魏嘉亨：〈雲林縣詩人聯吟會沿革志〉，《臺灣古典詩擊缽吟》第35期，2000年7月。
13 南朝陳・徐陵《玉臺新詠》卷十晉・王獻之《情人桃葉歌二首》其一「桃葉復桃葉，渡江不用楫。但渡無所苦，我自迎接汝。」南朝陳・釋智匠《古今樂錄》曰：「桃葉歌者，晉王子敬之所作也，桃葉，子敬妾名，緣於篤愛，所以歌之。」

氏親手所植。洪大川以詩詠讚鄭王梅之勁節，發懷古之幽思，則鄭成
功立足鯤島，誓言永續明朝國祚的赤膽忠肝，已躍然紙上。

〈紅杏〉

> 前村開處認芳枝，紅臉嬌粧二月時。
>
> 花葉潤沾春雨後，爛霞錦簇董家[14]籬。

詩中巧用董奉與杏林的典故，亦以綠葉與紅杏相映襯，色彩極為鮮明，
紅杏潤沾以春雨，則更顯嬌豔欲滴，末句的「爛霞錦簇董家籬」，與
「紅杏枝頭春意鬧」有異曲同工之妙，寫出了春色無邊，春意無限。

〈雁字〉

> 瀟湘掠過影翩翩，旋印方壺[15]天外天。
>
> 不即不離成字好，寫懷何用薛濤箋。[16]

雁群飛行天空時，排列成「一」或「人」之字形，故古典詩詞中常以
「雁字」寄託情思，如宋朝李清照的詞作〈一翦梅〉「紅藕香殘玉簟
秋。輕解羅裳，獨上蘭舟。雲中誰寄錦書來？雁字回時，月滿西樓。
花自飄零水自流。一種相思，兩處閑愁。此情無計可消除，才下眉頭，
卻上心頭。」全詞移情入景，通過各種景色的描繪，抒發詞人的思念
之情。仰望長空，以「雁字」來喻人，不但表現出對傳書鴻雁的殷切
期望，亦加深了思念之情，故洪大川詩中乃云：「寫懷何用薛濤箋」，
雁字一行，盡是相思。

（二）即事抒懷之作

〈書憤〉 書塾被日人中止而作

> 滿腹牢騷掃不開，詩書誦讀禍之胎。
>
> 不容馬帳培高士，恍似秦坑虐俊才。
>
> 百代傳經沉大海，六朝遺稿變纖埃。

---

14 董奉，字君異，三國名醫。為人治病不取酬，惟令瘉者植杏，數年得十萬餘株，
　蔚然成林，杏結實則換穀濟貧。

15 神話傳說中的山名。《列子‧湯問》「其中有五山焉：一曰岱輿，二曰員嶠，三
　曰方壺，四曰瀛洲，五曰蓬萊。」

16 薛濤箋是一種加工紙，又名浣花箋，因其製作者和產地而得名。薛濤是唐代女詩
　人，曾住在成都東南郊岷江支流百花溪，或名浣花溪。傳說薛濤把木芙蓉花瓣撒
　在紙上，加工成彩箋，呈紅色或粉紅色。

平生我是狂吟客，淚洒騷壇日幾回。

洪大川身處日治時期，卻堅持不學日文，不爲日人做事，故早年頗爲困苦，但卻仍不失凜然傲骨，透過對於漢學傳承的使命感，抗顏爲師，後學生日增，日人殫而禁之，故賦詩以抒不平。

〈試啼〉

不為名將即斯文，試自啼聲品自分。

準擬元駒齊媲美，定通五典與三墳。17

詩中所言即爲洪大川一貫之治學態度，以元駒自況，期能博通群書，窮知事理。爲學必孜孜矻矻，篤實不苟，誠如韓愈〈進學解〉所言「焚膏油以繼晷，恆兀兀以窮年。先生之於業，可謂勤矣。」莘莘學子當共勉之。

〈書房雜詠〉

黑頭不學無高智，白髮何能有達才。

領得箇中真趣味，聖賢只合共追陪。

詩中以「黑頭」、「白髮」，「無高智」、「有達才」，形成強烈對比，闡明「及時當勉勵，歲月不待人」之至理。洪大川之於學，蓋因「領得箇中真趣味」，故一生醉心文墨，志尙古人，恆樂此而不疲。

（三）社會寫實之作

〈久雨〉

幾夜淋漓水滿田，頹牆老屋劇堪憐。

群黎盡有其魚18苦，難托媧皇補漏天。

其魚，比喻水災之烈。此詩字句看似淺白，實則妙用典故以敘事，若非飽學之士，如何爲之？大川之於詩，可謂高明矣！又體察民情，悲憫蒼生，「憂以天下，樂以天下」，堪爲士子之表率。

〈走私船〉

曳櫓張帆到海邊，似羅漁利占贏先。

秋風一擊中流去，不顧臺胞失產權。

---

17 〈漢‧孔安國‧書經序〉「伏犧、神農、黃帝之書謂之三墳，言大道也；少昊、顓頊、高辛、唐、虞之書謂之五典，言常道也。」三墳、五典，皆古書名。

18 出自《左傳》「劉子曰：『美哉禹功，明德遠矣，微禹，吾其魚乎！』」。

詩人目睹走私猖獗，不肖之人蠅營狗苟，唯利是圖，不惜枉顧他人，危及社會民生，故發出不平之鳴，以抒沉痛之情。

〈民聲〉其一

枉有三緘飭半生，何來盜賊互潛行。

空雷竟是愆期雨，難怪蚩蚩起浪評。

其二

天道人文總未清，高呼細說到民情。

市門一日三騰價，不顧邦基暗陷傾。

《尚書》有云：「天視自我民視，天聽自我民聽」此即「民為邦本，本固邦寧」的民本思想，亦為時代之潮流。察聽民聲，而後知施政之得失，及民心之向背，倘若為政者妄自尊大，專斷獨行，不知以民意為依歸，必將難掩囂囂眾口，而終至衰亡。故民聲豈可不察？為政者切莫等閒視之！詩中揭露盜賊潛行、通貨膨脹等社會弊端，詩人除了藉由詩作刻畫當時民生疾苦、民怨四起的景況外，亦寄託自己深切的憂戚，賦予詩文真實反映社會民生的神聖使命。

（四）詠史懷古之作

〈諸葛亮〉

曾因揮扇設奇謨，三顧恩深盡力圖。

試看南蠻擒縱計，渡瀘五月汗如珠。

諸葛亮字孔明，琅邪陽都人，世稱臥龍先生。本在隆中隱居，後為報劉備三顧草廬之恩，遂答應出山相助，並定三分天下之計，後劉備病逝，臨終托孤於諸葛亮。後主即位後，南方蠻夷反叛，諸葛亮帶兵南征，而有「七擒七縱南蠻王孟獲」之舉，自此南蠻心悅誠服，使諸葛亮在北伐中原時能無後顧之憂。此詩只用大筆刻畫孔明功績，文辭凝練，卻更能曲盡其妙。

〈伍員復楚〉

漫道吹簫慘，椎心伐楚頻。戮屍清父恥，滅佞息天瞋。

桑梓成焦土，宗邦變粉塵。可憐昏暴主，起禍累烝民。

伍員，字子胥，春秋楚人。與父兄俱仕楚，後楚王聽讒言殺其父兄，伍員逃亡吳國，佐吳伐楚以報仇，並輔吳稱霸。後吳王夫差惑於越王

厚禮卑辭，欲釋越王句踐回國，伍員力諫不可，卻遭吳王賜劍自刎。伍員死前命舍人抉其目懸於東門，欲見越人滅吳，後吳果為越所破。詩中描述春秋戰國時代，吳、楚二國興滅之史事，悲伍員之多舛，更憐百姓之冤苦。洪大川所言乃君君、臣臣之大義，詩旨昭著，發人省思。

〈王安石〉

> 神宗元宰筆如椽，數上書論氣浩然。
>
> 水利興修期健國，軍威肅整務勻田。
>
> 兩朝開濟心明哲，三黨緣何箭暗穿。
>
> 最恨惠卿空偽護，徒裝新政恣私權。

王安石，宋撫州臨川（今江西省臨川縣）人。少負絕異之資，於學無所不窺，治事立言以經世致用為宗。宋神宗即位後，求治心切，故舉用王安石為相，厲行變法，其功過是非及歷史上的定位眾說紛紜，莫衷一是。由此詩可看出洪大川給予王安石極高的評價，不僅稱頌他在文學上的成就，亦肯定他推行新法的立意與施政良方，奈何非議四起，黨爭不斷，又所用非人，導致變法失敗，黯然隱退。由「最恨惠卿空偽護，徒裝新政恣私權」可看出洪大川對呂惠卿等奸人的行徑，深感不齒，亦間接傷王安石之壯志未成。

（五）結友酬唱之作

〈和笑園主人[19]喜晴原玉〉

> 天地輝光欲寫來，雲霓收盡夕陽開。
>
> 芳園桃李時爭艷，幽賞高談待舉杯。

與友唱和，直抒雅懷，復飲酒賦詩，佐之以自然美景，何等風雅，亦為人生一大樂事。

〈祝崙峯吟社[20]成立〉

> 崙峯秀麗敞吟旌，李杜詞章此擅名。
>
> 韻客和賡新韻事，詩家雄鎮古詩城。

---

19 張進國，嘉義溪口人，日據時期曾任溪口庄庄長。

20 廖一瑾（雪蘭）：《臺灣詩史》，臺北：文史哲出版社，1998 年初版，頁 39。民國九年，朴子廖心鶴創立崙峯吟社。

　　七襄[21]半向機中織，合璧全憑筆底生。

　　愧我鬢皤才又拙，也隨雋逸共心耕。

「君子以文會友，以友輔仁。」洪大川與友人的酬唱詩作頗多，此詩不啻慶賀詩社之成立，稱揚眾詩友之碩才，更自謙鬢皤才拙，竟能與雋逸交遊唱和，不免有愧。讀其詩如見其人，溫恭有禮，謙沖自牧，可謂彬彬君子者也。

〈次羲安原韻祝鯤南七縣市乙未春季聯吟大會開在北港〉

其一

濟濟衣冠萃笨津，移宮換羽調翻新。

氣凌牛斗聲沖漢，韻落琴樽譜繫人。

萬斛珠璣容客覯，七鯤風雅耐吾親。

朝天好作玄都看，彷彿桃源十里春。

其二

聯吟勝會到汾溪，滿眼鶯花入品題。

真箇有心工繡虎，可能無餒事屠鯢。

詩因擊缽交彌固，酒為攻城興不低。

如此扢揚如此雅，騷壇擬待接雲梯。

　　民國四十‧四年（1955），鯤南七縣市春季聯吟大會在北港舉行，洪大川作〈次羲安原韻祝鯤南七縣市乙未春季聯吟大會開在北港〉七律二首，記錄聯吟大會當時之盛況，諸多文人雅士共襄盛舉，飲酒賦詩，相互唱和，詩人「獨樂樂不如與眾樂樂」的歡欣之情，溢於言表。

---

21 七襄，織女星自卯至酉七個時辰中，移動了七次位置。出自《詩經‧小雅‧大東》。

五、結　論

郭芷涵[22]〈事志齋詩文集序〉「若洪君大川，生於臺灣淪陷之後，當其青年時代，正當日人積威之下，舉世靡靡，競學日本語文，把陳書庋諸高閣，即有一二欲潛心故國文學者，同輩非笑其愚，則憐其拙，而洪君獨鶴立雞群，超然絕俗，一意專心研究經史，博覽群籍，而於詩尤致力焉！畢生耕讀自娛，不慕榮利，惟設立私塾，以教後進，藉以維持國學不墜，是蓋山林遯世之士，而隱於詩者也。茲錄其生平所作以示余，余讀其詩，簡淡古雅，具有韋柳風韻，且於其聲音文字間，可想見其人之潔身自好，肥遯鳴高之人格矣。」大川才學淵博，大筆如椽，其詩題材廣泛，文字洗鍊，音韻和諧，引事用典，渾化無跡，蘊思含毫，氣韻天成。於北港懸壺濟世，其仁心仁術，亦名聞遠近，堪稱一代儒醫。然洪大川詩作雖豐，聲名亦盛，卻仍乏人為其詩文作一完整研究，以致未能在台灣文學史上，留下粲然一頁，為彌補此遺珠之憾，亦為台灣文學盡一己棉薄之力，筆者日後將繼續整理洪大川之遺作，期能完整呈現洪大川詩文之風貌。

六、參考文獻

參考書目：（依姓氏筆劃排列）

一、方志類：

1. 王必昌：《重修臺灣縣志》，臺北：臺灣銀行經濟研究室，1961年。

2. 余文儀：《續修臺灣府志》，臺北：臺灣銀行經濟研究室，1962年。

3. 倪贊元：《雲林縣采訪冊》，臺北：臺灣銀行經濟研究室，臺灣文獻叢刊 37 種，1959 年。

4. 高拱乾：《臺灣府志》，台北：臺灣銀行經濟研究室，1960 年。

5. 花松村編纂：《臺灣鄉土全誌》，臺北：中一出版社，1996 年 5

---

22 郭蔡淵，字芷涵，臺南人，光緒間廩生。日據時移居屏東。參見賴子清：〈南市科舉人物詩文輯〉，《臺南文化》6 卷 4 期，1959 年 10 月，頁 83。

月初版。

二、專　書：

1．江寶釵：《嘉義地區古典文學發展史》，臺北：里仁書局，1998年。

2．江寶釵：《臺灣古典詩面面觀》，臺北：巨流圖書公司，1999 年12月初版。

3．林文龍：《臺灣的書院與科舉》，臺北：常氏文化出版社，1999年9月一版。

4．林永村・林志浩合著：《笨港》，雲林：笨港文化公司，1995 年4月。

5．張子文、郭啓傳、林偉洲撰文，盧錦堂主編：《台灣歷史人物小傳－明清時期》，臺北：國家圖書館，2001 年 6 月出版。

6．張子文、郭啓傳、林偉洲撰文，國家圖書館特藏組編輯：《台灣歷史人物小傳－明清暨日據時期》，臺北：國家圖書館，2003 年 12月初版。

7．廖雪蘭（一瑾）：《臺灣詩史》，臺北：文史哲出版社，1999 年3 月（修訂本）。

8．廖嘉展：《老鎮新生》，臺北：遠流出版公司，1995 年。

9．鄭定國、謝佳樺、林哲瑋、賴郁文合著：《日治時期雲林古典詩家》，臺北：里仁書局出版，2005 年 7 月。

10．顏新珠編著：《打開新港人的相簿》，臺北：遠流出版公司，1995年 9 月初版。

三、學位論文：

1．王文顏：《台灣詩社研究》，政治大學碩士論文，1979 年。

2．李貞瑤：《陳逢源漢詩研究》，成功大學中研所碩士論文，2002年。

3．周滿枝：《清代臺灣流寓詩人及其詩之研究》，政治大學中國文學研究所碩士論文，1980 年。

4．林哲瑋：《邱水謨漢詩研究》，雲科大漢學所碩士論文，2004 年。

5．張作珍：《北港地區傳統詩社研究》，南華大學文學研究所碩士論文，2001 年。

6．程玉凰：《洪棄生及其作品考述》，中正大學中國文學研究所碩士論文，1995 年。

7．賴郁文：《吳景箕及其詩研究》，雲科大漢學所碩士論文，2004 年。

四、期刊論文：

1．賴子清：〈古今臺灣詩文社（一）〉，《臺灣文獻》10 卷 3 期，1959 年 9 月。

2．賴子清：〈臺灣古今詩文社（二）〉，《臺灣文獻》11 卷 3 期，1960 年 9 月。

3．賴子清：〈南市科舉人物詩文輯〉，《臺南文化》6 卷 4 期，1959 年 10 月。

4．魏嘉亨：〈雲林縣詩人聯吟會沿革志〉，《臺灣古典詩擊鉢吟》第 35 期，2000 年 7 月。

五、詩集、詩刊：

（一）詩　集：

1．洪大川：《事志齋詩文集》，臺北：文和印刷公司，1966 年 7 月。（洪子豪收藏。）

2．連橫：《臺灣詩乘》，南投：台灣省文獻委員會，1992 年。

3．連橫主編：《臺灣詩薈》，南投：台灣省文獻委員會，1992 年。

4．賴子清：《臺灣詩海》，臺北：賴子清，1954 年刊本，央圖臺灣分館藏。

5．賴子清：《臺灣詩醇》，臺北：賴子清，1936 年刊本，央圖臺灣分館藏。

（二）詩　刊：

1．《中華詩（藝）苑》，民國四十四年二月（1955.2）── 民國五十

　　六年八月（1967.8），黃哲永藏。

2．《台灣詩壇》，民國四十年六月（1951.6）── 民國四十八年十月
　　（1959.10），同上。

3．《詩文之友》，民國四十二年四月（1953.4）── 民國八十二年九
　　月（1993.9），黃哲永、李丁紅收藏。

4．《詩報》，昭和六年（1930）── 昭和十九年（1943），黃哲永藏，
　　影本。

七、洪大川先生年表

光緒三十三年丁未（西元 1907 年，明治 40 年）一歲
　　生活：出生於嘉義縣新港鄉安和村洪厝。

宣統元年己酉（西元 1909 年，明治 42 年）三歲
　　時事：林湘沅、謝汝銓、洪以南等成立瀛社，在艋舺舉行創立典
　　　　　禮，參加者一百五十人，鼓吹漢詩，公推洪以南爲首任社
　　　　　長。

宣統三年辛亥（西元 1911 年，明治 44 年）五歲
　　時事：元長漢詩詩人林國賜出生。

民國元年壬子（西元 1912 年，大正元年）六歲
　　時事：清廷滅亡，中華民國建立。

民國二年癸丑（西元 1913 年，大正 2 年）七歲
　　時事：口湖漢詩詩人洪天賜出生。

民國三年甲寅（西元 1914 年，大正 3 年）八歲
　　時事：台灣同化會成立（12/12）。

民國四年乙卯（西元 1915 年，大正 4 年）九歲
　　時事：台灣同化會解散（2/26）。噍吧年抗日事件（8/2）。虎尾
　　　　　漢詩詩人陳輝玉出生。台灣鄉土作家鍾理和出生。

民國七年戊午（西元 1918 年，大正 7 年）十二歲
　　時事：推動「同化主義政策」。傅錫琦與林獻堂設立台灣文社。

民國八年己未（西元 1919 年，大正 8 年）十三歲
　　時事：傅錫琦與林獻堂發行《台灣文藝叢詩》創刊號。

民國九年庚申（西元 1920 年，大正 9 年）十四歲

時事：朴子樸雅吟社成立。崙峯吟社成立。西螺同芸會改稱葵社。
《台灣青年月刊》於東京發刊。

生活：作〈祝崙峯吟社成立〉七律三首。

民國十年辛酉（西元 1921 年，大正 10 年）十五歲

時事：林獻堂所領導的台灣文化協會於台北成立。

民國十一年壬戌（西元 1922，大正 11 年）十六歲

時事：曾席珍與王東燁等十數人於北港創立汾津吟社。

民國十二年癸亥（西元 1923，大正 12 年）十七歲

時事：新港鷇音吟社成立。

民國十三年甲子（西元 1924，大正 13 年）十八歲

時事：連雅堂創刊的《台灣詩薈》發行。全台詩人在台北江山樓
舉行聯吟詩人大會。北京的台灣留學生張我軍在《台灣民
報》上發表〈糟糕的台灣文學界〉一文，與葫蘆生等引起
筆戰，此為第一次新舊文學之爭。

民國十四年乙丑（西元 1925 年，昭和元年）十九歲

時事：斗六雲峰吟社成立。嘉義玉峰吟社成立。

生活：大川先生於蕃薯厝設帳教授漢學。

民國十五年丙寅（西元 1926 年，昭和 2 年）二十歲

生活：因感冒求醫，由林開泰（林維朝之子）介紹並拜林維朝為
師，自此，並游於前清秀才林維朝與新竹吳蔭培二夫子之
門。

民國十六年丁卯（西元 1927 年，昭和 3 年）二十一歲

生活：詩人作〈祝鷇音吟社長林維朝先生六秩晉一榮壽之慶〉七
律一首。〈祝鷇音吟社成立五週年紀念〉七律一首。

民國十九年庚午（西元 1930，昭和 6 年）二十四歲

時事：台灣地方自治聯盟成立。霧社事件發生（10-12 月）。

民國二十年辛未（西元 1931，昭和 7 年）二十五歲

生活：作〈守財虜〉五律一首。〈螺溪硯〉七絕二首。〈春晴〉
七律二首。〈觀濤〉七律二首。

民國二十二年癸酉（西元 1933，昭和 9 年）二十七歲

時事：鄉勵吟社元旦創立，黃篆爲社長，聘李冠三、林維朝爲顧
　　　問，係汾津吟社的友社，社員往來密切。

生活：作〈秦淮月〉七絕四首。

民國二十三年甲戌（西元 1934 年，昭和 10 年）二十八歲

時事：林維朝逝世（1868-1934）。

生活：作〈敬輓林維朝老夫子千古〉七律二首、哀輓文一篇。

民國二十四年乙亥（西元 1935 年，昭和 11 年）二十九歲

生活：作〈乙亥六月下弦日忽雨傾盆〉七絕一首。〈依並蒂牡丹
　　　祝秀峰君吉席誌喜〉七律一首。〈和傳心社兄春日來訪原
　　　韻〉七律一首。〈用傳心社兄春日遊白芒埔呈蕭洪兩詞棣
　　　韻寄懷洪烱宗先生〉七律一首。

民國二十五年丙子（西元 1936，昭和 12 年）三十歲

時事：鄉勵吟社顧問李冠三逝世。

生活：作〈和李德和君感懷芳韻〉七律一首。〈次前韻呈林芳攀
　　　兄〉七律一首。〈仍前韻呈許文再翁〉七律一首。〈再疊
　　　韻呈賴金賜兄〉七律一首。〈呈林芳攀祠兄〉七律一首。

民國二十八年己卯（西元 1939，昭和 15 年）三十三歲

時事：日本在台作家西川滿等人與本土作家龍瑛宗等人成立台灣
　　　文藝家協會。十二月詩友龔顯昇赴高雄十年後，本月歸隊。

民國二十九年庚辰（西元 1940，昭和 16 年）三十四歲

生活：作〈祝詩報社發刊十週年紀念〉七律二首。〈贈天理教嘉
　　　義東門教會〉七律一首。〈贈天理教民雄聚會所〉七律一
　　　首。

民國三十年辛巳（西元 1941，昭和 17 年）三十五歲

生活：作〈客況阻折蒙雙溪諸君子以詩慰問即次其原玉〉七絕四
　　　首。〈留別溪口諸君子〉七律二首。

民國三十一年壬午（西元 1942，昭和 18 年）三十六歲

生活：作〈壬午年中秋夜對酒〉七絕四首。〈題蘭〉七絕七首。

民國三十二年癸未（西元 1943 年，昭和 19 年）三十七歲

時事：八月，洪水氾濫，北港社線溪橋中斷，火車落水，汾津吟
　　　社友人，詩棋八仙侶之一的曾人潛先生溺斃。林開泰逝世
　　　（1895-1943）。

生活：作〈癸未暮春吳蔭培老夫子重遊新港諸門弟子歡迎並列寫
　　　照獨我不參悵悶不已賦此寄懷〉七律四首。祭文〈敬輓林
　　　開泰世兄千古〉。

民國三十三年甲申（西元 1944，昭和 20 年）三十八歲

生活：作〈和林詞兄友笛五十書懷瑤韻〉七律二首。

民國三十四年乙酉（西元 1945，昭和 21 年）三十九歲

時事：風城才子吳蔭培逝世。日本投降，淪陷 50 年的台灣從此光
　　　復。台灣省第一家中文日報《台灣新生報》創刊。

生活：作〈歡迎宴爲劉少將啓光來港接收而作〉五律一首。〈敬
　　　輓吳蔭培夫子千古〉七律四首、哀輓文一篇。

民國三十六年丁亥（西元 1947）四十一歲

時事：國府專賣局緝私血案，造成名眾激烈抗議，軍人開槍致引
　　　發二二八事變。

民國三十八年己丑（西元 1949）四十三歲

時事：中華民國政府遷台，大量古典詩人隨中樞東渡台灣，古典
　　　詩全島聯吟活動再次興盛。

民國三十九年庚寅（西元 1950）四十四歲

時事：端午節全國詩人大會以聯絡內外詩人之情感爲要務。台灣
　　　實施地方自治，第一屆縣市長公民直選。

生活：作〈慶祝台灣省實施地方自治〉七律一首。〈和槐庭兄庚
　　　寅元旦感作〉七律二首。〈祝北港中學開設四週年紀念〉
　　　五律二首。

民國四十年辛卯（西元 1951）四十五歲

生活：作〈參加辛卯詩人大會有感〉五律一首。〈辛卯詩人節紀
　　　念鄭成功〉七律二首。〈和顯昇兄參加辛卯詩人大會車中
　　　偶作玉韻〉七律一首。

民國四十一年壬辰（西元 1952）四十六歲

　　　生活：作〈和東燁翁六十書懷瑤韻〉七律二首。〈慶祝 蔣總統復
　　　　　　職二週年〉七律二首。〈寄考試院長賈景德先生書〉一文。

民國四十二年癸巳（西元 1953）四十七歲

　　　生活：作〈西螺大橋〉七律四首。

民國四十四年乙未（西元 1955）四十九歲

　　　時事：鯤南七縣市春季聯吟大會在北港舉行。
　　　生活：作〈次羲安原韻祝鯤南七縣市乙未春季聯吟大會開在北港〉
　　　　　　七律二首。三子洪子懷出生。

民國四十五年丙申（西元 1956）五十歲

　　　時事：《文學雜誌》創刊。
　　　生活：作〈敬賀賈景德先生丙申端午詩人節自由中國詩人大會召
　　　　　　開於嘉義率賦二律瑤韻〉七律二首。

民國四十七年戊戌（西元 1958）五十二歲

　　　時事：詩友王羲安逝世（1899-1958）、八二三炮戰爆發。
　　　生活：作〈敬輓王羲安詞兄千古〉七律一首。

民國四十九年庚子（西元 1960）五十四歲

　　　時事：金湖曾仁杰辭世。《現代文學》創刊。褒忠李維喬辭世。
　　　　　　莿桐陳元亨辭世。
　　　生活：作〈敬輓李維喬詞兄千古〉五律二首。

民國五十年辛丑（西元 1961）五十五歲

　　　時事：西螺廖學昆辭世。斗六張立卿辭世。么兒洪子懷病逝。
　　　生活：作〈哭第三兒子懷詩〉七言長篇敘事詩一首。

民國五十三年甲辰（西元 1964）五十八歲

　　　時事：詩友龔顯昇逝世。吳濁流創刊《台灣文藝》。以創作本土
　　　　　　詩作為宗旨的笠詩社成立。
　　　生活：作〈敬悼龔顯昇詞兄千古〉七律二首，並附輓聯。

民國五十五年丙午（西元 1966）六十歲

　　　時事：雲林縣詩人合併鄉勵吟社、汾津吟社、斗山吟社舊社員，
　　　　　　組成雲林縣詩人聯吟會，於水林法輪寺召開大會，為雲林
　　　　　　詩壇注入新生命。

生活：詩人被推選任雲林縣詩人聯吟會會長。作〈中和節懷顏思
　　　齊〉七律一首。出版《事志齋詩文集》。

民國五十七年戊申（西元 1968）六十二歲

時事：雲林縣詩人聯吟會向政府正式立案，並舉行成立大會於雲
　　　林縣政府禮堂，後來選出陳輝玉先生為第一任會長。

民國五十九年庚戌（西元 1970）六十四歲

時事：台灣文壇展開批判現代主義詩的現代詩論戰。

民國六十八年己未（西元 1979）七十三歲

時事：美麗島雜誌在高雄舉行集會，憲警採高壓管制爆發衝突。
　　　詩友黃傳心逝世（1895-1979）。

民國七十一年壬戌（西元 1982）七十六歲

時事：詩友王東燁逝世（1893-1982）。

民國七十二年癸亥（西元 1983）七十七歲

時事：斗六吳景箕逝世（1902-1983）。

民國七十三年甲子（西元 1984）七十八歲

時事：元長小說家兼詩人蔡秋桐逝世（1900-1984）。詩友邱水謨
　　　逝世（1910-1984）。

生活：詩人洪大川逝世，享壽七十八歲。

附圖錄

（1）第二排中間之長者爲洪大川、依次爲長子
洪子周、次子洪子豪（洪釆薇提供）。

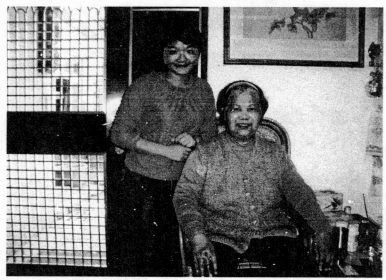

（2）筆者與洪大川之長女洪釆薇女士合影（2004 年）。

徐德欽漢詩探析

謝　瑞　安

一、前　言

　　雲嘉地區在清治時期人文薈萃，曾出了兩個狀元，六個進士，貢士與貢生、廩生、生員則不下千名，文風之盛爲全國之冠，而徐德欽則是六位進士之一，官至工部屯田主事，並應聘至玉峰書院主講，其詩詞卓然成一家，他在任官期間憂國憂民，不但爲家鄉靖亂及清丈土地，減輕租稅，更作育英才，可惜天妒英才，享年三十八歲。其《荊花書屋詩文集》的詩詞篇數與文物今保存相當有限，因此要探知徐德欽詩中的世界尚有待學術界努力。

　　徐德欽先生，字仞千，號輝石，係他里霧堡埔姜倫人，公元一八五二年生，爲斗南徐元昱第四代孫，清道光年間台灣中部發生戴萬生之亂，其父徐台鱗舉家由斗南移居嘉義市。徐德欽有五個兄弟，他排行第四，其三兄徐德新帶領鄉勇參加討伐戴潮春，以功欽授六品軍功頂戴，於日本治台期間授配紳章，任嘉義區街庄長，再任嘉義廳參事。而徐德欽則於公元一八八五年（光緒十一年）乙酉舉於鄉，翌年丙戌連捷成進士，官拜工部屯田司主事，其姪念修即徐德新長子徐杰夫，亦於是年中秀才，日治時期擔任山仔頂區庄長，後任嘉義廳參事，同時獲聘爲嘉義廳區長，徐家後來也參與投資嘉義市第一家銀行「嘉義銀行」，而徐杰夫並任副頭取即今副董事長，據說嘉義銀行曾一度財務發生危機，也是徐家出面解危，可見徐家當時在嘉義市的社經地位。

徐德欽與王克捷、郭望安、黃春瀛、張覲光、林啓東等五人同列爲臺灣在清治時期嘉義籍出身的六位進士之一，在人文薈萃的嘉義，徐家被地方稱爲是嘉義的望族，其家族地位不亞於嘉義縣籍出身的兩位狀元王人堪與吳魯。

　　在地方史上記載出身嘉義縣籍除有上述的二位狀元與六位進士外，尚有舉人王錫棋、楊阿捷、張簡拔、吳兆亨、許國材、張植發、許拔萃、郭一潛、柯梅溪、林毓奇、蔡廷槐、蔡廷懋、蔡廷炯、蔡鴻模、張士鳳、林希哲、楊啓元、林西園、劉達元、王朝綱、丁傑三、沈鳴岐、劉拔元、劉逢元、謝宗本、沈廷載王均元、沈宗海、張踪華、楊鴻藻、黃鴻翔、陳廷獻等人，而貢士與貢生則不下千名，可謂在清治台期間，諸羅人才蔚起，爲全台之冠。嘉義在人文薈萃不是沒原因的，在地方史記載，台地初闢，文化待興，直至明遺老沈斯庵太僕光文於明萬曆十四年航海遇颶風至台灣，海山阻隔，鬱鬱四十年，至康熙二十四年始與諸羅季麟光創立東吟社，爲世知的台灣詩社鼻祖，殊不知在此之前，於明永曆十五年，隨鄭成功入台之江蘇華亭徐闇公都御使孚遠，與張尚書煌言等六人創設海外幾社一事，於台灣文獻極少記載。徐、沈二人流寓諸羅且歿葬諸羅，因此，二人分別於明永曆年間創立海外幾社及清康熙年間創立東吟社，這兩詩社是台灣明清時期二大吟壇，亦爲台灣詩社鼻祖，是造成嘉義日後人文薈萃的原因。

二、徐德欽生平事蹟

　　徐德欽先生自幼即於嘉義漢學堂習文，少林啓東四歲，卻同年（光緒十二年）高中進士且同年赴召修文。徐德欽高中進士同年十月回籍，聘主玉峰書院講席，書院是以遙望玉山山峯而命名，初建的地址已無法查訪，現今在嘉義市文廟大成殿右邊尚遺留有重建玉峰書院碑記，碑記是建於乾隆二十四年（西元 1759 年），諸羅知縣李研俶在西門內改建玉峰書院的紀念碑文。直至徐德欽獲聘在此講學，才又改建一次，當時雲嘉地區受徐德欽影響，文風很盛，當地子弟取得功名很多。

　　到了日治時期，才把書院改爲日本佛寺，光復後又改名爲震安宮，

現在玉峰書院的唯一遺跡只剩下震安宮旁的大榕樹。徐德欽的詩詞卓然成一家，著有「荊花書屋詩文集」。所處地方都多地方知名之士，閒暇時，與朋友喝酒吟詩或談養身法，生平以作育英才爲己任，一切地方義舉，無不竭力贊助。任官時期，當年時巡撫劉銘傳奏准清丈田園，欲辦嘉安總局，戊子秋，彰化施九緞反亂，徐君兼綜理團防局務，協力剿捕，地方乃恢復平靜。

亂平之後，徐君深知清丈田園，民有怨言而窒礙難行，遂與各地士紳奏請免丈費，並准沿海山埔地與貧瘠的田園改爲不入則，以減輕租稅，疏解民困，於是人民悅服，鄉率赴領丈單，全台清丈工作乃告完成。督撫專摺會奏授徐君花翎五品銜。乙丑年三月，是遇覃恩之年，奏准加三級，徐君遂要籲請封贈祖父母及父母，至庚寅年自以草野微臣，迭受皇恩，正欲回粵謁祖，並入都供職，不料竟一病不起，而與世長辭，享年三十八歲。

三、徐德欽與時代背景

徐德欽所處年代正逢清治時期台灣建省時期，社會動盪不安，內有民亂，外有強權入侵，我們如果透過徐德欽詩詞，便可了解徐君詩詞受時局變遷影響很深，並能將現實生活與心理世界的種種感受寄託於作品中，其作品大都是寫景，在每首詩中都會由景入情，由此可體會徐德欽情感豐富、真摯，人品嫻雅高潔，並對當時時局的動盪不安感到憂心，我們更可從詩中充分體會他憂國憂民的心思，也可從現時實世界記載在他任官期間爲民靖亂，清丈土地，減輕稅收，讓人民喘息在亂世之間的史實。

四、徐德欽漢詩分類

本文無法蒐集徐德欽的《荊花書屋詩文集》原著感到遺憾，亦只能從散落在台灣詩海、台灣詩錄、台灣詩醇、詩報、雲林縣發展史等文獻資料中獲得部份詩作，並作以下四種分類與詩評。

五、詩作分析：

（一）歌詠賢才方面

詩唐薇卿廉訪南征日記題後四首[1]

其一

書生投筆侈從戎，一出爭為天下雄，
身入行間多畫虎，兵談紙上可憐蟲，
問誰孤劍橫空外，真見神雷起地中，
日記南征試披讀，華夷同此拜英風，

其二

九州山水桂林奇，靈傑原從歷試知，
名解六如驚絕艷，蓮瀛兩弟看連枝，
分曹職比昌黎重，出塞功爭定遠期，
瀝膽披肝封事上，雨風雷電助陳辭，

其三

嵩目狼烽迫故鄉，微臣竊願效陳湯，
皇仁縱不開邊釁，勁旅終須主海疆，
收拾英雄資豹略，馳驅滇越奮鷹揚，
古來西賊驚韓范，知否軍中又一唐。

其四

一畫鴻溝百戰經，雷良休問小朝廷，
乞和氣已豺狼餒，踏界風雲草木腥，
千里旋師盤朔漠，片帆持節領東溟，
艱危閱盡奇勳在，長共河山照汗青。

　　上面這四首七言律詩，我們從詩中瞭解徐君雖為文人，但對當時多變時局，似乎是以天下興亡為己任，因此對唐薇卿的智與勇非常推崇。在上面第一首詩中，從前面四句詩中，徐氏描述唐薇卿能在亂世中投筆從戎，不畏生死，毅然為民前鋒而出征殺敵，完全洗濯文弱書

---

1 唐薇卿即唐景崧，有南征日記之作。他曾力薦劉永福，劉氏後來組織黑旗軍。

生只會紙上談兵的刻板形象，而後四句更指出文人亦能豪氣蹤橫沙場，而最後終能獲華夷同拜爲英雄，從這首詩中，徐君認爲一個文人在盛世能以文才貢獻國家雖值得推崇，而在亂世時更應兼具勇者精神來犧牲「小我」，才能救「大我」。第二首詩徐君在前面四句更指出一個文人雖能在考場身經百戰而金榜成名，其在盛世時功名光環四射而光宗耀祖，但後四句則道出文人如逢亂世則應破過除過去俗世所認爲的「萬般皆下品，唯有讀書高」的迂觀念，因爲沒有國家，個人文才又如何施展，唯有在亂世以智生勇來救國，個人與國家才有美好未來。第三首詩中前四句徐君更指出唐薇卿雖身置亂世中，故鄉到處彌漫著戰火，家園是岌岌可危的，任何人不能坐以待斃，只有主動出擊，共挽國家頹勢。後四句更描繪古來入侵西賊是最怕韓愈與范仲淹這類智勇兼備的文豪，而文人生逢亂世則應效法他們奮戰沙場來救國。第四首詩中，前四句徐君更描繪出在國家危亡之際，文人應有決戰沙場而扮演勇者以智救國的決心。後四句更描匯繪文人唯有奮力驅逐外侮，不論個人生或死，最後才能長共河山照汗青。

延平郡王祠[2]

漫嗟蚊負強圖存，二百年來養士恩，
真與天心爭氣數，重將海外闢乾坤，
小邦三世留臣節，大義千秋炳史論，
若較兩京談戰守，區區豈爾勝中原。

上面這首七言律詩，在前四句徐君對鄭成功的忠君愛國情操非常贊許，並對鄭氏能退守臺灣誓死不屈的準備反清復明的精神感到贊佩，後四句更對鄭成功三代在台雖是小邦，但他們的忠君志節始終不變，不但大義留芳千秋萬世，而且對鄭氏以小制大的戰略非常崇拜，可見他雖在清朝爲官，但漢人本位的精神卻在詩作中流露無遺。

　　由上面五首徐氏詩作中，我們深切可瞭解徐氏是繼承漢人文化傳統的內涵，也相當愛這塊他土生土長的原鄉。

---

2 《臺灣詩醇》頁 257。

（二）生活小品方面

月嶺曉翠[3]

破曉携筇上翠微，迂迴月嶺碧成圍。

嵐光遠近清如畫，霧氣低迷冷濕衣。

十里雲林環縹緲，幾家村舍認依稀。

未能拋卻塵寰累，卜築茅齋此息機。

在這首七言律詩中徐君對家園的晨景描繪得猶如一幅畫，透過晨霧觀賞飄渺虛幻的景物，遠近山水盡是圍繞在曲折迂迴的翠綠竹林中，猶如人間仙境，雖眼前雖有這一片美景，但卻因塵世一切俗事未了，無法築茅屋於此寄情山水於此，是他所感到莫大的遺憾。

北湖荷香[4]

小湖一曲抱城流，開出荷花六月秋。

消受好風香世界，滿天涼雨下漁舟。

徐君在這首七言絕句詩中充分描繪出江南詩意的景觀，詩中有花、有水、有風、湖邊一片秋意漾然，好比一幅美景活生生呈現在眼前，其文筆有如晉陶淵明詩中有畫的境界。

牛溪晚嵐[5]

牛稠溪畔晚風輕，得得漁歌互送迎，

烟樹蒼茫平野異，雲巒掩映夕陽晴。

兩三茅屋炊煙直，屈曲村橋石徑平，

況值暮秋好天氣，有人策馬趁歸程。

這首七言律詩，徐君以其細膩的文章，把地方的美麗風情景物描繪得淋漓盡致，尤如大陸古代文豪的寫景詩手法，使得本地的風土景。

東園賞菊[6]

禾黍蒼茫失故京，薄施脂粉尚關情。

騷人莫漫貪佳色，萬里江山一笑傾。

這首七言絕句詩是摘錄於台灣詩海，徐君在這首詩中暗喻花為女色，

---

3 《台灣詩錄》頁 993。
4 《台灣詩醇》頁 314。
5 《台灣詩錄》頁 993。
6 《台灣詩海》頁 236。

提醒文人騷客應時時憂國憂民，不應貪美色而失江山，從這首詩中可深切體會初徐君對讀書人應該有以天下為己任的抱負。

東園晚步[7]

秋深雨霽晚涼天，一笑趨陪兩散仙，
共把吟懷消宦況，且將遊興結花緣。
楊枝欵客牽千縷，荷葉饒人抵萬田，
別有惱儂惆悵處，西風猶滯菊籬邊。

從這首七言律詩中可知道他平時喜與好友一起賞花與飲酒作詩以解憂，但能忘憂也只是短暫的，因為時局不穩，正是他為官憂國憂民的原因。

榡圃風清[8]二首

淨香亭外雨餘天，榡木森森不計年，
好是公餘無俗累，抱琴來傍綠陰眠。

南薰吹熟味甘涼，顆顆扶枝半出牆，
記得六街天氣暖，一聲黃榡滿城香。

這首詩摘錄於《台灣詩醇》，徐君在這首七言律詩中，從他細膩的筆法，描繪出六月芒果盛產的台灣特有的江南風土景觀，從前四句讀者可深深體會他強烈的喜愛這片家園，而後四句也可意會徐君對家園處處充滿綠意盎然的生動景觀感到陶醉，無法以異域風情所能取代的。

（三）訴說親情方面：

哭仲山宗兄之訃[9]

悵望雲山隔太疎，病中情態究奚如，
功能活世偏遭劫，業可名山失著書，
一榜秋風同夢鹿，念年孀淚泣鯤魚，
生平不盡牢騷意，鬼唱猶應繞草廬。

哭二兄[10]

---

7 《詩報》頁 97，昭和 10 年（1935）1 月 15 日。
8 《台灣詩醇》頁 77。
9 《詩報》頁 97，昭和 10 年（1935）1 月 15。

山城一夕朔風危，吹折荊花第二枝，

同氣忽成蝴蝶夢，招魂哀賦鵜鴒詩，

漫言易世情猶在，其奈他生渺豈知，

愴我哭兄兼哭嫂，夜臺歸去合齊眉。

這兩首七言律詩摘錄於《詩報》昭和 10 年（1935）1 月 15 日，從《哭仲山宗兄之訃》這首詩中徐君句句描繪出對其二兄之死感到非常悲傷，整首詩他對二兄的懷才不遇也深表感慨，雖然只有短短八句詩，卻能刻畫出其二兄一生坎坷的際遇。再從《哭二兄》這首詩中更可體會出徐君字字表露出他感情世界的豐富，尤其在第三句更描繪出他寄望來生相會恐無期的哀痛。這二首詩同是對其二兄之死表示哀悼之作，連續二篇創作可明顯表達徐君對同一事物在感情世界的震撼與失去親情的極端悲慟。

（四）以文會友方面：

和楊寶吾韻[11]

抗手騷壇仗管城，揮來不顧鬼神驚，

高山有志琴能寫，濁酒澆胸劍忽鳴。

桃李恥爭春豔質，竹松須結歲寒盟，

英雄到底仍投筆，莫遣搖鞭讓祖生。

這首七言律詩是徐君與好友吟詩比劍所作的詩，從整篇詩作內容來看，徐君與知己好友相聚，所談話題依然圍繞在讀書人應如何心懷壯志以救國的抱負，這可從前四句看出他智勇兼備的胸懷。而後四句則充分流露出友情的珍貴猶如桃李與松竹，並非互相爭豔而活，而是應互相砥礪共為國家大業而奮鬥。

柬少弼老兄[12]二首

其一

久資攻錯詠他山，喜出瑤章示座間，

擲地一聲驚戶牖，鳴岡相和播人寰。

10　《詩報》頁 97，昭和 10 年（1935）1 月 15 日。

11　《台灣詩醇》頁 173。

12　《臺灣詩醇》頁 154。少弼即賴世良。

詩成翰墨凌風骨，境徹冰壺印玉顏，

絕妙金緣交引處，詎容黃鳥頌班班。

其二

笑比南山近卜居，寄懷天地一蓬廬，[13]

相知不盡如人世，有間時還讀我書，

雅話共憐梅較瘦，垂青想見竹師虛，

自從盥誦高吟後，三日樑間韻繞餘。

從上面這二首七言律詩，可知徐君常於閒暇之際以文會友，尤其嘉義地區人文薈萃，當時考取功名人士不少，徐家又是地方望族，常有文人雅士來訪，而他又是玉峰書院講席，書香氣息彌漫家門自不在話下，因此，徐君知心好有友一定不少，這二首詩徐君對其好友句句洋溢著無比的溫馨之情，真情之流露從詩句中應能深切體會出的。

〈恭和嘉義邑侯楊西庚留別原韻〉四首[14]

其一

一別春風渺綠波，仙鳧飛去悵難羅，

師門聚散情懷重，宦海浮沉感慨多。

本為桑麻勤撫字，何妨閭里靜催科，

琴聲過處方知韻，漸聽輿人起頌歌。

其二

樹人空抱百年期，知己傷心淚暗滋，

李錫乍嘗清共味，陶潛忽賦去來辭，

漫愁范釜魚將困，差信荀庭德不衰，

為報東園舊遊處，甘棠留蔭正隆時。

其三

十洲三島久馳名，吹下仙風一縣清，

此道自知能免俗，何人不願樂為氓，

政如化雨行殊速，身等閒雲去亦輕，

新合相逢無別語，只留衡鑒表空誠。

---

13 《台灣詩醇》頁154。

14 《雲林縣發展史》下冊。

其四

使君風雅競留神，況是恩波屢沐身，

不忍胜災終禍我，可知善政在安民，

焚身硯北方吟句，轉駕郊西又送春，

瞻望涕零人不見，雲山遠上碧鄰鄰。

從上面這四首七律詩，徐君連續以四首詩表達對楊西庚依依難捨之情，感情之豐富字字皆流露無遺，在第一首詩中，徐君對同為朝廷命官的宦海生涯感到無奈，也非常珍惜聚合時的情誼，究竟命運總是難以預料的，因此應好好珍惜過去時光已擁有的那份摯情。而第二至第四首詩雖同樣對楊君的離情依依，彷彿失去親情一樣難捨，但離別雖哀傷，而現實世界的路程終究還是要走，彼此互相祝福未來不但能前程似錦，更須知道為官之道應使百姓安樂才是本職責所在，因此只能遙遙相望而暗自流淚，除了祝福又奈何。

五、結　論

徐德欽雖出身望族，但卻置身於亂世，雖是文人，卻思以武救國，這可從其任官期間，不但協力圍剿施九緞之亂，更為民減輕賦稅、疏解民困，另外亦為地方作育英才，提倡文風可得知，只可惜他英年早世，為世人所遺憾。

徐君的詩作今雖留傳於世甚少，但篇篇堪稱撼世之作，其感情之豐沛，心胸抱負之高遠，猶如天泉下注一般，那麼雄偉壯觀，是一般文人自嘆不如的，在道德淪喪無遺與利慾薰心的今天，人間的冷漠與對國家興亡彷彿與己無關的情形下，徐德欽這些詩作卻帶給世人無比的感慨與省思。

六、參考書目

賴子清：《台灣詩海》，蘭記書局，1954 年。

廖雪蘭：《台灣詩史》，武陵出版社，1989 年。

趙敏俐：《兩漢漢詩研究》，文津出版社，1993 年。

丁旭輝：《台灣現代詩圖像技巧研究》，春暉出版社，2000 年。

施懿琳：《從沈光文到賴和》，春暉出版社，2000 年。

林文寶等：《台灣文學》，萬卷樓出版社，2001 年。

黃秀政等：《台灣史》，五南出版社，2002 年。

王君華〈丙戌進士徐德欽〉，《雲林文獻》2 卷 3 期。

《雲林縣發展史》（下冊），雲科大漢學所藏書。

《詩報》，雲科大漢學所藏書。

《台灣詩錄》，雲科大漢學所藏書。

《台灣詩醇》，雲科大漢學所藏書。

〈珍視歷史文物〉，《中國時報》，2000 年 1 月 18 日。

七、徐德欽年譜簡表

1852 道光三年丁卯一歲

出生。

1885 光緒十一年乙酉三十三歲

高中舉人。

1886 光緒十二年丙戌三十四歲

以三百一十七名高中文進士。

施九緞亂起。

十月返家主持玉峰書院。

1888 緒緒十四年戊子三十六歲

平定施九緞反亂。

辦理嘉南清丈局。

1889 緒緒十五年己丑三十七歲

完成清丈工作。

受領花翎五品銜。

1890 緒緒十六年庚寅三十八歲

回粵謁祖並入都供職，卻體弱而病逝，享年三十八歲。

（1）徐德欽畫像。
（照片摘錄於中國時報 2000 年 1 月 18 日）

（2）嘉義市史蹟資料館入口處（含藏徐德欽資料）。
　　謝瑞安拍攝於嘉義市史蹟館　2004.10.25

（3）進士匾目前展示於嘉義市史蹟館第一區展覽室正方。
　　謝瑞安拍攝於嘉義市史蹟館　2004.10.25

（4）以下二十面舉人牌與進士牌現在展示於
　　嘉義市史蹟資料館第一展覽室左右方

（5）徐德欽家屬贈物給嘉義文化局
　　謝瑞安於 93.10.25 拍攝

陳元亨漢詩的特色

蔡　幸　純

一、前　言

　　西元 1895 年（光緒 21 年），清廷在甲午戰爭失利後締結馬關條約，其中將台灣割讓給日本，台灣人民憤慨異常，出現很多抗暴行動，所以日軍為鎮壓各地的義軍而疲於奔命。在這樣紛擾不平的局勢下，為了消滅民間武裝反抗的力量，台灣總督府採取鎮壓和招降並用的政策。全島嚴密的警備網，加上採行連坐法的保甲制度，諸多反抗的勢力，因此被消滅。但在日人的強勢統治之下，文人騷客把孤島百姓憤慨、無助的心情，寄託於詩歌之中。

　　大正 8 年（西元 1919 年）適逢台灣各地詩社相繼成立之際，「芸社」[1]成立，大正 9 年（西元 1920 年）莿桐傳統漢詩人陳元亨等名士相繼入社，遂改社號「葵社」。詩人定期聚會擊缽，詩風極盛。這時代的漢詩人「對突如其來的帝國殖民，詩人的抗拒是消極的，感慨是誠摯的，他們血淚的見證歷歷如在，往往個人的遭遇即隱喻國家的歷史，個人情感的書寫，即國家大事的鋪述，敘事與情感合而為一。」[2]本文所要探討的傳統漢詩作家陳元亨先生即是此時代的作家，且讓我

---

1 江擎甫：〈葵社沿革〉，《雲林文獻》創刊號（1952 年），頁 68。「芸社」，另一說為「同芸社」，見程大學主編：《西螺鎮志》雲林縣：西螺鎮公所，2000 年，頁 8-62。
2 江寶釵：〈時、事與社會：清代後期~日治時期〉《台灣古典詩面面觀》，台北：巨流圖書公司，1999 年，頁 221。

們進入元亨先生當時用血淚見證的歷史吧！

　　雲林縣莿桐鄉在西螺鎮的東方與南方，據說在近兩百年前，此地有兩旁都種滿了莿桐樹的小路，所以命名爲莿桐巷，後來才改名爲莿桐鄉。這濁水溪畔的鄉村，既沒有名勝古蹟，也沒有特殊的名產，只有幾個古老的村落。[3]

　　清光緒 13 年，雲林縣設縣時，將雲林縣劃分爲十六堡[4]，其中「西螺堡」包括西螺鎮全部、莿桐鄉莿桐、孩沙里、新莊、番子、甘厝等 53 莊。[5]據《雲林發展史》、《雲林縣志稿》等文獻資料得之，清代雲林縣轄內計有五間書院[6]，而西螺地區就佔了兩間－振文、修文書院。

　　另西螺堡於清治時期取進縣學文秀才者就有廖澄河等 13 位[7]，足見西螺堡於清治時期文風之鼎盛，此文風影響、延續至日據時期的文學環境影響，大正 8 年（西元 1919 年）適逢台灣各地詩社相繼成立之際，黃文陶、廖學昆等八位地方人士於同年三月組織「芸社」[8]大正 9 年（西元 1920 年）廖重光、李德和、陳元亨等名士相繼入社，遂改社號「葵社」[9]。而莿桐這小地方則是包括在西螺堡地區，據莿桐當地現年 82 歲耆老林旺條先生表示莿桐當地除了一些愛慕元亨先生淵博學術，而親近或拜師學習者外，並無其他文學活動。

---

3 林衡道口述、楊鴻博整理：〈莿桐鄉與林內鄉〉，《鯤島探源》第三冊台北稻田出版有限公司 1996，頁 546。
4 雲林縣發展史編纂委員會：〈史略與沿革〉《雲林發展史》，雲林縣政府編印，1997年；仇德哉主修：《雲林縣志稿》〈疆域篇〉台北：文成出版社，1983 年。十六堡分別是：斗六堡、他里霧堡、打貓東堡、打貓北堡、大坵田堡、白沙墩堡、大槺榔堡、蔦松堡、尖山堡、溪洲堡、西螺堡、布嶼東堡、布嶼西堡、海豐堡、沙連堡、鯉魚頭堡。
5 同注 2。
6 《雲林發展史》：龍門（斗六堡）、振文（西螺堡）、修文（西螺堡）、聚奎閣（笨港街）、奎文（他里霧）等五書院。《雲林縣志稿》：龍門、振文、修文、奎文、藍田（在今南投縣，前爲雲林縣南投街）等五書院。
7 見王君華：〈雲林教育志初稿〉，《雲林文獻》第 2 卷第 2 期（1953 年），頁 9。文秀才分別是：廖澄河、詹錫齡、詹汝舟、程培年、蕭嘉陵、葉介卿、林維、廖維峻、詹汝彰、張廷邦、謝振芳、葉有聲、江藻如等 13 位。
8 江擎甫：〈葵社沿革〉，《雲林文獻》創刊號（1952 年），頁 68。「芸社」，另一說爲「同芸社」，見程大學主編：《西螺鎮志》雲林縣：西螺鎮公所，2000 年，頁 8-62。
9 同註 4。

二、陳元亨生平與家世概述

陳元亨，號玄菴，出生於明治
9 年（西元 1876 年）5 月 15 日，祖
籍福建銀同縣，原定居於台中州員
林郡永靖庄竹子腳字福興二百二十
三番地（現址爲彰化縣永靖鄉福興
村中肚巷 6-1 號），後於大正十年
（西元 1921 年）5 月 18 日遷居至
斗六郡莿桐莊莿桐 376（光復後乃
雲林縣莿桐鄉莿桐村 10 鄰中山路
33 號），卒於昭和 15 年（西元 1940
年）3 月 22 日，享年 64 歲。

　　戶籍職業登記在彰化原居地是教讀師、書房教師、雜貨員，在雲
林則是藥種商，事實上是中醫師，開〈便宜中藥房〉，據筆者拜訪莿
桐當地現年 82 歲耆老林旺條先生，及元亨先生的後代陳仁吉先生，得
知當時莿桐街上有兩位中醫師醫術極佳，且分別在街頭街尾更有趣的
是一個重「補」一個重「洩」，而元亨先生就是重「洩」的中醫師，
他最拿手的藥方是大、小柴胡湯，元亨先生因生性豁達，可由詩作〈感
作〉得知：

　　　　不求富貴不求名。呼吸煙霞學養生。
　　　　但願無虧衣食住。何須得失問君平。
　　　　謀生計拙嘆無能。難得親交酒肉朋。
　　　　勢利任他誇智巧。隨風逐浪等浮萍。　　　　（1936.1.1 詩報 120）

關心民生，特在其中藥房裡寫著「有錢先納稅，無事早安眠」的對聯，
因日制時代相當重稅且律法相當嚴厲，沒錢納稅事件很嚴重的事。

　　日制時代的鴉片煙分別有紅與綠兩種牌子，吸食綠牌子鴉片煙需
矯正，有吸食時間限制；而元亨先生吸食的鴉片煙是紅牌子的無須改
掉，雖然元亨先生有吸食鴉片煙的習慣，但鴉片煙害人不淺，一沾上

即時想戒都難，元亨先生就以自身的經驗寫有一〈鴉片煙〉[10]詩作，
以勸喻人心：

> 焚膏繼晷誤真才。虛牝黃金劇可哀。
>
> 半榻橫陳燈似豆。三更獨對滓成堆。
>
> 顏容枯稿鳩同色。世界沉淪鴆作媒。
>
> 大好光陰燃一炬。南柯何日夢驚回。　　《菼社同人錄拾五週年記念》

明治 29 年（西元 1896 年）20 歲與彰化陳江暖女士結婚，明治 33 年
（西元 1900 年）生下獨生女兒陳淑，陳淑自小就極聰慧，據說每當元
亨先生忙著吸食鴉片煙時，小小年紀的陳淑就常搬椅子墊腳去幫元亨
先生的學生點詩（即教學生），可惜後來陳淑因個性太過剛烈，無法
忍受丈夫對家庭的責任感不夠而自殺（21 歲卒），幸留有一孫承續煙
火，女婿後亦成螟蛉子（養子），陳氏雖然生性豁達，對於膝下無子
看得開，但偶而也可在詩作上看到羨慕菼社的同仁周新附兒女成群，
如：

〈感作〉周新附　　西螺周新附（周植民）

> 十四年中舉六兒。硯租筆稅苦維持。
>
> 正思絕靹高飛去。宇宙茫茫渺莫知。　　（1932.3.15　詩報 31）

〈和韻周新附感作詩〉

> 羨君壯歲得多兒。教育將來善主持。
>
> 女嫁男婚皆義務。為人父母自能知。　　（1932.3.15　詩報 31）

〈感作〉西螺周新附

> 光陰虛度過春秋。一策未綢獨自憂。
>
> 成事依人非久計。孤吟抱膝更生愁。　　（1935.5.15　詩報 105）

〈和韻周新附感作詩〉

> 君年方壯似初秋。雖到冬寒亦不憂。
>
> 兒女成群多後望。聽天由命便無愁。　　（1935.5.15　詩報 105）

元亨先生極博學，學問橫跨儒、釋、道、醫學等領域，據莿桐鄉長者
表示元亨先生學問很好，能七步成詩，1920 年（大正 9 年）加入西螺

---

10 見《菼社同人錄拾五週年記念》。

葵社，西螺葵社要擊鉢作詩，廖學昆先生常會派他的黑頭車來接元亨先生，且要等元亨先生抽好鴉片煙後，元亨先生才坐上黑頭車去葵社參加擊鉢詩會，甚至因元亨先生學問極佳，有時連罵人都罵得引經據典，相當有學問，連挨罵的人都視之爲寶貝呢！1923 年（大正 12 年）加入嘉社詩社。

三、陳元亨漢詩概述

目前蒐集到的詩草除有《葵社同人錄拾五週年記念》集中的絕詩四十八首、律詩二十首、詩鐘十六聯外，其他從日期《詩報》蒐集的尚有七律 29 首、七絕 72 首、五律 5 首、5 絕 5 首、詩鐘 2 聯等皆集中於西元 1932 至 1942 年的作品。然於田野調查的原稿中，又發現 1926 年（大正 15 年）的作品〈藺相如〉第二首：

負荊請罪服同僚。想見先生意氣超。

趙璧完歸身不屈。秦聲留記戒奏驕。

相信再給我時間蒐集、調查一定會發現更多詩作。

另外在整理的過程中，發現嘉義布袋地區另有（蔡）元亨先生，而詩報作者有時並未標明其籍貫或居住地，故筆者懷疑 1933 年詩報 50 號，翁元章先生於《詩報》刊載祝賀元亨先生 37 歲得子的〈祝元亨君弄璋〉詩。並非給陳元亨先生，因 1933 年元亨先生已 57 歲，並非如詩中所言 37 歲，且經筆者田野調查，元亨先生的戶口名簿上僅有一女，且昭和 15 年（西元 1940 年）後的元亨作品或與他人相和的詩作皆非（陳）元亨先生，而是嘉義布袋地區的（蔡）元亨先生，如：

〈和元亨詞兄悼亡瑤韻〉　　　　　　　（1955.11.16　中華詩苑 204）

高雄州下聯吟擊鉢〈淡溪春暖〉　　　（1941.4.2　詩報 245）

潮聲吟社徵稿〈踏月〉　　　　　　　（1942.2.6　詩報 265 號）

〈和崑英君原玉〉　　　　　　　　　（1944.5.9　詩報 315 號）

據張作珍先生於《北港地區傳統詩社研究》得知蔡元亨先生曾任詞宗

11、北港的汾津吟社曾於 1941 年（昭和 16 年）拜訪高雄詩會，題目
是〈淡溪春暖〉[12]，且可見台北的倪登玉先生常來訪，與北港的汾津
吟社往來密切。以上可證明：中華詩苑倪登玉先生的〈和元亨詞兄悼
亡瑤韻〉、詩報上的〈淡溪春暖〉、〈踏月〉、〈和崑英君原玉〉等
詩作皆是和蔡元亨先生唱酬所作。

　　詩作依內容歸納成六部份：

　　（一）田園生活的紀錄：

1．詠　物：

〈杜鵑花〉、〈觀蓮〉、〈睡蓮〉五律二首、〈蓮塘〉、〈賽菊〉、
〈古梅〉、〈畫梅〉、〈綠陰〉、〈朝顏〉、〈新竹〉、〈紅竹〉、
〈佛手柑〉、〈接花〉、〈觀菊會〉、〈採桑〉、〈掃花〉、〈落花〉、
〈天竺牡丹〉、〈新蟬〉七絕二首。

2．閒　情：

〈吟聲〉、〈雁字〉、〈牧童〉、〈惜春〉、〈職業戰線〉、〈觀海〉、
〈畫荻〉、〈春耕〉、〈吹春〉、〈鴛鴦枕〉、〈聞雞〉、〈問槎〉、
〈新秋〉、〈鶯梭〉、〈獵犬〉、〈捕蝶〉、〈看畫〉、〈草笠〉、
〈登高〉、〈水中月〉、〈月下追信〉、〈釣蛙〉、〈鶯簧〉、〈池
邊鵝〉七律二首、〈蟋蟀〉、〈養蜂〉、〈新秋〉、〈守錢虜〉、〈喜
雪〉七絕二首、〈選花〉、〈蝴蝶蘭〉七絕二首、〈達摩渡江〉、〈珊
瑚〉、〈鬥雞〉、〈清明〉、〈禦敕題曉雞〉、〈螢火〉七絕二　首、
〈白帶魚〉、〈生命線〉、〈秋雨〉五絕四首、〈看龍燈〉、〈盲女
夜唱〉、〈驚弓鳥〉。

3．田園生活：

〈田家雪〉、〈田家苦雨〉、〈亢旱即事〉、〈風雨實景〉七絕二首、
〈夏旱〉、〈穀豐登〉、〈拾塗豆〉。

4．寫　景：

〈諸羅春色〉、〈阿里山〉、〈螺溪晚眺〉、〈螺溪硯〉七絕二首、

---

11 張作珍：《北港地區傳統詩社研究》南華大學文學研究所碩論，2001 年。頁 76、
　77。
12 同上註，頁 93、94。

〈聊園春色〉五律二首、〈旅況〉、〈雞聲茅店月〉、〈富士山雪〉、
〈博覽全記盛〉。

　　（二）亂世文人對國家的抱負：

1．詠史懷古：

〈藺相如〉七絕二首、〈伍員〉、〈班婕妤〉、〈班固〉、〈蘇武〉、
〈狄仁傑〉、〈鄭成功〉、〈紅拂〉。

2.寄懷書憤：

〈中州雪浪〉、〈旗津待渡〉、〈籠鶴〉、〈古硯〉。

　　（三）對新奇事物的興趣：

〈郵票〉、〈蓄音機〉、〈電話〉、〈自動車〉、〈電燈〉、〈阿片
煙〉、〈乘飛機〉。

　　（四）朋友喜、喪的贈答：

1．贈答詩：

〈景祺先生惠贈梅鶴仙館兩京賸稿詩鈔賦此鳴謝〉、〈蒙吳景其先生
頒來味蓴集詠此〉、〈友人惠我盆蘭一枝五蕊詩以誌〉、〈再捧來一
枝三花者並誌之〉、〈有懷吳望雲吟友〉七絕二首。

2．弔喪詩：

〈輓周士衡先生〉七絕三首、〈吊盧先生〉、〈敬弔興賢吟社林古愚
先生〉七絕四首、〈弔黃文陶博士夫人仙逝〉、〈吊前首相濱口雄幸
閣下〉七律二首。

3．喜慶詩：

〈錫津宗弟東遊雜詠詩集序〉、〈恭祝黃文陶先生上池醫院開業〉、
〈祝楊煥彩翁六旬榮壽〉七絕四首、〈祝廖重光先生華屋落成〉、〈祝
若槻禮次郎首相閣下三喜並臻〉、〈御敕題朝海〉。

4．和　韻：

〈敬和李少菴先生四十初度書懷瑤韻〉七律四首、〈敬步廖重光先生
辭西螺街長瑤韻〉七絕二首、〈敬步原韻〉、〈倒和櫻癡君三月九日
斷煙紀念瑤韻〉、〈雜詠呈癡君笑正〉七絕三首、〈倒和韻〉、〈陳
君錫津受精勤賞感懷和韻〉。

（五）生平胸懷的感作：

1 . 新春感懷：

〈新年雜詠〉七絕二首、〈新年感懷〉七絕三首、〈新年感懷〉、〈新春雜詠〉七絕六首、〈新春感作〉。

2 . 日常感懷：

〈讀詩報有感〉七絕四首、〈郊外有感〉七絕二首、〈六十感懷并乞大雅和韻〉七律二首、〈老伶〉、〈感作〉、〈詩騙〉、〈虹〉。

（六）詩鐘的作品：

〈綠葉〉、〈敷島煙〉、〈星學〉、〈信魚〉、〈無私可達天〉、〈暮色秋聲〉、〈松陰〉、〈柳絲〉、〈玉蘭〉、〈葛藤〉、〈臘梅〉、〈書畫〉、〈漁灯〉、〈古今〉、〈松竹〉、〈澄空〉、〈燭花〉二首。

四、陳元亨漢詩析論

（一）田園生活的紀錄

在詩歌裡，物在人外，作為觀看的內容，是「詠物詩」；人在山水之中，以山水為遊賞的對象，是「山水詩」、「寫景詩」（紀遊詩）[13]。歌詠鄉土及其生活的詩，在漢詩傳統裡是為田園詩[14]。詩人們總是懷著對鄉土、鄉人濃厚的關愛之情來寫此類詩作，所以我們常可發現此類大量相關的作品。

1 . 詠　物

　　〈杜鵑花〉

　　　子規聲裡雨淒淒。泣綠悲紅眼欲迷。

　　　共說枝頭殷似血。恍如蜀魄[15]盡情啼。　《葵社同人錄拾五週年記念》

　　〈天竺牡丹〉

---

13 江寶釵：〈自然與社會〉《台灣古典詩面面觀》，台北：巨流圖書公司，1999 年，頁 82。

14 同註 9

15 傳說戰國時蜀王杜宇稱帝，號望帝，死後魂魄化為子規（杜鵑）。後人因以蜀魄為杜鵑鳥的別稱。

綠葉扶蘇滿上林。花開三月正春深。

洛陽有種休相妬。天竺移來可賞心。

題句揮毫名士筆。傍雲斜插美人簪。

品評若得逢歐九。報我頭銜定好音。　　《葵社同人錄拾五週年記念》

〈蝴蝶蘭〉其一

是非莊夢尚迷離。觸我澧蘭沅芷[16]思。

遲暮美人香草感。靈根偏喜托枯枝。

〈蝴蝶蘭〉其二

韓憑[17]魂化託枯枝。粉翅瓊鬚體態奇。

漫道王香誇國色。簷前幽谷兩相宜。

（員林興賢吟社課題　1932.11.1　詩報46）

〈接花〉

玉剪金刀細雨中。李桃梅杏接新叢。

人間自有生春手。佇看東風鬥異紅。　　《葵社同人錄拾五週年記念》

以上屬於春天的植物。

〈觀蓮〉

逸態亭亭絕點埃。一枝紅豔傍池開。

笑餘老眼矇矓甚。誤認潘妃[18]散步來。　　《葵社同人錄拾五週年記念》

〈睡蓮〉其一

翠蓋望田田。凌波夜不眠。幽香來枕畔。冷豔放池邊。

曾為君子愛。猶得美人憐。最好月明照。潘妃步步傳。

〈睡蓮〉其二

明月照池邊。幽香陣陣傳。原為君子質。猶結美人緣。

16　《文選》屈平〈九歌・湘夫人〉：「沅有芷兮澧有蘭，思公子兮未敢言。」，本指生於沅澧兩岸的芳草，比喻高潔美好的人品。

17　相傳戰國宋康王舍人。憑亦作馮。妻何氏，甚美，康王奪之，並罰憑築長城。不久，憑夫婦相繼自殺。鄉人埋之，兩塚相望。一夜之間，有梓木生於兩塚之端，旬日而盈抱，根交於下，枝錯於上。又有鴛鴦雌雄各一，棲於樹上，晨夕不離，交頸悲鳴，聲音感人。見晉干寶《搜神記》十一。後因以韓憑代指鴛鴦。北周庾信《庾子山集・鴛鴦賦》：「共飛詹瓦，全開魏宮；佳棲梓樹，堪是韓馮。」

18　《南史・齊廢帝紀》：南齊東昏侯（蕭寶卷）妃，小字玉兒。東昏侯登帝位，於宮中鑿金為蓮花以貼地，令潘妃行其上，曰：「此步步生蓮花也。」

堪作駕鴦伴。曾經翡翠憐。五更清不寐。真是水中仙。

《葵社同人錄拾五週年記念》

〈蓮塘〉

銀塘萬頃豔芳菲。傳粉六郎是耶非。

遊女聯翩行柳岸。漁翁垂釣立苔磯。

凌波此日看仙子。出浴當時認貴妃。

堪羨越溪諸女伴。盪舟特采一枝歸。　《葵社同人錄拾五週年記念》

〈觀蓮〉、〈睡蓮〉、〈蓮塘〉盡言蓮之外觀（亭亭）如潘妃、貴妃、凌波仙子、水中仙，幽香遍傳，乃花之君子者也，元亨先生之愛蓮當遜於宋周濂溪。

〈新竹〉

瀟湘[19]風雨自年年。淇澳猗猗綠影傳。

此際放梢初見節。還期棲鳳畫樓前。　《葵社同人錄拾五週年記念》

〈紅竹〉

未分鳳尾挺紅粧。君子名稱自不妨。

羨汝三冬無改色。風流依舊勝瀟湘。　《葵社同人錄拾五週年記念》

〈綠陰〉

種竹栽花事已慵。消除暑氣憩蒼松。

此君不減山陰路。圓蓋亭亭綠蔭濃。　《葵社同人錄拾五週年記念》

〈採桑〉

料得今年絲價好。飼蠶全賴女兒身。

採桑不怕勞纖手。拾翠端宜趁曉晨。

一路濃陰風裊裊。半生衣煖葉蓁蓁。

香閨學繡平原者。知否攜筐執剪人。　《葵社同人錄拾五週年記念》

夏季的代表植物蓮花、竹、桑。

冬季

〈古梅〉

---

19 猶言清深的湘水。舊詩文中多稱湘水為瀟湘。《山海經·中山經》：「（洞庭湖之山）帝之二女居之，是常遊於江淵。澧沅之風交瀟湘之淵，是在九江之間，出入必以飄風暴雨。」

　　　　槎牙老幹覆蒼苔。疏影橫斜不染埃。
　　　　累得霸橋驢背上。尋香耐冷雪中來。　　《葵社同人錄拾五週年記念》
　　〈畫梅〉
　　　　橫斜疏影寫幽姿。描到羅浮入夢時。
　　　　倘若師雄知此意。精神應向畫中移。　　《葵社同人錄拾五週年記念》
　　〈掃花〉
　　　　知否春暉未報時。落紅滿地總堪悲。
　　　　多情月姊憐殘蕊。奇妬風姨拂故枝。
　　　　擁箒掃來埋作塚。餘香飄去渺如絲。
　　　　鹿啣獻佛虛成望。天女散花事可疑。　　《葵社同人錄拾五週年記念》
　　〈落花〉
　　　　可歎香消頃刻中。此時墜溷昔嬌紅。
　　　　拈花悟徹春婆夢。過眼繁華總是空。　　《葵社同人錄拾五週年記念》
　　〈佛手柑〉
　　　　移根曾傍普陀巖。也學僧家合十參。
　　　　料得如來傳掌訣。黃金色相異常柑。　　《葵社同人錄拾五週年記念》
　　〈朝顏〉
　　　　記得銀河握別時。一年一度會佳期。
　　　　何如化作名花好。清早開來伴可兒。　　《葵社同人錄拾五週年記念》

2.閒　情
春天
　　　　〈惜春〉
　　　　行過長堤又短堤。殘紅滿地草萋萋。
　　　　春歸無計留春住。斜倚垂楊聽鳥啼。　　《葵社同人錄拾五週年記念》
　　〈吹春〉
　　　　梅花一夜雪融銀。畫角三吹振好春。
　　　　爆竹聲喧天下樂。深閨驚起夢中人。　　《葵社同人錄拾五週年記念》
　　〈鶯梭〉
　　　　浩蕩春光到柳梢。黃衣喚友共遷喬。
　　　　交交織就天然錦。一片綠陰覆野橋。　　《葵社同人錄拾五週年記念》

〈鶯簧〉

二月上林去。攜柑愛聽鸝。花間翻巧舌。柳外傳嬌啼。

蝶板和簧韻。蛙聲奏鼓鼙。春風天籟送。大地響清淒。

《葵社同人錄拾五週年記念》

〈捕蝶〉

繽紛五色舞春風。迷戀群芳小院東。

記得清明天氣好。紈羅撲汝萬花中。　《葵社同人錄拾五週年記念》

〈選花〉

千紅萬紫鬭新妝。綺妮妖嬌豔海棠。

桃李陌頭悲薄命。杏梅歲首笑春光。

思攀丹桂心先壯。夢入酴醾魂亦香。

國色洛陽誇富貴。花魁獨占賣油郎。

（台南新報桃園取次所徵詩 1932.8.15 詩報 41 號）

〈養蜂〉

養得細腰勝老蚕[20]。忠心耿耿一王參[21]。

愛花有癖君臣辨。釀蜜無私上下諳。

脾滿抱杳春覺瘦。鬚輕粘蕊味能甘。

莫嫌蓬舍居偏窄。午課芳菲著意探。　《葵社同人錄拾五週年記念》

夏天

〈新蟬〉其一

喋喋初聞欲曙天。化身齊女信其然。

餐風吸露輕清質。脫殼飛昇不羨仙。

〈新蟬〉其二

應候聲喧三伏天。驚回午夢草堂[22]前。

漫言脫殼無他累。尚怕螳螂背後纏。　《葵社同人錄拾五週年記念》

---

20 《正字通》：「蠶」的異體字。

21 《史記》卷五十八〈梁孝王世家〉第二十八，頁 2081。

22 舊時文人避世隱居，多名其所居爲草堂。南齊周顒於隱居於鍾山時，仿蜀草堂寺
築室，名爲草堂。見《文選》南齊孔德璋（稚珪）〈北山移文〉。後如唐杜甫的
浣花草堂、白居易的廬山草堂皆是。

〈蟋蟀〉

夏至陰生小羽蟲。鳴聲應候泣秋風。

三更振翅呼籬下。七月躍身出草中。

懶婦驚心眠不得。畫師想像寫難工。

尚存一息何容懈。爭向全盤立戰功。　《葵社同人錄拾五週年記念》

〈虹〉

紛紛細雨潤如膏。返照陽光五色毫。

記得春秋方造就。曾經化玉降天曹。

（員林興賢吟社課題　1932.12.1　詩報48）

〈釣蛙〉

無事一竿持。搖絲近水涯。關心風偃草。得意月生池。

耽視因貪餌。誤吞只為飢。緘口將身隱。漁人豈可欺。

《葵社同人錄拾五週年記念》

〈清明〉

山頭南北薦芳馨。人哭人歌未忍聽。

最是關心風俗惡。祭餘不壓乞無停。　　（1933.6.1　詩報60）

〈螢火〉其一

卻疑漁火排滄海。更訝流星落碧川。

懶汝分光勤照讀[23]。古今成就幾多賢。

〈螢火〉其二

几訝漁燈明古岸。還疑星斗落長川。

微虫也具犧牲性。照讀經書到曉天。　　（1934.8.1　詩報86）

〈螢火〉引車胤囊螢映書之故，歌誦夏螢「微虫也具犧牲性。照讀經書到曉天。」「古今成就幾多賢。」

〈吟聲〉

戞玉敲金入耳明。花晨月夕最關情。

伊誰唱出清平調。響過行雲碧落橫。　《葵社同人錄拾五週年記念》

秋天

---

23 晉車胤，幼恭勤博覽，貧不常得油，夏月以囊盛數十螢光照書讀之，以夜繼日，後官至尚書郎。

〈賽菊〉

秋色幽香盡網羅。疏離曲欄喜吟哦。

品評我愛鳳凰舞。獨占花魁得意多。　《瀛社同人錄拾五週年記念》

〈登高〉

最好重陽節。茱囊攜手行。登高低泰岱。俯瞰小蓬瀛。

落帽傳佳話。避災作雅評。攀藤臻絕頂。長嘯穀風生。

《瀛社同人錄拾五週年記念》

〈水中月〉

秋色一輪滿。涵虛漾太空。果然銀世界。渾似水晶宮。

寶鏡磨方潔。金球滾不窮。憐他白兔影。長浸碧波中。

《瀛社同人錄拾五週年記念》

〈新秋〉

滿天涼氣薄羅衣。忍見梧桐一葉飛。

西陸蟬聲悲斷續。南冠客思感依稀。

金風拂拂蘆初放。白露團團菊已肥。

短鬢頻搔人寂寞。姿同蒲柳對斜暉。　《瀛社同人錄拾五週年記念》

〈畫菘〉

莫認尋常野菜香。飽含秋氣豈知霜。

因為不種吳興圃。留與騷人論短長。　《瀛社同人錄拾五週年記念》

〈秋雨〉

庭泛明珠活。隨風萬縷垂。飄來天氣冷。滴破客心悲。（之一）

燭影巴山夜。鈴聲蜀道時。茂陵人臥病。何忍聽絲絲。（之二）

七里灘頭贏。臺臨百尺巍。羊裘懷隱士。風月滿漁磯。（之三）

不願榮軒冕。安然樂布衣。釣徒尊且重。高潔近今稀。（之四）

（1934.10.15　詩報91）

冬天

〈喜雪〉其一

大地變成銀世界。農家喜說是豐年。

灞橋驢背尋梅者[24]。知否袁安[25]正好眠。

〈喜雪〉其二

玉屑霏霏臘月天。尋梅踏遍灞橋邊。

烹茶我欲呼童掃。窮巷袁安正喜眠。　　　（1932.8.15 詩報 41 號）

〈問槎〉

乘風萬裏去悠悠。直上銀河犯鬥牛。

烏鵲填橋猶在否。煩君為我說從頭。　　《菱社同人錄拾五週年記念》

〈鴛鴦枕〉

文禽刺就燦新粧。費盡佳人錦繡腸。

葉底曾傳三十六。相隨夜夜夢酣香。　　《菱社同人錄拾五週年記念》

〈新秋〉

梧桐一葉報秋來。渚畔蘆花尚未開。

遮莫思邊年少婦。閨中刀尺用心裁。　　《菱社同人錄拾五週年記念》

〈問槎〉、〈鴛鴦枕〉、〈新秋〉三詩作乃閨情詩。

〈製襪〉

纖纖玉手費艱難。織錦迴文一例看。

寬窄屈伸能任意。免教白足怕風寒。　　《菱社同人錄拾五週年記念》

〈守錢虜〉

自有兒孫福。何須作馬牛。一毛甘不拔。萬貫苦誅求。

至死貪無厭。畢生願未休。能知阿堵物。解禁免擔憂。

　　　　　　　　　　　　　　　　　　（1932.9.1　詩報 42 號）

〈盲女夜唱〉

後庭花唱異香奩。悽惻琵琶撥指尖。

可惜双瞳全不見。中天辜負一輪蟾。　　（1936.11.16　詩報 141）

---

24 灞橋本作霸橋。在陝西長安縣東。漢人送客至此橋，折柳贈別。宋孫光憲《北夢瑣言》七：「相國鄭綮善詩。……或曰『相國近有新詩否？』對曰：『詩思在灞橋風雪中驢子上，此處何以得之？』」

25 袁安（公元？－92 年）東漢汝南汝陽人。字邵公。為人嚴謹，州里敬重，洛陽令舉為孝廉。永平間，拜楚郡太守。時因楚王英謀反事，株連數千人，死者甚眾。安到郡理獄，平反冤案，獲釋者四百餘家。和帝時，外戚竇憲兄弟擅政，安守正不屈，卒於官。《後漢書·四五有傳》。

〈白帶魚〉

幾分銷瘦沉腰圍。逐浪隨波入釣磯。

莫笑渾身同傅粉。多情啣尾浴清泝[26]。　　（1933.9.1　詩報66）

〈達摩渡江〉

佛法東來梁武朝。九年面壁本塵超。

長江阻隔無船渡。一葦中流穩似橋。　（1936.1.17　詩報121號）

〈珊瑚〉

寶樹爭誇海底優。憑君鐵網盡情收。

果然珍重如珠玉。豈是尋常草木儔。　（1933.2.15　詩報53號）

〈鬥雞〉

雄冠鐵爪態剛強。待敵先將兩翼張。

好勝進前真勇敢。難持退後尚威風。

人誇五德能無愧。我道三時不失常。

振翮昂頭鳴得意。凱歌一唱韻悠揚。　（1934.3.1　詩報76號）

〈鷹字〉

白雲蒼狗幻朝昏。有字橫空印爪痕。

漢學而今衰已甚。伊誰似汝草龍門。　《葵社同人錄拾五週年記念》

〈牧童〉

飯牛百里作秦師。莫笑窮儒暫失時。

牧畜隱名知不少。風雲際會始稱奇。　《葵社同人錄拾五週年記念》

〈職業戰線〉

一飽難求鼠飲河。競爭食力用心多。

文明戰術非容易。待旦無忘為枕戈。　《葵社同人錄拾五週年記念》

〈觀海〉

一棹中流任所之。水晶宮外望迷離。

波恬浪靜昇平兆。四顧汪洋放眼窺。　《葵社同人錄拾五週年記念》

〈聞雞〉

振翮昂頭得意鳴。司晨有信鬥聲聲。

---

26 也作「溯」、「遡」。逆水而上。《文選》漢張平子（衡）〈東京賦〉：「總風
雨之所交，然後以建王城，審曲面勢，泝洛背河左伊右瀍。」頁53。

德禽可擬丹山鳳。盛世母音報太平。　　《葵社同人錄拾五週年記念》

〈獵犬〉

有時隨蹬到煙蘿。靈性偏能聽主呵。
搜索圍場稱捷足。功成逐鹿汝居多。　　《葵社同人錄拾五週年記念》

〈看畫〉

何人畫此好山溪。高聳雲峯流水低。
筆到意隨傳實景。愧無佳句可留題。　　《葵社同人錄拾五週年記念》

〈草笠〉

烏紗原是尋常帽。貢禹曾經手指彈。
畢竟峨冠人笑俗。編成草質雅堪觀。　　《葵社同人錄拾五週年記念》

〈月下追信〉

聞道淮陰士。多多善將兵。奇才偏見妬。小過且休評。
月照何追急。江流信阻行。登臺榮拜印。端賴此宵征。

　　　　　　　　　　　　　　　　　　《葵社同人錄拾五週年記念》

〈池邊鶴〉其一

雞群獨立憶當年。華表歸來歲已千。
身瘦應宜盟碧沼。翎疏猶恐拂青天。
休言不舞劉公笑。且喜聞聲聖主憐。
一舉沖霄驚鳳侶。廉泉讓水任流連。

〈池邊鶴〉其二

千載歸來華表巔。縞衣朱頂態翩翩。
棲身有意溜池畔。託跡何妨曲沼邊。
為子應蒙和靖愛。乘軒結得懿公緣。
芝田聲價君知否。鳴自九皋聞自天。　　《葵社同人錄拾五週年記念》

〈驚弓鳥〉

漫道飛禽性本癡。也能愛命避由基。
天邊見月傷心色。樹際聞風破膽時。
逃出箭林猶駭怕。巢安舊壘尚驚疑。

如今湯網[27]開三面。一視同仁豈不知。　　　（1932.7.1　詩報 38）

〈生命線〉

不是端陽繫臂絲。双非五色綉花枝。

人生傀儡真相似。活動全憑一線持。　　　（1934.11.15　詩報 93）

〈博覽會紀盛〉

博覽記豐隆。文明產物充。

香街泅軟綉。人海湧西東。

侈勝羞王愷。誇奇壓石崇。

蓬萊聲價重。樂趣万方同。　　　（1935.12.1　詩報 118 號）

〈看龍燈〉

珠引東西舞。龍從左右扛。

蜿蜒能吐焰。鱗甲似翻江。　　　（1935.2.15　詩報 99）

3 . 田園生活

　　地方上的風土人情是詩人在日常田園生活中的一部份，詩人秉持著對鄉土的認同，所以在詩作中常有一份對鄉土、鄉人的關愛之情。

〈春耕〉

春來農事早綢繆。除草耘田稼不休。

玉粒收成辛苦甚。誰人念及老耕牛。　　《荽社同人錄拾五週年記念》

〈亢旱即事〉

赤日燒天火傘張。若爐大地熱非常。

園中曝死花生豆。田內枯焦葉食蝗。

自動車行塵活潑。輪迴櫃走水飛揚。

雲霓切望全無雨。旱魃[28]如斯太不良。　　　（1933.7.15　詩報 63）

〈夏旱〉

夏時無雨地如烘。農作物枯枉用工。

---

27 《史記‧殷紀》：「湯出，見野張網四面，祝曰：‘自天下四方皆入吾網。’湯曰：‘嘻，盡之矣！乃去其三面，祝曰：‘欲左，左；欲右，右。不用命，乃入吾網。’諸侯聞之，曰：‘湯德至矣，及禽獸。’後因以湯網比喻刑政的寬大。頁 95。

28 即旱鬼。《詩‧大雅雲漢》：「旱魃為虐，如惔如焚。」《山海經‧大荒北經》：「蚩尤請風伯雨師縱大風雨，黃帝乃下天女曰魃，雨止，遂殺蚩尤，魃不得復上，所居不雨。」

底事雲霓全不見。癡心惟有禱天公。　　　（1932.7.15　詩報 39）

　〈田家苦雨〉

當時叱犢已披蓑。豈料冬成雨更多。

村女嗷嗷皆嘆息。稻工雇就欲如何。　　《葵社同人錄拾五週年記念》

　〈風雨實況〉其一

無端一夜雨兼風。到處田園澤國同。

虎尾螺溪翻濁浪。輕車竹筏不交通。

　〈風雨實況〉其二

三更風雨太倡狂。攬海翻江勢莫當。

遍地滔滔成巨浸。農夫相對話淒涼。　　　（1932.8.15　詩報 41 號）

以上〈夏旱〉「底事雲霓全不見。癡心惟有禱天公。」、〈田家苦雨〉
「村女嗷嗷皆嘆息。稻工雇就欲如何。」、〈亢旱即事〉「雲霓切望
全無雨。旱魃如斯太不良。」、〈風雨實況〉「無端一夜雨兼風。到
處田園澤國同。」、「遍地滔滔成巨浸。農夫相對話淒涼。」把農家
無奈需看天吃飯：天旱、天雨，皆苦不堪言的窘境表露無遺！〈春耕〉
「玉粒收成辛苦甚。誰人念及老耕牛。」則談到農家極其辛苦的一面，
「老耕牛」除了字面上的意思外，還有將老農比喻成辛苦的「老耕牛」
之意，充滿了對農夫的憐惜之情。

　〈田家雪〉

繽紛瑞雪祝年豐。得意田家處處同。

大地裝成銀世界。漫天造就水晶宮。

爭春不讓梅花白。化雨全憑旭日紅。

且喜聖明調玉燭。賡歌[29]應起敵南東。　　　（1937.1.1　詩報 144）

　〈拾塗豆〉

姊妹相將塗豆園。携籃拾笑到黃昏。

歸家飽飯浴身後。又約明朝早出門。　　　（1932.8.1　詩報 40 號）

　〈穀豐登〉

東疇溪陌慶豐收。拾穗兒童喜氣浮。

29　即作歌唱和。唐李商隱《李義山詩集》五〈寄令狐學士〉：「賡歌太液翻黃鵠，
　　從獵陳倉獲碧雞。」

去歲農家皆困苦。今年或可免擔憂。　　　（1932.8.1　詩報40）

前幾首詩談農家的艱苦；〈穀豐登〉則是豐收，應是不計任何辛苦付出，家家歡樂慶豐收的心情，但因一般農家食指浩繁、且日治時代稅賦極重，對百姓而言依舊是件很大的負擔，「去歲農家皆困苦。今年或可免擔憂。」除了單純的兒童撿拾稻穗，展現快樂的喜氣外，其餘並無喜樂之情。

4. 寫景

〈螺溪晚眺〉

雨餘天半水淙淙。濁浪奔流勢不降。

我愛夕陽斜度鳥。飛飛伴客影橫江。　《葵社同人錄拾五週年記念》

〈螺溪硯〉其一

螺溪濁水本長流。涵養鳥紋好石頭。

琢就硯池真妙品。文林筆墨共千秋。

〈螺溪硯〉其二

端溪不至至螺陽。石質烏金要細詳。

呵氣成雲能出水。好同筆墨騁文場。　　　（1932.4.1　詩報32）

〈聊園[30]春色〉其一

聊園多景色。點綴奪天工。八卦偏栽菊。四圍更種桐。

春風吹李白。和氣襲桃紅。拜歲蘭花放。香傳一室中。

春日聊園望。名花入眼中。餐霞蹲一角。醉月沒三弓。

佳色多嬌豔。幽香放異同。迎年猶有菊。晚節勝籬東。

《葵社同人錄拾五週年記念》

螺溪（濁水溪）、聊園（廖學昆先生之故居）皆是西螺地區極具代表性的景緻，元亨先生透過詩作描寫濁水溪畔的美景與特產（螺溪硯），聊園的美景及因遍植四季不同的花樹而有不同的風情。

〈諸羅春色〉

檜木天然產。珠凝曉露新。迎眸崖欲斷。入眼樹皆春。

列嶂抬頭望。群峰俯首親。山容雄且偉。睥睨認難真。

---

30 即廖學昆先生之故居。

（1934.5.1　詩報 80）

〈阿里山〉

車走螺旋上翠巒。製材專賣利歸官。

塔山造就天然景。付與遊人冷眼看[31]。　《葵社同人錄拾五週年記念》

〈諸羅春色〉、〈阿里山〉二詩皆記鄰近的阿里山、塔山之天然美景，當然其特產（檜木）亦入詩作之中。

〈旅況〉

行過長堤又短堤。一肩行李月斜西。

腳跟無定真堪笑。辜負慈親望眼迷。　　　（1935.3.15　詩報 101）

〈雞聲茅店月〉

一鈎殘月五更天。茅店荒雞擾客眠。

琴劍飄零縈短夢。晨星寥落感華年。

聞聲起舞欽先哲。對影傾盃憶昔賢。

欲把旅愁題壁上。匆匆愧乏筆如椽。　《葵社同人錄拾五週年記念》

〈富士山雪〉

名山高聳海之東。富士原來造化工。

漫道經營成九仞。自然峻極壓群雄。

四時瑞雪繽紛白。破曉陽光靉靆紅。

避暑趨炎都不管。優遊更勝廣寒宮。　　　（1937.1.1　詩報 144）

（二）亂世文人的抱負

西元 1895 年（光緒 21 年），清廷在甲午戰爭失利後締結馬關條約，其中將台灣割讓給日本。對日本來說，台灣具有高度的經濟與軍事價值，但是接收台灣的過程並不順利，當割讓消息傳來時，台灣人民憤慨異常，出現很多抗暴行動，所以日軍為鎮壓各地的義軍而疲於奔命。

在這樣紛擾不平的局勢下，為了消滅民間武裝反抗的力量，台灣總督府採取鎮壓和招降並用的政策。全島嚴密的警備網，加上採行連坐法的保甲制度，諸多反抗的勢力，因此被消滅。但在日人的強勢統

---

31 即對事物持冷靜或冷淡的態度。《草唐詩餘》後集上黃山谷（庭堅）〈鷓鴣天〉詞：〝舞裙歌板盡清歡，黃花白髮相牽挽，付與旁人冷眼看。〞

治之下，文人騷客把孤島百姓憤慨、無助的心情，寄託於詩歌之中。

1 . 詠史懷古

對歷史上的人、事、物的吟詠，既可表達詩人自己對這些史時的觀點，且可藉詠歷史人物自抒懷抱以寓愛國之心或藉古諷今。

〈藺相如〉[32] 其一

怒髮衝冠膽氣豪。秦庭歸璧勝兵刀。

負荊請罪英雄服。智勇如君孰比高。

其二

負荊請罪服同僚。想見先生意氣超。

趙璧完歸身不屈。秦聲留記戒奏驕。　《萊社同人錄拾五週年記念》

藺相如，戰國趙人。秦昭襄王欲以十五城易趙之和氏璧，相如自請懷璧往。既獻璧，秦王無償城意，相如以計取還璧，終得完璧歸趙。澠池之會，相如挫敗秦王欲辱趙王之計，以功爲上卿，位在廉頗之上。頗自以爲功高，欲於眾前辱之，相如以國家爲重，再三退避。頗聞之，肉袒負荊請罪，與相如成刎頸之交。元亨先生以〈藺相如〉二首詩道盡藺相如、廉頗此兩位千古英雄人物的故事，令人折服，也令人感嘆如藺相如、廉頗般智勇雙全的英雄人物何處尋？

〈伍員〉[33]

吹簫[34]乞食最艱辛。惟有姬光[35]善識人。

覆楚扶吳成霸業。方知豪傑屈能伸。　《萊社同人錄拾五週年記念》

伍子胥，名員，春秋楚人。父奢兄尚都被楚平王殺害，子胥奔吳，與孫武共佐吳王闔廬伐楚，五戰入楚都，堀楚平王墓，鞭屍三百。元亨先生以子胥爲報父兄之仇，輾轉流亡、忍辱偷生，最後終於完成使命報了父兄之仇來自抒懷抱，期待有一天不再受異族統治。

---

32 楊家駱編：〈史記卷八十八，廉頗藺相如列傳第二十一〉《新教本史記三家注并附編二種》第三冊，頁 2439

33 同註 2〈史記卷六十六，伍子胥列傳第六〉，頁 2171

34 《新譯列仙傳》第三十五則〈蕭使〉：記秦穆公時，有蕭史，善吹簫，穆公女弄玉好之，結成夫婦。頁 112-114。後來就用吹簫作爲結婚的典故。《全唐詩》卷九二八六李端〈贈郭駙馬〉詩：＂日暮吹簫楊柳陌，路人遙指鳳凰樓。＂

35 即公子光。

〈班婕妤〉[36]

過眼繁華若夢中。忍將心事訴春風。

許多爭寵邀恩輩。那及清閒長信宮。　《葵社同人錄拾五週年記念》

漢雁門郡樓煩班況女，班彪之姑。成帝時選入宮為倢伃，後為趙飛燕所譖，退處東宮，作賦自傷，成帝崩後，充奉園陵。〈班婕妤〉詩表達出來的是看盡繁華、嘗盡人世的你爭我奪、是是非非後的豁達、淡泊。

〈班固〉[37]

九歲能文卓異才。著修漢史簡而該。

封侯更有同胞弟[38]。都是讀書博學來。　《葵社同人錄拾五週年記念》

班固，漢扶風安陵人，字孟堅。父彪撰漢書未成，彪卒。明帝時，固繼其父業，終成漢書，惟八表與天文志未成，固卒，和帝時，其妹昭完成之。詩中對班固自幼聰穎就有卓著的文才表現且日後繼其父業，終成漢書其極肯定，且一家人皆是博學的讀書人，甚至弟班超還封侯。藉班固一家隱喻吾輩讀書人有為者亦若是之感。

〈蘇武〉[39]

青年奉使白頭歸。一點忠心志不違。

臥雲吞氈天眷顧。芳名漢史有光輝。　《葵社同人錄拾五週年記念》

蘇武（公元前 140-60 年）西漢杜陵人，字子卿。元亨先生透過蘇武一生對漢朝的忠貞，忍辱不屈，羈留北海，持漢節牧羊十九年，最後名留丹青。來隱喻詩人自身在殖民政權體制下忍辱生活，期待自己對國家的忠貞，也能像蘇武一般如願以償重回國家的懷抱。

〈狄仁傑〉[40]

唐室傾頹感慨深。焚香夜夜表忠心。

倘能臣子皆如此。武曌[41]垂簾免駕臨。　《葵社同人錄拾五週年記念》

36　《漢書·帝紀第十卷》，頁 999。《漢書·列傳第六十七卷外戚傳》，頁 2118-2120。
37　《後漢書·列傳卷第三十一班彪傳》，頁 2865。
38　即班超，封定遠侯。見《後漢書》列傳卷第三十七〈班超傳〉，頁 2949-2959。
39　《漢書》列傳卷第二十四〈李廣蘇建傳〉頁 1589-1593。
40　《新唐書》列傳第四十卷〈狄郝朱傳·狄仁傑傳〉，頁 17237。
41　即武則天。見《新唐書》列傳第十一卷〈后妃列傳·則天武皇后傳〉，頁 17027。

狄仁傑（公元 607-700 年），字懷英，唐栟州太原人。元亨先生於〈狄仁傑〉詩中透過良相對國家的忠貞，力勸武后立唐嗣。來表達自己雖生活在殖民政權體制下仍然不忘本。

〈鄭成功〉

社稷存亡繫一身。有明正朔賴斯人。

自從絕島騎鯨[42]去。千里濱頭獨愴神。　《蔡社同人錄拾五週年記念》

元亨先生透過對鄭成功一生忠心明朝、擊退荷蘭人、收復台灣島的欽佩，來感嘆當今台灣並沒有如鄭成功般，忠貞赤膽的英雄人物出現，使台灣有如一作海外孤島。

〈紅拂〉[43]

乍見葭灰[44]吹管中。線添刺繡到深宮。

苑梅預報先春信。隄柳亂搖季節風。

陰伏陽升知晝短。星移物換想年終。

天時人事相催促。歲月如流感不窮。　　　　（1934.4.1　詩報 78）

2．寄懷書憤

自台灣淪為日本的殖民地，近五十年間，台灣人民時時刻刻都陷於山河淪陷的悲傷，詩人寄懷書憤的詩作所要表達的是：「希望能藉著外在物象與內在心靈的複疊，含續曲折地控訴殖民政權的苛暴，並抒發異族統治下台灣百姓的苦痛與悲憤。而本土文士激烈的抗議精神與批判意識，也就在幾經壓制收斂後，深刻的隱藏在其中了」[45]

〈中州雪浪〉

中洲宛在水中央。乘興臨流一舉觴。

42　《文選》卷八漢揚子雲（雄）〈羽獵賦〉："乘巨麟，騎京魚。"唐李善《注》："京魚，大魚也。字或為鯨。頁 134。後以指隱遁或死亡。

43　見《太平廣記》193 虬髯客引五代前蜀杜光庭〈虬髯傳〉。

44　葭莩之灰。古人燒蘆葦中的薄膜成灰，置於十二律管中，放密室內，以占氣候，某一節候至，某律管中的葭灰即飛出，示該節候已到。如冬至節至，則相應之黃鍾律管內的葭灰動。《後漢書·律曆志上》："候氣之法，為室三重，戶閉，塗釁必周，密布緹緩。室中以木為案，每律各一，內卑外高，從其方位，加律其上，以葭莩灰抑其內端，案曆而候之氣，至者灰去其為氣所動者，其灰散人及風動。"

45　施懿琳：〈日據時期台灣古典詩的抗議精神與比興諷喻傳統〉，《古典文學》第 12 期（1992 年），頁 274。

欲把雪花收眼底。不妨玉屑滅身旁。

愛他孺子滄浪曲。觸我儒生擊楫[46]方。

四海安瀾知待日。澄清有志願難償。　　　　（1932.8.15　詩報41號）

念念不忘恢復自己的主權，是殖民體制下台灣人民共同的心聲，效法晉朝祖逖有志恢復的壯烈節概，期待有朝一日能回歸主權過太平盛世。

〈旗津待渡〉

旗津桃浪漲多時。興嘆望洋亦可悲。

欲濟人來惟鵠立。臨流客至羨鷗馳。

河邊特唱公無渡。岸畔誰憐某在斯。

似箭歸心行不得。填橋烏鵲待何期。　　　　（1933.2.1　詩報52號）

此詩是元亨先生參加紅毛港青年研究會的作品，詩報上刊評語是：「好語如珠穿乙乙。」

〈籠鶴〉

青松有伴羨同僚。飲恨樊籠嘆寂寥。

何日聞天酬壯志。九皋空想夢魂消。　　《荎社同人錄拾五週年記念》

〈旗津待渡〉羨慕海鷗自由飛行，「似箭歸心行不得。填橋烏鵲待何期」詩人歸心似箭（回歸主權），卻因客觀環境（殖民體制之下），不知何時才能如願以償。〈籠鶴〉籠中之鳥身不由己，胸中縱有凌雲壯志也難展翅飛翔，最後也只能飲恨、悲嚎、寂寥，這就是殖民體制下台灣人民的悲痛。

〈古硯〉

塵世紛紛嘆棘駝。端谿鴝眼壽山河。

漢從徐母擊奸佞。晉佐右軍[47]換白鵝。　　《荎社同人錄拾五週年記念》

（三）對新奇事物的興趣

二次世界大戰期間，許多科技產物的新發明衝擊著當時的社會，日據時代的台灣，正處於那個大量新舊思潮與物質衝擊的時代，詩人在接

---

46 即敲打船槳。見《晉書・列傳第三十二祖逖傳》：晉永興以後，黃河南北各地相次為地方割據，祖逖渡江北伐，中流擊楫而誓曰：“祖逖不能清中原而復濟者，有如大江。”辭色壯烈，眾皆感慨。頁453。後用以形容有志恢復的節概。

47 即王羲之，習稱王右軍。見《晉書・列傳第五十王羲之傳》，頁565-568。

觸新科技產物時，或感到新鮮奇特，或對原有舊物感覺惋惜，種種感受透過詩作的表達紀錄下來。同時，對新科技產物的描寫，就等於紀錄了當時歷史的發展。

〈郵票〉

片紙郵丁託。深閨達遠情。山河無阻隔。晝夜可通行。

消印勞夫役。傳書勝雁征。有瑕須注意。細認要分明。

《萩社同人錄拾五週年記念》

元亨先生從郵票的外形、用途、價值等方面做了很清楚的描寫，而且在最後兩句「有瑕須注意。細認要分明。」特別提醒大家要注意、細認分明是否有瑕疵呢！

〈蓄音機〉

聲隨針轉出圓盤。隱語分明辨不難。

若與陳琳[48]傳草檄。奸雄一聽也心寒。　《萩社同人錄拾五週年記念》

陳琳，東漢廣陵射陽人，字孔璋，初為何進主簿，後歸袁紹，嘗為紹作檄文，數曹操罪狀。紹敗歸操，操愛其才而不咎，以為記室。所有著作明人輯陳孔璋集。元亨先生在〈蓄音機〉這首詩中寫「若與陳琳傳草檄。奸雄一聽也心寒。」如果三國時代就有留聲機，可讓陳琳來發表、傳述曹操的罪狀的話，相信如曹操這樣的一代奸雄，聽到也會膽跳心驚而冷汗涔涔啊！對留聲機聲音幾可亂真的描寫作了相當傳神的吟詠。

〈乘飛機〉

漫誇天馬快行空。坐乘飛機意氣雄。

直上雲衢星可摘。置身若在廣寒宮。　　（1932.1.　詩報27）

〈電話〉

但得聞聲不見人。疑他鬼話聽真真。

東西多少文明國。無線傳來如有神。　　（1932.7.1　詩報38）

〈電燈〉

傳來一線放光明。啟閉全憑機械精。

---

48 《三國志·王粲傳》，頁293。

水火人能知善用。無情物博最高評。　　　（1932.7.1　詩報38）

〈自動車〉

輪行自在勝牛車。來往康莊[49]轎不如。

到處交通稱便利。機關任我動徐徐。　　《葵社同人錄拾五週年記念》

同樣的，在〈乘飛機〉〈電話〉、〈自動車〉、〈電燈〉詩中，元亨先生在享受新科技產物帶來的便利之餘，也對新科技產物的新鮮奇特、便利日常活作了非常貼切的描述與讚嘆！

（四）朋友贈答、喜、喪的酬作

自古習武之人以武會友，而詩人則以詩詞互相贈答以增進彼此的風雅情誼，由詩人之間贈答詩的頻繁，可見詩人之間以文會友與詩人的生活及人際網絡有密切關係，除了一般的贈答、喜慶、弔喪詩外，元亨先生還爲陳錫津先生的《東遊雜詠詩集》寫序，足見詩人之間深厚的情誼：

〈錫津宗弟東遊雜詠詩集序〉

指迷品格擅風流。作吏公餘壯遠遊。

足印扶桑鴻有爪。詩吟台島雁鳴秋。

官民洽望誇才俊。秩序安寧著德猷。

視察歸來傳不朽。陶情詠物墨痕留。　　（1934.9.15　詩報89號）

〈精勤證書感懷〉　　陳錫津

茫茫光海渡辛艱。終日勤勞懶整顏。

世態炎涼都莫管。只留清白在人間。　　（1926.6.30　東遊雜詠詩集）

〈陳君錫津受精勤賞感懷和韻〉

婆心一片救民艱。但整威儀不整顏。

格別精勤官特選。浩然正氣門之間。　　（1926.6.30　東遊雜詠詩集）

1．贈答詩

詩人彼此之間，常以詩相贈或以詩致謝，從以下的詩句更可見元亨先生質樸多禮的一面。

---

49 四通八達的大道。《爾雅・釋官》：“五達謂之康，六達謂之莊”。《晏子春秋》內篇〈問〉下：“異月，君過於康莊，聞甯戚歌，止車而聽之。”《史記》七四〈騶奭傳〉：自如淳于髡以下皆命曰列大夫，爲開第康莊之衢。”

〈景祺先生惠贈梅鶴仙館兩京賸稿詩鈔賦此鳴謝〉

佳篇惠我韻清新。滿紙琳琅句有神。

繪色繪聲題不假。言情言性事皆真。

兩京勝稿林和靖。絕代才華米舍人。

詞苑詩壇揚一幟。果然白雪與陽春。　　　（1934.4.1　詩報 78）

〈蒙吳景其先生頒來味蕈集詠此〉

兩京賸稿十年工。蕈集頒來一歲中。

君子論交原是淡。斯人才調可稱雄。

案頭作伴真良友。燈畔翻吟見素衷。

詠物陶情傳不朽。果然實學味無窮。　　　（1935.6.15　詩報 107）

君子之交淡如水，但同是葵社的詩友，由〈景祺先生惠贈梅鶴仙館兩京賸稿詩鈔賦此鳴謝〉、〈蒙吳景其先生頒來味蕈集詠此〉兩首詩看來，吳景其先生與元亨先生對彼此的文才是惺惺相惜的。

〈友人惠我盆蘭一枝五蕊詩以誌〉

幽谷生成王者香。盆中挺秀葉披場。

一枝五蕊臨門福。九畹[50]漫誇有特長。　　　（1935.6.1　詩報 105）

〈再捧來一枝三花者並誌之〉

素質前身住楚湘。移根幽谷愛清涼。

三元及第聯科進。滿室自然有異香。　　　（1935.6.1　詩報 105）

以蘭花贈給懂的欣賞蘭花的文人雅士，相信贈者與被贈者都是愉快的經驗。從〈友人惠我盆蘭一枝五蕊詩以誌〉、〈再捧來一枝三花者並誌之〉兩詩，就可以感受當時元亨先生與贈送蘭花的友人，彼此之間熱烈、快樂的情懷。元亨先生也不嫌麻煩的連寫兩首詩紀錄當時的情形與感受。

〈有懷吳望雲吟友〉

不見芳顏過一年。停雲落月夢魂牽。

襟懷磊落王摩詰。詩酒風流李謫仙。

瘦骨憐余人似菊。清詞羨汝舌生蓮。

---

50 即十二畝。《楚辭・離騷》：“余既滋蘭之九畹兮，又樹蕙之百畝”。漢王逸〈注〉：“十二畝爲畹。”《說文》以三十畝爲畹。

梅村知否煙霞侶。翹望溪南眼欲穿。　　（之一）

初夏雨無暑氣烘。茅廬困守似爐中。
想君揮扇精神爽。作畫吟詩興不窮。　　（之二）

（1932.6.1　詩報36號）

2．弔喪詩

以詩弔慰好友，或對前輩先人的感懷皆屬於弔喪之詩。以下〈輓周士衡先生〉、〈敬弔興賢吟社林古愚先生〉、〈吊盧先生〉詩作不只是酬唱詩，更可從詩作中看到詩人間平日往來情摯之真切。

〈輓周士衡先生〉

聞君赴召水晶宮。採石磯頭捉月同。
一樣青蓮留好句。騷壇痛惜失詩雄。　　（之一）

憶君言語最心傷。遭遇俱逢失意場。
正幸有人相援手。那堪一命竟雲亡。　　（之二）

海上騎鯨去不回。可憐兒女泣聲哀。
騷人亦掬同情淚。酒向西風哭俊才。　　（之三）

（1932.9.1　詩報42號）

〈敬弔興賢吟社林古愚先生〉

詩星一夜墜員林。古雨淒風淚滿襟。
莢社同人增感慨。騷壇回首失知音。　　（之一）

盧山不見古愚亡。雲散風流實可傷。
他日興賢開擊缽。同人無限感滄桑。　　（之二）

匡扶名教作中堅。如此人宜享大年。
可惜有才天竟妬。員林又失一詩賢。　　（之三）

大雅扶輪賴主持。哲人其萎實堪悲。

斯文如此衰微日。砥柱中流更有誰。　　（之四）

（1935.3.15　詩報 101）

〈吊廬山先生〉

騷壇聚首嘆緣慳。翰墨交情已有年。
從此陰陽悲永訣。蔚藍何處問青天。　　（1933.4.15　詩報 57）

〈弔黃文陶博士夫人仙逝〉

傳聞噩耗暗心驚。寡嫠光埋彰化城。
三女三男年尚幼。一夫一婦篤於情。
瑤池歸去人皆惜。薤露[51]歌來淚已傾。　　（1937.6.25　詩報 155）

〈吊前首相濱口雄幸閣下〉

噩耗傳來舉國憂。傷心賢相竟仙遊。
外交內治無遺憾。國計名聲善設謀。
議論軒昂存氣魄。皇家輔弼著功猷。
棟樑催折真堪惜。長使英雄兩淚流。　　（之一）

苦雨淒風黯淡秋。傷心砥柱失中流。
安邦緊縮施仁政。經國艱難善策籌。
一世雄才誇日本。滿腔豪氣冠亞洲。
櫻花長把英魂護。博得芳名遍地球。　　（之二）

（1932.2.6　詩報 29 號）

日據時代許多台灣詩人為了當時外在的政治環境因素，對日本官員也
多有酬唱之詩作，當然元亨先生亦不例外，〈吊前首相濱口雄幸閣下〉
詩即是此類的酬唱詩。

3．喜慶詩

詩人在彼此喜慶、壽誕時以詩作祝壽、祝賀：

〈恭祝黃文陶先生上池醫院開業〉

研究外科博士榮。醫專特別有先生。

---

51 薤露，樂府〈相和曲〉名。相傳原是齊國東部（今山東東部）的歌謠。為出殯時
挽柩人所唱的挽歌。漢時以《薤露曲》送王公貴人出殯。"薤露"是說人命短促，
有如薤葉上的露水，一瞬即乾。

　　西螺曾飲上池水。嘉義從茲享大名。　　　（1933.3.15　詩報55）

黃文陶先生與元亨先生同是茭社資深的詩友，平日交情定是匪淺，由此祝賀黃文陶「上池醫院」遷居落成開業誌慶之詩，與前弔喪詩類的〈弔黃文陶博士夫人仙逝〉詩作來看，足見彼此情感之深厚。

〈祝楊煥彩翁六旬榮壽〉

昔日螺陽始識荊。果然一個老書生。
衣冠樸實無邪氣。娓娓談來四座驚。　　　（之一）

不言因果不言空。六十人如五十同。
聞道先生多種菊。性情恍惚似陶公。　　　（之二）

古董平生得意多。秦磚漢瓦盡收羅。
淵明愛菊性原淡。六十尚然鬢未皤。　　　（之三）

親朋共進菊花觴。欲把先生善德揚。
杖國杖朝期不遠。他時再頌九如章。　　　（之四）
　　　　　　　　　　　　　　　　　　（1932.2.15　詩報31）

〈祝廖重光先生華屋落成〉

先生風雅善交遊。勝友如雲日唱酬。
華屋落成仁裏美。洋樓造就故鄉優。
口碑載道西螺政。佳色盈庭南國秋。
欣看鶯遷申燕賀。還期克紹有箕裘。　　　（1932.2.6　詩報29）

〈祝若槻禮次郎首相閣下三喜並臻〉

三錫一身集。皇恩指日傳。殊功榮賜禹。組閣樂推賢。
駿聖官民服。鴻裁黨國權。平生風雅趣。詩酒○青蓮。
　　　　　　　　　　　　　　　　　　（1932.2.24　詩報30）

〈御敕題　曉雞〉

一聲高唱大江東。盛世母音興鳳同。
且喜司晨能有信。扶桑翹首日初紅。
　　　　　　　　　（神戶心聲吟社徵詩　1932.4.15　詩報33）

〈御敕題　朝海〉

　　瞳瞳旭日照東洋。萬派朝宗波不揚。

　　四海安瀾歌有慶。普天朗耀頌無疆。

　　百川聚滙皇恩大。一系相承帝澤長。

　　光被環球容納細。澄清宇內喜三陽。　　　　（1933.1.1　詩報50）

日據時代許多台灣詩人為了當時外在的政治環境因素，對日本官員也多有詩作唱和，當然元亨先生亦不例外，以上〈祝若槻禮次郎首相閣下三喜並臻〉、〈御敕題　朝海〉、〈禦敕題　曉雞〉詩即是此酬唱之作。

4．和　韻

　　詩友彼此往來酬唱、和韻之作：

〈感作〉　周新附

　　十四年中舉六兒。硯租筆稅苦維持。

　　正思絕靷高飛去。宇宙茫茫渺莫知。　　　　（1932.3.15　詩報31）

〈和韻周新附感作〉

　　羨君壯歲得多兒。教育將來善主持。

　　女嫁男婚皆義務。為人父母自能知。　　　　（1932.3.15　詩報31）

〈感作〉　周新附

　　光陰虛度過春秋。一策未綢獨自憂。

　　成事依人非久計。孤吟抱膝更生愁。　　　　（1935.5.15　詩報105）

〈和韻周新附感作〉

　　君年方壯似初秋。雖到冬寒亦不憂。

　　兒女成群多後望。聽天由命便無愁。　　　　（1935.5.15　詩報105）

〈和韻〉（次周新附〈感作〉韻）詩除了詩意相和外，連韻腳：「秋」、「憂」、「愁」皆相同字。令人讀來既有詩趣又佩服元亨先生作詩之功力。

〈贈陳元亨先生〉　張慶輝

　　海鶴精神仰慕深。關山一珸便知音，

　　欣欣為我談詩外。惠及郇廚更感心。　　　　（1932.2.24　詩報30）

〈敬步張慶輝先生原韻〉

有緣一見便情深。流水高山奏雅音。

尺尺員林非遠路。時通郵信報同心。　　　（1932.2.24　詩報30）

〈敬步原韻〉和張慶輝先生的〈贈陳元亨先生〉詩作，詩意相和且韻腳「深」、「音」、「心」皆相同字。

〈感作〉　　周新附西螺

依人作嫁廿餘年。鷄肋縻人萬感牽。

剩有囊中明月在。不存牛馬子孫錢。　　　（1932.7.1　詩報38）

〈倒和周新附感作韻〉

萬能世界重金錢。奪利爭名線暗牽。

轉眼白雲蒼狗幻。落花怕見李龜年[52]。　　（1932.7.1　詩報38）

〈倒和韻〉和周新附〈感作〉韻，詩的韻腳恰好相反：〈倒和韻〉的韻腳是「錢」、「牽」、「年」；〈感作〉的韻腳則是「年」、「牽」、「錢」依然是相同字。讀來既有詩趣又佩服元亨先生作詩之功力。

〈四十初度書懷三疊韻〉　　李少菴（李友泉）

終古江山有劫塵。誰將金石鍊吟身。

詩非名手難傳世。花到奇香易爽神。

燈影紅搖雙鬢舊。酒痕綠染一襟新。

林逋梅鶴陶潛菊。卻步高風骨未峋。　　（之一）

庭前翠竹影離離。長夏清陰午不知。

千古人情多冷暖。一般世事有歡悲。

漫將富貴誇聲勢。好把文章擅色絲。

不感轅駒能侷促。回頭應笑鄭當時。　　（之二）

佩著青囊歲月賒。頭銜碌碌署醫家。

能拋俗事心多靜。得讀奇書眼未花。

久種杏花居海國。擬開橘井向中華。

身登強仕逢初度。自寫襟懷句不差。　　（之三）

---

52 唐代樂師。通音律，能自撰曲，善歌唱，專長羯鼓。開元中與弟彭年鶴年在梨園中供職。安史亂後，流落江南，不知所終。杜甫有〈江南逢李龜年〉詩。

矩義規仁德自悠。終無禍患子孫留。
偶逢舊雨談衷曲。時把新詩贈醉侯。
爐火無威千屋雪。書燈有味百蟲秋。
從今不羨公卿富。四海珠璣正滿樓。　　（之四）

（1933.4.1　詩報56）

〈敬和李少菴先生四十初度書懷瑤韻〉

飽經世事歷風塵。閱盡滄桑劫後身。
著手生春誇妙技。活人用藥羨如神。
耽吟成性形容古。強仕華年氣象新。
交際應酬餘暇日。看山攜酒步嶙峋。　　（之一）

雌雄撲朔望迷離。得失窮通孰敢知。
有意敲詩常對酒。消愁玩月竟忘悲。
自憐瘦骨傲霜菊。誰信吟身抽繭絲。
到處騷壇爭拔幟。神仙抗手會斯時。　　（之二）

頻年中酒不言賒。詞賦清新自一家。
世態炎涼蜂讓蜜。人情冷暖蝶穿花。
心存妙術慵開口。胸蓄奇方實勝華。
熱血滿腔猶按劍。恐防失足念頭差。　　（之三）

無情歲月去悠悠。翰墨因緣到處留。
但願世間人卻病。漫誇異地客封侯。
岐黃久習能醫俗。詞賦精通易感秋。
名士過江紛似鯽。勸君休想岳陽樓。　　（之四）

（1933.5.15　詩報59）

此四首詩乃元亨先生和李少菴先生〈四十初度書懷三疊韻〉四首
（1933.4.1　詩報56）的詩作，除了詩意相和外，連韻腳：「塵」、
「身」、「神」、「新」、「峋」；「離」、「知」、「悲」、「絲」、

「時」；「賒」、「家」、「花」、「華」、「差」；「悠」、「留」、
「侯」、「秋」、「樓」皆相同字。令人讀來對元亨先生作詩之功力
深感佩服之至。

〈敬步廖重光先生辭西螺街長瑤韻〉

身經六十二春秋。改正市區立德猷。
素志已酬甘退隱。功成名就復何求。　　（之一）

溪橋急務正當期。五郡同盟賴主持。
遜位讓賢模範在。非關年老不能為。　　（之二）

（1936.10.15　詩報 139）

〈雜詠呈癡君笑正〉

千里神交一紙書。無端得病二旬餘。
飛將君信洪喬誤。今日方持筆墨初。　　（之一）

生成頭腦太冬烘。守舊依然不變通。
詠物感懷皆率直。寫來笑倒大詩翁。　　（之二）

藏拙而今又不能。燎原本是火星星。
幸君容我疎狂甚。潦草焉知寫性靈。　　（之三）

（1932.5.1　詩報 33 號）

〈倒和櫻癡君三月九日斷煙紀念瑤韻〉

莊周化蝶幻成胎。是是非非去又來。
紀念關心三月九。毒煙一炬變飛灰。

（1932.5.1　詩報 34 號）

（五）生平胸懷的感作

　　詩人的內心是多情溫柔且纖細善感的，常人尚無動於衷時，詩人
已感觸良深，此類作品乃詩人真性情之流露，尤於特殊節慶時，更有
感懷之作。

1．新春感懷

〈新年雜詠〉

次第春風到草盧。双柑鬥酒意安舒。
偷閒我欲聽鶯去。免被人嗤待兔居。　（之一）

一年經過一年春。頭髮絲絲色似銀。
自幸老人皆富貴。優遊作個葛天[53]民。　（之二）

（1932.1.1　詩報 27 號）

〈新年感懷〉

六十春秋轉眼經。蜉蝣身世感飄零。
滿頭白雪愁窺鏡。眼漸昏花耳不靈。　（之一）

斗酒双柑欲聽鶯。杖藜扶我步徐行。
郊原一望春如海。西陌東疇叱犢聲。　（之二）

覽勝時遊虎尾溪。蔗園苗圃列東西。
橋中佇立景如畫。飛舞春風有雉鷄。　（之三）

（1935.1.1　詩報 96）

〈新年感懷〉

節儉治家又一年。國民銃後志彌堅。
但祈武運能長久。戰勝歌聲唱凱旋。　（1939.1.1　詩報 192）

此詩作乃元亨先生去世前一年之作，「但祈武運能長久。戰勝歌聲唱凱旋。」依舊心繫家國之命運，不由得令人想起南宋愛國詩人陸放翁的〈示兒〉詩「王師北定中原日，家祭無忘告乃翁。」。

〈新春雜詠〉

鳥兔匆匆一歲中。飽經老眼辨雌雄。
文明世界分強弱。美雨歐風到處同。　（之一）

鷄聲一唱地皆春。入眼風光景物新。
卯酒頻傾真幸福。優游做個太平人。　（之二）

---

53 即葛天氏，傳說中遠古帝號。在伏羲之前。其治不言而自信，不化而自行，古人認為理想中的自然、淳樸之世。

雙柑鬥酒作春遊。入耳黃鸝話不休。
為道農家欣有利。相逢路畔說豐收。　（之三）

虎尾溪埔變作田。青蒼到處望天然。
官民有利善開墾。始信文明勝昔年。　（之四）

萬物逢春芽已萌。田中父老正勤耕。
若能如意天時順。早季端資此月成。　（之五）

杏花到處笑春風。白髮新添兩鬢中。
酒飲屠蘇心自樂。誰人如我醉顏紅。　（之六）

（1933.1.1　詩報 50）

〈新春感作〉

曆還丙子歲華新。轉眼曾經六一春。
看遍世情多是假。認來事業總非真。
休將得失評成敗。漫把恩仇論屈伸。
滄海桑田容易變。須知行樂趁芳辰。　（1936.2.15　詩報 122）

2．日常感懷

〈感作〉

不求富貴不求名。呼吸煙霞學養生。
但願無虧衣食住。何須得失問君平。
謀生計拙嘆無能。難得親交酒肉朋。
勢利任他誇智巧。隨風逐浪等浮萍。　（1936.1.1　詩報 120）

〈六十感懷幷乞大雅和韻〉

六十平頭髮已霜。童心猶在總無妨。
飲茶成癖人皆笑。種菊編籬我自忙。
得意吟詩真潦草。虔誠禮佛感焚香。
煖衣飽食能知足。守拙堪誇有特長。　（之一）

　　　　年來世事看花花。到處相逢鬼一車。
　　　　漫道癡呆同頑石。須知狡獪等繫瓜。
　　　　訛言竟信市中虎。生病因疑盃底蛇。
　　　　君子若能窮固守。任他射影與含沙。　　（之二）

（1935.4.1　詩報102）

由元亨先生〈感作〉、〈六十感懷幷乞大雅和韻〉此二詩作乃是元亨
先生生平胸懷之感作，由詩作中可知元亨先生任真自得、豁達之本性。

〈讀詩報有感〉

　　　　金聲玉振集詩篇。屈指而今近二年。
　　　　端賴周君能發起。濂溪從此愛青蓮。　　（之一）

　　　　台灣漢學已垂危。一線斯文賴有詩。
　　　　四百萬民能注意。亡羊未必補牢遲。　　（之二）

　　　　林立全臺詩社多。嘔完心血喚奈何。
　　　　合刊遺稿真功德。大雅扶輪聲價高。　　（之三）

　　　　學校漢文今已廢。書房設立嘆難成。
　　　　能將詩報關心讀。國粹保存任不輕。　　（之四）

（1932.8.1　詩報40）

元亨先生〈讀詩報有感〉肯定《詩報》對國粹的傳承，也感嘆、憂心
台灣漢學是否能繼續傳承，當然筆者在查閱《詩報》時，亦常見元亨
先生捐助款項給《詩報》。

〈學甲吟社（冠首）〉

　　　　學富曾聞載五車。甲評乙駁意何如。
　　　　吟壇到處誇林立。社會猶然不讀書。　　《鯤瀛詩文集》

〈老伶〉

　　　　古調如今久不彈。依然故我復登壇。
　　　　休嗤白髮談天寶。忍見沐猴戴楚冠。

流水高山音嫋嫋。離鷥別鶴調盪盪。

傳來伊洛真遺恨。慷慨悲歌白日寒。　　　（1935.11.3　詩報116號）

〈詩騙〉

無端詐術想非非。發表徵詩筆亂揮。

累得騷人心血嘔。噬他俗子食言肥。

斯文受騙誠堪恨。嘗品虛詞罪孰歸。

失信損名都不管。那知警句有精微。

（萬華三友吟社第二期徵詩　1932.11.1　詩報46）

由〈學甲吟社（冠首）〉、〈老伶〉、〈詩騙〉詩作更可知元亨先生感嘆、憂心台灣漢學是否能繼續傳承，對於當時社會上一般人不讀書、不重視台灣漢學、甚至以台灣漢學之名作非正當之言論，深感憂心與痛心。

〈郊外有感〉

暗香浮動報梅開。踏雪尋詩自往來。

可笑無情諸草木。路邊零落不知哀。　　（之一）

稻聲繞歌北風寒。租稅未完心不安。

天下貧窮皆受苦。富人知否破衣單。　　（之二）

（1932.12.15　詩報49）

（六）詩鐘的作品

　　詩鐘，是一種限時的競詩形式，「詩鐘亦是一種遊戲，然十四字中，變化無窮，而用字、構思、遣詞、運典需費經營，如非擊缽吟之七絕，可以信手拈來也。余謂初學作詩，先學詩鐘，較有根底，將來如作七律，亦易對偶，且能工整。」[54]詩鐘的做法與擊缽吟相似，別於擊缽吟的部分是「或嵌字分曹，鑄成兩句；或改詩折枝，均為一聯，其作品之佳者，雕鑴工於律詩，對仗巧於儷文。運空靈之筆，巧狀物華；秉超曠之思，洞燭事理。高手為之，尤能於寥寥十四字中寓宇宙大千焉。」[55]以下元亨先生的十八聯詩鐘，乃是取自於《葵社同人錄

---

54 連雅堂：《台灣詩薈》，台灣省文獻委員會，1992年，頁83。

55 許俊雅：《台灣文學散論》，文史哲出版社，1994年11月初版，頁38。

拾五週年記念》集中的十六聯與發表於詩報的二聯，作品如下：

〈綠葉〉　　蟬聯格

竹瞻淇澳猗猗綠。葉拾禦溝片片紅。　　《葵社同人錄拾五週年記念》

〈敷島煙〉　　鼎足格

煙霞長護神仙島。雨露覃敷堯舜天。　　《葵社同人錄拾五週年記念》

〈星學〉　　八叉格

天上星辰皆拱北。人間理學尚尊東。　　《葵社同人錄拾五週年記念》

〈信魚〉　　晦明格

魚躍鳶飛分上下。鴻來燕去應春秋。　　《葵社同人錄拾五週年記念》

〈無私可達天〉　　碎錦格

無愧可堪談黑夜。有私那得達青天。　　《葵社同人錄拾五週年記念》

〈暮色秋聲〉　　雙鉤格

暮年人感寒鴉色。秋夜婦悲蟋蟀聲。　　《葵社同人錄拾五週年記念》

〈松陰〉　　合詠格

參天原恥大夫爵。覆地不侵君子鄰。　　《葵社同人錄拾五週年記念》

〈柳絲〉　　鶴頂格

柳絮飄零悲薄命。絲桐嘹喨引知音。　　《葵社同人錄拾五週年記念》

〈玉蘭〉　　燕頷格

戛玉敲金鳴盛世。佩蘭簪菊樂芳辰。　　《葵社同人錄拾五週年記念》

〈葛藤〉　　鳧脛格

避暑最宜穿葛服。納涼恰好臥藤床。　　《葵社同人錄拾五週年記念》

〈臘梅〉　　蟬聯格

柳欲舒容能待臘。梅將放蕊更衡寒。　　《葵社同人錄拾五週年記念》

〈書畫〉　　蜂腰格

詩中寓畫王摩詰。船上載書米舍人。　　《葵社同人錄拾五週年記念》

〈漁灯〉　　八叉格

漁火滅明溪遠近。螢灯閃爍路高低。　　《葵社同人錄拾五週年記念》

〈古今〉　　鶴膝格

有酒不妨今日醉。無錢難買古人書。　　《葵社同人錄拾五週年記念》

〈松竹〉　　晦明格

松作濤聲驚曉夢。月移清影罩幽窗。　《茨社同人錄拾五週年記念》

〈澄空〉　魁鬥格

澄清秋氣風光好。悟徹春心色相空。　《茨社同人錄拾五週年記念》

〈燭花〉　鳳頂格

燭合彩帷雙翡翠。花開羅帳兩鴛鴦。　（之一）

花間一蕊誇殊色。燭裏餘光鬥艷妝。　（之二）

（義竹竹音吟社課題　見詩報）

四、結　論

西元 1895 年（光緒 21 年），清廷在甲午戰爭失利後締結馬關條約，其中將台灣割讓給日本，在日人的強勢統治之下，文人騷客把孤島百姓憤慨、無助的心情，寄託於詩歌之中。這時代的漢詩人「對突如其來的帝國殖民，詩人的抗拒是消極的，感慨是誠摯的，他們血淚的見證歷歷如在，往往個人的遭遇即隱喻國家的歷史，個人情感的書寫，即國家大事的鋪述，敘事與情感合而為一。」[56]傳統漢詩作家陳元亨先生即是此時代的作家。

凡走過必留下痕跡！且元亨先生當年著力於傳統漢詩之創作，讓傳統漢詩於日治時期大放異彩，應於雲林文學史中給予他應得的地位！惜元亨先生 44 歲前作品幾全無，因礙於時間且時代久遠已流失太多，故無法蒐集更為完備，但以當初筆者拿到的資料只有鄭定國教授所提供的日治時期漢詩詩人莿桐陳元亨資料及《陳元亨吟草》數頁外並無其他，亦不知其名號等等，經筆者多次的田野調查，方有如此的成果，相信再給予更多時間定可有更完備的論文呈現，也希望把資訊留給後人研究陳元亨時有更方便的導引。

---

56 江寶釵：〈時、事與社會：清代後期~日治時期〉《台灣古典詩面面觀》，（台北：巨流圖書公司，1999 年），頁 221。

莿桐詩人陳元亨年譜簡表

1876　**明治 9 年（光緒 2 年）1 歲**
　　　陳元亨生於 5 月 15 日

1920　**陳氏加入西螺菼社　44 歲**

1926　**大正 15 年　50 歲**
　　　陳氏作〈藺相如〉

1932　**昭和 7 年　壬申　56 歲**

　　1.1　陳氏作〈新年雜詠〉四首（詩報 27 號）
　　　　陳氏作〈乘飛機〉（詩報 27 號）
　　　　新塭新鷗吟社徵詩陳氏作〈忍〉（詩報 27 號）

　　2.6　陳氏作〈吊前首相濱口雄幸閣下〉二首（詩報 29 號）
　　　　陳氏作〈祝廖重光先生華屋落成〉（詩報 29 號）

　　2.15　陳氏作〈祝楊煥彩翁六旬榮壽〉（詩報 31 號）

　　2.24　日華新報徵詩　陳氏作〈第一題祝若槻禮次郎首相閣下三
　　　　喜並臻〉（詩報 30 號）
　　　　陳氏作〈敬步原韻〉（詩報 30 號）

　　3.5　陳氏作〈和韻〉（詩報 31 號）

　　4.1　陳氏作〈螺溪硯〉二首（詩報 32 號）

　　4.15　神戶心聲吟社徵詩　陳氏作〈禦勒題曉雞聲〉（詩報 33 號）

　　5.1　陳氏作〈倒和櫻癡君三月九日斷煙紀念瑤韻〉（詩報 33 號）
　　　　陳氏作〈雜詠呈癡君笑正〉三首（詩報 33 號）

　　6.1　陳氏作〈有懷吳望雲吟友〉二首（詩報 36 號）

　　7.1　陳氏作〈驚弓鳥〉（詩報 38 號）
　　　　陳氏作〈倒和韻〉（詩報 38 號）
　　　　陳氏作〈電燈〉（詩報 38 號）
　　　　陳氏作〈電話〉（詩報 38 號）

　　7.15　陳氏作〈夏旱〉（詩報 39 號）

　　8.1　陳氏作〈讀詩報有感〉四首（詩報 40 號）
　　　　陳氏作〈穀豐登〉（詩報 40 號）

　　　　　陳氏作〈拾塗豆〉（詩報 40 號）
8.15　陳氏作〈中州雪浪〉（詩報 41 號）
　　　　　陳氏作〈風雨實況〉（詩報 41 號）
　　　　　陳氏作〈喜雪〉二首（詩報 41 號）
　　　　　台南新報桃園取次所徵詩　陳氏作〈選花〉（詩報 41 號）
9.1　　陳氏作〈守錢虜〉（詩報 42 號）
　　　　　陳氏作〈輓周士衡先生〉（詩報 42 號）
11.1　陳氏作〈蝴蝶蘭〉二首（詩報 46 號）
　　　　　員林興賢吟社課題　陳氏作〈蝴蝶蘭〉二首（詩報 46 號）
　　　　　萬華三友吟社第二期徵詩　陳氏作〈詩騙〉（詩報 46 號）
12.1　陳氏作〈虹〉（詩報 48 號）
12.15　陳氏作〈郊外有感〉二首（詩報 49 號）

1933　昭和 8 年　癸酉　57 歲

1.1　　陳氏作〈御敕題朝海〉（詩報 50 號）
　　　　　陳氏作〈新春雜詠〉六首（詩報 50 號）
　　　　　陳氏作〈旗津待渡〉（詩報 52 號）
2.15　陳氏作〈珊瑚〉（詩報 53 號）
3.15　陳氏作〈恭祝黃文陶先生上池醫院開業〉（詩報 55 號）
4.15　陳氏作〈弔廬山先生〉（詩報 57 號）
5.1　　陳氏作〈聞雞〉（詩報 58 號）
5.15　陳氏作〈敬和李少庵先生四十初度書懷〉四首（詩報 59 號）
6.1　　陳氏作〈清明〉（詩報 60 號）
7.15　陳氏作〈亢旱即事〉（詩報 63 號）
9.1　　陳氏作〈白帶魚〉（詩報 66 號）

1934.　昭和 9 年　甲戌　58 歲

3.30　《葵社同人錄拾五週年記念》集中蒐有陳氏作品絕詩四十
　　　　　八首、律詩二十首、詩鐘十六聯
　　　　　陳氏作〈問槎〉（詩報號）
　　　　　陳氏作〈鬥雞〉（詩報 76 號）
4.1　　陳氏作〈吳景祺先生惠贈梅鶴仙館兩京賸稿詩鈔賦此鳴謝〉
　　　　　（詩報 78 號）
　　　　　陳氏作〈紅拂〉

4.1　　　陳氏作〈春色〉（詩報 80 號）

8.1　　　竹音、月津連銀擊缽錄 陳氏作〈螢火〉（詩報 86 號）

8.15　　陳氏作〈六月即事〉五首（詩報 87 號）

9.15　　陳氏作〈陳君錫津東渡詩集題詞〉（詩報 89 號）

10.15　陳氏作〈秋雨〉（詩報 91 號）

　　　　陳氏作〈嚴爲陵釣台〉（詩報 91 號）

11.15　陳氏作〈生命線〉（詩報 93 號）

1935　　　**昭和 10 年　乙亥　59 歲**

1.1　　　陳氏作〈新年感懷〉三首（詩報 96 號）

2.15　　興賢吟社課題 陳氏作〈看龍燈〉（詩報 99 號）

3.15　　興賢吟社課題 陳氏作〈旅況〉（詩報 101 號）

　　　　陳氏作〈敬弔興賢吟社林古愚先生〉（詩報 101 號）

4.1　　　陳氏作〈六十感懷並乞大雅和韻〉二首（詩報 102 號）

5.15　　陳氏作〈和韻〉（詩報 105 號）

6.1　　　陳氏作〈友人惠我盆蘭一枝五蕊詩以誌之〉（詩報 106 號）

　　　　陳氏作〈再捧來一枝三花者並誌之〉（詩報 106 號）

6.15　　陳氏作〈蒙吳景祺先生頒來籌味集詠此申謝〉（詩報107 號）

11.3　　陳氏作〈老伶〉（詩報 116 號）

　　　　陳氏作〈博覽會紀盛〉（詩報 118 號）

1936.　　**昭和 11 年　丙子　60 歲**

1.1　　　陳氏作〈感作〉（詩報 120 號）

1.17　　陳氏作〈達摩渡江〉（詩報 121 號）

2.15　　陳氏作〈新年感作〉（詩報 122 號）

10.15　陳氏作〈敬步廖重光先生辭西螺街長瑤韻〉二首(詩報139 號)

11.16　員林興賢吟社課題 陳氏作〈盲女夜唱〉（詩報 141 號）

1937　　　**昭和 12 年　丁丑　61 歲**

1.1　　　陳氏作〈富士山雪〉（詩報 144 號）

　　　　陳氏作〈田家雪〉（詩報 144 號）

6.25　　陳氏作〈弔黃文陶博士夫人仙逝〉（詩報 155 號）

1939.1.1　**昭和 14 年　己卯　63 歲**

　　　　陳氏作〈新年感懷〉（詩報 192 號）

1940　　**昭和** 15 **年　庚辰　** 64 **歲**

3.22　陳氏去世

參考書目

一、專　書

1. 仇德哉主修:《雲林縣志稿》（台北：文成出版社，1983 年）。
2. 台灣省文獻委員會:《雲林縣鄉土史料》（南投：省文獻會出版，1998 年）。
3. 江寶釵:《台灣古典詩面面觀》（台北：巨流圖書公司，1999 年）。
4. 江寶釵:《嘉義地區古典文學發展史》（嘉義市立文化中心出版，1998 年）。
5. 許俊雅:《台灣文學散論》（台北文史哲出版社，1994 年）。
6. 連橫:《台灣通史》（台北：眾文圖書公司，1978 年）。
7. 連橫:《台灣詩薈》（台灣省文獻會，1992 年）。
8. 程大學主編:《西螺鎮志》（西螺鎮公所編印，2000 年）。
9. 雲林縣立文化中心編:《雲林作家風采錄》（雲林縣立文化中心，1991 年）。
10. 雲林縣發展史編纂委員會:《雲林縣發展史》（雲林縣政府編印，1997 年）。
11. 黃文陶:《竹崖詩選》，1967 年。
12. 廖雪蘭:《台灣詩史》（台北：武陵出版社，1989 年）。
13. 廖學昆等著:《拾五週年紀念－萊社同人錄》1940 年。
14. 林衡道口述、楊鴻博整理:《鯤島探源》第三冊（台北：稻田出版有限公司，1996 年）
15. 李瑞騰:《台灣文學風貌》（三民書局，1991 年）

二、碩、博士論文

1. 王文顏:《清代台灣詩所反映的漢人社會》（政治大學研究所碩士論文，1979 年）。
2. 張作珍:《北港地區傳統詩社研究》（南華大學文學研究所碩士

論文，2001 年）。

3．郭麗琴：《西螺地區文學發展研究》（成功大學研究所碩士論文，2004 年）。

三、期刊論文

1．王君華：〈雲林教育志初稿〉，《雲林文獻》第二卷第二期（1953 年）。

2．江擎甫：〈葵社沿革〉，《雲林文獻》創刊號（1985 年）

3．吳景箕：〈斗山吟社之沿革與臥雲齋〉，《雲林文獻》創刊號（1952 年）。

4．林文龍：〈清代台灣書院講習彙錄〉，《雲林文獻》第 42 卷第 2 期（1991 年）。

5．施懿琳：〈日據時期台灣古典詩的抗議精神與比興諷諭傳統〉，《古典文學》第 12 集（1992 年）。

6．符寒竹：〈醫學博士黃文陶〉，《嘉義文獻》第 8 期（1977 年）。

7．莫秀蓮：〈廖學坤吟草研究〉，國立雲林科技大學漢學資料研究所研究生論文。

8．許俊雅：〈光復前台灣詩鐘史話〉《台灣文學散論》，（台北文史哲出版社，1994 年）。

9．塵世慶：〈台灣詩鐘今昔〉，《台灣文獻》7 卷 1、2 期（1956 年）。

10．陳國威：〈台灣詩社初深〉，《壢商學報》，（1994 年）。

11．鄭津梁：〈雲林沿革史略〉（一），《雲林文獻》創刊號，（台北：成文出版社，1952 年）。

12．賴子清：〈台灣之寫景詩〉，《台灣文獻》第9卷第2期，（1958 年）。

13．賴子清：〈台灣詠史詩〉，《台灣文獻》第 9 卷第 4 期，（1958 年）。

14．賴子清：〈台灣詠物詩〉，《台灣文獻》第10 卷第 2 期，（1959 年）。

15．賴郁文：〈雲林逸叟─斗六黃詔謨的古典詩〉，國立雲林科技大學漢學資料研究所研究生論文

16．謝瑞隆、鄭美君：〈羅陽雅韻─西螺葵社研究〉，國立林科技大學漢學資料研究所研究生報告，（2002 年）。

17．龔鵬程：〈台灣區域文學史的寫作與傳統〉，《文訊雜誌》第 174 期，（2000 年）。

陳錫津旅遊詩初探

以《阿里山雜詠》、《遊日月潭雜詠》為例

蔡　連　吉

一、前　言

　　談到傳統詩，在台灣目前仍有二十幾個傳統詩社在活動，詩人們仍然依照唐宋以來之格律音韻、並講究平仄；究其源流，台灣傳統詩肇始於 1685 年沈光文創立「東吟社」；清領時期，詩社數量僅十餘社，較有名者如開台進士鄭用錫創立之「竹社」，唐景崧創立「牡丹吟社」。[1]1895 年日治以來，乃台灣詩社發展的顛峰期，社會上各階層紛紛投入創作傳統詩，傳統詩幾乎就是人際應酬的最佳媒介，各地私塾或詩社，藉著「漢詩」維繫漢學、保存國粹；其中指迷陳錫津（1893-1981）先生以警界人士登上騷壇，可謂異數；早年與李雲從（春龍）等人共倡成立斗南吟社，鼎力支持漢學之維持，後更以 63 高齡創立海山蒼吟社，1965 年加入雲林詩人聯誼會，一生創作頗豐，作品多保留於《東遊雜詠詩集》、《詩文之友》及《詩報》中；本文擬針對錫津先生 1933 年以前發表之旅遊詩淺析一番，並以〈阿里山雜詠〉、〈遊日月潭雜詠〉之詩文為主要賞析對象，藉以對佩劍詩人公餘旅遊隨興之作進行初步之研究。

　　傳統詩，在日治時期一直佔有重要的地位，甚至在 1924 年新舊文學論戰後，依然保有一定數量的創作；即使在日本諸多消滅漢族意識

1　參閱網站：http://www.ktjh.tp.edu.tw/yang527/j4.htm資料

的的措施壓制下，詩社仍然如雨後春筍般成長[2]。1893 年，日本領臺前夕，指南陳錫津先生（圖 1）出生在台中大肚中堡，家學淵源，清朝茂才陳澤之子，先生又名芳國，字指迷，日治時期曾改名為東條國津，自明治三十七年四月至三十九年三月（11 歲至 13 歲）就梧棲街楊爾漢氏學習漢文，奠定了深厚的漢學基礎，19 歲畢業於梧棲公學校。曾經營材木商，後轉為警吏，素對韻學頗有趣味。1916 年，過繼於斗六富人陳林寶氏為養子，從此展開奮鬥有為的一生。[3]

在 1893 至 1933 年間，錫津先生四十歲之前，正當日治前期傳統詩在文學界握有主導權之際，以擔任警官之身分，常於公務之餘吟風弄月，為維護傳統漢學之傳承而盡心力，因其允文允武，精通日文、漢學與聲韻學，贏得「佩劍詩人」之稱號，因其勤於創作，善於以詩記事，在雲林傳統詩壇擁有一席之地，影響頗鉅。在旅遊詩部分，錫津先生的〈阿里山雜詠〉及〈遊日月潭雜詠〉說是早期詩作中的代表作；以下即針對這個領域予以賞析淺述。

（1）陳錫津 41 歲時英姿

2 參閱網站：http://www.ktjh.tp.edu.tw/yang527/j4.htm資料。
3 鄭定國：〈海山滄吟社陳錫津傳統詩的初探〉，《日治時期雲林縣的古典詩家續編》（台北：文史哲，2005 年）初版。

二、〈阿里山雜詠〉⁴中的鄉土風情

詩人陸游曾告誡兒子說：「汝果欲學詩，功夫在詩外。」，這個詩外，就是詩人要深入生活，進行細緻的觀察和體驗。而生活的感知、時代的親近及體貼、甚而是日常心情的感受，都是詩的源頭。⁵毫無疑問，錫津先生精準的掌握了這個作詩原則，昭和四年四月二十八日、二十九日在斗南庄役場服務期間，與同仁共遊阿里山之際，對來往的鄉土城鎮，以其細緻的觀察及體驗，對斗南、嘉義、灣橋、竹崎、交力坪、奮起湖、十字路、坪遮那等沿途風光給予寫實的描繪；同時留下歷史的紀錄，大夥兒早上從斗南出發，來到諸羅古城，轉搭登山小火車，出北城門，面前即是翠綠山巒迎接著詩人；詩云：

團結欲上里山嶺，勃勃雄心老少年。

車發斗南天未曉，一畦時雨送長鞭。

陳錫津〈斗南〉《阿里山雜詠詩集》附錄第十七頁

已到諸羅古縣城，滿天氣壓雨淋聲。

北門一出昂頭望，對面青山欲笑迎。

陳錫津〈嘉義〉《阿里山雜詠詩集》附錄第十七頁

在晨光耀眼中，路經灣橋，沿途到處可見良田農家，凝視一路花紅樹綠自然美景之餘，不知不覺已到了竹崎鄉境；詩云：

灣橋微睹矖光天，樹色青蒼映眼前。

荷笠荷蓑樵與牧，逢車迴避讓車先。

陳錫津〈灣橋〉《阿里山雜詠詩集》附錄第十七頁

鹿麻自昔養牛場，處處農家事改良。

榨取不知售顧客，騷人安得潤枯腸。

陳錫津〈鹿麻產〉《阿里山雜詠詩集》附錄第十七頁

山勢崎嶇驛路幽，花紅樹綠足凝眸。

---

4 錄自昭和四年《阿里山雜詠詩集》。
5 參閱網站：http://www.literature.idv.tw/bbs/Index.asp資料。

　　鐵橇車渡超超水，停處奚囊得句收。

陳錫津〈竹崎〉《阿里山雜詠詩集》附錄第十七頁

　　山路蜿蜒，抵達沿途小站，忽見小販叫賣特產；過山洞，登高山，詩人透露阿里山高山小火車獨步世界的特色；詩云：

　　彎彎曲曲絆蠻腰，穿過山來木屐寮。
　　此處馳名姚李盛，車邊喚賣一肩挑。

陳錫津〈木屐寮〉《阿里山雜詠詩集》附錄第十七頁

　　車穿隧道吐烏煙，屏氣頻頻體敬顛。
　　樟腦寮無聞腦味，欲舒老眼尚微眩。

陳錫津〈樟腦寮〉《阿里山雜詠詩集》附錄第十七頁

　　獨立巍峨何不懼，崎嶇屈曲繞山坡。
　　此山俗號田螺狀，試問愚公移不移。

陳錫津〈獨立山〉《阿里山雜詠詩集》附錄第十八頁

　　越山越嶺梨園寮，一望森林積翠饒。
　　俯瞰深川流水逝，中流砥柱世云遙。

陳錫津〈犁園寮〉《阿里山雜詠詩集》附錄第十八頁

　　汽笛如螺響一聲，閉窗乍見電光明。
　　蜿蜒隧道車穿過，遙插高標交力坪。

陳錫津〈交力坪〉《阿里山雜詠詩集》附錄第十八頁

　　如世外桃源般的沿途風光、水社寮、奮起湖等名勝，在錫津先生筆下，景色宜人，生動自然，躍然紙上，詩云：

　　山明水秀水社寮，林風凜凜拂顏飄。
　　高峰積翠歡迎客，輾轉車輪絕頂超。

陳錫津〈水社寮〉《阿里山雜詠詩集》附錄第十八頁

　　奮起湖中四面山，天雖有日亦涼寒。
　　漫誇飽眼甘拐腹，聊把餱糧當午餐。

陳錫津〈奮起湖〉《阿里山雜詠詩集》附錄第十八頁

　　相逢多士雨雲天，眠月寫真亦自然。
　　寄語山人毋誤解，訝為王子去求仙。

陳錫津〈眠月〉《阿里山雜詠詩集》附錄第十八頁

夜間住宿阿里山，一輪明月伴遊人，詩人還以爲是日上三竿呢！詩云：

> 團圓念六宿阿里，大被胡床一枕安。
>
> 寤見塔山明月照，恍然認作日三竿。
>
> 陳錫津〈宿阿里山〉《阿里山雜詠詩集》附錄第十八頁

清晨一叫醒來，到處鳥語花香，旅遊山間，兼識地理人文，收穫更多，詩云：

> 枕藉山間景色清，東方既白滿山明。
>
> 早行遮徑花兼草，移植家園備品評。
>
> 陳錫津〈早行〉《阿里山雜詠詩集》附錄第十八頁

> 新高山口登山標，攝入寫真認斗杓
>
> 遍地櫻花開爛熳，露珠點綴更妖嬌。
>
> 陳錫津〈新高山口〉《阿里山雜詠詩集》附錄第十九頁

> 阿里步行神樂間，迷途嚮導上坪山。
>
> 森林好鳥聲聲叫，及早回頭正路還。
>
> 陳錫津〈阿里山徒步〉《阿里山雜詠詩集》附錄第十九頁

> 二萬坪山物外情，寫真遮莫寫山精。
>
> 風流雲散覘紅日，萬綠叢中有鳥聲。
>
> 陳錫津〈二萬坪山〉《阿里山雜詠詩集》附錄第十九頁

有關阿里山鄒族原住民的生活，詩中傳達特殊時代背景的文化觀察，雖然有漢族中心主義的影響，但畢竟如實反映所見所聞，展現了寫實的文學觀，詩云：

> 十字路頭劈兩岐，狩狩綠竹滿山陂。
>
> 車回覺入平遮那，一睹蕃童體態奇。
>
> 陳錫津〈十字路〉《阿里山雜詠詩集》附錄第十九頁

> 平遮那社版圖歸，輔汝蕃人就範圍。
>
> 狩獵彈槍須凜報，刀鏢又製箭鋒機。
>
> 陳錫津〈平遮那社〉《阿里山雜詠詩集》附錄第十九頁

在旅遊歸途，詩人仍不忘藉由沿途風光民情、城鎮景物，聊抒己懷，足見其善於以詩記事寫景，詩云：

> 歸來竹崎近家山，驛際盆臺事整顏。

洗盡煤灰神氣爽，溪聲得聽宦情閒。

陳錫津〈歸至竹崎驛〉《阿里山雜詠詩集》附錄第十九頁

里山山路距嘉間，百里岌嶢豈等閒，

軌道蜿蜒車轆轆，觀光騷客不辭難。

陳錫津〈阿里山沿途〉《阿里山雜詠詩集》附錄第十九頁

諸羅車上帶斜暉，一路清風媲浴沂。

令節天長逢此日，臨雍拜老詠而歸。

陳錫津〈至嘉義驛乘車〉《阿里山雜詠詩集》附錄第十九頁

拜老臨雍且詠歸，羡奴得意聽余揮。

探囊先索山呼句，繭澤犀紋映紫薇。

陳錫津〈歸斗南宿舍〉《阿里山雜詠詩集》附錄第十九頁

透過錫津先生以上〈阿里山雜詠〉二十四題的賞析，無疑讓我們隨著詩人的腳步，回到二十世紀初期的台灣，踏上令人興奮得阿里山之旅，如實欣賞了八十年前的台灣鄉土風光；讀了錫津先生的詩，好似閱覽了一部精緻的遊記，走入時空隧道，也勾起了後人的歷史記憶！

三、〈遊日月潭雜詠〉6窺見中台灣

古德云：「馭文之首術，謀篇之大端。」7，真正的詩，往往是心底詩，所有的文學作品必須來自一顆真誠的心，否則就無法感人。又云：「凡構思當於難處用工，艱澀一通，新奇迭出」8。一首詩如果看不到作者，那必然不是好詩。無論是山水詩、敘事詩、哲理詩、禪詩、旅遊詩，皆是如此，昭和五年三月十七日、十八日錫津先生再次遊歷台灣中部，寫下了《遊日月潭雜詠》十六題，觀其旅遊詩更見其內心世界之豐富，亦可觀其擅長寫景敘事之內在功夫，對於今日吾人熟知的鄉鎮如斗六、林內、二水、集集、水里、埔里、及小火車終點車埕，在錫津先生詩文中鉅細靡遺的描繪出其鄉野風光，讓讀者好似回到七

---

6 錄自昭和五年《遊日月潭雜詠詩集》（十六題）
7 劉勰（神思第二十六·文心雕龍）
8 謝榛（四溟詩話）

十餘年前的中台灣，詩云：

斗南車發早春天，靜坐敲詩意浩然。

起立開窗無限景，眼簾捲盡客亭煙。

　　　　　陳錫津〈其一　斗南〉《日月潭雜詠詩集》附錄第二十頁

斗六門衢好地靈，宛如台北府前町。

果然真個榮華處，時勢潮流湧不停。

　　　　　陳錫津〈其二　斗六〉《日月潭雜詠詩集》附錄第二十頁

由來地勢好風評，林內雲煙萃北平。

龍眼吐紅花未放，騷人意縈與同萌。

　　　　　陳錫津〈其三　林內〉《日月潭雜詠詩集》附錄第二十頁

二水中分濁水溪，鐵橋石岸界東西。

好教人世交通便，一代雲山可品題。

　　　　　陳錫津〈其四　二水〉《日月潭雜詠詩集》附錄第二十頁

二水經由鼻子頭，舒青積翠萃田疇。

一溪濁水流西去，放眼晴空一望收。

　　　　　陳錫津〈其五　鼻子頭〉《日月潭雜詠詩集》附錄第二十頁

三彎四曲絆彎腰，二度紆迴到溢寮。

最好晴嵐風景妙，觀山玩水不知遙。

　　　　　陳錫津〈其六　溢寮〉《日月潭雜詠詩集》附錄第二十頁

探勝人曾集集齊，林煙如繡鳥爭啼。

得來詩味清如許，飽閱山容笑杖黎。

　　　　　陳錫津〈其七　集集〉《日月潭雜詠詩集》附錄第二十頁

滿林樹木盡新叢，發育分明色白紅。

水裡坑頭時極目，一畦桃李笑東風。

　　　　　陳錫津〈其八　水裡坑〉《日月潭雜詠詩集》附錄第二十頁集

汽車終點外車埕，代步尤宜軌道橫。

急走徐行三五處，一心歡喜一心驚。

　　　　　陳錫津〈其九　外車埕〉《日月潭雜詠詩集》附錄第二十一頁

發車埔里未炊煙，後押人夫客坐前。

過嶺大林皆下式，步行水社海中天。

陳錫津〈其十　埔里〉《日月潭雜詠詩集》附錄第二十一頁

臥龍洞裡似蟾宮，月送臺車由此通。

到處逍遙情景好，遊人得意馬蹄風。

陳錫津〈其十一　臥龍洞〉《日月潭雜詠詩集》附錄第二十一頁

埔里有名耶馬溪，湖山秀色翠霞低。

空中皓月添詩料，似解騷人句未齊。

陳錫津〈其十二　耶馬溪〉《日月潭雜詠詩集》附錄第二十一頁

經過斗六、林內、集集、水里直驅台灣地理中心位置之所在，世外桃源埔里鎮，在欣賞詩人詩作之餘，吾人看到了數十年前的中台灣的小鎮風光，來到旅遊重鎮，名聞中外的日月潭，寫景之餘，指迷先生介紹了當時的發電設施，還不忘為當時經濟建設的實況做了紀錄，詩云：

日月相隨注一潭，天然景色此中含。

待將電力成功日，燈市煌煌北復南。

陳錫津〈其十三　日月潭〉《日月潭雜詠詩集》附錄第二十一頁

有關日月潭的邵族傳說，亦入之於詩，足見詩人查考之深入，遊潭所見所感；躍然紙上，突顯其思緒活潑清澈，詩曰：

月潭二百四三年，遺說蕃人發見先。

今日版圖施善政，石音風韻入鯤絃。

陳錫津〈其十四　月潭遺跡〉《日月潭雜詠詩集》附錄第二十一頁

泛潭驚動白鷗飛，三兩渡舟似打圍。

四面高山形突屼，貪看晴景幾忘歸。

陳錫津〈其十五　渡舟〉《日月潭雜詠詩集》附錄第二十一頁

景色宜人的中台灣，如詩似畫的風土民情，讓人流連忘返，怎奈心馭於勤務，盡忠職守的詩人（圖 2.圖 3），只好急著結束快樂的旅遊行程，儘速回斗南，忙碌於工作崗位了！詩云：

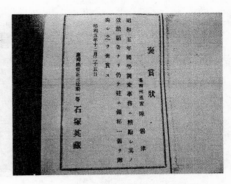

（2）錫津先生獲頒褒賞狀　　　　　（3）錫津先生獲頒精勤證書

　　異鄉景色賽清幽，怎奈人生事業稠，

　　職務關心歸去急，沿途無阻返南州。

陳錫津〈其十六　歸途〉《日月潭雜詠詩集》附錄第二十一頁

四、結　語

　　欣賞錫津先生的詩作之餘，我們看到將近百年前的先人，雖經歷了清朝、日治時期，甚至後來的國民政府時期，各種大傳統、小傳統異文化的洗禮；仍能遨遊於翰墨之中，以漢學的傳承，為台灣人民的生活及文化儘一份心力，發揮傳統知識份子的人本情懷；這是今日讀書人的榜樣，就台灣文學而言，傳統詩社的創作成績無疑是永不被磨滅的寶藏，佩劍詩人錫津先生，在這個領域方面無疑具有極高的成就；在《阿里山雜詠》、《遊日月潭雜詠》之旅遊詩中，尤其彰顯其寫景詠物之功力，相信不僅在地方文學史上，有其一定的地位，在地方歷史上亦佔有一席之地。

　　以陳氏為探究之對象，本文僅限於其早年部分旅遊詩之初探，以此為起點，對指迷陳錫津先生傳統詩之進一步研究，無疑變得更為重要；在目前的台灣文學界雖不可能重現日據時期詩社的巔峰盛況，但是如何避免詩社的日益沒落，保存傳統詩這種富有歷史及文學意義的傳統，進一步研究日治時期傳統詩的發展，應是各詩社以及關心傳統詩的人所應努力的課題。

參考書目：

1．賴子清：〈古今台灣詩文社（一）〉，《台灣文獻》10 卷 3 期，1959 年 9 月。

2．賴子清：〈古今台灣詩文社（二）〉，《台灣文獻》11 卷 3 期，1960 年 9 月。

3．林文龍：《台灣詩錄拾遺》，台中，台灣省文獻會，1979 年。

4．黃美娥：〈日治時代台灣詩社林立的社會考察〉，《台灣風物》47 卷 3 期，1997 年 9 月。

5．廖雪蘭：《台灣詩史》，台北，武陵出版社，1989 年；台北，文史哲出版社，1999 年。

6．東海大學中文系：《日治時期台灣傳統文學論文集》，台北，文津出版社，2003 年。

7．鄭定國：〈陳錫津傳統詩的初探〉及《日治時期雲林縣的古典詩家續編》，台北，文史哲出版社，2005 年。

（4）陳錫津的養母，陳林寶女士

（5）斗六涵碧樓的起落，《活水》七十七期83年9月5日
　　城鄉8版

（6）主編鄭定國教授做田野調查，訪問陳錫津後代

陳錫津先生（1893-1933）年表

光緒十九年（1893）明治 26 年　歲次癸巳　錫津先生出生
　　生活：生父陳泉，爲清朝茂才 ，生母黃誰氏。
光緒二十年（1894）明治 27 年　歲次甲午　1 歲
　　時事：中日甲午戰爭爆發，清朝戰敗。
光緒二十一年（1895）明治 28 年　歲次乙未　2 歲
　　時事：台灣割讓日本，日治時代開始。
光緒二十二年（1896）明治 29 年　歲次丙申　3 歲
　　時事：日本在台灣實施《頒發紳章制度》。
光緒二十五年（1899）明治 32 年　歲次己亥　4 歲
　　時事：台灣總督府公佈《台灣公學校規則》。
光緒二十八年（1902）明治 35 年　歲次壬寅　9 歲
　　時事：1902 至 1920 年爲台灣古典文學詩社活動漢擊鉢活動復甦
　　　　　期，結社聯吟漢擊鉢吟創隨處可見。
光緒三十年（1904）明治 37 年　歲次甲辰　11 歲
　　生活：4 月份起至明治 39 年（1906）3 月，跟從台中梧棲楊爾漢
　　　　　氏習漢文。
光緒三十二年（1906）明治 39 年　歲次丙午　13 歲
　　時事：連雅堂提出台灣詩界革新論。
　　生活：於三月份進入梧棲公學校就讀。
宣統三年（1911）明治 44 年　歲次辛亥　18 歲
　　時事：清朝覆亡。
民國元年（1912）明治 45 年大正元年　歲次壬子　19 歲
　　時事：中華民國建立。
　　生活：3 月畢業於梧棲公學校。
民國五年（1916）大正 5 年　歲次丙辰　23 歲
　　生活：8 月 1 日過繼於斗六陳林寶氏爲養子，10 月 19 日娶台中廳
　　　　　大肚中堡龍目井庄蔣斥氏爲妻，蔣斥氏出生於明治 33 年

（1900）4 月 1 日。

民國七年（1918）大正 7 年　歲次戊午　25 歲

生活：與詞友王君華初識。

民國八年（1919）大正 8 年　歲次己未　26 歲

時事：中國發生五四運動。

生活：養母陳林寶氏開始建造斗六郡內豪宅「涵碧樓」（圖4），
錫津先生曾是經營木材的商人，或許與家中建涵碧樓有關。

（7）1919 年興建 1930 年完成之涵碧樓

民國十一年（1922）大正 11 年　歲次壬戌　29 歲

生活：三女陳郁然 10 月出生（疑長女、次女皆夭折），開始服務
於警界。

民國十五年（1926）大正 15 年　歲次丙寅　33 歲

生活：6 月 30 日受頒精勤證書，並作〈受精勤證書感懷〉（圖3）
七絕一首。12 月長男政源出生，係京督府南桑田郡馬路村
人過繼。11 月 1 日，與知友李雲從（春龍）、李茂炎（盛
輝）、曾丁興（杰仁）、陳木（良材）、蕭登壽（上山）、

　　　章萬春（晚紅）、曾清慕（秋鴻）共倡成立斗南吟社。

民國十七年（1928）昭和 3 年　歲次戊辰　35 歲

　　生活：11 月次男炳源出生，係養母所招贅夫陳澤濬義子陳立茂的
　　　　　孩子過繼（即錫津先生義弟的孩子過繼）。

民國十八年（1929）昭和 4 年　歲次己巳　36 歲

　　時事：日本佔領滿洲國。

　　生活：4 月 28 日、29 日斗南庄役場辦理阿里山旅遊，錫津先生與
　　　　　庄長章萬春及李雲從等 26 人團體觀光，並作《阿里山雜詠》
　　　　　七絕 24 題。

民國十九年（1930）昭和 5 年　歲次庚午　37 歲

　　生活：斗六「涵碧樓」竣工，為一棟二層半的西班牙造型樓房。
　　　　　內裝類似皇宮，主樑為日本杉柏，避雷針採純白金打造，
　　　　　1989 年因年久失修而拆除，斗六文化地標因而消失。8 月
　　　　　三男煥源出生，係親生。3 月 17、18 日作《遊日月潭雜詠》
　　　　　七絕 16 題。

民國二十二年（1933 年）昭和 8 年　歲次癸酉　40 歲

　　生活：8 月四女文月出生，親生；錫津先生在斗南服務 1 年。

民國二十三年（1934 年）昭和 9 年　歲次甲戌　41 歲

　　生活：仲春，錫津先生被選拔去日本視察，5 月作《東遊雜詠詩
　　　　　集》（圖 5、圖 6）一書，記錄東遊日本所見所聞，受好評；
　　　　　遂有「佩劍詩人」之美稱。

（8）東遊雜詠詩集封面　　　　（9）台澎遊歷雜詠詩集

民國二十四年（1935 年）**昭和 10 年　歲次乙亥　42 歲**
　　生活：10 月，五女陳溢子出生。

民國二十五年（1936 年）**昭和 11 年　歲次丙子　43 歲**
　　時事：發生西安事變。
　　生活：調回斗南服務。

民國二十八年（1939 年）**昭和 14 年　歲次己卯　46 歲**
　　生活：1 月，六女陳規月出生。

民國二十九年（1940 年）**昭和 15 年　歲次庚辰　47 歲**
　　生活：在嘉義義竹服務，加入義竹竹音吟社爲成員，常參加布袋、
　　　　　東石地區的岱江吟社之活動。

民國三十年（1941 年）**昭和 16 年　歲次辛巳　48 歲**
　　生活：離開東石郡，轉回雲林故鄉（斗南石龜）服務

民國三十二年（1943 年）**昭和 18 年　歲次癸未　50 歲**
　　生活：養母陳林寶氏去世，錫津繼承其財產而將戶籍遷回斗六街。

民國四十一年（1952 年）**昭和 27 年　歲次壬辰　59 歲**
　　時事：西螺大橋完工。

生活：10 月，與雲林縣文獻委員會王君華組長等人同遊草嶺潭，
　　　　遂作〈草嶺雜詠〉五十題。

民國四十二年（1953 年）昭和 28 年　歲次癸巳　60 歲

生活：錫津先生創立六鰲詩社，邀請吳景箕、廖學昆擔任詞宗。
　　　　成員有江擎甫、黃傳心、邱水謨、葉添旺、曾丁興等人。

民國四十五年（1956 年）昭和 31 年　歲次丙申　63 歲

生活：編輯《夢寄樓丙申酬倡集》，組織海山滄吟社。

民國五十三年（1964 年）昭和 39 年　歲次甲辰　71 歲

生活：11 月，率三男焌源同遊霧峰萊園，焌源文采佳，後為台北
　　　　社會教育資料館館長。

民國五十五年（1966 年）昭和 41 年　歲次丙午　73 歲

生活：5 月，歡度結婚五十週年的金婚雙壽，遊訪吳景箕。

民國六十三年（1974 年）　歲次甲寅　81 歲

生活：民國 63 至 65 年受聘為雲林縣文獻委員會顧問。（圖 11）

民國六十七年（1978 年）　歲次戊午　85 歲

生活：錫津先生於 8 月 27 日參加中華民國老人福利協進會雲林
　　　　分會成立大會。

民國六十九年（1980 年）　歲次庚申　87 歲

生活：錫津先生作〈南投縣十景〉七律十首。

民國七十一年（1982 年）　歲次壬戌　89 歲

生活：錫津先生於 6 月 22 日別世。

張英宗漢詩研究

高 清 安

一、前　言

　　古典文學在台灣文學當中是相當值得研究的領域，但資料的蒐集不易，也造成研究者對古典詩文解讀上的障礙。雲林地區傳統漢詩作家張英宗先生誕生於日治時期文風鼎盛的西螺，其所加入的西螺菼社流傳下來的詩作甚多，但生平資料的蒐羅卻相當不易。筆者希望藉由這篇文章，將張英宗先生的生平及詩作加以初步的整理，使更多人經由閱讀這篇作品，能更了解台灣地區的傳統文學家，進而更了解台灣這塊土地。

　　文學創作與時代背景有著密不可分的關係，臺灣文學是臺灣人民思想的反映，也是相當值得保存的文化資產。二次世界大戰之後台灣漢詩的創作，比起普通話寫成的新文學，已逐漸失去日治時期的優勢。雖是如此，台灣傳統漢詩詩人所發表的作品，仍然相當值得整理、保存與研究。

　　現今的西螺鎮位於雲林縣北端，離縣治斗六市十二公里，北鄰濁水溪本流西螺溪與彰化縣為界，東連莿桐鄉，西接二崙鄉，南與虎尾鎮比鄰，海拔約在二十至三十公尺之間，為濁水溪大沖積扇平原上的一大聚落。在這樣一塊優良的土地，水源與土地頗適合早期社會環境下的人們所居住，所以開發甚早，這從現存之人文遺跡，可見一斑。[1]

---

1 參考程大學主編《西螺鎮誌》第一篇「歷史沿革與拓植」，西螺，西螺鎮公所編印，

在日治時期的五十年間，因愛國情緒的高漲，各地的詩社如雨後春筍般成立，而詩社正是維繫漢學命脈的重要管道。菱社成立於人文薈萃的西螺，擁有眾多的社員與鼎盛的文風，因而創造出爲數眾多的作品。定期擊缽例會是菱社社員主要的活動，社員透過此一聚會，以詩會友，溝通情意，互通聲息，進而敦睦情誼，這對於西螺地區文風的維持與孕育，有很大的助益。

張英宗先生出身於武術世家，因父親反對習武，轉而學習文藝，並致力於詩文寫作，在菱社成立初期加入，成爲社員。在詩文的創作生涯中，雖幾經波折，但最後仍然與詩文爲伍，終老其一生。藉由對菱社的了解及與張英宗先生後世子孫的訪談，再來研讀其詩作，就可進入雲林漢詩家張英宗先生的世界。

二、日治時期西螺菱社概述

日治時期，各地仕紳雖身處於日本政府統治管轄之下，然而對於中國傳統文化的情感頗難忘懷。[2]日據初期，由於整個時代背景使然，台灣各地詩社相繼成立，一些重要聚落幾乎都有詩社的組織。

1919 年（大正八年）適逢台灣各地詩社相繼成立之際，西螺街黃文陶（竹崖）、廖學昆（應谷）、廖心恭（和衷）、林朝好、文永倡、魏等如（任庵）、江擎甫（耕雨）、李廷通（啓塞）等八人有見於西螺尚無詩社之設立，爲維持地方風雅，加以民族情感，於是聚合喜好文藝之人士，於該年三月組織「芸社」[3]，勤勉致力於詩工麗辭的創作之中，以詩會友，切磋詩文，互通聲息，以敦睦情誼。設立之初並禮聘在地秀才江秋圃（藻如）講解詩文，擔任詩社之詞宗。學昆自董其事務，定期擊缽，砥礪詩詞，一時用功甚猛。

2000 年，頁 1-44。
2 參考程大學主編《西螺鎮誌》第八篇「民俗藝能與文藝」，西螺，西螺鎮公所編印，
　2000 年，頁 8-62。
3 有關「芸社」的說法是參考江擎甫：〈菱社沿革〉，西螺，1952 年 11 月。另外，
　在吳景箕：〈斗山吟社之沿革與臥雲齋〉及程大學：《西螺鎮誌》當中，則是稱爲
　「同芸社」。

　　1920 年（大正九年），同芸社社員倍增，西螺鎮內人士如：廖重光（菊癡）、廖發（長春）、廖學枝（逸陶）、廖學明（夢焦）、張李德和（連玉）、張英宗（杰人）、蘇茂杞（鴻飛）、鍾金標（步雲）、陳元亨、黃清江（明心）、廖元鐘、楊耀南、林園、林等、林明發、周新附、陳源興、張清顏等人相繼加入。詩社於翌年改稱「菼社」[4]。改名爲「菼社」，因爲當時西螺環境隨處可見「菼」草（鹹草），而菼草具有「忠實而赤」的特性，遂取其「忠實而赤」的寓意，象徵詩人非但要以發揚文藝爲宗旨，更重要的是要懷抱一顆赤誠的丹心，以表達詩人愛國的赤誠，所以取名爲「菼社」。[5]且於 1923 年（大正十二年），菼社人員參加嘉社[6]詩社組織。

　　1925 年（大正十四年），菼社聘請斗六黃紹謨（丕承）爲顧問，指導詩社，當時社員定時的聚會，大多都集合在廖學昆府上。1926年（昭和元年），菼社詞宗江藻如因年事已高且體弱多病，請辭詞宗之職。於是江藻如推薦斗山（斗六）臥雲齋黃紹謨接替他的職位。黃紹謨（丕承）進入西螺指導詩文之後，始終在廖學昆舊宅之榕齋開班講學，由於此處環境幽雅，非常適合讀經與學詩，當時學習人數自廖學昆、廖東義以下約有三十二人左右。黃紹謨除了指導詩文之外，同時也擔任「菼社」的詞宗[7]，並且辭去「斗山吟社」詞宗[8]之職，因爲黃紹謨有專心一意、深感責任重大之故。

　　依據 1929 年（昭和四年）孟秋重編的嘉社社員名簿所記載的內容，此時「菼社」社員已經有黃文陶、廖學昆、魏等如、黃紹謨、廖重光、陳元亨、黃清江、鍾金標、林圓、林明發、李廷通、廖學枝、

---

4 吳景箕：〈斗山吟社之沿革與臥雲齋〉，《雲林文獻》創刊號，雲林，雲林文化，1952 年 11 月，頁 1952 年 11 月，頁 81。
5 參考程大學主編《西螺鎮誌》第八篇「民俗藝能與文藝」，西螺，西螺鎮公所編印，2000 年，頁 8-62~8-63。
6 嘉社資料參考江寶釵《嘉義地區古典文學發展史》，嘉義，嘉義市立文化中心，1998 年 6 月，頁 249-250。
7 參考吳景箕，《雲林文獻》創刊號，1952 年 11 月，頁 63-67。
8 黃秀才初至西螺，仍往返於斗六斗山吟社與西螺菼社之間。資料見吳景箕〈斗山吟社之沿革與臥雲齋〉，《雲林文獻》創刊號，雲林，雲林文化，1952 年 11 月，頁 63-67。

廖心恭、林等、廖元鐘、林庚宿（星輝）、張李德和、李長壽、廖學明、張英宗、黃梧桐、江鳳欉、林牛港（鶴童）、江聯柱、鍾聯翹、施錦川（筆鋒）等二十六名之多。[9]

　　1935 年（昭和十年），為了紀念葵社創立十五週年，於是收集了十七位社員、二位顧問，共計十九人的詩作，彙編成書，書名叫《葵社同人錄》[10]，收錄了一千二百餘首詩作。

　　二次大戰結束之後，西螺的詩社「葵社」組織，由於大時代的改變，致使葵社社員四處分散，再也沒有聚集在一起創作。戰後一度於1952 年（民國四十一年）有詩社聯誼會成立，此後西螺便不再有相關詩社的成立，僅有少數個人的創作而已。[11]

三、張英宗生平概述

　　西螺漢詩詩人張英宗，字杰人，1896 年（明治二十九年）生於西螺鎮，卒於 1955 年。張英宗先祖張知能為習武之人，武功高強，以押車運糧為業。張知能深感習武只能強身，對於提升家族地位與改善經濟環境並沒有多大的幫助，所以不喜歡後生晚輩舞刀弄劍，於是鼓勵後人讀書學習。張英宗年少時發憤為學，讀遍四書五經。同時得到父親的大力支持。成年之後致力詩文寫作。期間曾短暫到北部教書，不久即返回故里，協助家中商店經營。在日治時期，張家所經營的「福順商店」是西螺地區唯一經過日人核准的「酒店」（大正製酒株式會社特約商店）。

　　文人性格的張英宗雖然協助家人經商，仍手不釋卷，曾經有客人到店裡打酒，張英宗因為醉心於詩文，並未專注傾聽客人的需求，即隨手打滿一瓶煤油交給客人，等到客人返家之後才發現酒壺裡裝的不是酒，而是煤油，客人回想前景，不覺莞爾。自此之後張英宗就不曾

9　參考程大學編《西螺鎮誌》第八篇「民俗藝能與文藝」，西螺，西螺鎮公所編印，2000 年，頁 8-62~8-65。

10　廖學昆等著：《十五週年紀念--葵社同人錄》，西螺，1952 年。

11　參考程大學編《西螺鎮誌》第八篇「民俗藝能與文藝」，西螺，西螺鎮公所編印，2000 年，頁 8-89。

離家遠行或出仕，直到終老。

　　張英宗曾加入西螺詩社「萏社」，畢生的著作除了收錄在《萏社同人錄》當中的絕詩四十八首、律詩二十八首、詩鐘十七聯之外，還有其他的散作收錄在《昭和皇紀慶頌集》[12]當中。目前西螺地區人士（魏嘉亨醫師）與其子張日彰先生[13]，正共同籌畫整理張英宗先生的遺作，期望能集結所有作品出版專輯。

四、張英宗詩作分析

　　張英宗的作品，目前收錄於《十五週年紀念 —— 萏社同人錄》當中的有絕詩四十八首，律詩二十八首、詩鐘十五聯，以下就作品的風格、特色加以分類成這幾類的作品。

（一）關於自然寫景方面的詩作

〈花月痕〉[14]

一庭紅紫正宜人，明月當空照影新；

皓魄香魂相印處，婆娑滿地弄天真。

這是在花前月下的情境中所寫的一首詩，詩中的內容將花前月下的情景描寫得栩栩如生，足以讓人魂牽夢縈，是一首寫景的佳作。

〈稻花〉[15]

春前播種早分秧，此日風飄穗穗長；

月照千畦如冒雪，風吹萬頃似飛雲。

應無遊客開樽賞，自有農夫灌水忙；

漫作尋常花事看，獻新竚見帝王嘗。

---

12 關於《昭和皇紀慶頌集》的編輯情形，參見羅秀惠於 1940 年（昭和 15 年）季冬朔日為《昭和皇紀慶頌集》所作的序文。《昭和皇紀慶頌集》，台北，光文印刷株式會社，1943 年 3 月。

13 有關張英宗先生的生平、逸聞趣事，乃是張英宗么子張日彰先生口述。張日彰先生於 1938 年出生，與魏嘉亨醫師為小學同窗，目前於西螺鎮市後街經營「彰文堂印鋪」。並參考郭麗琴：《西螺地區文學發展研究》（嘉義：中正大學中文研究所碩士論文，2003 年），頁 50。

14 張英宗詩作，摘錄自廖學崑等著，《十五週年紀念－萏社同人錄》，1952，頁 73。

15 同注 13，頁 85。

前段寫種稻的情形，及稻子成熟後月照風吹之時所見的景象。後段描寫農夫忙碌於稻田中，但農夫在農忙時心境的轉換，使得原本粗重辛勞的工作，做起來依舊輕鬆、悠閒、自在，由詩中可見作者的個性平淡且怡然自得。

〈新燕〉[16]

海棠開後雨初晴，忽聽呢喃喚幾聲；

王謝樓台今有變，杏花依舊不勝情。

詩中雖然是描寫新燕，但實際上卻是表達國人在日據時代對祖國的忠貞，詩中後兩句明確描寫出台灣不會在異族的統治之下，民心生變。顯示出當時本土詩人的愛國情操。

〈水月〉[17]

皎潔團圓月，溶溶印海中；

影涵銀世界，彩現水晶宮。

兔魄分真假，蟾光別異同；

撐舟休攪碎，玉鏡正玲瓏。

詩中描寫在月光下的水面風光，雖然寫的是無生命的景物，但透過張英宗的細膩的筆法及豐富的想像力，運用各種虛幻的事物，表現出月圓之夜栩栩如生的景象。

其他有關自然寫景方面的詩作有〈桃唇〉、〈有婆石〉、〈榴花〉、〈珊瑚〉、〈鶯梭〉、〈紅葉〉、〈綠天〉、秋燕〉等八首絕詩，〈螺溪月〉、〈拜歲蘭〉、〈鶯簧〉、〈睡蓮〉、〈新柳〉、〈驚弓鳥〉〈池邊鶴〉、〈裁菊〉、〈蘭花〉、薔薇〉等十首律詩，〈花月〉二聯、〈花木〉三聯、〈松竹〉二聯、〈澄空〉、〈秋蝶〉等九聯詩鐘。

張英宗先生的詩作雖然描寫風景，但其中隱含許多抒發心中情感的作品，尤其是在日治時期的臺灣，英宗先生也將自己的民族情感融入在詩作裡。

（二）秋季抒情之作

16 同注 13，頁 80。
17 同注 13，頁 82。

〈秋雨〉18

　　不帶狂風暴，珠簾暮捲時；

　　梧庭生嫩綠，楓葉落胭脂。

　　滴破蕉心碎，驚回鹿夢遲；

　　最憐尋菊客，冒汝到東籬。

這首詩的前四句是作者描寫秋天所見的情景，後四句中描寫雨滴滴破蕉葉，正代表他心情憂愁的感覺，詩末又用尋菊客遍尋不著菊花之憂，更使讀者感受更加的深刻，使得整首詩讀起來更有味道。

〈秋雲〉19

　　如羅如霧認難真，點綴秋空白似銀；

　　籠月無心歸遠岫，為霖有意澤黎民。

　　忽迷雁字來橫塞，漾透龍梭起碧津；

　　怪底西風吹不去，天涯望斷倍思親。

秋天下著毛毛細雨，如此情景令人想起遠方親友，因而觸動憂愁的思緒。身在遠方的作者，因對家鄉親人的思念，而藉寫詩來抒發自己的情感。

　　關於秋季抒情的詩作還有〈早梅〉〈秋雨〉〈秋砧〉〈秋水〉〈秋夢〉〈梅妻〉等詩作，在這些詩作當中，可以發現英宗先生對秋天特別有感覺，所觸發的感受也特別深、特別多。

（三）閒雅自適之作

〈觀海〉20

　　波外蜃樓眼底窺，弄潮有約愛吳兒；

　　問津何日乘槎去，直蕩銀河慰所思。

透過〈觀海〉的詩句，可以感受到作者生活的悠閒雅緻，經常到海邊觀看海景，透過對眼前的景物產生不同的聯想，同時表現出對友人的思念之情。

---

18 同注 13，頁 81。
19 同注 13，頁 87。
20 同注 13，頁 75。

〈觀蓮〉[21]

　　愛蓮質美立長堤，極目湖中日未西；

　　更喜鴛鴦頻出水，似邀觀客並留題。

〈觀蓮〉這首詩將蓮花特有的氣質及形影，描寫得栩栩如生，同時也運用擬人的描寫法，將蓮花那種富有生命力的感覺呈現在作品中，是一首寫物的佳作。

〈螺溪漫興〉[22]

　　蒼茫幾訝武陵源，竹筏橫過濁浪奔；

　　西望海雲吞落日，長流無際拍天昏。

其二

　　倦鳥尋巢去復回，夕陽一抹古林隈；

　　長堤不遜蘇堤美，留待誰人植柳來。

其三

　　夜來徐步景尤多，十丈金蛇走碧波；

　　遠望東山明月上，鐵橋橫架汽車過。

其四

　　縱貫何時線路通，橋樑工事洛陽同；

　　十年計畫如成日，商業繁昌定不窮。

一連四首的〈螺溪漫興〉，將西螺週遭的景物做了細膩的描寫。詩中可見作者生活閒逸，經常遊歷海邊、漫步螺溪，將周遭生活環境的發展、興衰，詳細的記錄在詩作裡。

（四）詠史見解之作

〈鄭成功〉[23]

　　國亡羞把降旗立，鹿耳門來費苦辛；

　　征退紅毛開絕島，延平千古是忠臣。

詩中的鄭成功不在乎亡國之恥，歷經千辛萬苦將反清復明的事業由大陸移轉到台灣，趕走原本佔領台灣的荷蘭人。作者藉由這首詩來讚頌

---

21 同注 13，頁 77。
22 同注 13，頁 75。
23 同注 13，頁 76。

鄭成功是保衛台灣的一大功臣。

〈岳武穆〉[24]

> 十年苦戰懾金人，一旦和戎恨賊臣；
>
> 識得失機難逆詔，精忠兩字殞公身。

英宗先生對岳飛忠勇愛國的精神佩服不已，岳飛對國家的盡忠、爲國家付出的一切，最後竟遭小人讒言陷害，因此做此詩來敬頌岳飛的愛國精神。

〈曾國藩〉[25]

> 學究天人世共論，謚公文正總因文；
>
> 中興事業勳推首，一代名臣萬代尊。

曾國藩一生文學上的成就，影響清朝的文學，同時振興文學，位後世延續中國文學的生命，因此英宗先生作此詩歌頌之。

其他有關懷古詠史的詩作還有〈弔屈原〉〈韓信〉〈昭君怨〉〈正氣歌後〉〈正氣歌後—其二〉等，這些詩作大都是英宗先生寫爲國盡忠的歷史英雄，因爲英宗先生以「義」待人，所以作詩歌詠這些民族英雄。

（五）敘事記物之作

〈錢神〉[26]

> 力假人間堪使鬼，威加世上視爲神；
>
> 孔門畢竟輕崇拜，千古儒家半是貧。

這首詩是張英宗晚年的作品，因自己晚年的處境而感覺到學識淵博之人，卻是清寒貧苦、在事業上仍是少有成就。完成〈錢神〉這首詩之後，作者也領悟到人生在世盡是爲求名得利而活，因此有感而發作了此詩。有這首詩中可看出張英宗一生淡泊名利，可見其在詩文創作上的專注。

〈飛行機〉[27]

---

24 同注 13，頁 72。
25 同注 13，頁 75。
26 同注 13，頁 79。
27 同注 13，頁 74。

載人天外似毛輕，頃刻高飛萬里程；

操入雲間剩隻影，模糊如鳥認難清。

〈空中戰〉[28]

却嫌陸海戰無聊，一縱飛機入九霄；

最是彈烟鎗雨急，往來如鳥滿天搖。

這兩首詩將科技的產物融入到詩作當中，這是張英宗先生作詩的特色之一。後世讀者也能在品詩之餘，了解到戰爭期間科技的進步，人也能藉由架駛飛機，如小鳥般在天空中飛翔。

五、結　語

　　臺灣文學是臺灣人民思想的珍貴資產，張英宗先生所處的年代橫跨了日治時期和民國，政局的動亂促成台灣詩社的蓬勃發展，也是台灣文學的黃金時代。

　　英宗先生的詩作包含了自然寫景、抒情、閒雅、詠史及敘事記物。日治時期，日本政府對台灣人民的思想控制，使得漢詩作家的民族意識在其詩作中表露無疑，我們也能在這些漢詩當中一窺當時台灣文壇的風貌。

　　張英宗先生的詩作風格多樣，各方面都能表達心中的感觸，刻畫出心中的意境，在雲林文壇，乃至於台灣文壇，張英宗先生都堪稱為優秀的傳統漢詩作家。

---

[28] 同注 13，頁 73。

六、附　錄

（一）張英宗作品一覽表

絕詩四十八首

1.岳武穆（其二，一首）　2.躱婆石　3.桃唇　4.佛手柑　5.花月痕
6.空中戰　7.石燕　8.早梅　9.曉雞聲　10.榴花　11.貂蟬　12.飛行機
13.觀海　14.旅中感懷（其二，一首）　15.珊瑚　16.曾國藩
17.螺溪漫興（其二、其三、其四，三首）　18.鄭成功　19.弔屈原
20.撲蝶　21.鶯梭　22.鸚鵡　23.鬥雞　24.石燕　25.老馬　26.觀蓮
27.泛舟　28.韓信　29.昭君怨　30.螺溪硯（其二，一首）31.捕鯨
32.指南針　33.石枕　34.錢神　35.雁字　36.高射砲　37.紅葉
38.綠天　39.蝶衣　40.新燕　41.秋燕　42.競走

律詩二十八首

1.螺溪月　2.秋雨　3.湯婆　4.風箏　5.水月　6.拜歲蘭　7.郵票
8.鶯簧　9.信　10.睡蓮　11.新柳　12.正氣歌題後（其二，一首）
13.驚弓鳥　14.月夜泛舟　15.倦繡　16.澠池會　17.池邊鶴
18.稻花（其二，一首）　19.秋砧　20.老將　21.裁菊　22.蘭花
23.秋山　24.秋雲 25.薔薇　26.風琴

詩鐘十五聯

1.花月（其一、其二，共二聯）　2.花木（其一、其二、其三共三聯）
3.松竹（其一、其二共二聯）　4.秋水　5.貓菊　6.今古　7.敷島煙
8.書畫　9.澄空　10.秋蝶　11.桃花、筆，合計十五聯。

七、參考書目

（一）書目資料

程大學主編：《西螺鎮誌》，西螺，西螺鎮公所編印，2000 年。

郭麗琴：〈西螺地區文學發展研究〉，嘉義，中正大學中文研究所碩士論文，2003 年。

江寶釵：《嘉義地區古典文學發展史》，嘉義，嘉義市立文化中心，1998 年。

鄭定國等著：《日治時期雲林縣的古典詩家一編》，台北，里仁出版社，2005 年。

鄭定國等著：《日治時期雲林縣的古典詩家續編》，台北，文史哲出版社，2005 年。

鄭定國等著：《日治時期雲林縣的古典詩家三編》，台北，文史哲出版社，2005 年。

廖學昆主編：《茭社同人錄》，嘉義，弘文堂出版社，1940 年。

（二）單篇論文資料

江擎甫：〈茭社沿革〉，雲林，《雲林文獻》創刊號，1952 年，頁 68。

吳景箕：〈斗山吟社之沿革與臥雲齋〉，雲林，《雲林文獻》創刊號，1952 年。

陳國威：〈台灣詩社初探〉，《壢商學報》第二卷，1994 年 5 月，頁 1-23。

施懿琳：〈台灣古典文學的蒐集、整理與研究〉，《師生論壇》第一輯，2003 年，頁 126-130。

曾丁興吟草析論

許 雅 茹

一、前　言

　　台灣文學是生發於島嶼台灣的文學，更是民族運動精神的標示，文學和歷史、現實的交融，動盪著文壇的發展，政局的變遷刺激著作家努力創作以反應時局，也是見證歷史發展最好的方式[1]。

　　台灣文學承襲著中國文學的傳統，依舊持續古典詩文的創作，但由於民國以來受五四運動的影響，也興起一股白話文學的旋風，不管是新詩、小說的創作皆呈現獨特多元的風貌，使得古典詩文的創作屬於較被忽略的地位。

　　這次本文研究重點在於曾丁興的古典詩文，反映日據時期台灣文學的發展，雲林地區受限於區域的發展，本就不是文風鼎盛的地方，加上資料經年代久遠更是蒐羅不易，要研究雲林的古典詩人，實屬不容易的事情，故只能限於手上僅有的資料作簡單的整理、分析，介紹曾丁興先生的生平與歷年作品，但因才疏學淺，此次只能粗略解讀，尚有許多不足之處，需留待以後研究者將其完整資料再給予補足。

---

1 林文寶：《台灣文學：我們的台灣文學》（台北市，萬卷樓圖書公司，民 90），頁 1。

二、作品生平介紹

曾丁興，別號杰仁，雲林縣斗南鎮人，誕生於西元 1899 年，逝世於民國五十八年，享年 71 歲，為當地有名的望族，其父曾根徹是當時有名的中醫師，丁興先生從小耳濡目染，因淵源於家學故對醫理也有精通。曾丁興先生在其一生曾經擔任過斗南鎮長（圖一），當時是由官方派任，早年時曾經到日本和大陸留學，所以擁有不錯的外語能力，英、日語表達流利，故在他擔任鎮長期間，曾經多次代表政府接待外國來賓，頗受當地人敬重。

曾丁興與妻子曾何柑感情甚篤，育有二子，分別是長子曾慶川，次子曾慶郡，兩子皆在日本留學，分別畢業於明治大學商科與國立醫科牙科大學，曾慶川目前人在嘉義擔任拳擊、劍道的教學，次子曾慶郡在日本結識妻子，在斗南鎮上開設牙醫診所，但不幸英年早逝，現由女婿繼續繼承執業。

曾丁興為人樂天知命，品德高潔，平常樂善好施，不管親疏遠近待人總是謙遜有禮，不拘泥於身份尊卑，贏得當地人敬重，故死後能獲得「鎮葬」殊榮安葬。

> 天命將臨理善窮，休聽虎嘯與鳴史，
> 泥中君子身心潔，撰璞玉人眼力工，
> 處世修如麟趾法，情絮莫染火牛風，
> 反觀內照虛虛實，識透塵緣覺悟空[2]。

曾丁興先生一生傾慕中國文學，陳錫津在《東遊雜詠詩集》記載曾丁興為書法家，在他留給後代子孫的家訓「一勤天下無難事，百忍重中主太和」（圖二），除了可窺知其為人行徑，亦可看出深厚的書法功力。曾丁興早年是虔誠的佛教徒，晚年因其妻的緣故與摯友陳錫津皆篤信基督教，由陳錫津之贈答詩[3]文不難察見：

> 舊雨言歡喜氣融，敲詩煮茗訴吟衷，

---

2 民國四十五年七月刊於《詩文之友》第五～六卷
3 民國五十三年九月刊於《詩文之友》第二十卷五期

招來景況多新例，扼盡情懷尚古風，

翰墨有緣堪過從，文章無價費研攻，

耶穌救主仍今日，博愛今生感上穹。

曾丁興先生總以孜孜不倦的精神研究學問，與叔父曾清慕和摯友陳錫津、葉清和、李雲從、林友迪等人相知相惜、私交甚篤，彼此常以詩文往來分享生活點滴。民國十七年十一月一日，與知友陳錫津（字指迷號芳國）、蕭登壽（上山）、章萬春（晚紅）、李雲從（春龍）、李茂炎（盛輝）、陳木（良材）、曾清慕（鴻秋）等八人倡首成立斗南吟社[4]，此社之設立址在宣揚國粹，圖挽將頹之漢學，鼓吹各界人士，加強漢學之研究，勵精圖治，恢復我國固有之道德，以及發揚五千年以來之文化歷史為鵠的。

　　民國四十一年擔任雲林文獻委員會之兼任委員，推展雲林文學不遺餘力，由他在雲林文獻創刊週年的發表詩作[5]可見出端倪：

欣祝創刊滿一年，雲林文獻著新篇，

無間修史毫當劍，有價玉章硯作田，

鼓吹中華光祖國，鐘敲蓬嶋頌堯天，

隆隆宏運如東日，赫赫聲名耀大千。

經營誠實進無休，社運興隆文獻優，

錦繡洵堪箋上麗，虹霓吐穎筆端道，

真言記事諄風教，侃諤誨人免國憂，

喜慶週年吟詠祝，更祈重卷及千秋。

本身亦曾發表古典詩文於《雲林文獻》、《詩文之友》、《詩苑》等刊物，作品雖不多，仍可從中發現豐富的文學素養。曾丁興家有名園「萃園」，景色宜人有八景之美，分別是「芳園蝶櫻」、「慵室琴聲」、「珠山遠望」、「七弦竹亭」、「南窗花圃」、「果園點綴」、「五德文宣」與「蠡池玩月」等八景，平日作為與摯友吟詠詩文之地，丁興先生與陳錫津、張立卿都曾作詩讚嘆「萃園」八景之美。

---

4 民國四十二年十一月刊於《雲林文獻》第二卷四期
5 民國四十二年十一月刊於《雲林文獻》第二卷四期

三、曾丁興作品概述

　　曾丁興先生的作品由目前收集到僅有的資料共有詩文四十首，其中七言律詩最多共二十首，七言絕句次之也有十九首，五言絕句一首，一篇文章〈談破除迷信與陋習〉，作品多發表於《雲林文獻》、《詩文之友》、《詩苑》等刊物上，時間至民國四十一年至五十八年爲止，其中民國四十一年至四十二年之詩作多發表於《雲林文獻》上，自民國四十二年十一月停刊後，作品發表於《詩文之友》、《詩苑》等刊物。

　　綜觀曾丁興之詩作可以歸納爲五部分：（一）反共復國之情懷（二）寫景詠物之嘆（三）生活點滴之雜詠（四）朋友贈答之吟詠（五）身世志向抒發

　　現分別歸納篇名與題裁如下：

（一）反共復國之情懷 —— 發表六鰲詩社擊鉢錄　題：待春（七絕）一首。

（二）寫景詠物之嘆 —— 發表〈秋天感作〉三首（七絕）、〈賦呈陳錫津詞兄會題萃芳園八景之四〉四首（七絕）、〈步錫津先生萃芳園八景原玉〉四首（七絕）、〈和作梅卜居韻〉二首（七律）。

（三）生活點滴之雜詠 —— 發表〈與錫津詞兄赴大埤鄉推銷雲文偶感〉一首（七律）、〈慶祝雲林文獻季刊創刊週年〉二首（七律）、發表〈陳錫津詞長組織海山蒼吟社感賦〉一首（七律）、發表〈夢寄樓丙申酬唱集（三）〉二首（七律），共有七律6首。

（四）朋友贈答之吟詠 —— 〈錫津詞兄六旬壽誕詩贈敬和原玉〉四首（七律）、〈敬贈陳錫津詞兄口占絕句〉一首（七絕）、〈敬和陳錫津詞兄原玉〉一首（七律）、〈庭中拾翠敬次林友笛先生原玉〉二首（七律）、〈祝錫津令郎煐源與木城令媛墨珠嘉禮〉一首（七律）、〈林獻堂先生輓詩〉一首（七絕）、〈拜訪葉清河老先生和張先生原玉〉一首（七絕）、〈次葉清河老

先生原玉〉一首（七絕）、〈步陳錫津兄祝葉清河先生古稀華
誕原玉〉一首（七絕）、〈祝陳錫津先生令郎炳源燦源均特種
考試及格並令媛亮月小姐與顯森君吉席誌喜〉一首（七律）、
〈祝林玉書老先生七七榮壽暨珍吉詩集完成〉一首（七律）、
〈祝張慶方先生令三郎連貴君與歐秀租先生令次女素詩小姐吉
席〉一首（七絕），計有七律十二首，七絕六首，共十八首詩。
（五）記懷人情之感嘆 ──〈老感〉一首（七絕）、〈同題步陳錫津
詞兄原玉〉二首（七律），計七絕一首，七律二首。

四、曾丁興作品賞析

（一）反共復國之情懷

　　由曾丁興身處的時代背景剛好是在日治時期結束與台灣光復之
際，有鑑於當時的國人皆懷著滿腔熱血，希望早日能反攻大陸，重新
回歸祖國的懷抱，基於這個反共的思緒，反映在此首〈待春〉[6]：

〈待春〉

反攻大陸主重光，舉國精誠力發揚，

全縣文風同扇起，來臨得勝慶輝煌。

作者以等待春天的心情來形容，就像長期處於黑暗環境的孤人，盼望
早日見到黎明曙光的心境，畢竟經過酷寒的冬天，當然渴望得到春天
的滋潤，不僅如此，也希望縣內的文風能興盛，眾志齊心早日反攻勝
利。

（二）寫景詠物之嘆

　　秋意固然涼爽但難免令人有淡淡之哀愁，但如果能在中秋佳節闔
家團團賞月，不失為人生一大樂事，也能讓人解鄉愁，〈秋天感作〉[7]
第一首就是在吟詠月圓人團圓的喜悅之情。

〈秋天感作〉其一

皓魄盈空秋復秋，去年今日誕辰週，

---

6 民國四十二年三月刊於《雲林文獻》第二卷一期。
7 民國五十三年一月刊於《詩文之友》第十九卷二期。

　　人間搗餅天家月，共享佳辰暢眼眸。

由〈秋天感作〉第二首得知，創作之時陳錫津先生正蒞臨曾丁興先生的住處互相吟詠秋天作樂，作者作此首已經高齡66歲，對於年華之流逝，難免心有感觸，但此時欣喜有摯友相伴切磋詩文，一掃心情之陰霾。

　　其二

　　徒添馬齒滯諸羅，免想高堂迪吉多，

　　配劍詩人聲譽好，希臨蓬蓽共吟哦。

　　其三

　　馬上青年過，蹉跎白髮多，

　　殘軀神所許，不樂復如何。

此〈秋天感作〉第三首亦是在感念韶光流逝，年華之老去，但是感念上蒼給予他漫長的生命，勉勵自己要即時行樂，珍惜剩下的人生。由陳錫津先生贈答〈奉和曾丁興詞兄秋天感作原玉〉之詩，亦勉勵曾丁興先生要有豁達的人生觀面對，何必在乎年老將至。

　　〈奉和曾丁興詞兄秋天感作原玉〉[8]（陳錫津）

　　滄海幾經過，人情閱歷多，

　　觀光須盡意，不必問年何

曾丁興先生為自家宅第「萃園」賦詩〈賦呈陳錫津詞兄會題萃芳園八景之四〉詠景，將芳園的粉蝶紛飛，群花爭放的美景伴隨著悅耳的琴聲譜成一幅動靜和諧的畫面，在此舉一、二、五、八首為例：

　　〈賦呈陳錫津詞兄會題萃芳園八景〉[9]其一

　　青春粉淡有風情，似蝶清香小鳥鳴。

　　靚豔迷人長日賞，願教莫認瞬時櫻　　　〈芳園蝶櫻〉

　　其二

　　人間萬事鬥輸贏，願我庸才莫與爭。

　　陋室老軀琴悅耳，知心時賜暢吟聲　　　〈慵室琴聲〉

　　其五

庭園窗難聽雨過，蘭櫻爭放鳥穿梭。

心寬室敬何妨小，寸圃花香不在多　　〈南窗花圃〉

其八

小池描景感羞顏，善作騷人總莫關。

蠡海雲泥皆有意，靜觀明月映珠山　　〈蠡池玩月〉

由上述寫景詩中不僅可窺探「萃園」的美景，也可看出丁興先生當時的心境是多麼怡然自得，擁有不與世爭的豁達胸襟。

（三）生活點滴之雜詠

此三篇作品皆是在民國四十二年《雲林文獻》創刊週年所寫，因為當時曾丁興與陳錫津先生都擔任《雲林文獻》的委員，所以推廣鄉土文學當然不遺餘力，希望能藉由詩文敦化人心，助長鄉民學術風氣。

〈與錫津兄赴大埤鄉推銷雲文偶感〉[10]

清晨歡喜伴詩翁，肥瘦賢愚秉性同，

呼籲期成編縣誌，推銷文獻振鄉風。

公家叶贊居然有，戶別宣傳卻未通，

訪晤舊新情意好，無心夢幻獲勳功。

〈慶祝雲林文獻季刊創刊週年〉[11] 其一

欣祝創刊滿一年，雲林文獻著新篇，

無間修史毫當劍，有價玉章硯作田，

鼓吹中華光祖國，鐘敲蓬嶋頌堯天，

隆隆宏運如東日，赫赫聲名耀大千。

其二

經營誠實進無休，社運興隆文獻優，

錦繡泂堪箋上麗，虹霓吐穎筆端道，

真言記事諄風教，侃諤誨人免國憂，

喜慶週年吟詠祝，更祈重卷及千秋。

陳錫津先生在 63 歲高齡組織「海山蒼吟社」，以斗六地區詩人為基礎，望能帶動斗六文壇之發展，身為其摯友，丁興先生為海山蒼吟社的成

10 民國四十二年十一月刊於《雲林文獻》第二卷四期

11 民國四十二年十一月刊於《雲林文獻》第二卷四期。

立寫詩賦懷：

〈陳錫津詞長組織海山蒼吟社感賦〉[12]

六藝詩書獨占先，文章經國固當然。

詩吟寶島青天耀，梅燦中華白日鮮。

鷗鷺會鳴興士氣，海山蒼叫不停鞭。

玉成盛舉推詞長，駐驛雲林翰墨緣。

（四）朋友贈答之吟詠

綜觀丁興先生的作品中，以此類作品最多，尤以與陳錫津往返之贈答最為頻繁，足見兩人交情之深厚，此由錫津先生其中詩作可見其端倪：

〈曾丁興詞兄三代知交有感〉[13]

三代知交歷卅年，斗南共處七千天，

日吟陶令歸來賦，時繫向平未了緣，

就業繼承慚我拙，新猷創設讓君賢，

信依基督精神爽，聖道傳揚素志堅。

〈敬和錫津詞兄原玉〉[14]

叨蒙蒞駕樂圓融，言事談詩弝足衷，

亦匯清吟除暑氣，心開掃穢得仁風，

甦生匡正真神操，驅魅逐邪上主功，

鷗鷺微軀元有限，欣同恃主越蒼穹

在陳錫津六十大壽時，丁興先生寫了四首作品祝賀生辰快樂，除了歌頌他在六旬擁有兒孫滿堂的盛況，父慈子孝更是令人稱羨，也讚賞錫津先生學識豐富品德高尚，必能像古代的清官名留青史，為後人稱道。不僅如此，也叮嚀要好好鍛鍊身體，老來最好精神壯，才有體力積德行善，最終與其共勉勵要努力專研讀書的樂趣，視名利如浮雲，恬淡自如安享晚年。

---

12 民國四十五年十二月刊於《詩苑》第四卷六期。

13 民國五十三年一月刊於《詩文之友》第十九卷二期。

14 民國五十三年九月刊於《詩文之友》第二十卷五期

〈錫津詞兄六旬壽誕詩贈敬和原玉〉[15] 其一

滿眼兒孫豈足憂，年高德劭永傳流，
童顏擬是孔融貌，鶴髮猶如彭祖頭，
憶昔廉官邅邅頌，于茲書史古今修，
攜琴訪舊居然有，當效香山闊步遊。

其二

人世如雲又似煙，凌風胃雨歷秋千，
獨憐友道如茶淡，區愛人情比鐵堅，
穰穰熙熙長渡日，孜孜黽黽未窮年，
老來最好精神壯，片刻猶存種福田。

其三

六秩光陰識晚秋，青雲時節感悠悠，
齊家治國嘗辛苦，功成名就脫惱愁，
是是非非裝瞶耳，圓圓扁扁作頑頭，
古今真理偏存在，順應逆來放乎流。

其四

是非千載馬蹄忙，富貴駕鴦夢一場，
只玩李桃添葉綠，耻巡梁棟發書香，
笑貪漁利如飢渴，厭看爭名似亂狂，
唯喜書詩高興作，吟聲飄逸壽仙林。

曾丁興先生六十五歲生辰，錫津先生連贈兩首詩，特別賀他家有佳兒
和身體健康，這些事無論就曾氏個人而言，或就曾府而言，都是心滿
意足的美事一椿。

〈曾丁興詞弟歲逢六五感賦〉[16] 其一

六五年華喜可知，問安點頷有佳兒。
優遊歲月饒清福，嘯傲煙霞任笑癡。

其二

詩酒聯歡堪慰老，風雲際會莫嫌遲。

15 民國四十二年十一月刊於《雲林文獻》第二卷四期。
16 民國五十二年十一月刊於《詩文之友》第十八卷五期。

耶穌真理關心事，處世胸懷學聖詩

〈壽曾丁興詞兄六十晉五〉[17]

郵寄福音喜賦詩，應題誕日仲秋期。

心存正氣經常重，志卻奸邪壽可資。

翰墨家居無俗客，書香門第有佳兒。

杖鄉晉五年年健，景仰容儀海鶴姿。

（五）記懷人情之感嘆

在曾丁興先生 55 歲時作〈老感〉詩，多有人情冷暖世態炎涼之感嘆，詞友陳錫津曾回以詩安慰他，後也體認到文章爲經綸之治道，勉勵自身以作詩反應時局，只要能潔身自愛，必能爲後世留得好名聲。

〈老感〉[18]

冷暖人情世上疵，炎涼多在盛衰時，

方今故友嘗無味，白髮如新亮達知。

〈次韻曾丁興詞兄老感〉[19]

世態炎涼巨細疵，人情冷暖比天時。

老來便覺同心少，鬢雪如華只自知。

〈同題步陳錫津詞兄原玉〉[20]其一

卅三全貌史描成，褒貶人間多少名。

錄盡帝王樞密事，搜綜將相覓幽情。

闡明今古顯榮跡，論盡賢愚得失聲。

幸有碩儒關國策，詩心耿耿博欽迎。

其二

卷首堂堂閃迅雷，碩儒胸竹善描裁。

知多世相推前事，閱盡人情計後來。

握住經綸防亂軌，憂關畫棟變零材。

青天白日行端正，壇坫名流論智恢。

---

17 民國五十三年一月刊於《詩文之友》第十九卷一期

18 民國四十二年十一月刊於《雲林文獻》第二卷四期

19 民國四十二年十一月刊於《雲林文獻》第二卷四期

20 民國四十二年十月刊於《詩苑》第四卷四期

五、參考書目

1.《雲林文獻》（一）（二）（台北：成文出版社，民72），一版。

2.《雲林縣採訪冊》（台北：成文出版社，民72），一版。

3.江寶釵：《台灣古典詩面面觀》（台北市：巨流，1999年）

4.葉石濤：《台灣文學的悲情》（高雄市：派色文化出版社，民79），一版。

5.林淑貞：《台灣文學：台灣文學的界定與流變》（台北市，萬卷樓圖書有限公司，民90）。

6.林文寶：《台灣文學：我們的台灣文學》（台北市，萬卷樓圖書有限公司，民90）。

附錄：曾丁興作品年表

1899 光緒末年 1 歲　曾丁興誕生於台灣雲林縣斗南鎮

1911~1927 民國初年~民國十六年 12~29 歲　大約 20 幾歲結識陳錫津

1928 民國十七年 30 歲　與陳錫津等八人倡首成立斗南吟社

1952 民國四十一年 54 歲　擔任雲林縣文獻委員會的專任委員

1952.09 民國四十一年 54 歲

　　發表〈談破除迷信與陋習〉。（雲林文獻，二卷一期）

1953.03 民國四十二年 55 歲

　　發表六鰲詩社擊鉢錄題：〈待春〉一首。（雲林文獻，二卷一期）

1953.11 民國四十二年 55 歲

　　發表〈與錫津詞兄赴大埤鄉推銷雲文偶感〉一首、〈老感〉一首、
　　〈慶祝雲林文獻季刊創刊週年〉二首、〈錫津詞兄六旬壽誕詩贈
　　敬和原玉〉四首。（雲林文獻，二卷四期）

1955.10 民國四十四年 57 歲　發表〈和作梅卜居韻〉（詩苑，二卷三期）

1956.03 民國四十五年 58 歲

　　發表〈祝陳錫津先生令郎炳源燦源均特種考試及格並令媛亮月小
　　姐與顯森君吉席誌喜〉一首（詩苑，三卷三期）

1956.05 民國四十五年 58 歲

　　發表〈賦呈陳錫津詞兄惠題萃芳園八景之四〉四首（詩苑，三卷
　　五期）

1956.07 民國四十五年 58 歲

　　發表〈夢寄樓丙申酬唱集（三）〉二首。（詩文之友，五～六卷）

1956.08 民國四十五年 58 歲

　　發表〈心史〉一首詩鐘（詩苑，四卷一期）

　　發表〈步錫津先生萃芳園八景原玉〉四首（詩苑，四卷二期）

1956.10 民國四十五年 58 歲

　　發表〈同題步陳錫津詞兄原玉〉一首（詩苑，四卷四期）

1956.11 民國四十五年 58 歲

發表〈祝錫津令郎煐源與木城令媛墨珠嘉禮〉一首，（詩苑，四
卷五期）

發表〈林獻堂先生輓詩〉一首（詩苑，四卷五期）

1956.12 民國四十五年 58 歲

發表〈拜訪葉清河老先生和張先生原玉〉一首，（詩苑，四卷六
期）

發表〈陳錫津詞長組織海山蒼吟社感賦〉一首，（詩苑，四卷六
期）

1957.06 民國四十六年 59 歲

發表〈祝陳錫津先生令郎炳源燦源均特種考試及格並令媛亮月小
姐與顯森君吉席誌喜〉一首，（詩苑，五卷六期）

1957.07 民國四十六年 59 歲

發表〈祝林玉書老先生七七榮壽暨珍吉詩集完成〉一首，（詩苑，
六卷一期）

1962.10 民國五十一年 64 歲

發表〈敬贈陳錫津詞兄口占絕句〉一首。（詩文之友，十七卷一
期）

發表〈拜訪葉清河老先生和張先生原玉〉一首，（詩苑，四卷六
期）

發表〈次葉清河老先生原玉〉一首（詩苑，四卷六期）

發表〈步陳錫津兄祝葉清河先生古稀華誕原玉〉一首（詩苑，四
卷六期）

1964.01 民國五十三年 66 歲

發表〈秋天感作〉三首。（詩文之友，十九卷二期）

1964.09 民國五十三年 66 歲

發表〈敬和陳錫津詞兄原玉〉一首。（詩文之友，二十卷五期）

1969.10 民國五十八年 71 歲

發表〈庭中拾翠敬次林友笛先生原玉〉二首。（詩文之友，三十
卷六期）

附註資料：

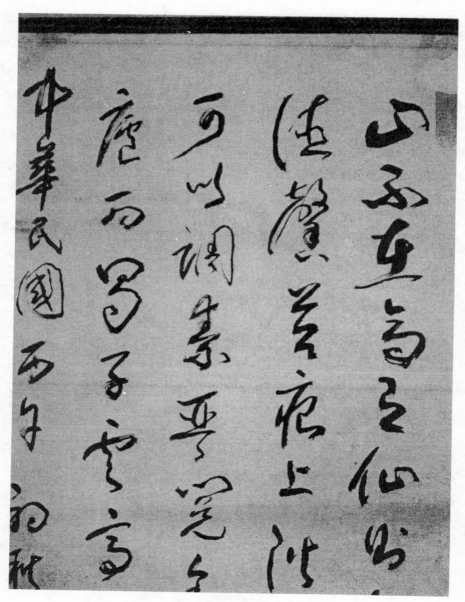

（1）曾丁興先生之墨寶

（2）曾丁興先生擔任鎮長時留影

（3）曾丁興先生所遺留的家訓

曾仁杰漢詩初探

吳　瓊　梅

一、前　言

　　曾仁杰，雲林縣口湖鄉人，北港鄉勵吟社創起人之一。日治時期，雲林北港地區文風頗爲興盛，而鄉勵吟社爲其中代表，使傳統文化在異族統治下仍發揚傳佈。詩人曾仁杰作品散見於《金湖吟草》、《詩報》、《詩文之友》，題材豐富，多反映鄉土民情和個人心志。本文嘗試對其漢詩作品作初探分析，重塑此一風骨凜然的詩人輪廓，期能有助於將來雲林漢詩的研究。

　　1895年，日本佔據臺灣之後，隨著日本在臺勢力的日漸鞏固，臺灣的文學思潮相對激揚，這種知識分子非武力的抗日力量，使臺灣文學史在日治時期產生了重大的轉變。從日本天皇頒行「臺灣教育令」，有系統地進行思想性的殖民，漢文化的流傳受到了限制。漢學在政府的法定教育上既受阻礙，漢文教育又迫切需要，詩社於是取而代之，成爲漢文教育的管道。而日本因隋唐時唐化運動影響，本土自有其一套漢詩傳統，而對臺灣漢詩倍覺親切，再加上爲達其「馴化」[1]目的，因此政府對臺灣詩社採取了放任態度，使詩社成爲合法組織。而漢民族意識就在詩社的掩護下，透過有志之士傳佈發揚。

　　臺灣於1945年歷戰後光復，多數漢詩人仍繼續他們本有的書寫方

1　馴化（domestication）一詞意指殖民帝國對被殖民者進行的懷柔政策。參見江寶釵，《嘉義地區古典文學發展史》（1998年），頁209。

式，而臺灣漢詩因其固有文化的標幟而受重視，在黨政組織運作下再現另番勃興，如嘉義縣聯吟會（1951）[2]的活絡；再者，官方與民間詩刊的編輯，也使詩人有了流通暢述的管道。但好景不常，在苦無經費支持下，發表園地日漸萎縮，傳統漢詩最後走向衰微。

　　而曾仁杰先生（1907-1960）即出生在此時代變革中，從參與詩社，到創立詩社、主持詩社，他對傳統漢詩著力頗深；而在字裡行間所透顯出的，對異族統治的不平與無奈、對自身遭遇的興志抒懷，和對鄉土民情的詠歌關懷，正代表著社會底層的百姓心聲，堪在雲林詩壇上占有一席地位。

二、曾仁杰先生傳略

　　曾仁杰，本名曾金庇，字仁杰，又字仁傑、人傑、師魯，號金湖逸民，後多以字行。生於西元 1907 年（明治四十年，民國前四年）七月二十七日，歿於西元 1960 年（民國四十九年）七月二十五日，雲林縣金湖人（今口湖鄉）。

　　其父曾榮公，共育四男，曾仁杰居長，另有人岸、人輝、人羅三位弟弟。少穎悟，投口湖鄉宿儒李西端「求得軒」帳下，受其詩文指導。時臺灣正值日治時期，他拒不受日式教育，專力研究漢學，並於學成之後，於水林鄉塭底村[3]及大林鄉遊歷，辦塾教授漢文。

曾仁杰先生

　　早期以非武力方式宣揚抗日思想、維繫傳統文化的工作，主要由書房私塾來負責。塾師們利用講學的機會，灌輸國家意識、民族情操，以延續一線斯文。[4]仁杰先生當時未屆而立，秉著一份對漢學文化的堅

2　嘉義聯吟會，在中國國民黨嘉義縣改造委員會文化運動委員會主任委員黃文陶邀請下，由縣內各詩社組織而成，目的在發展固有文化，昂揚民族精神。參自江寶釵《嘉義地區古典文學發展史》。

3　曾氏設塾於水林鄉塭底村一事，並無具體文獻記載，乃由其子曾聖雄口傳得之。

4　引自施懿琳：《從沈光文到賴和－台灣古典文學的發展與特色》（高雄：春暉出版

持，寧可學農學圃、筆耕設帳，過著樂道而貧苦的日子。「饑腸熱火暗相煎，米甕空空最可憐，甚欲街頭沽井水，囊中常乏一文錢。」[5]生活的困窘，在〈窮詞〉中一覽無遺。

1933年（昭和八年，民國二十二年）元旦，與黃篆、邱謨、洪天賜，李水波、林國賜及弟曾人岸等七人，創設「鄉勵吟社」，並任吟社社長，致力鼓吹漢學、漢詩。和洪大川、黃傳心、林友笛等人善，時相唱和。主持社務期間，和麗澤、汾津、樸雅、石社、岱江、壽峰諸社多次聯吟，使邊隅海畔時聞吟聲。

光復後，始執教金湖國校，繼而任職口湖鄉公所。曾仁杰先生除了熱衷於鼓吹詩風之外，對於發掘鄉土文物與史蹟，最具熱心，對滿清道光乙巳年的金湖「萬善同歸」慘史關注尤深。任職口湖鄉公所期間，致力於鄉土史料保存，利用餘暇，蒐集相關資料，著有〈金湖萬善祠沿革誌〉，曾發表於《雲林文獻》，並將研革與其詩集《金湖吟草》合輯印行[6]，其自序中有言：

> 余家金湖生長於金湖，於滿清道光乙巳年，金湖萬善爺祠海嘯慘史，已歷百餘春秋，徒聽村父老，髦齔前輩，每作茶餘酒後之談料，惜乎當時無人為其撰文記載，是故未有正史可稽，無從編修，寧無向隅之嘆乎！回憶余自髫年就有志計劃邊祠安塋之舉，奈因時尚孩提之童，無濟於事，迨至成人又因口腹累人，設帳異地，既作他鄉之客，更無心及之矣。十年之後，國土重光，負笈歸梓，遂執教於金湖國校，此事猶繫腦海，未敢云忘，繼則攝職於本鄉，公餘之日，蒐集有關資料，頗費光陰，又耗精神，始能成帙，亦曾公開發表於雲林文獻矣。此次端賴地方士紳倡首之功，捐獻巨款，集腋成裘，祠址新遷，廟貌新建，棟宇雄壯，金碧輝煌，立於金湖之村東，已遂髫年之願望，真是喜不自勝，余乃添削原作，改為沿革誌，俾傳後代，略知其

社，2000年6月），頁187-188。
5 〈窮詞〉，1936.3.1發表於《詩報》124號。
6 曾仁杰先生之《萬善爺誌金湖吟草合輯》，由金湖萬善爺祠堂管理委員會於民國四十八年發行，目前再版附錄在民國八十九年元月三十日出版之《雲林詩集》之後。

　　梗概，亦可謂愼終追遠之意耳。

此段文字不僅可做爲其傳略參考，更可看見仁杰先生對金湖萬善爺祠的記史、重建工作念茲在茲，一生對鄉土文化貢獻良多。

　　曾仁杰先生因生於異族統治下，憤世厭俗，養成了一身嶙峋傲骨，不輕易爲了瑣事或自身遭遇困難而乞求他人，人窮志不窮。後因被疑公款數額不足，於民國四十九年七月二十五日於關子嶺服毒以明志，享齡五十有四。同年的五月四日，仁杰先生曾偕王太郎等友人，同往臺中參加爲慶祝橫貫公路通車典禮所舉行的全國詩人大會，那是他一生中最後參加的詩會。據其學生金湖曾人口所著《金湖春秋》記載，仁杰先生臨終前將藏書、遺稿以及鄉勵吟社作品付之一炬，幸而仍有遺作《金湖吟草》合輯傳世。

　　曾仁杰共有兩次婚姻，首次婚姻生活共十二年，而後嫡妻陳妹因病辭世；繼室吳乃女士與其恩愛，也只有八個年頭。此間住處多次遷徙，又晚年遭逢喪偶，多名子女仍幼，心境自是不可言喻。其辭世後，曾人口先生所作弔亡詩中有「一度續絃絃又斷，幾回遷宅宅難安」[7]句，正是曾氏寫照。

　　先生共育四男二女，長男新喜[8]，次男養甫，三男聖雄，四男文魁（庶出），有女淑真（排行最長）、淑吟（庶出，排行第六）；另有小女兒碧玉（庶出），出生月餘即因體弱而夭折，其繼室吳乃女士也不幸因子癇病於產後二日辭世，仁杰先生當時同遭喪妻喪女，令人不勝唏噓。

　　根據筆者尋探仁杰先生後代，訪問定居北港的曾聖雄先生得知，曾新喜和曾養甫先生已先後去世，曾文魁先生雖設籍北港，目前旅居高雄；兩位姐妹則因婚嫁，均移居他縣。

---

7 參自曾人口《金湖春秋》，頁110。
8 據曾人口《金湖春秋》載爲「曾新喜」，據戶籍謄本所記爲「曾喜文新」。

三、鄉勵吟社概述

鄉勵吟社，是曾仁杰先生於民國二十二年一月一日（癸酉年農曆十一月十六日），在北港鎮曾人岸先生客寓倡首成立。當時社員另有黃篆（瘦峰）、曾人岸（道登）、邱謨（水謨）、洪天賜（達人）、李水波（鴻濤）、林國賜（菊峰）等，共七人，仁杰先生被公推爲社長，由林維朝、李冠三、李西端三位前輩爲顧問。[9]

根據曾仁杰先生所撰之〈鄉勵吟社概略〉一文，「鄉勵吟社」的命名，立意尤深：

> 「鄉勵」二字之意義，志在鼓吹原北港郡下鄉村士子，千鈞一髮，共挽頹風，為我們大中華民國保存固有道德與五千年文化之觀念為目的。所以當在日本帝國主義統治之下，我們正式樹立詩幟，飄揚於孤島之一隅。

在當時日人統治下，能對固有漢文化的詩學有如此傳承使命，期勉鄉民子弟互相勉勵互相切磋，以期能保存國粹於不墜，曾氏等人不畏強權的勇氣與風骨實爲難得。

鄉勵吟社顧問之一的李西端先生，是當時三臺聞名的儒教宗師，學生多時曾達二、三百人，最盛時曾設置二十四處分塾於附近村落，以利教學。[10]在日據時期，日本軍閥推行皇民化運動，嚴禁設置私塾，企圖消滅中華民族思想，但西端先生本著滿腔愛國熱血，不顧危險，在日人嚴厲禁令下繼續設帳講學。初期所教的學生中，如曾仁杰、邱水謨、洪天賜等二十餘人，受先生感召而發奮發揚民族精神，在嘉、雲、南三縣下鄉設帳傳授漢學，直至臺灣光復。而鄉勵吟社敦聘李西端先生爲顧問，創始社員中多位亦曾在西端先生門下受學[11]，承師之

9　有關鄉勵吟社之文獻記載，可得諸於三：曾仁杰〈鄉勵吟社概略〉、賴子清〈古今台灣詩文社〉、曾人口《金湖春秋》，以曾仁杰先生親自撰筆的資料最具參考價值。

10　孔龍：〈一代儒教宗師李西端先生簡介〉，《詩文之友》二十二卷一期，1965年5月。

11　七位中有四位受學於求得軒，有曾仁杰、邱水謨、洪天賜、李水波。

志，思想一脈，其立社宗旨深義可明。

　　鄉勵吟社初期，多位青年學子紛紛附從，一時海畔吟聲飄揚，文風甚濃。對此盛況，仁杰先生有詩紀之：

> **感懷俚詞三十韻**　　（1934.6.1　詩報82號）
>
> 年來鷗鷺締神交，萬里平沙共築巢，
>
> 只為傾心如好咏，可同騷客訂同胞。　　（之十一）
>
> 落魄書生氣尚豪，手中握有筆如刀，
>
> 琴棋書畫年年事，第一逍遙是我曹。　　（之十二）

前一首描述鄉勵吟社社員們情如手足的互動，共同為了誦詩詠歌而匯聚結友，社員向心力之強，從「可同騷客訂同胞」看出。後一首記敘著當年社員們的豪氣，即使落魄不得志，卻展現文人特有的精神滿足，和「有書有劍有肝膽，亦狂亦俠亦溫文」的書生豪氣。

　　社員邱水謨、石社詩友黃傳心亦有作品以誌：

> **鄉勵雅集[12]**　　　黃傳心
>
> 重整一軍樹勵鄉，文風有責共宣揚，
>
> 今宵鉢韻吟聲裏，鷗鷺聯歡笑舉觴。
>
> 群賢畢至集華堂，灯下開懷笑舉觴，
>
> 報國公餘添韻事，文風賴此可宣揚。
>
> **祝鄉勵吟社成立[13]**　　黃傳心
>
> 旗鼓堂堂振笨津，扶輪有責勵鄉民，
>
> 雄揮健筆文章麗，繼起騷壇面目新。
>
> 一代仙才欽李杜，三生友誼結雷陳，
>
> 珊瑚海底誠難取，還賴關心把網人。

1935 年（昭和十年，民國二十四年），曾仁杰歸隱金湖；又逢 1937 年（昭和十二年，民國二十六年）蘆溝事變、中日戰啓，戰火波及臺灣。種種變故之中，一方面社員星散各地，一方面無心無力為詩，以致鄉勵吟社暫告沈寂，消聲近三年。待 1939 年（昭和十四年，民國二十八年）曾仁杰和黃瘦峰、邱水謨三人聚首，決議重整旗鼓，乃邀約

---

12 邱水謨：《春雨軒吟集》，頁 43-44。

13 《詩報》74 號，1934.1.10。

社員十餘名，於新港重新催詩，當時仁杰先生對重振詩風有深切期許，作〈鄉勵雅集〉[14]一首：

> 竹弟松兄會一堂，飄然吟幟更新張，
>
> 深期筆化中流柱，好把文風振海疆。

而邱水謨亦有〈鄉勵吟社重整旗鼓感作〉[15]七律一首：

> 鄉勵社開續舊緣，扶輪有志著鞭先，
>
> 更敦酒興詩情動，不為名韁利鎖牽。
>
> 眼底風雲空入夢，胸中邱壑自成篇，
>
> 騷壇無限晨星感，珍重斯文一線延。

自昭和十八年至台灣光復期間（1942－1945），由於日軍戰況不佳，不僅在經濟上實施管制而使民生日艱，對思想方面的箝制更趨嚴厲，詩社活動減少；而後，《詩報》停刊，少了發表的公開園地，鄉勵吟社所存資料在戰亂中多付祝融，更無法取得詩社活動的其他文獻記載了。

　　光復後，臺灣重歸祖國版圖，該年雙十節於北港鎮公所，各詩社聯吟慶祝，鄉勵吟社再議鼓吹新社員。翌年，將社址移至口湖鄉「求得軒」書齋，即顧問李西端的住宅，繼續領導詩風。鄉勵吟社時與北港之民聲、汾津、汾溪吟社互連聲氣，時相唱和、擊鉢聯吟，詩友陸續入社，規模日益擴大。並於石社聯合，每月均有例會及課題，新秀雲從，盛況一時，而有「海濱鄒魯」[16]的美譽。

　　民國四十九年，在社長曾仁杰辭世後，由諸社員公推邱水謨先生接任，繼續領導詩聲。於民國五十五年，全縣各詩社聯合團結，成立雲林縣詩人聯吟會，暢吟至今。

---

14 曾仁杰：《金湖吟草》，頁30。

15 《詩報》239號，1941.1.1。

16 同註7。

鄉勵吟社成員（錄自《風濤口湖》）

四、漢詩作品析論

　　曾仁杰先生詩文作品中，除了遺作《金湖吟草》一冊外，其餘散見於雲科大漢學所蒐集的《詩報》、《詩文之友》、《中華詩苑》、《雲林文獻》等，整理彙編後，目前所得共計七言古詩一首[17]、五言古詩四首、五律十三首、五絕五首、七律一百零六首、七絕四百首[18]，另有對聯、詩鐘共八首，和詩友聯吟產生的絕句作品[19]八首。

　　大體看來，曾氏漢詩主要分爲日治時期和光復後兩階段，在主持鄉勵吟社期間，多次擊鉢課題、與詩友唱酬聯吟，仁杰先生此時期詩

---

17 〈萬善祠懷古并序〉分別於〈金湖萬善祠沿革誌〉和《詩報》110 號(昭和十年八月一日)刊出，詩句字詞和長短互有出不同，曾疑爲七言絕句，前者刊出四首，後者刊出六首。

18 其中包含〈金湖小農詞三十韻〉、〈感懷俚詞三十韻〉（僅得二十一首）、〈金湖萬善詞荔月上弘逢盛典三十韻〉、〈無題〉組詩各三十首。

19 見〈北港彬彬吟社喜曾人傑詞弟回港席上聯吟並戲贈某女校書〉與〈梅鶴吟社歡迎曾人傑先生席上聯吟〉。

題呈現多樣貌，質量可觀；另方面，託志抒懷與反映時事、鄉土的風格在其作品中亦佔有一相當的比重。

（一）對自身命運的抒懷

日治時期的仁杰先生面臨了有志難伸、懷才不遇的窘境，對於自己捍衛漢族文化的堅持，他沒有後悔過，甚至是表現地十分自豪，但青年壯志仍舊，時代誤我的這種無奈的確使他嗟嘆再三，徒呼負負。因此，大量的抒懷作品在此時期紛陳：

感慨　（1932.4.1　詩報 32 號）

牢騷萬種益增傷，縱有深心恨未償，

局促樊籠難振羽，何時華表恣翔翱。

自嘲　（1932.4.1　詩報 32 號）

賦性自嘲是野流，竟成淪落大林區，

依然秋思嗟來食，欲變余身作沐猴。

感作　（1932.5.15　詩報 35 號）

荏苒光陰十九秋，青氈坐破志難酬，

安居陋室堪容膝，不羨人間萬戶侯。

仁杰先生時年二十六歲，正是青年煥發、壯志昂揚，理應躍躍而期待有所作爲；然身處於日人統治的嚴峻環境中，既不願同流媚事，亦不能放下那份對漢族文化的堅持，只好旅居大林設塾講學[20]。這種有志難酬、牢騷增傷的日子，他雖然自比爲無法振翼翱翔的鵬鳥，甚至自嘲是爲了嗟來食而衣冠娛眾的沐猴，但相較於親附日人的顯貴富家，仁杰先生心裡仍然是有份驕傲，自許成爲陋室安居的鄉野清流。

根據有限的文獻資料和其子聖雄先生所述，仁杰先生曾旅居就食於各處：鄰近金湖的新港、北港和水林鄉，雖距家鄉不遠，仍屬客居異地；也曾往赴嘉義大林設塾執教（1932），暫別海濱風土。這類天涯作客的抒懷作品，多數發表在《詩報》上：

旅次夜感　（1932.11.1　詩報 46 號）

自別群鷗出海濱，朝來暮去幾經春，

---

20 以上三首作品，皆發表於昭和七年《詩報》，署詞爲「大林曾人傑」。《金湖吟草》收錄〈感作〉，亦標註「時執教於大林」，以此得知。

命遭偓蹇寒儒嘆，事以心違壯士淪，

寂寞三更懷故國，蕭條萬苦倍傷神，

思今冷落文章賤，不若匹夫寄此身。

客中秋思　二首錄一　（1932.12.1　詩報48號）

雁聲驚破夢魂遙，萬種愁懷等逆潮，

匝地風雲悲杜甫，過江烽火迫班超。

襟懷淡蕩灰同冷，歲月蹉跎恨不銷，

老我天涯淪落慣，那堪弱翮誤扶搖。

客懷　五首錄二　（1933.1.15　詩報51號）

天涯為客淚沾巾，此日思鄉倍愴神，

歲月消磨嗟弱冠，年年仍是逐風塵。　　　　（其二）

浮萍身世寄江湖，痛感悲生淚眼枯，

詩劍無成仍故我，幾番搔首嘆今吾。　　　　（其三）

遊歷設塾時期的曾仁杰，心境其實相當複雜。壯士既心「懷故國」，自然不可能媚事異族以求扶搖直上，只能掙扎在理想與現實間，成為文章冷落的寒儒。時局動盪不安，更加深了羈旅轉徙的漂泊感傷；杜甫的沈鬱蒼涼，班超的慷慨激昂，古人的風範猶在眼前，自己卻一年一年蹉跎了，消磨的不只是歲月，還有襟懷。杜甫〈旅夜書懷〉「名豈文章著，官應老病休」的滄涼或許縈繞在他的腦海，想到未來，思及理想，年輕的生命不免感傷「詩劍無成」，於是染上一抹滄桑早衰的喟嘆。

我們可以從另一些作品中得到印証：

客中感懷[21]

兩袖日清風，簞瓢樂在中[22]，有心懷汶上，無面見江東。

作賦悲王粲，傳經羨馬融，漫嗟多落拓，時世造英雄。

詩中連用典故，將自己客居異地而事業無成，設帳傳經卻清貧落拓的狀況一表無遺。

21　曾仁杰：《金湖吟草》，頁50。

22　原刊為「簞瓢樂在中」。依文意判斷，應是化用「簞食瓢飲」的典故，其誤甚明，故將誤植更正。

感懷俚詞三十韻　　錄三首　　（1934.3.1　詩報 76 號）

一島孤懸大海東，新人漫笑腐儒風。

可憐濁世文章賤，端賴詞壇力挽功。

（1934.5.1　詩報 80 號）

昔年文質重彬彬，過後千秋又覺陳。

今笑我儒無價值，誰云士子尚堪珍。

每驚世事幻浮雲，恰值狼秦火尚焚。

但願同心人蹶起，免教他日喪斯文。

在猶如暴秦再現的日治強權下，時世導致懷才不遇，但仁杰先生仍是甘於「有所爲有所不爲」的貧苦，爲個人道德和文化護衛留下一份難得的堅持。

　　以上詩皆作於日治時期。仁杰先生生活如此困頓，仍堅持設帳傳授漢學，但家國之悲、有志難抒交錯翻騰，屢屢引發感慨；加上當時新舊文學論戰正烈，張我軍等人對漢詩的批評又是針針見血，曾氏身爲漢詩界的一分子，亦大聲疾呼維護斯文，精神感人。

　　（二）關懷社會的見解

　　從中國古典詩歌的發展過程看來，「關懷社會」始終是一項重要主題。從《詩經・國風》、《古詩十九首》到白居易的新樂府運動，每一作品都根植於現實的土壤，不管是反映時事，或是發抒世局下的百姓心聲，這些生活中的動盪成了詩文的養分，灌漑出詩歌的不朽。而日治時代的漢詩作家，處在異族夾縫中的弱小階層，他們對家國文化的熱愛愈深，其感慨愈重 ── 時事和民生牽動著詩人們的筆墨，在作品間寄託流露。

1．反映時事

　　鄉勵吟社雖立足鄉里，但仍關懷社群，詩社課題多有扣緊時事、反映時事之作，而仁杰先生的相關作品亦刊於《詩報》、《詩文之友》，茲列表列於後：

寒衣　（1934.1.1　詩報 73 號）

孤燈獨坐暗心酸，颯颯霜風陣陣寒，

細貼綿衣憑寄遠，不辭辛苦到更闌。

時日本政府徵臺籍民兵二十萬人赴南洋作戰，詩人以此出發，寫女子夜半孤燈下，強忍嚴寒，爲丈夫裁縫合身冬衣，然而一針一線卻飽含心酸。全首雖未明言徵兵造成妻離子散的殘酷，卻藉著女子的心寒傳遞戰爭的艱苦、反映日人的暴政！對鄉弟子充做砲灰亦間接表達同情與抗議，頗有《詩經》變風隱微深旨。

　　而後，西元 1940 年（昭和十六年，民國二十九年），成立皇民奉公會，強迫六百萬臺民投入生產，鄉勵吟社有詩紀之，仁杰先生亦和韻一首：

次洪哲明參加勞務公隊臨別韻　（1940.4.2　詩報 245 號）

　　模範青年冠一鄉，此心兼可爽詩腸。
　　奉公銃後為家國，勞務艱辛總不妨。

1942 年，（昭和十八年、民國三十一年），第二次世界大戰戰事日緊，軸心國聯成一氣，向同盟國宣戰，日本天皇詔布「宣戰大詔」；日軍政府需要大量兵員，1945 年更實施徵兵制，將台籍壯丁充當砲灰。當時，口湖地區青年亦在徵兵之列，曾仁杰有詩一首：

贈口湖厓諸君從軍　（1943.2.11　詩報 310 號）　　　　　玉　玉

　　為餞諸君酒一杯，從軍慷慨出灣臺。
　　即今滅美誅英急，刀銃好留戰地開。

詩中以贈別爲意，勸勉慷慨從軍。身爲一凡夫俗子，既無力改變政策，面對鄉弟子被徵召，只能餞酒賦詩，隱含鄉野之民的悲歌！

　　而歌詠科技文明軍備，也成了鄉勵吟社的詩題之一：

戰鬥機　六首錄三　（1935.8.5　詩報 135 號）

　　空軍天際壯飛雄，北察南偵策戰功。
　　今日文明精銳器，兩輪見舞碧雲中。
　　形似蜻蜓質不同，潛行雲路炸彈攻，
　　霎時敵地成焦土，何異阿房一炬空。
　　操縱騰空膽氣雄，凌霄擊敵乘長風，
　　戰雲密佈天邊路，破碎山河砲雨中。

空中列車　（1941.11.25　詩報 284 號）

　　輸糧送器異輕艘，萬里飛行比翼雙。

潛霧穿雲聲轆轆，宛然鐵軌築天杠。

二次擊鉢分詠戰鬥機和運輸機，頗能具體表現科技產物的精巧，又能分別掌握其特色；另一方面也反映出日治時期戰事頻繁，日軍調度空軍進駐臺灣，飛行航空器怒吼天際的時代場景。

至於日治末期戰時體制，日本當局實施物資配給，臺灣物資悉數徵收，以致民間困苦、飢寒交迫。鄉勵吟社對此亦發出感嘆：

農家嘆　三首錄二　（1933.8.15　詩報87號）

為耕畎畝野園中，觸目稻花偃草同。

遍地黃金民不富，應教無計慶年豐。

不辭酷暑稼郊東，禹稷辛勤一例同，

雖有連雲多喝穊稄，儘遭糧吏制裁中。

稻花滿眼，金穀遍地，一向物產豐足的臺灣竟然民不聊生；辛勤耕耘卻無能歡慶豐年，廣大農村哀鴻遍野，實為可悲。鄉勵吟社社員黃瘦峰亦有〈農家嘆〉一首：

農家嘆　黃瘦峰

農業家邦建首功，生涯辛苦總相同。

逢頭莫問年豐歉，米穀于今統制中。

作品中詩人直指禍首乃肇因於日人實施的糧食統制政策，足可為詩人興嘆的時事背景加以佐證！

隔年，鄉勵吟社以〈商鞅〉為題，發表於《詩報》第113號（西元1934年，昭和十年九月一日），透過詠古暗批時事，諷譏日人嚴刑峻法。仁杰先生作品如下：

商鞅　（1934.9.1　詩報87號）

逃亡日暮到函關，逆旅相投被拒還，

立法治人終治己，始知天道有循環。

詩中雖以商鞅治秦之嚴刑峻法為批判主題，然而頗有藉古諷今，對日人的掠奪式殖民和殘暴高壓提出控訴；詩中隱其車裂身亡之事，而委婉以「天道有循環」暗寓暴政必亡的歷史殷鑑！

　　光復後，日治殖民困苦已解，然而神州失守，國民政府撤遷臺灣，
又是一時代變局。當時臺海戰役爆發、八二三炮戰正熾，戰雲密佈，
鄉勵吟社亦有許多響應之反共課題創作：

　　　　擊楫　　（1954.1.15　詩文之友 2 卷 3 期）
　　　　濤翻萬派激狂瀾，槳打中流放眼觀，
　　　　擬待金湖春水綠，神州克復有何難。
　　　　戰馬　　（1954.3.1　詩文之友 2 卷 4 期）
　　　　迎年八駿已騰驤，援我興中魄力強，
　　　　欲藉烏雛攻大陸，刷毛指日看威揚。
　　　　義士　　（1954.6.15　詩文之友 2 卷 6 期）
　　　　太平燈塔自由鐘，薄海騰歡盡反共，
　　　　士氣激昂誇虎豹，雄心振奮等蛟龍；
　　　　誅毛劍起三千丈，衛國功高十二峰，
　　　　為恨赤氛揚大陸，好掀鐵幕挫群兇。

在這類作品中，仁杰先生流露出昂揚振奮的愛國情操，詩人「讀書不
忘救國」的態度躍然於紙上。其他類似題材者，尚有〈香妃〉[23]、〈歡
迎新軍口占〉[24]、〈賦示女婿林慶陽應召入伍〉[25]等，可見曾氏對盡
忠為國的凜然義氣。

　　「文章合為時而著，詩歌合為事而作」，詩人的眼若正視現實，
我們就能從其作品中讀到歷史，讀到他們對時代的關懷。曾仁杰雖身
處鄉野海濱，卻仍對國家社會寄予熱愛，其氣節令人感佩。

　　除了反映家國歷史的作品外，曾氏亦為生活周遭、鄉土史跡留下
紀錄：如〈港口宮峻工題於鳴謝玉成匾〉、〈時雨〉（為黃瘦峰任水
林鄉長作）、〈執行實施耕者有其田感賦〉、〈斗六門懷古〉[26]等。

2．對民生疾苦表達同情和針砭

　　由於金湖地處海隅，居民多以農漁為業。百姓辛苦農作多數為日

23 發表於 1954 年 3 月 1 日，《詩文之友》2 卷 4 期。
24 發表於 1955 年 11 月 1 日，《詩文之友》4 卷 4 期。
25 發表於 1956 年 4 月，《詩苑》3 卷 4 期。
26 曾仁杰：《金湖吟草》，頁 25、頁 33、頁 51、頁 53。

政府徵收，而在獵獵寒風中謀求溫飽，又是另一層的危險和苦痛，仁杰先生對此表示同情：

漁人　（1933.4.1　詩報56號）

受盡風霜實可歎，漁家冬夜倍號寒，

紅衣短褲蕭條日，未有何人濟苦艱。

海岸　（1933.3.1　詩報54號）

傷矣頑民倚水沂，向西沿海更危微，

故從大正十年度，創造如城護四圍。

〈金湖竹枝詞〉裡更對漁夫的生活做進一步描繪：

金湖竹枝詞　（1956.11　詩苑45號《金沽春秋》111頁）

生涯淡薄好維持，一月颱風做四期，

災後爭生兼拼死，半餐山菜半蕃芝。

婦女成群拾苦螺，過江兒唱癮仙哥，

整容不解西洋式，嘴點胭脂筆畫蛾。

橋北橋南好掘螯，一斤八兩盡精膏，

臭酸菜與鹽湯戲，款待農村丈姆婆。

邊海漁民自結村，每于六月荐災魂，

對臺歌劇獅公戲，為報先人一點恩。

第一首敘述漁民為謀生活而冒險和颱風搏鬥，如此賣命，現實生活卻僅得山葉、甘藷果腹，困苦之狀令人鼻酸。第二首則敘述婦女為了貼補家用，撿拾苦螺的情況；三、四句對於漁村婦女雖生活不易，但是愛美天性使然，仍跟隨西方流行嘗試化妝，形成了突兀、不諧調的畫面，卻生動傳神。第三首則喜憂交錯，前半首敘述掘獲大螯的欣喜之情，三、四句則再次傳遞出生活困苦情形 —— 丈母娘來訪，照理應熱情款待，而今卻只得「臭酸菜與鹽湯戲」，矛盾中漁民苦痛可見一斑！第四首則描寫金湖地區於農曆六月舉行「牽水」宗教儀式的熱鬧景象[27]。詩中「邊海漁民自結村」說明了村民自發性的虔誠，而描繪居民演戲酬神的情形，不但記綠民俗，也呈現了漁民的淳樸天性。

---

27 西元1845年（道光二十五年），金湖、蚶仔寮一帶發生大水災，居民死傷數千。為祭拜死難先人，每年六月皆盛大舉行閩南習俗的「牽水」儀式。

　　本組詩作具體呈現了金湖漁民生活的真實面貌，刻劃生動，可見仁杰先生對民生的同情關懷。

　　（三）詩吟親友的真情

　　仁杰先生擔任詩社領導，起首匯聚鄉青年為漢詩文化而努力，這些志同道合的吟友們透過詩歌緊密聯結，或寄情抒懷，或祝賀聯歡，或以詩代哭，或酬作贈答，文字記錄了這些詩人們的互動和真情，詩人集團裡的生活片段可自此看出端倪。

1．詩語寄情

　　詩歌本是表情達意的最精鍊文字，當親友間生活的點點滴滴牽動心懷，這些感觸便化成為詩的養分，傾注而出。這類作品往往情感具體，呈現作者每一個真實的人生片段：

　　　　胞弟人岸任官喜賦[28]　（1943.2.21　詩報290號）

　　　　文質彬彬得任官，春風滿面笑新歡，

　　　　龍山代有才人出，裕後光明一壯觀。

人說長兄如父，仁杰先生居曾家四男之長，對諸弟的期盼自是殷殷切切。如今胞弟任於公職，兄長自是春風滿面、與有榮焉，甚至讚美不避親了。

　　　　千里姻緣一線牽（為長男作）　（1959.3.1　詩友10.5號）

　　　　婚註曾洪訂鳳緣，金湖路竹里成千，

　　　　溝流紅葉乾坤定，足繫朱絲日月圓，

　　　　鳳東裁成宜璧合，鸞書綴就賦珠聯，

　　　　天教銀線文新匹，好頌周南第一篇。

　　　　路竹金湖兩地懸，端憑一縷赤繩牽，

　　　　由來意合雙棲燕，此夕心開並蒂蓮，

　　　　燭影搖紅人窈窕，眉峰潑翠月團圓，

28　曾家次子人岸先生，亦是鄉勵吟社創起人之一，詩文清新流暢，據曾人口《金湖春秋》所載，人岸先生曾於郵政界服務長達三十八年，迄民國六十四年退休，據此推測當時應是任官於郵界。

天生匹偶因前定，好慶和諧到百年。

此乃為長子〈新婚燭〉（祝邱水謨結婚）《詩報》83 號（1933.6.15）文新與高雄路竹鄉洪銀線小姐的結婚祝福。紅線繫偶，佳緣天定，這雖不是曾家第一次為子女辦喜事[29]，但看著長子成家立業，迎回美眷，仁杰先生除了以鸞鳳和諧、關雎好逑寄予祝福，並開心地賦詩篇篇，表現「已遂向平心願足，主賓歡慶酒雙卮」[30]的快樂滿足。

除了親人間含蓄寄語外，仁杰先生更有大量的賦呈詩友的作品：

訪春德兄偶作　（1932.4.15　詩報 33 號）

為愛清談此地來，主賓相對笑顏開。

布衣知己情何重，日落西山不忍回。

時仁杰先生客居大林，常造訪友人暢談天地，這種不涉及利益的平淡交誼更顯情重，無怪詩人流連忘歸。

呈國鐵時報吳永福先生　（1932.4.1　詩報 32 號）

普日紅花送客離，今朝啼鳥惹心悲。

斜陽深倚行雲暮，秋水長思落雁遲。

聚會受君多美酒，伸情愧我乏新詩。

憑箋託筆無他囑，努力加餐慰我思。

呈龍潭鍾盛鑫先生　（1934.6.15　詩報 83 號）

傾心可比向陽葵，忽誦佳章慰所思，

倘許後生師子美，不求聞達只求詩。

送翁鎗君轉任崙背　（1941.3.21　詩報 244 號）

把酒奚堪唱渭城，離亭人去惹愁生，

金湖港水崙峰月，兩地相思一樣情。

以上三首皆是臨行贈別、語含相思之作，其中典故化用巧妙：「渭北春天樹，江東日暮雲」、「努力加餐飯」、「渭城朝雨浥清塵，客舍青青柳色新」，古典詩歌的時代背景、贈別意象與現實疊合，意在言

29　據此三年前，長女曾淑真女士於民國四十五年三月二日出閣，與台南縣柳營鄉林慶陽先生結婚。

30　另有〈為長男曾喜文新與洪銀線小姐結婚典禮〉絕句四首，此為其四。錄於《金湖吟草》，頁 44。

外，可見仁杰先生運詩功力。在〈呈龍潭鍾盛鑫先生〉裡，明白表示追慕盛唐書寫離亂、憂時傷國的杜甫，欲效法其不求聞達、勉力爲詩的精神，更可見仁杰先生在日治時期下的自許使命。

　　婚配乃是一生大事，在吟友新婚燕爾之時，詩人自不忘賦詩同賀、聯吟盡歡。仁杰先生這類作品不少：

敬祝陳氾濫先生納寵　二首　（1932.12.15　詩報 79 號）

千古紅絲繫鳳緣，牽成一對賽神仙。

桃根柳葉堪爲配，才子佳人好並妍。

寶帳夜深聽玉漏，香閨春暖徹金蓮。

風流記取張京兆，合巹新裁卻扇篇。

先生艷福幾生修，靈鵲居然渡女牛。

題葉宮人情繾綣，畫眉京兆態風流。

洞房富貴金爲屋，繡閣玲瓏玉作樓。

自古神仙皆眷屬，團圓終得老溫柔。

戲祝菊峰兄新婚　五首　（1935.1.1　詩報 96 號）

既結同心一段姻，雙棲最好唱相親，

百年大事聯膠漆，莫爲糟糠易怨瞋。

桃花灼灼室家春，美滿良緣特可親，

穀旦新婚符燕喜，他年預降石麒麟。

天上司香女，人間美玉郎，

多情成眷屬，乍不喜偏長。

寶炬雙輝日，迎來窈窕娘，

夜深交枕臂，真個喜非常。

池上比鴛鴦，同心逸興長，

良宵欣配偶，吐氣更眉揚。

　　　締結三生願，姻緣一段香，

　　　今年花灼舉，來獻弄詞璋。

林國賜（菊峰）和仁杰先生同為鄉勵吟社七子，交情甚深。如今好友
新婚，賦詩六首以贈，或祝新人感情和睦、不怨不瞋，或祝夫妻早生
貴子，或擬想佳偶甜蜜互動、喜悅非常，文字雖不如〈敬祝陳氾濫先
生納寵〉文雅精巧，但卻一掃形式套用、千篇一律之弊，親切自然中
更見情感深摯，「戲祝」二字將其如手足般的祝福表露無遺。

　　　其他喜慶祝賀之作如〈祝傳心詞兄三十八歲得子喜賦〉、〈新婚
燭〉（祝邱水謨結婚）、〈擇婦〉（祝邱水謨結婚）、〈大岸宗兄舉
一男賦祝〉、〈么鳳〉（祝顏禹門詞友令長孫周歲）、〈慶于老獲詩
歌獎〉、〈磨鏡〉（慶祝顏禹門詞友令長郎招雄君新婚）、〈祝李榮
宗詞弟與林秋香女士結席誌慶〉、〈敬和韻篁女史結婚三十周年紀念
瑤韻〉、〈慶祝邱水謨社友令長郎燦堂君新婚誌喜〉、〈敬和韻篁女
史結婚三十周年紀念瑤韻〉[31]，或許其中難免應酬附美之作，但亦可
據此觀察詩人集團間的互動往來。

2．詩友間哀輓悼念

　　　面對親友喪亡，實令人哀慟感慨，詩人將這些血淚化成一首一首
的悼亡詩，流露不捨及感慨：

弔鄭玉蘭[32]

　　　一瓣心香弔玉蘭，斜陽有客立橋端。

　　　屍沉瑞穗千秋恨，雨洒牛溪兩岸寒。

　　　生斥翁姑終破鏡，死查臟腑更開棺。

　　　案情重大何時白，流水潺潺作淚彈。

這首詩中記錄了瑞穗橋下一件懸疑命案，與丈夫離異的可憐媳婦陳屍
河中，沈冤難明。詩中並未說明鄭玉蘭女士與仁杰先生的關係，但在
當時民風淳樸的年代發生這種不幸的遭遇，的確是令人感到震慴而含

31　《詩報》68 號（1933.10.15）、《詩報》83 號（1934.6.15）、《詩報》85 號（1934.7.15）、
　　《詩報》126 號（1936.4.2）、《詩文之友》9 卷 4 期（1958.7.1）、《詩文之友》
　　5 卷 4 期（1956.5.1）、《詩苑》7 卷 2 期（1958.2）、《詩文之友》5 卷 4 期（1956.5.1）、
　　《金湖吟草》頁 55、頁 56。
32　曾仁杰：《金湖吟草》，頁 58。

悲的。

追悼李冠三先生　六首　（1937.3.9　詩報148號）

剪紙招魂涕淚漣，松楸寒冷罩愁煙。
音容記得猶如昨，蘋藻供陳已隔年。
華表歸來知化鶴，坵墳是處亂啼鵑。
先生一去長千古，不盡淒涼痛絕絃。

哀詞重賦涕漣漣，痛悼追維李謫仙。
生餘心田存一點，死遺詩稿待千年。
風淒兩岸空楊柳，日黯孤墳哭杜鵑。
何處招魂兼剪紙，溪山幕幕起愁煙。

大雅扶輪痛失肩，風騷一代尚留傳。
修文應赴玉樓召，絕筆終歸青塚眠。
夙草西風悲掛劍，宵窗涼月讀遺篇。
可憐地老天荒後，無復吟壇共擘箋。

炯炯文星隕海邊，傷心桃李淚漣漣。
騎鯨寂寂悲長夜，倚馬翩翩憶壯年。
流水有聲同吊故，落花無語共悽然。
騷壇失一扶輪手，牛耳伊誰再任肩。

良規矩範憶生前，大夢何堪去不旋。
召赴玉樓身化鶴，墳餘芳草夜啼鵑。
秋深零落蛩聲咽，日暮淒涼螢焰穿。
憑吊鮫人珠淚竭，銷魂未忍讀遺篇。

潔士佳城在碧巔，登臨觸目惹情牽。
青山應合埋詩骨，黃土何堪掩世賢。
颯颯秋風魂不返，瀟瀟夜雨淚潸然。

追懷往事雲千里，空弔斜陽一杜鵑。

李冠三先生是汾津吟社和鄉勵吟社的指導老師，與仁杰先生淵源頗深，由詩作中可見其師生情誼甚篤。恩師仙逝，騷壇失一領導，身爲詩人後學怎能不沈痛淚漣、哀詞再三呢？

輓曾謹來宗兄　（1937.8.1　詩報158號）

炯炯文星殞海涯，遙天萬里失光華。

詩書砥礪求真學，勤儉支持算克家。

舉世瘡痍誰補救，一時親舊總悲嗟。

傷心最是閨中婦，愁听諸孤喚阿爺。

哭蘇遠騰君三絕　（1944.4.25　詩報314號）

靈前憑弔劇堪哀，道喪人亡玉已催。

何事天心妒文士，忍將黃土葬英才。

絕代才華空化鶴，一朝丰采竟騎鯨。

可憐芳草斜陽路，葉落鵑啼四五聲。

耿耿文星墜九霄，儒林秋到嘆蕭條。

一坏黃土成千古，冷雨淒風恨怎消。

哀輓詩作中，我們可以讀到詩人對逝者的悼念之意，看出彼此的友誼關係；辭中或許有溢美之處，但亡者爲大，讀詩時倒也不用嚴格以對。

仁杰先生其他的哀輓作品有〈悼嫡妻陳妹〉、〈悼繼室吳乃〉、〈悼陳吳兩亡人〉、〈輓邱水謨令祖母作古〉、〈輓社友洪天賜令尊作古〉、〈輓薛母蔡太夫人〉、〈輓辜菽廬先生〉、〈恭弔林獻堂先生〉[33]等。

（四）詠史懷古的慨嘆

對鄉土文化十分熱心的仁杰先生，對金湖萬善爺史事著力甚深，多爲詩以誌：

金湖懷古　（1953.10.1　詩文之友1卷6期）

---

33 曾仁杰：《金湖吟草》，頁33、頁34、頁34、頁51、頁52、頁54及《詩報》275號（1942.7.1）、頁32。

蚶寮路畔古荒原，代遠年禋跡尚存。
萬頃田園歸海嘯，一湖風雨冷漁村。
殘碑斷碣埋沙仙，黃構青楸扼墓門。
六月上弦逢盛典，萬民剪紙為招魂。

萬善祠懷古　四首　（1935.8.1　詩報110號）

淒風冷雨鎖愁煙，低首尋思往事牽；
記得昔時遭海禍，萬人魂魄上西天。
巍峨廟貌鎮荒郊，鐘鼓高懸朔望敲；
欲慰災魂超度盡，晨昏經卷未曾拋。

海嘯曾經幾度秋，祠前祠後白雲浮；
古時罹刼悲哀地，遺恨長江水泛流。

乙巳夏天海嘯來，萬民遭厄劇堪哀；
我來弔古拈香祭，獨恨聾龍慘作災。

1845年（道光二十五年），「（農曆）六月初七日夜，狂風大雨海漲異常，象苓澳內船擊碎十百八九，下湖街店屋全行倒塌，新港莊、荷仔寮、蚶仔寮、竹笛寮等處淹斃居民二千餘人」[34]，是年颱風引起海嘯，民間傳說聾龍興災，商機繁華的近海地區死傷無數。官方記載死亡人數為三千人，但由於當時戶籍制度未建全，失踪者甚多隨波逐流，民間估計約七千人罹難；災後，瘟疫再度摧殘當地三千生機。1851年（咸豐六年），地方人士於金湖舊港邊蚶仔寮集資築草廟一間，祠名「萬善同歸」[35]，定例每年六月七、八、九三日誦經拜懺、超渡諸靈。本詩以敘事方式，將此次天災詳加記載，有紀史之功。

34　《明清史料戊編》，轉引自丁招弟《風濤口湖》，頁122。
35　「萬善同歸」乃是清道光皇帝賜封，悼念因颶風死亡的近萬先民，故當地居民通稱這些亡故的祖先為「萬善爺」、「萬善公」。口湖鄉境先後建有金湖蚶仔寮萬善祠、下寮萬善祠、金湖萬善爺廟，其中金湖萬善爺廟經近日翻修後巍峨壯觀，矗立台17線道旁，已成為當地新地標。

蚶仔寮萬善祠（錄自《風濤口湖》）　　金湖萬善爺廟（錄自《風濤口湖》）

〈蚶寮靈祠〉是另一首與蚶仔寮萬善祠相關的作品：

蚶寮靈祠[36]

　　裡祠自昔建堂皇，禍水滔滔齎恨長，

　　萬善同歸封白骨，頻年六月薦馨香，

　　鐘靈福地榮恩詔，魂繞漁村護國疆，

　　幾度逢時參盛典，詩心不盡感滄桑。

詩作中約略提及萬善祠的歷史，並記錄了金湖一帶每年農曆六月的牽水盛祭。祭典期間，旅外的鄉親紛紛返鄉，數量龐大的水沿著馬路迤邐排列，仁杰先生見此盛景，心中感慨萬千，在熱鬧中流露一抹滄涼。

　　即將完成這份報告之際，南亞地區因地震海嘯，禍延八國好幾十萬百姓，新聞畫面喚醒了全世界的惻隱，天涯彼端的哀痛直接地撼動著每一個關心的人們。剎那間，「萬善同歸」的史事清晰地真實可感，我更瞭解了仁杰先生對罹難鄉先輩的懷念和追思，以及口湖鄉民對祖先們的不捨與虔敬。

　　除了萬善爺祠，亦有其他懷古之作：

笨港懷古　（1955.6.16　詩苑5號）

　　天教顏鄭此開源，三百年前拓一村，

　　神繼湄洲尊媽祖，埠留西勢靖荷蕃，

　　漳泉拼付漁樵話，楊蔡都憑史籍論，

36 曾仁杰：《金湖吟草》，頁23。

今日義民祠[37]外過，還將蕉荔薦忠魂。

北港鎮（古稱笨港）是雲林縣的宗教重鎮，仁杰先生此作就北港境內的義民廟懷古歌頌。乾隆五十一年（西元一七八六年），林爽文作亂，到處濫殺百姓婦孺，打家劫舍，全島憾動。笨港住民凜於正義，即招集壯丁一百零八人結成義民團，與笨港居民和衷共濟，驍勇善戰，常予盜匪迎頭痛擊，卻在一夜遭盜賊入港暗襲，全團於睡眠之中遇害。五十三年春滅盡盜賊，凱旋上奏高宗皇帝，是年五月御賜「旌義」，藉以褒暢笨港保鄉衛民義士英勇事蹟。六月笨港紳商協議恭請笨港天后宮（今北港朝天宮）僧侶憎修誠將義民遺骸合葬，建一祠亭崇奉義靈，以表功勳，其後崇拜者北自虎尾，南至八掌溪之住民凡受災禍，祈禱靈驗者眾。義民廟自設立以來數次整修，民國十九年蔡川氏任監督工事，捐出私財運用，故工事順調，民國二十一年十二月十三日遂告竣。起詩自鄭成功拓墾談起，歷述當地史事，並對當年英勇犧牲的義民一表敬思。

另有〈斗六門懷古〉三首刊於《雲林文獻創刊號》，同樣地就先賢墾拓、義民抗暴著眼，記錄這一個雲林古城的千秋史跡。今錄律詩其一：

斗六門懷古　（1955.6.16　詩苑 5 號）
古蹟追懷史籍存，先賢刻苦拓荒原，
屯田逐寇沙連堡，置縣興基斗六門。
烈士千秋揚正氣，碑銘百世祀忠魂，
夕陽犵草蠻花路，漫問前山認劫痕。

（五）記遊覽勝的呈現

1. 反映金湖風情

從北港經水林通往口湖，一路上風勢明顯愈來愈強勁，夾帶獨特鹹味的海風迎面襲來。放眼所見，星羅棋布的魚塭，海鳥低掠，蒼茫郊野上隨處可見的粗韌短莖植物，金湖這個濱海的典型村落，就今日

---

37 北港義民廟位於北港鎮義民里旌義街，離北港大橋約一百餘公尺，東鄰朝天宮（媽祖廟）。每年五月三十日（無三十日時改為二十九日）舉行大祭典時，善男信女絡繹不絕，香火鼎盛。

觀之，景致依舊自然樸質。而曾氏之詩即掌握地方特色，展現漁村風
貌：

外汕觀海　（1936.3.15　詩報 125 號）

萬頃汪洋海國秋，拍天驚浪壯吟眸，

痴心欲向麻姑問，暝色低迷幻蜃樓。

舟出金湖港[38]　（1936.3.15　詩報 125 號）

扁舟輕發港金湖，鷺侶鷗群興不孤，

倘得畫師加點綴，分明一幅浴河圖。

以上兩首詩作，一寫海景的波瀾壯闊，一寫乘舟的閒適情趣，各具特
色。

臺子[39]歸帆　（1956.1　詩苑 5.1 號）

竹筏編聯好作舟，漁家生計逐潮流；

蟳綾圍遍蠔田裡，釣線紛牽圳岸頭。

暮靄蒼茫臺子挖，西風蕭瑟統仙洲，

天高海闊渾無際，浪撼歸帆葉葉秋。

---

38 金湖漁港位於今雲林縣口湖鄉港西村，腹地、水域均不大，僅適用從事淺海牡蠣
　養殖當日往返的船筏。
39 臺子漁港位於今臺子村附近海岸，漁港船隻以從事近梅漁業、淺海養殖插蚵為主。

口湖鄉臺子村港口

本詩第一、二聯詳細描繪漁家辛苦謀生的實況，除了乘舟出海漁獲外，還得養蟳蠔、釣魚蛙；三、四聯則敘述漁民不畏浪高風寒，在蒼茫大海中奮鬥的狀況。前半部以寫實入手，後半部則將視線擴展至海天相連，呈現出蒼茫廣遠的意境。

2.詩寫各地風貌

　　中年之後的仁杰先生定居、任職於金湖，餘暇躬耕賦詩，心境也較爲平和閒適。偶爾離鄉出遊，也留下描繪各地景貌風情的詩篇：

春日遊獅頭山　（1937.8.1　詩報 158 號）

艷陽天氣好春光，笑命奚奴背錦囊，

真箇入山忙不了，看山領略百花香。

風光如畫及春妍，息影來參古佛前，

多少僧尼齊合什，殷勤向客說隨緣。

千章古樹與雲齊，花自迎人鳥自啼，

我願買山來結屋，好攜妻子此幽棲。

地跨新竹縣峨眉鄉、苗栗縣三灣鄉與南庄鄉的獅頭山，全山十八間寺庵，爲民初佛教聖地，民國十六年獲選爲台灣十二勝景之一。仁杰先生暫拋瑣事春遊此處，看山賞花，參佛聽禪，不禁興起山中幽居的念頭；「花自迎人鳥自啼」一句，使山水花鳥顯得親切有情，不難看出詩人對自然的嚮往。

　　民國四十六年，仁杰先生遊歷南臺灣，「南轅北轍頻回首，忍別諸孤滯故園」[40]，這趟暫別親人的旅程行經恒春、鵝鑾鼻、四重溪、小琉球，甚至在回程時遭逢颱風。仁杰先生留下一組南遊紀行詩，以下選錄兩首：

鵝鑾鼻燈臺　（1957.11.1　詩文之友 8 卷 2 期）

鵝鑾燈塔聳雲中，指點迷航覺路通，

長鎮鯤南山一角，光輝照耀海門紅。

鵝鑾鼻燈塔自清光緒八年（西元 1882 年）建置，一直是恒春的顯著地

40　曾仁杰：〈南遊口占〉，爲此組詩之第一首，刊於《詩文之友》8 卷 2 期，收錄至
　　《金湖吟草》，頁 38。

標。仁杰先生寫其矗立海端指引航隻，汪洋波濤翻騰，更襯出燈塔的亙古雄據。

四重溪即見　（同上）

四重溪畔好風光，樹醉檳林色更蒼。

犵草蠻花妙齡女，胭脂不點嚼檳榔。

四重溪以溫泉和風景佳美聞名。前兩句從四重溪的秀麗景緻、林木蒼翠入手，三、四句則直寫當地婦女口嚼檳榔、不施脂粉的特殊民風，反映地方特色。

　　民國四十七年，仁杰先生行至臺南關仔嶺，歷遊大仙寺、碧雲寺，另有詩作紀行：

東行關嶺口占　（1958.6.1　詩文之友 9 卷 3 期）

蒼林殘照草萋萋，石徑螺旋高又低，

步履維艱時息足，綠陰深處鳥聲啼。

浴於溫泉　（同上）

景似圖畫氣象新，叢林樹醉鳥鳴春，

稱心最愛硫磺水，半濯瘡痍半洗塵。

仁杰先生喜用絕句體裁寫景記遊，針對當地風物信手取材，即興速寫，似是一幅淡雅的隨筆素描；雖不見令人耳目一新的描摹文字，倒也平淡有味。

（六）躬耕田園的生活

　　臺灣光復後，仁杰先生定居金湖，先後任教、轉任公所，亦與妻子在故鄉家園的五畝田地經營起農事，春耕秋穫勤勞生產。田園的生活本是有苦有樂，仁杰先生躬耕自給，詩作中記錄著辛苦，但卻絲毫沒有埋怨：

金湖小農詞三十韻　（1953　雲林文獻二卷一期）

鋤野鍬池春復冬，風吹日曝瘁勞農，

老妻亦喜供耕織，半事蠶桑半種菘。　　（之二）

勤農種月與鋤雲，汗滴如珠何足云，

最愛豐年好收穫，千磨百折日勞筋。　　（之十二）

　　　　編籬插棘數家連，綠水環流景色妍，
　　　　漫笑三餐生活苦，地瓜扁豆滿農田。　　（之十六）

　　　　播種殷勤夜繼朝，躬耕總不望逍遙，
　　　　歡頭喜面維家計，那怕烘天赤日燒。　　（之十七）

　　　　小作農夫義氣豪，逢人莫漫訴紛勞，
　　　　金湖十里漁鹽地，不見蠶桑只見蠔。　　（之十九）

　　　　種稻施肥太不遑，烘天熱地抗驕陽，
　　　　艱難國計逢今日，增產頻圖粟滿倉。　　（之二十二）

　　　　赤日驕天暑氣浮，勤勞工作幾時休，
　　　　籬頭壁尾三毛地，種菜鋤耕免用牛。　　（之二十六）

在海風強勁的金湖漁鄉，仁杰先生耕耘自家田圃，頂著烈焰驕陽，汗
滴禾下土；逍遙的生活不是沒有期望過，但卻仍甘於殷勤勞動終年。
少了日治時期的會社剝削，農人的耕耘確實得到收穫，那種喜悅全都
化成浮在臉上的笑容——苦，似乎就不那麼令人在意了！

　　　　蔗圃蕉園綠四圍，鋤茅剔草竟忘歸，
　　　　小農第一稱心事，閒聽黃鸝囀夕暉。　　（之五）

　　　　正蔥二韮是春蔬，葉展青蒼傍小廬，
　　　　我欲閉門思種菜，恐教蔓草力難除。　　（之六）

　　　　門前豚棚對雞栖，三徑黃花[41]笑品題，
　　　　大好豐年多樂趣，躬耕終不遜昌黎。　　（之八）

　　　　嫁穡無多笑食貧，扶犁叱犢好耕春，

---

41 陶淵明《歸去來辭》：「三徑就荒，松竹猶存」，於是「元亮徑」、「三徑」成
　了養性之所。黃花，亦來自陶淵明愛菊的形象。

　　歸來讀易黃昏後，且學羲皇以上人[42]。　　（之十一）

田園耕躬，每個詩人的腦海湧現的形象即是陶淵明。靖節先生的任情真性，成了曾仁杰農家生活的美好嚮往；於是，「種豆南山下，草盛豆苗稀」、「羲皇上人」等典故化入詩作。仁杰先生在豢養稼穡的餘暇，讀書寫詩，心境上多了幾分悠閒自在。

　　一硯方田似稻區，晴耕雨讀兩堪娛，
　　吾知禿筆傳家寶，留與兒孫作典模。　　（之七）

　　草滿春山景色佳，驅羊牧犢小村娃，
　　深明爹媽勤耕稼，克儉維持信不差。　　（之九）

　　性不偷閒亦不閒，勤勞報國鬢毛斑，
　　西疇南畝春如錦，淺綠深紅醉滿山。　　（之十五）

　　駢紅擁翠遍山河，比犢聲聲北陌過，
　　我不承租三七五，耕餘煮史樂如何。　　（之二十）

　　不同仲子穩於陵，菜圃新苗展葉青，
　　莫笑灌園多食力，空閒補讀養生經。　　（之二十四）

　　姹紫嫣紅雨露沾，竹籬茅舍景頻添，
　　深慚稼穡田園少，擬作詩云子曰兼。　　（之二十九）

自言「性不偷閒亦不閒」的仁杰先生就這樣晴耕雨讀以自娛，學圃學詩，讀史讀經。農稼從來就不是他心中最終的職業，而是一個養家度日的經濟來源，所以仁杰先生並沒有向政府承租農地，僅就家園的幾分薄田墾闢，將勤儉耕讀的精神傳予後人。

　　在這三十首組詩當中，仁杰先生自稱「金湖小農」，看似幽居田園、不問紅塵，其實仍保持著他對國家社會的一貫熱愛，另兩首〈金

---

42 陶淵明《與子儼等疏》：「嘗言：五六月中，北窗下臥，遇涼風暫至，自謂是『羲皇上人』。」於是「北窗」、「羲皇人」成了典故。

湖小農詞〉裡有這樣的文字：「自學耕莘一伊尹，克難制敵待中興」[43]、「寄語農家加奮發，圖強團結戰時心」[44]，當年耕於有莘之野的伊尹，後來成了輔佐商湯推翻夏桀的名臣，仁杰先生明言有心效法，並鼓舞農家團結增產，可見詩人壯心未已，文字裡昂揚著積極的精神。

另一首〈老農〉，可視爲曾仁杰田園詩作的總提：

老農

幽風一幅繪當時，白首還堪鎮日爲，

大地有粮容雀鼠，江山無恙弄孫兒，

啖辛吃苦精神爽，種月耕雲雨露滋，

更愛勤勞圖報國，不妨當午汗淋漓。

大地有糧、江山無恙，正是每一個百姓心中共同的渴望；當政局穩定、風調雨順之時，農民的辛苦都能確實地得到報償，那麼即使是大汗淋漓地辛苦種作，也是令人精神愉悅的！而當社會基層的農民都能安居樂業、勤勞增產，國家自是愈能趨於穩定，呈現一幅農家和樂的美好景致！

（七）抒寄性靈的雜詠

除了明顯主題性的詩作外，仁杰先生亦有一些零星的隨筆雜詠，或是良辰抒情、節令感懷，或是日常生活的即事起興、詠物寄語，這些作品都是仁杰先生的性靈發抒，茲列入此一小節加以賞析。

1．良辰節令的心情感觸

一個與土地、大海結親的農稼子弟，春夏播耕，秋冬收成，在海風長年吹拂下，季節的變化對他而言定是感受尤深；詩人獨特的錦心慧眼，捕捉到氣候寒暖、景物枯榮的刺激，將之轉換成一篇篇的心情寫照，抒寄感觸。我們可以從仁杰先生這些詩作中，讀到每個風起的當下：

夏日即事感作　（1936.7.1　詩報 132 號）

最宜避暑竹深叢，是處乘涼納好風，

不去長途頻走馬，恐招撲面有塵紅。

---

43 曾仁杰：《金湖吟草》，頁 27，〈金湖小農詞三十韻〉第二十五首。

44 曾仁杰：《金湖吟草》，頁 27，〈金湖小農詞三十韻〉第二十七首。

待秋[45]

大塊如爐日正長，了無雁字過衡陽，

深期梧葉飄階下，領略西風一味涼。

炎炎夏日，熱浪烘天，鋤禾日當午的農人最能感受酷暑的灼炙；偶爾休憩於竹蔭深處，微風穿林而來，那種難得的悠閒令人更渴望秋季的舒涼。作品中針對季節氣候發聲，但細細體會，仁杰先生處在強權統治的時代，我們不能不留意詩人對「日」的敏感 —— 或許這其中隱隱寄託著改朝換代的渴望。

秋日詩懷[46]

數聲征雁海天秋，蕭瑟西風惹恨愁，

一枕邯鄲成幻夢，廁身塵海等虛舟，

歸田我羨陶潛策，作客人登王粲樓，

從此金湖明月夜，忘機鷗鷺自悠悠。

悲秋，似乎是傳統詩歌常見的主題之一，在金風蕭颯、中秋月將圓之際，詩人難免興起事業無成、身世飄泊之憾。過去多年作客異鄉的喜喜悲悲，似乎都是一場無法掌握的幻夢；過去的付出和追尋，更像是一艘空等不到的歸帆，無法將自己渡離塵海。於是，仁杰先生決心結束異鄉飄泊的生活，回鄉歸隱，賦詩耕田，寫下了這篇心慕鷗鷺的佳作。詩中運用了「黃粱夢」、陶淵明〈歸去來辭〉、王粲〈登樓賦〉等典故，使言有盡而意無窮，尤以「王粲樓」一詞，將異鄉流落之悲、懷鄉思歸之切和懷才不遇之嘆涵蓋表達，餘韻悠揚。

在除夕佳節、嬉春踏青之際，仁杰先生也表現出日治時期詩作中難得的歡顏：

除夕 （1937.2.19　詩報 147 號）

殘臘酒陳欲祭詩，霜淒露冷凍難支，

殷勤強作同春賦，題向桃紅貼繡楣。

除夜煙霜澤國寒，圍爐飲酒喜團圓，

女宗幼稚靈椿老，親整明朝拜歲蘭。

---

45 曾仁杰：《金湖吟草》，頁 38。
46 收錄於《台灣詩選》，頁 243。

春日郊外　（1936.4.2　詩報 126 號）

日暖風和夕照空，扶節攜酒過橋東，

啣泥燕子雙飛去，出谷鶯兒百囀中，

南苑桃紅迷客醉，西堤柳綠媚農工，

嬉春大地春光好，惹得騷人樂不窮。

曾仁杰先生寫下不少以季節為題的作品，另有〈麻園春樹〉、〈秋江夜泊〉、〈春日謁鯤鯓代天府〉、〈首夏即景〉、〈春夢〉、〈夏夜〉、〈春色〉、〈遊春〉、〈客中秋思〉、〈春日書齋〉、〈暮春感懷〉、〈羅山秋望〉、〈秋雨〉、〈初夏〉等。[47]

2．日常生活的即事起興

　　滿腔詩情，自能無所不詠，於是，養雞、飲酒、日常見聞，生活瑣事一一入詩，這是最自然的曾仁杰。

養雞　（1956.6.1　詩文之友 5 卷 5 期）

信口朱朱一二聲，小雛何日得功成，

餵麩撒米圖增產，裕國利民計養生。

展翅刷毛誇五德[48]，司晨苗志叫三更，

農村副業江村繼，致富殷勤在力行。

田園農家總是雞犬相聞，村墟場圃上隨處可見啄地覓食的大小雞隻。在日常的餵養過程中，仁杰先生這樣想著：快快吃啊！快快長啊！養大這群雞隻，繁衍縣縣，不只可以幫助家計，還可以增產裕國呢！在農村裡，如果想求生活寬裕，除了本業耕作，還可以飼養家禽多份收入 —— 勤勞，絕對是致富生活的不二法門。至於立志，又何嘗不是如此？由小見大，深意不言自明。

47　曾仁杰：《金湖吟草》，頁 23，頁 24，頁 25，頁 28，頁 30，頁 31，頁 32，頁 37，頁 47，頁 50，頁 52，頁 56，頁 57，頁 57。

48　「五德」，乃專以用於「雞」的典故。漢韓嬰《韓詩外傳》卷二第二十三章有記：伊尹去夏入殷，田饒去魯適燕，介之推去晉入山。田饒事魯哀公而不見察，田饒謂哀公曰：「臣將去君，黃鵠舉矣。」哀公曰：「何謂也？」曰：「君獨不見夫雞乎！首戴冠者，文也，足搏距者，武也，敵在前敢鬥者、勇也，得食相告，仁也，守夜不失時，信也。雞有此五德，君猶日淪而食之者，何也？則以其所從來者近也。夫黃鵠一舉千里，止君園池，食君魚鱉，啄君黍粱，無此五者，君猶貴之，以其所從來者遠矣。臣將去君，黃鵠舉矣！」

酒癖[49]

> 濁世小人貪綠蟻，清時君子醉紅螺，
>
> 一壞難解劉伶癮，不是詩魔是酒魔。

仁杰先生或許有喝酒的習慣，癮頭一來，總難免多貪幾杯，因此完成了這首小作。首兩句盛讚「酒」的魅力，不論清濁之世、君子小人，人人都愛，就這樣把喝酒這件事給「除罪化」了！後面兩句更是直言不諱，不僅以嗜酒的劉伶自比，「不是詩魔是酒魔」，更坦白承認自己愛酒更勝於愛詩──這當然是玩笑話，一首歌頌「酒癖」的小詩寫得如此簡麗有味，仁杰先生運詩的功力不容小覷。

另一首小詩中，也談及酒：

斗室[50]

> 小屋曾侵大屋前，人文蔚起海中天，
>
> 迎來送往多魁士，不是詩仙便酒仙。

描述自家小屋如同劉禹錫〈陋室銘〉所言般「談笑有鴻儒，往來無白丁」，朋友造訪時，彼此暢談、飲酒賦詩，這海邊的斗室自然是詩仙、酒仙群聚了。

植樹[51]

> 文旌何幸到農場，手植青松喜氣揚，
>
> 他日萌芽留勁節，居然遺愛等甘棠。

因資料蒐集不夠全面，此詩寫作年月未能確知，但就《詩報》218 號（1940.2.18）所刊另一首〈入臺拓經濟試驗農場感賦〉推斷，或許是同年三月十二，在這個試驗農場有一場植樹儀式，仁杰先生參加赴會，並手植青松一栽。植樹造林留福後人，青松蒼勁正是君子氣節形象，兩者都讓仁杰先生心生感慨，於是以《詩經‧召南‧甘棠》寄託深意，隱微透露著期待一位德治愛民的領導者，言淺意深。

其他雜詠作品亦頗有韻致，如〈漁歌〉、〈金湖垂釣〉、〈詩興〉、

---

49 曾仁杰：《金湖吟草》，頁 33。
50 曾仁杰：《金湖吟草》，頁 32。
51 曾仁杰：《金湖吟草》，頁 35。

〈畫梅〉、〈遇雨口占〉、〈求軒即事〉[52]等，從生活中某一片段起
興，反映出仁杰先生當下的心情思緒；另有少數的詠物小詩，如〈盆
蘭〉、〈新月〉、〈春泥〉、〈春草〉、〈籬菊〉、〈菊影〉、〈蜻
蜓〉[53]等，以絕句為多，摹形寫神，饒富機趣，以下選錄幾首：

新月　（1942.1.1　詩報 263 號）

素娥隱約露微明，一抹眉痕筆畫清，

準擬玉環敲兩斷，半沉碧海半天生。

蜻蜓　（1932.5.1　詩報 34 號）

仰承甘露日飛飛，俯啄蟲螽向四圍，

與世無爭欣自轉，賞心從此莫相違。

盆蘭

一盆纖白與檉黃，爛熳薰風滿草堂，

底事清高無俗態，花開駢體艷文章。

五、結　論

　　曾仁杰的漢詩作品約略可分為兩期，當中的分水嶺即是臺灣光復
這個階段。前一階段，由於家國之痛與不得志之悲，故其詩多沉鬱、
反映時代，呈現出濃厚的愛國情緒；後一階段，轉歸家園，生活漸趨
穩定，故其詩多閒淡自適、關注鄉土，呈現出純樸的田園風情。

　　日治時期，身處異族統治，在民族意識覺醒之下，曾仁杰親身投
入保存漢學、設帳教授的行列中，這樣的舉措反映了他耿介凜然的傲
骨，即使沒有激昂剛烈的反日言行，但仁杰先生確實地為漢族文化盡
了一份心力。大環境如此，無力更改時局，亦無心苟同媚事，於是設
帳講學，創導詩社，仁杰先生就這樣用詩歌鼓舞著自己和許多鄉勵青
年，或許在簡冊上無法留下壯闊的英雄史頁，卻是我們雲林、金湖一
帶真實的百姓心歌。

　　而金湖濱海，又是典型的農村，自然美景頗有可觀；曾仁杰生於

52　曾仁杰：《金湖吟草》，頁 24、頁 27、頁 30、頁 37、頁 41、頁 45。
53　曾仁杰：《金湖吟草》，頁 38、頁 31、頁 37、頁 38、頁 30、頁 57、頁 41。

斯、長於斯、卒於斯，對於金湖有一份人親土親的關懷，詩能掌握地
方特色，表現出農鄉、漁村的風貌，其中描繪金湖美景，頗具鄉土民
情。在記遊寫景方面，亦有優秀之作。

　　詠史抒懷方面的詩題佔了仁杰先生作品裡的大多數，這或許與他
「國事家事天下事，事事關心」的宏大襟懷有關。近則著眼於鄉土史
蹟，以文以詩紀念先輩之遭難，將金湖一帶的信仰傳說加以記載頌揚，
實為「鄉土文化之第一聲」[54]；遠則留意國家世局，針對時事抒懷，
日治時期的詩作儼然是一段江湖詩史，記錄著海邊這個詩鄉的民族意
識。同為鄉勵吟社一員的邱水謨，在仁杰先生《萬善爺誌、金湖吟草》
合輯問世時以詩贈之：

　　　修史編詩妙入神，珠璣滿卷總堪珍，
　　　華箋綴錦揮雙管，碧海沈冤誌萬人，
　　　吟韻更添天籟壯，濤聲復激浪花新，
　　　羨君獨占金湖景，合把頭銜署逸民。

仁杰先生自號金湖逸民，修史抒懷，撰文綴詩，處處以這個海疆農村
為植根的土壤，更可見其保存漢族精神、弘揚鄉土文化的自我期許。

　　綜括而言，曾仁杰先生詩作風格多樣，或沈鬱抒懷、或憂時憂民、
或清新質樸，或寄意遙深；語言平易中透著情真意切，字裡行間典故
紛陳，亦流露其深厚的漢學涵養。更難得的是，在國家改隸、時代變
革下，從金湖鄉土出發的文人心境沛然展現 ——「不求聞達只求詩」[55]
正是其形象寫照，曾仁杰先生實為一位雲林文壇的傑出詩家。

---

54 曾人謀先生手題，錄於《萬善爺誌、金湖吟草》合輯。
55 曾仁杰：〈呈龍潭鍾盛鑫先生〉，《詩報》83 號（1934.6.15 ）。

附錄一、曾仁杰生平和作品繫年

西元	中日紀年	歲次	年齡	事蹟及其相關作品
1907	明治四十年	丁未	1 歲	＊七月二十七日出生於雲林縣口湖鄉
1912	明治四十五年	壬子	6 歲	＊投求得軒李西端先生門下（至 1920 年）
1919	大正八年	己未	13 歲	＊母親逝世 四月一日作〈呈國鐵時報吳永福先生〉 四月十五日作〈贈青年〉與〈訪春德兄偶作〉 五月一日作〈蜻蜓〉 五月十五日作〈感作〉 六月十五日作〈晚釣〉 七月一日作〈祝台灣漢學研究會成立〉〈懷木子斷信〉
1932	昭和七年	壬申	26 歲	七月十五日作〈溪邊觀水〉 八月十五日作〈重遊大林偶成〉、〈無題〉 十月一日作〈入淡交吟社有感〉、〈即事〉、〈寄懷朱木通先生〉十一月一日作〈旅次夜感〉 十一月十五日作〈感懷淡交吟社諸先生〉 十二月一日作〈敬贈慶泉君渡華〉、〈客中秋思〉二首 十二月十五日作〈敬祝陳氾濫先生納寵〉
1933	昭和八年	癸酉	27 歲	＊與黃篆、邱水謨、洪天賜、李水波、林國賜及弟人岸等七人，創鄉勵吟社，任社長。係汾津詩社的友社，社員往來密切。 一月十五日作〈寄懷林闇砂先生〉、〈客懷〉 三月一日作〈偶感〉、〈話舊〉、〈謁龍台宮廟〉、〈謁萬善同歸廟懷古〉、〈新港橋上遠眺〉、〈海岸〉 三月十五日作〈留別北港郡下諸芸友〉 四月一日作〈水門〉、〈觀潮有感〉、〈漁人〉、〈養魚〉 五月一日作〈客中春夜〉、〈客中偶成〉、〈祝李宰弄璋〉、〈敬呈何添旺老兄笑正〉 六月十五日作〈盤郅〉 七月十五日作〈並蒂蘭戲筆〉、〈梅鶴吟社歡迎曾人傑先生席上聯吟四絕〉、〈北港彬彬吟社喜曾人傑詞弟回港席上聯吟並戲贈某女校書〉 八月一日作〈敬步憨仙詞兄癸酉初夏雨聲草堂養痾遣興芳韻以忍並述鄙懷〉 十月十五日作〈祝傳心詞兄三十八歲得子喜

				賦〉、〈訪崙峰吟社賦呈諸輪子〉、〈遊淡香園即景賦呈廖心鶴先生〉 十一月一日作〈次韻奉酬〉、〈敬步諸君賦瑤韻〉、〈新港望海有感〉
1934	昭和九年	甲戌	28歲	一月一日作〈寒衣〉 一月十五日作〈哭蘇遠騰君三絕〉 三月一日作〈感懷俚詞三十韻〉 三月十五日作〈感懷〉、〈續前〉 四月十五日作〈感懷〉、〈續前〉 五月一日作〈春草〉二首、〈感懷〉、〈續前〉 六月一日作〈感懷〉、〈詩興〉三首 六月十五日作〈新婚燭〉三首、〈呈龍潭鍾盛鑫先生〉 七月十五日作〈擇婦〉二首 八月一日作〈北港雜咏〉 八月十五日作〈農家嘆〉三首
1935	昭和十年	乙亥	29歲	*是年歸隱金湖，鄉勵吟社詩聲暫歇。 一月一日作〈眼波〉三首、〈戲祝菊峰兄新婚〉 五月十五日作〈次舍弟人岸寄鄉勵吟社友原韻〉 六月一日作〈首夏即景〉、〈夏日過訪振化軒主人賦呈〉 八月一日作〈萬善祠懷古并序〉 九月一日作〈商鞅〉
1936	昭和十一年	丙子	30歲	*七月十七日長女曾淑真出生 一月一日作〈丙子元旦書懷〉 三月一日作〈窮詞〉 三月十五日作〈舟出金湖港〉、〈外汕觀海〉、〈外汕夜宿〉 四月二日作〈大岸宗兄舉一男賦祝〉、〈金湖泛舟〉、〈春日書齋〉、〈春日郊外〉 七月一日作〈夏日即事感作〉 八月十五日作〈弄瓦喜賦〉、〈戰鬥機〉五首
1937	昭和十二年	丁丑	31歲	二月十九日作〈偽富翁〉、〈除夕〉、〈守歲〉 三月九日作〈追悼李冠三先生〉 三月二十一日作〈養親〉 七月十八日作〈旅中偶成〉 八月一日作〈春日遊獅頭山〉、〈勸化堂〉、〈軵曾謹來宗兄〉、〈上巳辰詣先母墓並示人岸人輝人羅諸弟〉 九月一日作〈上元夜訪新鷗吟社賦呈諸君子〉、〈春日謁鯤鯓宮〉

1938	昭和十三年	戊寅	32歲	＊七月二十五日長男曾喜文新出生
1940	昭和十五年	庚辰	34歲	二月十八日作〈新港干拓地所見〉、〈雨中整地所見〉 十月一日作〈與拙荊北上養疴有作〉、〈旅台北客新港拓農諸同僚〉
1941	昭和十六年	辛巳	35歲	＊五月十一日次子曾養甫出生 一月一日作〈和韻〉、〈感懷寄答黃瘦峰詞兄〉 二月十八日作〈曝網〉 三月二十一日作〈送翁鎗君轉任崙北〉〈課子〉 四月二日作〈拓海〉、〈次洪哲明參加勞務公隊臨別韻〉、〈次許君山先生口占韻〉 六月四日作〈賣藥〉二首 九月六日作〈贈片野亭先生〉 九月二十二日作〈培士園春望即詠〉、〈讚培士園西天佛祖〉
1942	昭和十七年	壬午	36歲	國文專科肄業，任口湖鄉農會書記 一月一日作〈新月〉二首 一月十五日作〈金湖萬善爺廟概況〉文 一月二十日作〈退職感賦〉〈金湖港簡介〉文 二月六日作〈勸學〉四首 三月七日作〈感懷賦呈台拓山下一技師〉 四月二十日作〈塔影〉二首 五月二十日作〈春夢〉四首 六月五日作〈壽萱〉 六月十五日作鄉勵吟社詩鐘 六月二十一日作〈輓社友洪天賜令尊作古〉 七月十日作〈輓辜菽廬先生〉 九月十五日作〈堆肥舍〉三首〈月給生活〉 十一月二十五作〈空中列車〉五首
1943	昭和十八年	癸未	37歲	一月一日作〈農村新年〉 二月二十一日作〈胞弟人岸任官喜賦〉 四月六日作〈感懷〉〈舊元旦感作〉 七月二十七作〈稻花〉 九月二十四日作〈歸隱十年感賦〉
1944	昭和十九年	甲申	38歲	二月十一日作〈我軍銘〉、〈贈口湖庄諸青年從軍〉、〈元旦書懷〉 四月二十五日作〈賦示才去族弟從軍〉、〈遣興〉、〈雁影〉三首
1945	民國三十四年	乙酉	39歲	＊八月十四日三子曾聖雄出生
1946	民國三十五年	丙戌	40歲	＊任金湖國民學校教員 ＊鄉勵吟社重整旗鼓，將社址轉往口湖鄉李西端住宅。
1947	民國三十六年	丁亥	41歲	＊十二月二十二日妻陳妹女士去世

1948	民國三十七年	戊子	42 歲	＊九月二十八日續絃，與吳乃女士結婚
1949	民國三十八年	己丑	43 歲	＊八月二十五日四子曾文魁出生 ＊任口湖鄉公所職員
1952	民國四十一年	壬辰	46 歲	＊六月十七日次女曾淑吟女士出生 作〈斗六門懷古〉五言古詩一首 作〈斗六門懷古〉七律兩首 作〈祝雲林文獻創刊〉七絕一首 作〈祝雲林文獻創刊〉四言古詩一首 作〈執行實施耕者有其田感賦〉文
1953	民國四十二年	癸巳	47 歲	五月三十日作〈鄉勵吟社概略〉文，刊於《雲林文獻》二卷二期 五月三十一日作〈口湖民間戰鬥在清代〉 十月一日作〈金湖懷古〉、〈竹影〉 發表〈金湖小農詞三十韻〉、〈執行實施耕者有其田感賦〉於《雲林文獻》二卷一期
1954	民國四十三年	甲午	48 歲	一月十五日作〈金湖垂釣〉、〈擊楫〉 作〈於北港新月席上戲贈清琴女校書〉 五月一日作〈無題三十韻〉、〈時雨〉 六月十五日作〈義士〉、〈戰馬〉、〈香妃〉 十月一日作〈無題〉、〈寒食節〉 十一月一日作〈泉聲〉二首、〈金湖泛月〉、〈新港觀潮〉、〈荷池〉 十二月一日作〈暮春感懷〉
1955	民國四十四年	乙未	49 歲	二月十六日作〈金湖泛月〉、〈新港觀潮〉、〈中華〉聯 五月十六日作〈畫眉筆〉 六月十六日作〈汾津覽勝〉、〈笨港懷古〉 九月十六日作〈麻園春樹〉、〈崙峰夕照〉 十一月一日作〈歡迎新軍口占〉、〈八寶奇應丹〉 十二月十六日作〈輓薛母蔡太夫人〉
1956	民國四十五年	丙申	50 歲	＊三月二日長女曾淑眞女士出嫁，與台南林慶陽先生結婚 ＊四月一日三女曾碧玉出生 ＊四月三日繼室吳乃女士去世 ＊五月十七日三女曾碧玉因體弱夭折 一月十六日作〈雙簫聲〉 二月一日作〈光復節〉 三月一日作〈餞秋〉 三月十六日作〈賣花聲〉兩首 四月一日作〈絳帳春風〉二首 四月作〈賦示女婿林慶陽應召入伍〉、〈台子歸帆〉、〈柳色〉

				五月一日作〈慶于老獲詩歌獎〉二首 五月作〈悼嫡妻陳妹〉 六月一日作〈悼陳吳兩亡人〉、〈養雞〉 十一月作〈金湖竹枝詞〉、〈流螢〉 十二月一日作〈恭祝蔣總統七十華誕〉三首 十二月作〈霜月〉
1957	民國四十六年	丁酉	51歲	一月一日作〈雷達站〉 一月作〈感賦〉 二月一日作〈恭祝蔣總統七十華誕〉、〈弔林獻堂〉 三月一日作〈中秋步月〉 五月一日作〈浩然〉 七月作〈喜登玉過從賦呈〉 十一月一日作〈南遊口占〉、〈恆春懷古〉、〈鵝鑾鼻燈臺〉、〈四重溪即見〉、〈遊小琉球〉、〈夜宿復興旅社忽聞颱風〉
1958	民國四十七年	戊戌	52歲	六月一日作〈入大仙寺作〉、〈入碧雲寺作〉〈東行關嶺口占〉、〈浴於溫泉〉、〈兩次斷絃感作示玉娟〉 七月一日作〈鴛鴦瓶〉兩首、〈祝李榮宗詞弟與林秋香女士結席誌慶〉、〈太空船〉 十月作〈銀河會〉二首
1959	民國四十八年	己亥	53歲	＊一月十一日長子曾喜文新與高雄縣洪銀線小姐結婚 一月一日作〈賦寄桃園縣八德鄉邱月正女校書〉、〈斗室〉、〈無題〉 三月一日發表〈為長男曾喜文新與洪銀線小姐結婚典禮〉、〈千里姻緣一線牽〉
1960	民國四十九年	庚子	54歲	＊五月十九日長孫曾煥勳先生出生（為長子曾喜文新之長子） 二月一日作〈么鳳〉、〈祝顏禹門詞友令長孫週歲〉、〈光復節懷延平王〉 四月作〈成龍大橋晚眺〉 五月四日，參加為慶祝橫貫公路通車典禮所舉行之全國詩人大會，也是他一生所參加的最後一次詩會，作〈橫貫公路〉於七月一日刊在《詩友》十二卷六期 六月一日作〈海鷗雅集〉五首 七月作〈慶祝成龍大橋通車典禮〉、〈無題〉 七月二十五日，逝於關子嶺 〈金湖萬善詞荔月上弘逢盛典三十韻〉、〈港口廟落成〉二首於九月一日刊在《詩友》十三卷二期

附錄二、田野調查相關照片

曾仁杰三子聖雄先生與筆者（攝於北港曾宅，另為聖雄先生外孫）

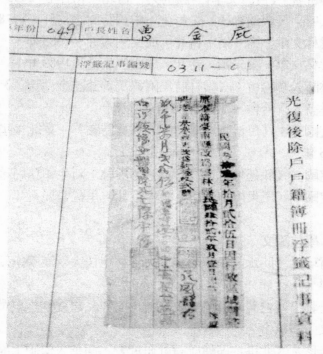

翻攝曾仁杰先生戶籍謄本

參考書目（按作者筆劃排序）

一、專　著

1．丁招弟：《風濤口湖》，雲林：雲縣文化局，2004 年 12 月。

2．江寶釵：《台灣古典詩面面觀》，台北：巨流出版社，1999 年。

3．江寶釵：《嘉義地區古典文學發展史》，嘉義：嘉義市立文化中心，1998 年 6 月。

4．吳福助編：《台灣漢語傳統文學書目》，台北市：文津出版社，1999 年。

5．施懿琳：《從沈光文到賴和 ── 台灣古典文學的發展與特色》，高雄：春暉出版社，2000 年 6 月。

6．施懿琳、中島利郎、下村作次郎、黃英哲、黃武忠、應鳳凰、彭瑞金合著：《台灣文學百年顯影》，台北：玉山社，2003 年 10 月。

7．曾人口：《金湖春秋》，彰化：中國詩文之友社，1978 年。

8．《雲林文獻》第一輯，台北，成文出版社，1983 年。

9．《雲林文獻》第二輯，台北，成文出版社，1983 年。

10．雲林詩人聯吟會：《雲林詩集附錄萬善爺誌金湖吟草》，雲林：雲林詩人聯吟會，2000 年 1 月。

11．鄭定國等：《日治時期雲林縣的古典詩家》，臺北：里仁書局，2005 年。

12．鄭定國：《陳延年雪杏軒吟草》，雲林：新生印務局。

13．鄭定國：《王東燁槐庭詩草》，台北：里仁書局。

二、學位論文

1．林哲瑋：《邱水謨漢詩研究》，雲林科技大學漢學所碩士論文，2004 年。

2．陳丹馨：《台灣光復前重要詩社作家作品研究》，東吳大學碩士論文，1981 年。

3．張作珍：《北港地區傳統詩社研究》，南華大學碩士論文，2001

　　年。

4. 賴郁文：《吳景箕及其詩研究》，雲林科技大學漢學所碩士論文，
　　2004 年。

5. 戴雅芬：《台灣天然災害類古典詩歌研究 —— 清代至日據時代》，
　　政大碩士論文，2002 年。

三、期刊論文

1. 王文顏：〈光復前台灣詩社的時代價值〉，《文訊》18 期，1985
　　年 6 月。

2. 吳文星：〈日據時代台灣書房之研究〉，《思與言》16 卷 3 期，
　　1978 年 9 月。

3. 孔龍：〈一代儒教宗師李西端先生簡介〉，《詩文之友》22 卷 1
　　期，1965 年 5 月。

4. 曾仁杰：〈鄉勵吟社概略〉，《雲林文獻》2 卷 2 期，1953 年。

5. 蔡淑女：〈口湖鄉、四湖鄉地名史話〉，《雲林文獻》第四十三
　　輯，1999 年 6 月。

6. 鄭定國：〈四湖旋馬庭主人林友笛漢詩析論〉，《漢學論壇》第
　　二輯，國立雲林科技大學漢學所，2003 年 6 月。

7. 鄭定國：〈斗六張立卿漢詩的特色〉，《漢學論壇》第三輯，國
　　立雲林科技大學漢學所，2003 年 12 月。

8. 鄭定國：〈斗六海山蒼吟社陳錫津傳統詩的初探〉，國立雲林科
　　技大學漢學所 2004 年漢學研究國際學術研討會第四場發表，2004
　　年 10 月。

黃文陶漢詩研究

張　瑞　和

一、前言：黃文陶的文學背景

　　黃文陶（1893－1970）是一個經歷清領、日治、民國三個時代的跨時代人物。他的教育也經歷名漢學家的叔父黃倬其小逸堂的私塾教育，爲他的傳統文學打下深厚的基礎。公學校教育，讓他接受自日本明治維新以來的文化。醫學校教育除了讓他學會西醫外，也讓他接受西方思潮，使他的思潮更先進，視野更開闊。

　　八歲時父母雙亡，由叔父黃倬其扶養長大，叔父所教授小逸堂的私塾教育，爲他的漢學詩學奠定深厚的根基與興趣，成爲他一生從事詩社活動從不間斷的動力源頭。故他到雲林西螺開業，隨即與同好成立「芸社」，隔年改爲「葵社」。1924 年起曾三度週遊中國，並加入中國國民黨。1925 年結束將近開業八年的醫院，進入台北醫學專門學校病理研究科深造，1927 年攜眷赴京都帝國大學醫學部附屬病院任醫局員，其後帶職進入該大學外科專修科，專攻外科。1932 年，以論文《關於痲瘋桿菌音伯丁（Inpedin）及煮沸免疫元之研究》取得外科醫學博士學位，隨即返台，1933 年到嘉義開設上池醫院，由於醫術高明，求診者絡繹不絕，其後歷任嘉義市醫師會會長，嘉義市協議會會員，台南州醫師會理事，擅長詩文，被聘爲「鷗社」顧問，每月與詩友聯吟，風雨無阻，1934 年，4 月 7 日主辦全島詩人大會，盛況空前，並由黃文陶代表主辦人，向與會詩友致辭，他並常藉著詩文，婚喪喜慶，

作詩聯對的贈與爲交際應酬工具，拉近情感，對他當時的社會地位是有相當幫助的。

　　戰後被推舉爲嘉義市自治協會理事長，協助剛成立的嘉義市政府接收工作，任內廉節不貪不取，並盡最大能力居間安排協調，對嘉義市戰後兩個政權的的交接貢獻頗大。由於一生對嘉義市的貢獻是永垂不朽的，當民國九十二年嘉義史蹟館成立，由本市會整各行各業六十七位中，投票表決選出三十六位先賢，他也與許世賢、張李德和、王得祿、葉王等共同當選，可見一斑。

　　故本文探討黃文陶的一生經歷，可看出一位儒者經世濟用，對時代的貢獻。

二、黃文陶的生平及家世

（一）出生及幼年

　　黃文陶生於光緒十九年（1893）十二月二日，在現在的彰化中正路（元祖廟段）[1]，舊戶籍爲彰化街市仔尾百八十一番地。父親黃金泉，母親游氏之長男。父黃金泉生於同治壬午年[2]，早年棄儒學賈，開設銀樓，以三十多歲年齡，光緒戊戌年（1898）在他七歲時因患鼠疫[3]的傳染病，與祖母同日辭世。母親游氏生於同治癸酉年（1873），幼習內則，人稱賢淑，光緒己亥年（1899）也因長年患有腸病而辭世。[4]

　　無父無母，孤苦伶仃，年僅七、八歲，只好依靠叔父黃倬其[5]扶養長大，叔父是一個讀書人，但考場不得志，而倚筆爲生，初設帳於彰化市茄苳腳林文蘭秀才宅，日本據臺後，投筆從商，但十餘年間，因

1　見黃文陶著《竹崖文選》，頁 95〈自傳〉。
2　見黃文陶著《竹崖文選》，頁 95〈自傳〉，同治無壬午年，當是錯誤，若筆誤錯一字可能爲壬申，公元 1872 年，比母長一歲，但 1898 年去世，只 27 歲，非如文中敘述三十多歲。
3　原資料爲「百斯篤」，據筆者詢問黃文陶次子醫學博士黃伯超，乃 pest 的音譯，就是鼠疫，爲當時的法定傳染病。
4　主要依據黃文陶著《竹崖文選》，頁 95〈自傳〉
5　名漢，自倬其，熟讀諸子百家，兼通算數，長詩文，若非日治，考取功名當是垂手可得。

讀書人，忠厚耿直心態，未能大展鴻圖，僅足糊口。

（1）黃文陶五十多歲時半身照，民國四十三年時贈與公學校及小逸堂同班同
　　學詹作舟照片。（詹作舟遺物，詹元雄提供）

（二）、求學

1．小逸堂時期

　　黃倬其先生在明治四十年（1907）應賴和、詹作舟等人彰化家長
之邀請，建造一室於中山國小前，南壇之側以講學，一時聞知者，紛
紛將子弟送來就學，而黃倬其因教導有方，學生關係也非常融洽，逐
形成一個無形的統[6]，這也是小逸堂同班有十一人，長大成人以後，還
常常召開晉一會這個同窗會，輪流作東的原因。

　　關於當時上課情形，在其《詹作舟全集·（三）書信雜文篇》，
有一封詹作舟寫的「寄張銀坤校長信」[7]中，有一段描述私塾當時情景
的敘述：

　　　　「⋯賴和君最初之相識，乃於就學漢文書房時，鄙人年十五
　　　　歲，而賴君少三歲，同學三十有餘，與賴君同班者尚有九人：
　　　　即陳吳傳、楊以專、王麗水、石錫烈、張參、魏金岳、黃文陶、
　　　　詹椿柏、石榮木是也。每俟公學校放課後，方得前來書房受課
　　　　漢文，所以念書時間至少。因而恩師黃倬其先生，費盡心力，

6　根據賴和寫的〈小逸堂記〉，收於林瑞明編《賴和全集二·新詩散文卷》頁 197
7　張瑞和、施懿琳編《詹作舟全集·（三）書信雜文篇》，頁 126－129，張銀坤也
　　是黃倬其的學生，漢文根基深厚，曾任彰化縣政府督學。心中數及「鄙人十五，賴
　　君少鄙三歲」詹作舟 1891 年生，賴和 1894 年生，黃文陶 1893 年生，故小逸堂私
　　塾開班時黃文陶年十三歲。

> 研究捷徑教法，遂即使我等退去，徒讀暗誦之四書，分班講解
> 幼學瓊林、尺牘、古唐詩，並日出課題，指導做法，初以三字
> 對起，次即五字七字，繼以鶴頂作到雁足、魁斗、籠紗等格，
> 以至絕詩律詩書信文，無所不作。…」[8]

　　這一段文字說明當年上小學教育課後兼上私塾教育的情形，黃倬
其視一個循循善誘，因材施教的好老師，故教出來的學生也都非常卓
越

　　小逸堂的這些同學以後也都成為至交，而且當代與下一代成就非
凡，真是值得注意。「小逸堂晉一會」十一人即：賴和、楊以專、張
參、陳吳傳、石錫烈、石榮木、黃文陶、魏金岳、王麗水、詹椿柏、
詹作舟。

　　賴和為西醫兼作家，楊以專為彰化振業組合會長，張參漢醫兼布
商，陳吳傳即他的詩中所稱的三舍為布商，石錫烈字迂吾，在集集為
西醫，石榮木為漢學先生，黃文陶醫學博士，嘉義開上池醫院，魏金
岳為西醫，王麗水即王蘭生是戰後於彰化高中教授書法。詹作舟在永
靖業西醫，詹椿柏是他的弟弟，為彰化振業組合幹事。黃倬其老師的
這些私塾學生後來就組織一「小逸堂晉一會」的同學會。[9]

2．公學校時期

　　黃文陶到十一歲（日治明治三十六年，1903）入彰化第一公學校
（今之中山國小，創於 1898 年）就讀。在當時一般老百姓對異族統治
還是存著排斥的態度，故當時的公學校就讀率相當低，故他到十一歲
才入學就讀，為彰化公學校第六回畢業生。當時公學校畢業生，幾乎

---

8 見張瑞和、施懿琳合編《詹作舟全集，四 書信雜文編》（彰化永靖，詹作舟全集
　出版委員會發行，民國九十年）頁 126，〈寄張銀坤校長信〉，乃民三十七年於母
　校中山國小由督學張銀坤主持賴和王敏川之回顧談論會，詹作舟先生於會後寫給主
　持人補充說明的一封信。

9 根據賴和寫的〈小逸堂記〉，刊於《賴和全集二·新詩散文卷》頁 197。對小逸堂
　的由來有所的敘述「小逸堂為故黃夫子倬其先生館號，我同人授業處也。夫子早年
　不得志，倚筆為生，初設帳於邑下茄苳腳林文蘭秀才宅，事變以後，之毛錐子之不
　足用也，而棄之欲申其志於商場，然轉徒流轉十餘年間，卒不能獲就。丁未春（1907）
　家居賦閒，我等父兄仰其博約善誘，欲以子弟相託，乃為其築室於南壇之側以講學，
　一時聞者亦競遣子弟以從遊，因夫子教導有方，我等學生皆甚契洽，遂成一系無形
　之統。…」）

等於以後彰化市工、商、文化界的中堅份子。據「於明治四十一年（1908）三月廿八日畢業，畢業生十三名」十三名中有詹臨川[10]（詹作舟）、吳上花、魏金岳、石錫烈、石榮木、黃文陶等共十三名。[11]根據一張拍攝於民國五十一年（1962）1 月 20 日「彰化公學校第六回畢業窗友五十五週年聚會紀念」攝於八卦山大佛前的相片，可看出與會者只有九人，另有一未出席者照片貼於後面，除作舟先生外，另有黃文陶及吳上花（子吳充第曾任彰化縣衛生局長，台灣省衛生處副處長）。

黃文陶還曾招待國校同學到嘉義一遊，留有詩作

〈陪同國校同窗諸兄參拜吳鳳廟口占〉[12]

卅年竹馬倍相親，結伴同來拜義人；

莫笑生平如水淡，神前項禮見情真。

這首詩很有可能是彰化第一公學校畢業三十年作品，其於 1908 年畢業，很有可能約 1938 年（昭和十三年）左右邀請國校同學，到嘉義一遊，順便參拜吳鳳廟作品。

3．醫學校時期

黃文陶於明治四十一年（1908）公學校畢業後，猶豫一年，又重考三年，在大正一年（1912），年已二十歲才考上總都府醫學校為第十六期學生，已慢小逸堂同學賴和、詹作舟三個年級，醫學校教育除了學會西醫外，更學到西洋文化。入學當時醫學校校長為高木友枝，一九一五年（大正四年）校長職務轉交堀內次雄，高木友枝轉任總督府研究所所長，當時高木友枝在醫學校校長任內對台灣人有相當期許，相信黃文陶亦受相當影響，而堀內校長對台灣醫學教育亦相當重視，對他都是影響深遠的，黃文陶擔任嘉義醫師公會理事長十餘年，因為當時醫學人才栽培機構有限，故當醫師公會理事長要關心所有會員，所接觸到與服務到的醫師大部分都是醫學校的同學、學長、學弟

---

10 學籍名是詹臨川，一般稱詹阿川，字作舟，2001 年家屬委託筆者出版《詹作舟全集》，一套六冊。

11 據《彰化第一公學校卒業生名簿》，彰化第一公學校創立三十五週年紀念祝賀會發行，昭和八年十一月出版，頁 5，名冊可看出賴和、詹椿柏、陳吳傳…為第七屆，楊以專、楊樹德為第八屆。

12 黃文陶著，《竹崖詩選》頁 222。

較多。其於民國四十四年，以嘉義醫師公會理事長身份，為以前就讀的總督府醫學校校長堀內校長以八十三歲高齡去世，於嘉義市天龍寺舉辦追弔法會並寫了一篇〈祭堀內次雄先生文〉[13]，祭文中提及他的功績如「防癆種痘，捕鼠捕蠅，水廠溝渠；計畫尤精」。

（2）約 1929 年攝拍，時黃文陶與夫人黃張氏雀離開西螺赴日本京都後不
　　久（黃伯超提供）。

（三）對家庭的關心

1. 對妻子情感的真摯

　　大正七年（1918），他醫學校畢業後，於同仁醫院實習一年，到西螺開設上池醫院。大正八年（1919），年二十七歲，迎娶斗六品芳堂第二代中醫師張淮之女張雀（十九歲），岳父於 1921 年在斗六創斗

---

13 黃文陶著，《竹崖文選》頁 361-362，內容云：「維中民國四十四年五月十二日，
　　前台灣醫專校長，故堀內次雄老夫子，以八十又三高齡，仙逝東京，其門下生景
　　福會嘉義縣支部會員寄醫界同仁嘉義縣醫師公會會員等，敬仰老夫子人格高潔，
　　學問淵博，並在台五十年間，從事醫療衛生及醫育工作，為人類福祉貢獻甚大，
　　乃爰相謀籌，卜訂於民國四十四年六月廿九日，假嘉義市天龍寺舉辦追悼法
　　會……」

山吟社，爲斗六最早詩社，內兄張立卿也是斗六名詩人。[14]二人夫婦情深。甚至結束西螺營業遠遊大陸，及日本攻讀博士，都由愛妻相陪。但不幸於昭和十二年（1937）夫人張雀因病去世，遺下三男三女，時長男孟超十五歲，次男伯超、三男季超、長女素華、次女素一，三女素節是年則僅出生三個月。其撰

〈弔內文（一）〉[15]

臨終一語，謂我憐卿；更使余肝腸欲斷。

未來兩事，放洋渡夏；再無人行影相隨。

夫人曾陪他到日本讀書，及遠遊大陸，故云「未來兩事，放洋渡假；再無人行影相隨」。

黃文陶最難得堅守夫妻情份，未曾再娶。以當時黃文陶爲醫學博士，上池醫院院長、嘉義縣醫師公會理事長等頭銜；假如想續絃，相信一定可以娶到門戶相當年輕貌美的淑女，但他還是堅持一夫一妻的情份，終身未再續絃，真是難能可貴。故他小逸堂老同學相聚會時，酒酣迷濛之際，難免會拿他來開開玩笑。如詹作舟作品

〈赴晉一會歸後寄可以〉[16]（民三十四年）

一行歸到陳家時，堂上若輩羅酒卮。

入座須庚席坐定，談笑詼諧俱相宜；

偶及黃君鰥已久，斷絃不續是爲何。

座中議論多百出，誰言中肯謬者誰；

或云身貴難爲偶，或說犧牲爲嬌兒。

是耶非耶盲摸捉，終宵紛紛莫釋疑；

因此楊君爲辯護，理曲罰飲金谷數。

滿場一致議決書，馳向本人詢其故；

14　見鄭定國撰〈斗六張立卿漢詩的特色〉，收於《漢學論壇第三輯》，2003 年 12 月，雲林科技大學漢學所。文中提及祖籍福建漳州南靖清康熙年間第十世渡台於斗六門墾田務農，十五世始學醫成名，十六世張淮（浴沂）繼承父業，仁心仁術，鄉人尊稱「淮仙」，即黃文陶夫人張雀之父，育有三男三女，次男名張卓，字立卿，號冠英，是位儒醫，於斗六街設藥舖，一方面業醫濟世，一方面結交文友，賦詩吟詠，三男張乃賡，獲醫學博士，成爲嘉義市婦產科名醫。

15　黃文陶著，《竹崖文選》頁 487。

16　張瑞和編《詹作舟全集》四冊，頁 337。

酒殘燈炧夜已深，共約明年重會晤。

這首詩是寫小逸堂晉一會成員參加同學會後，詹作舟寫回憶當天的詩，同學們到陳吳傳府上相聚的情形。在當時是民國三十四年，大家年齡都是五十出頭，聚會中黃文陶自昭和十二年（1937）喪妻至今已鰥居八年了，便成這批老弟兄的話題，大家紛紛猜測不續絃的原因，可說是莫衷一是，而楊以專為黃文陶辯護，但是理由不充足，故被罰喝酒金谷數，但真正原因仍是一個謎，若要知道真正答案，唯有向黃文陶詢問才知道，餐後並共約明年再會。

2．對子侄的慈愛

兒女有成就，可說是父母衷心的期盼，它可說父代母職，一個一個拔長大，可說倍極艱辛。據筆者詢及前台大醫學院院長黃伯超說出他們子女的學經歷及成就：長子孟超先讀台南長老教會中學（今長榮中學），讀三年轉讀日本京都東山中學畢業，再讀京都府立醫科大學，賴和旅日期間曾去探訪他[17]，但不幸的是遇到第二次世界大戰結束，日本經濟蕭條，去鄉下買東西，車禍而身亡。

次子黃伯超 1926 年生，嘉義旭小學校畢業，讀台北高等學校尋常科（中學部），畢業後再讀同校高等部本來該校是讀三年，因戰爭關係，讀兩年畢業，剛好大戰結束，保送台北帝國大學醫部畢業（今台灣大學醫學系）。並前往日本進修，榮獲東京慈惠醫科大學醫學博士，後來又到美國杜蘭大學（Tulane）進修，曾任台大醫學院院長，台大醫學院生化科教授，曾現任教育部醫學教育委員會常務委員。為我國食品營養學權威，曾任中民國營養學會理事長、（1985-89）、中華民國生化學會理事長（1989-91）、台灣省醫學會理事長（1992-95），也是台灣地區肥胖醫學會第一界名譽理事長。[18]可說是克紹箕裘，父子雙博士，傳為美談。

三子嘉義讀小學後，去日本京都讀中學，世界大戰結束回台，讀嘉義中學未畢，轉考台北高等學校（台北高中）。

---

17 林瑞明編〈賴和影像集〉，（台灣省文獻委員會、賴和文教基金會出版，2000 年），頁 67，有一張賴和旅日訪友人黃文陶子黃孟超合照
18 以上得自網頁該學會網站，及黃伯超提供資料。

　　長女素華嘉義女中、中興大學法商學院畢業，適夫林秋水先生，政大政治研究所畢業，曾任台北市政府法規會主任委員，現已退休。

　　次女素一讀嘉義縣立初中，台北護理專科，適夫楊柏椿任台糖公司台南糖業試驗所研究員，後任新營糖廠廠長。

　　三女素節，讀嘉義女中，台大園藝系畢業後，任職嘉義女中教師，適夫姓吳擔任阿里山林場課長等主管職務。

　　以上可見他的鰥夫生活，將三男三女扶養教育長大，而且他是叔父養大的，叔父也早於大正九年（1920）去世，故對堂弟文育、文苑他也特別關心，等於自己的親弟弟一樣。當略盡對堂弟的關心，以報答叔父養育之恩。故有〈**大正十二年春示文苑弟**〉[19]

　　　　吾家無厚產，硯石是良田；弟汝宜耕讀，王侯可比肩。

此詩勸堂弟勤學，硯田宜勤耕，王侯可比肩，即書中自有黃金屋，書中自有顏如玉之意。後來堂弟也不負眾望得到博士學位。他留有詩作

〈喜文苑弟獲醫學博士學位感賦〉[20]

　　　　幾千斑雀噪庭階，好似爭先報喜來；
　　　　位記果傳頒學府，科名早已重瀛臺。
　　　　荊門有賴添榮譽，家國深期息病災；
　　　　但願從茲更勉勵，膏盲秘域待人開。

自己的高興，是發自內真情的流露，總算對得起叔父。後來黃文苑在斗六開生春醫院。《名士錄》載：

　　　　黃文苑乃黃倬其之二男，明治三十三年八月五日生，昭和五
　　　　年三月京都醫科大學卒業，後回母校附屬醫院勤務臨床研究，

　　　　昭和六年五月歸臺，開設生春醫院，妻黃高氏碧桃為藥劑師。

自己兒女有成就，當然是相當高興的，尤其次子伯超繼長子孟超讀醫校畢業。並且，次子更出色，於昭和五年（1930）三月，京都府立醫學大學（現京都醫學大學）得到日本醫學博士。自己也是醫學博士，總算後繼有人。故有詩〈**伯兒學位論文通過賦感示之**〉[21]為證。

---

19 黃文陶著，《竹崖詩選》頁 119。
20 黃文陶著，《竹崖詩選》頁 2 及《台灣詩海》145 頁。
21 黃文陶著，《竹崖詩選》，頁 29.30。

幾群烏鵲噪蘭階，好似爭先報喜來；

學位果傳頒日本，兒名何幸布瀛臺。

天下父母心「望子成龍，望女成鳳」，可說是古今皆同，黃文陶二男伯超終於出人頭地。另有〈喜諸兒侄升學誌感〉對子女皆能順利升學表示高興。

三喜堂傳三喜聲，一高一女一醫黌；

國恩祖澤沾深厚，汝等兒曹責非輕。

本詩對諸子侄的鼓勵，那年考試放榜，子侄中三個金榜題名，一個高中（也可能日治時期高等科）一個女子學校，一個醫學校，成績非凡，故寫下本詩表歡欣。

（3）約攝於 1962 年，於嘉義住處，黃文陶先生晚年全家福。前排左起依次：
左一三媳婦（鄭明珠）、左二二媳婦（黃詹淑慎）、中坐黃文陶，左四
長女黃素華、次女黃素一。二排右站次男黃伯超。二排左站三女黃素節。
三排右一三男黃季超。（黃伯超先生提供）

（四）對社會熱心參與肯定

1．對社會的熱心參與

　　政治就是治理眾人的事。日治時期可說精英政治，凡是高學歷的往往能居地方領導人地位。黃文陶先生在教育不普及的時代，開設上池醫院，有著足夠的財力，而且擁有著「醫學博士」的頭銜，有著崇高的地位，並且他本人也熱心社會公益，故也在終戰時年五十三歲，擔任很多公共義務事業，至民國五十二年，時年七十一歲，榮獲全國好人好事代表，可說實至名歸。

　　其實黃文陶對嘉義市的貢獻是永垂不朽的，當民國九十二年嘉義史蹟館成立，由本市彙整各行各業六十七位中，投票表決選出三十六位先賢，他也與許世賢、張李德和、王得祿、葉王等共同當選[22]，可見一斑。

　　在大陸網站〈中國網－網上上海〉分析嘉義地方派系，認為早期的嘉義縣就是一個地方派系叢生的地方。主要政治勢力包括以許世賢為代表的許家班，以劉傳來為代表的劉派；

　　以黃文陶及黃老達為代表的黃派；以林振榮為代表的林派；其中黃派與林派是嘉義縣政壇長期爭權的兩大主流地方派系；黃派主要代表人物是已故的黃老達（曾任第五屆縣長）與黃文陶，……〉在 1998年縣議會選舉中，黃派佔了總計 37 個名額中的 25 席，顯示黃派在縣議會中勢力強大。[23]

他在政壇前後擔任以下各種職務：

台灣省參議會第一屆參議員嘉義市候補議員[24]

歷任臺灣省醫師公會理事五年及常務理事三年

臺灣省醫師公會學術組召集人。[25]

嘉義縣第二、三屆醫師公會理事長[26]

---

22 見網址 http://www.cabcy.gov.tw/activity/9205his01.htm
23 見網址 http://www.china.org.cn/chinese/zhuanti/2004twldr/446782.htm5j/
24 見網址 http://www.doh.gov.tw/tw_abou_04_boo.asp，當時嘉義市只選出一位參議員，一位候補參議員。
25 見〈致蘇理事長意見書〉，文後署名「臺灣省醫師公會學術組召集人黃文陶」頁323-327。

任台灣省公職人員選舉監察委員會嘉義監察小組十年，

戰後首任嘉義中學家長會會長共九年，

嘉義女中家長會常務委員共九年；

民族國小家長會長共六年；

中國紅十字會嘉義縣支會顧問；

嘉義縣黃姓宗親會顧問；

嘉義縣佛教支會顧問；

嘉義地方法院監務所協進委員會委員；

嘉義縣文獻委員會委員；

嘉義縣警民協會委員；

嘉義市公所顧問

2．獲全國好人好事表揚

　　當他於民國五十二年接受全國好人好事表揚，曾經有詩賦感：[27]

〈民國五十二年受全國好人好事表揚賦感〉其一

為人做事本尋常，消息何來受表揚；

天意似教多服務，捐軀報國豈能忘。

其二

施醫施藥事尋常，何值優隆賜表揚；

各界情恩如許大，老軀圖報覺微茫。

其三

培育青年自為先，為家為國繼前賢；

區區阿堵何須問，眾口交揚轉愧然。

其四

黨國名賢用意良，好人好事力昂揚；

兆徵基地成鄒魯，仁義軍興定克狂。

他對嘉義縣的影響是深遠的，但他知道當一個社團領導人，也非永久。

---

26 見「資訊走廊　第六節醫事團體」寫著「嘉義縣於民國四十一年一月六日，因應行政區域之劃分而創立嘉義縣醫師公會，由當時省轄市的嘉義市及附近十八鄉鎮合併組成，首屆理事長由張進通醫師出任，第二、三屆由黃文陶醫師出任…」網址 http://www.doh.gov.tw/lane/publish/hist/3-4-6.htm

27 見黃文陶著《竹崖詩選》頁 176

故其

〈口占戲示無崖兄〉[28]

上臺自有下臺時，小小頭銜莫漫奇，

寂寞秋風增感慨；有誰省覺賦歸詞。

這等於自己告訴自己，名位終如夢幻泡影的不實在。

三、詩社參與及交遊網絡

（一）詩社參與

日治時期各地仕紳雖處於日本政治環境下生存，但對於中國傳統文化的感情還是難以忘懷，在當時要學習漢學是很困難的。

1．西螺荎社

（4）大正十四年（1925）十二月六日黃文陶離開
西螺，地方人士送別合影（郭雙富提供）

---

28 見黃文陶著《竹崖詩選》頁141。

　　西螺菼社黃文陶大正七年到西螺開業，在大正八年（1919），適逢各地詩社紛紛成立之際，黃文陶便結合廖學昆、廖心恭、林朝好、文永倡、魏等如、江擎甫、李廷通、等八人聚合喜好藝文人士，於三月組織籌設「芸社」，勉勵於詩文創作之中，並禮聘江秋圃（藻如）秀才講解詩文，並擔任詞宗，隔年大正九年（1920）街內其他人士才陸續加入如：廖重光（菊痴）廖發（長青）、廖學枝（逸陶）、廖學明（夢蕉）、張李德和（連玉）、張英宗（杰人）、蘇茂杞（鴻飛）、鍾金標（步雲）、陳元亨、黃清江（明心）、廖元鐘、楊耀南、林圓、林等、林明發、周新附、陳源興、張清顏等人相續加入。故改稱菼社。菼社聘斗南黃茂才（紹謨）為顧問，指導詩社，社員定期於廖學昆府上活動。

　　社號為「菼」的因素，是因為環境區域周圍有很多菼（鹹草）的緣故，且菼草特性「中實而赤」，故取其中實而赤的寓意，象徵著詩人非但要文發揚文藝為宗旨，重要是要懷著丹心報國的心情，表達愛國的赤誠。在西螺期間積極參與詩社活動，可說是詩社的中間份子。

　　根據友人提供大正十四年二月，菼社五週年紀念詩會，一批詩友回函，包括賴和、石錫勳等，收件人皆是黃文陶，可見黃文陶當時在菼社應該是領導階層。

　　他與西螺菼社諸君的感情是深厚的，而且有重要地位，故當他要離開西螺時，詩友內心非常捨不得，紛紛題詩送別。

　　黃文陶為了自己的理想抱負不得不離開，故寫了一首〈留別螺陽諸君子〉[29]詩曰：

> 生不如人已汗顏，何堪老死此孤山；
> 他年蹤跡而相問，故國風雲大地間。

英宗先生〈呈竹崖兄原玉[30]〉

> 八載聚首情何篤，一但分襟恨欲號；
> 願祝功成歸衣錦，重扶社會莫辭勞。

江耕雨〈送竹崖先生歸磺溪原玉〉[31]

---

29 黃文陶著，《竹崖詩選》，頁 115。
30 黃文陶著，《竹崖詩選》，頁 115。

　　　　全家疾苦賴扶持，八載何嘗一日離；

　　　　從此鵬程千萬里，可容燕雀再追隨。

其他西螺菼社社員送別詩非常多，限於篇幅不及備載，如夢焦先生〈「倒疊竹崖詞兄留別瑤韻」原玉〉、黃清江先生〈送文陶宗兄榮歸〉、程清水先生〈送文陶詞長〉、應谷先生〈呈竹崖斧正〉等…

　　　黃文陶先生對西螺菼社的創立與運作的貢獻是有目共睹的，故他要離開時大家對他依依不捨，設宴餞別，拍攝送別合影，題字「黃文陶氏送別紀念攝影，大正十四年十二月六日」。

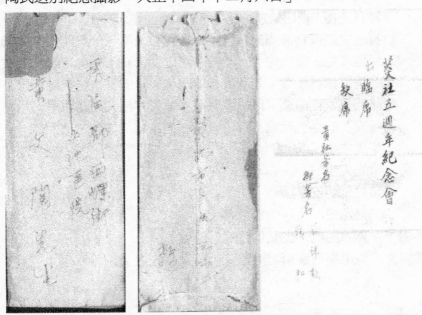

（5）大正十四年，賴和、石錫勳寄黃文陶菼社五週年回函（郭雙富提供）

　　2．嘉義鷗社與嘉社

　　　十六名有志之士於大正六年（1917）成立尋歐吟社，並推舉方輝龍為社長。大正十二年（1923），時改稱鷗社，並廣邀嘉義市、嘉義郡、新營郡、東石郡、北港郡、虎尾郡、斗六郡等地詩社百餘人，在三山國王廟聚會，並成立嘉社，之後並發行鷗盟月刊。由左大正十四

---

31 黃文陶著，《竹崖詩選》，頁116。

年嘉社回函寄黃文陶可知，黃當時也是社團幹部。大正十三年時，由賴柏舟、朱木通、蔡水震等人在民國九年時創立的無名詩社，加入鷗社。昭和十二年（1937）時因戰亂，活動停頓。直到民國三十六年，在嘉義醫院的孔廟碑重新成立，賴柏舟、蔡水震等人積極的推動，廣募會員，並進行分班教導。昭和八年黃文陶取得醫學博士至此開業，即被聘為顧問。筆者友人提供一封方輝龍社長寫給黃文陶之一封信，乃方輝龍到西螺受到黃文陶等羨社幹部招待返回後的謝函，內容如下：

「文陶學兄如握：

數日造擾，親切情意，五內銘感，沒齒難忘矣！社開會以來，以貴社之設備為最周至，招待情理為最敦厚，他日詩史上無兄及學昆先生，重光先生，及各社兄之功當垂不朽矣！歸來後齒頰生香，精神煥發，是受貴社所賜者也，安得移居尊地，日夕與諸社兄聚首論文，以渡浮生哉！草成寸楮，用誌謝意，恭候

吟安　　並乞代向

學昆先生

重光先生

諸社兄請安是禱

二月四日　　　　方輝龍拜手」

寄件處：「嘉義西門外街弘仁醫院方輝龍」

收件處：「虎尾郡西螺街上池醫院　黃文陶先生」

（6）大正十四年鷗社蔡炳輝寄黃文陶嘉社回函，另一張為
　　　葭社五週年回函（郭雙富提供）

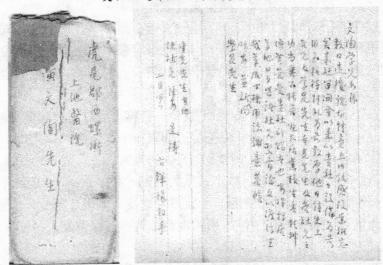

（7）方輝龍（曾任嘉義縣長），寫給黃文陶的信。方龍輝曾任鷗社社長，
　　　於民國三十九年聘賴伯舟先生，發行《鷗社藝苑》，最少四集。曾
　　　為嘉義市長，於民國五十五年邀黃文陶作「吳鳳公銅像銘」一文，
　　　銅像立於嘉義市火車站前。

（二）交友網絡

1 . 賴　和

　　　賴和再被公推爲台灣新文學之父，是黃文陶小逸堂同學，因黃文陶公學校畢業後，三年才考上總督府醫學校，這時賴和已是醫學校學生了，故雖黃文陶彰化第一公學校是第六屆畢業生，而賴和是第七屆畢業生，但賴和畢業隨即考上總督府醫學校，他中斷一下又重考三年才考上，故反而比他慢，故以詩賀之。

　　　而在《賴和全集》中也找到〈賀文陶藝兄及第〉[32]，爲賴和寫給黃文陶詩作。

　　　　　　筆鋒相鬥戰文場，□[33]榜名飄姓字香。
　　　　　　記得烈兄曾有句，錦標高奪意悠揚。
　　　　　　一枝丹桂高攀折，萬仞青雲獨步登。
　　　　　　莫訝沖霄無羽翼，翻飛將此即是鵬。
　　　　　　榜上看君占上頭，姓名應共春香浮。
　　　　　　文章今以清場屋，捷步先登誰移樓。

第一首中「記得烈兄曾有句」，烈兄當指石錫烈，也是小逸堂同學，父親也曾是小逸堂老師石汝鏘，也是總督府醫學校畢業，於南投縣集集鎮開業。筆者推測可能賴和醫學校就讀中，對老師的姪子，也是小逸堂老同學的一首祝賀詩。

　　　在黃文陶詩選中有一首〈和光寮晉一會席上呈諸兄其一憶癸河兄〉
　　　　　　雅集山莊值早春，梅花綻玉柳眉新，
　　　　　　年年此會歡何極；惆悵今天少一人。

寫這首詩時，賴和已去世，故小逸堂的活動，本有十一人，現剩十人，大家便很懷念起最年幼的賴和　，故詩中提及「惆悵今天少一人」。

　　　此是黃文陶寄賴和詩作，賴和當有和詩，並保留友人詩作。

2．詹作舟

　　　詹作舟本名阿川，1891 年生於彰化市，與黃文陶及賴和等是小逸堂同學，三人皆爲西醫師；詹作舟行醫于永靖開設生春醫院，兼參加

32　林瑞明編《賴和全集　四漢詩卷上》頁 139 錄七絕一首「一枝丹桂高攀折…」。又見《賴和全集四漢詩卷上》頁 223，共作了七絕三首，即此三首，其中第二首重複。第二首又見《賴和全集四漢詩卷上》頁 298，惟第二首最後一句爲「翻飛將此即爲鵬」。
33　原書缺字。

興賢吟社、應社、聲社等彰化地區詩社活動，曾自民國四十九年起任興賢吟社社長二十年，民國三十九年遭白色恐怖被拘禁九十天，詩中頗能反映光復初期民生困苦，及有多首二二八事件寫實詩，於民國九十年由筆者主編出版《詹作舟全集》一套六冊。由互動之詩作可了解互相之關係。

由詹作舟醫師有關黃文陶之詩作〈次迂吾「祝文陶在嘉開業二十週年」〉[34]（民四十一年）

博士頭銜信可欽，念年成就奉仙林；
良醫良相清聲著，仁心仁術造詣深。
救國尚期籌運策，活人已足作時箴；
卻知漢法風行日，紅利應輸擺腳參。
（原注：張參君業漢醫門庭若市）

詩中對黃文陶讚嘆有加，此詩乃石錫烈作的「祝文陶在嘉開業二十週年」詩，寄給詹作舟看，因為都是老朋友，故他又次他的韻作了這首詩。

另當民國五十九年黃文陶逝世時，詹作舟任員林興賢吟社社長，他寫了一付冠首輓聯：[35]

文質彬彬痛惜斯人今已杳，陶情鬱鬱劇傷吾輩繼將亡

黃文陶七十八歲逝世，時他也已八十歲了，小逸堂成員已多人死亡。故輓聯說「傷吾輩繼將亡」，真是當時八十老人的感傷。其對老友逝世之輓聯，可知其對朋友的情分。

---

34 張瑞和編《詹作舟全集》五冊，頁144。
35 張瑞和編《詹作舟全集》六冊，頁455。

（8）昭和十九年，作東招開小逸堂同窗會於自宅—忘我美圍故址舉行，
　　中坐者為黃文陶。（詹作舟遺物，詹元雄提供）

3．廖學昆

　　廖學昆（1897－1961），別號「應谷」，日治時期地址爲：虎尾
郡西螺街西螺五四〇番地。即現在的西螺鎮廣福里。祖父廖心村一代，
家境貧苦，從事轎夫工作。父親廖大芋（諱漢棟），天賦聰明，善於
經營，從事芋粿生意，開設當舖，買地置產約五百甲土地，成爲西螺
當第富有名望的大地主，廖學昆爲獨子，父親自幼即延請塾師，教授
三百千千，四書五經等漢學，後就讀公學校等正規教育，並留學日本
東京亞東學院，學成返國，經營大東信託株式會社。並對社會文化及
地方建設貢獻良多。如：大正十年（1921）倡議並出資整修西螺振文
書院。昭和元年（1936）重建西螺張廖家祠，擔任建築委員出錢出力。
等等，日治時期擔任西螺街協議會會員（相當於現在鎮民代表）、信
用組合理事（相當於現在農會理事）、虎尾郡水利組合評議員…等職，

在地方頗具聲望。戰後並爲西螺鎮官派首任鎮長，對戰後鎮務推動貢獻不少心力，翌年卸任，專心經營斗南建材有限公司，民國四十一年（1952），聘任爲雲林縣文獻委員會顧問。

大正八年（1919）黃文陶到西螺開業醫院，即邀請他來共襄盛舉。黃文陶長他四歲，又皆有漢學基礎。且廖對文化社會公益有濃厚興趣，故很快即加入成爲好朋友。

當大正十四年黃文陶要離開西螺時，廖學昆先生寫了一首〈送竹崖詞兄〉[36]

> 贈別無言感不禁，螺陽從此少知音；
>
> 早知今日分離苦，翻悔當初交太深。

由詩中即知二人交情之深厚，當廖學昆於民國五十年（1961），去世時，黃文陶也很難過，寫了弔詩〈**弔學昆詞兄文**〉[37]。

> 卅載神交，翻誦詩文懷道義。
>
> 一朝絣執，同歌薤露泣霜風。

4．廖重光

廖重光祖父輝煌（秋紅）先生，爲前清咸豐年間秀才，十八歲由福建詔安渡台，經商得法店號玉山（今西螺鎮延平路街尾），喜交際，來往官界商界，常止宿於玉山宅，因此有秋紅頭的稱號。

父親維峻先生爲祖父之六男，幼喜讀書，詩通八股，三十歲到桐城應試，獲「申秀」即乳名兼生員之名，他與曾任漳州協台嘉義參將周夢渭三女香姑結婚，長子即是廖重光。

廖重光生於光緒元年（1875），二月十九日，生於虎尾郡西螺街，明伯陽，字重光，號菊友，後自號菊痴，自幼在書香家庭薰陶下，鑽研四書五經，學行俱佳，八歲時師事葉有聲及生員蔡壽星（舉人後中進士），讀完四書五經。十七歲受母親鼓勵前往邱錫熙先生處研究詩文。明治三十一年（1898）畢業於雲林國語傳習所甲科，復進總督府國語學校（師範前身）修業，明治三十四年（1901）以優異成績畢業。

畢業後任職西螺公學校（今西螺文昌國小）教員，以後從事教職

---

36 黃文陶著，《竹崖詩選》，頁115

37 黃文陶撰《竹崖文選》，頁503

有十九年，後檢核及格爲訓導。

　　大正九年（1920），日本地政大改革，辭教職改任虎尾庄長兼會計役一職，隔年並授與勳章，大正十三年（1924）五月，被派認爲第二任庄長（今鎮長），並兼營「菸酒賣捌（專賣）」接著昭和三年（1928）、昭和七年（1932），連三任街長，昭和十一年（1936）榮退，主持街政達十三年之久，辦理各項街政不餘餘力。[38]

　　黃文陶大正八年（1919）成立芸社，隔年改葵社，街內人士便陸續加入，廖重光自幼漢學根基深厚，便也加入這個組織，與黃文陶成莫逆之交。如：黃文陶詩作有〈謹和重光先生原韻〉

　　　　其一

　　　　政聲赫赫足千秋，勳位榮頒報大猷；

　　　　棲隱羨君能勇退，浮雲富貴復奚求。

　　　　其二

　　　　連長街庄已四期，公農政教力操持；

　　　　虎螺此日多殷富，端賴先生善作爲。

此詩作乃黃文陶之歌頌廖重光之政績，甚至任內都市計畫成功，導致西螺多殷富，也是他的功勞。當廖重光去世，黃文陶有弔詩〈弔老友廖重光文〉[39]

　　　　教書廿數載，桃李成林，人才輩出；一世勳勞垂不朽。

　　　　秉政十餘年，農商發展，街道康莊；三台模範自長留。

38　參考朱繪文撰〈西螺街長－廖重光「菊癡詩草」漢詩評析〉，雲科大漢學資料整理研究所「台灣文學史期中報告」。

39　黃文陶撰《竹崖文選》〈第十篇　輓聯類〉頁489。

四、竹崖詩選析論

　　黃文陶先生經過前後七年的研究後，提出論文《關於痲瘋桿菌音伯丁（Impedin）即煮沸免疫元之研究》，通過審查，取得外科醫學博士學位。據其公子黃伯超說，這是一種當時流行癩病（痲瘋）的病源的免疫學研究，當時痲瘋病人是要隔離的，現在雖還沒有疫苗的製造，但是已能用藥物控制。

　　除了博士論文外，於民國五十六年十二月十五日出版二本專著，《竹崖文選》、有《竹崖詩選》，可說是他一生詩文的代表作，也是他的選集，故有一些詩文沒被選上，這些作品就不知去向了。另受邀於民國五十四年（1965）出版《中國歷代及東南亞各國祀孔儀禮考》。

　　《竹崖詩選》這是黃文陶的詩選,而非全集,故限於篇幅,遺珠必定很多。詩集之編排依詩體而分,各類大約數量如下:

七律有約一六〇題,一七〇首。

七絕約六百四十題,九百首。

七古一題一首。

五律有十題十首。

五絕有五題五首。

詩鐘有廿五題,廿五首。

歌詞二題三首。

以上總共約八百四十題,一千一百二十首。

　　其實,在《竹崖文選》中,有對聯、輓聯、弔辭皆是押韻的傳統文學,也可編入詩選中。由以上數量中可以很清楚看的出來,黃文陶的作品大部分是七言較多,尤其七言絕句就有九百首之多。以黃文陶先生參加詩社活動之踴躍,在他晚年之詩集絕對不止這些,故當時可能是以聯誼考量,故唱和、交際詩選比較多,擊缽課題詩很多只好割愛了。

　　茲將以《竹崖詩選》為例,對黃文陶漢詩加以賞析。

　　(一)詩鐘——對仗平穩,義理周到

　　詩中之形式,連雅堂《雅言》第九十三節為凡十四格,然實際已逾二十多種。多屬為文造辭,不是真情寫意,常為人所詬病。然也因限制頗多,可於詩社集會時,作為爭奇鬥捷之用,考驗詩人運用文字之功力。於題字楹聯亦有其實用價值。

　　在《竹崖詩選·第六篇詩鐘類》裡面收錄他的各種不同形式詩鐘,如:鳳頂、燕頷、鳶肩、蜂腰、鶴膝、鳧脛、雁足、蟬聯、魁斗、鼎足、鷺拳、雙鉤、睡蛛、八叉、碎錦、流水、晦明、合詠、分詠等,並分別說明其做法,可說是詩鐘的一個良好示範教材。舉例如下:

　　　　〈山水一唱〉

　　　　山上望夫人化石,水中投物我開天。

　　　　〈松竹晦明格〉

　　　　松下朝朝修正氣,窗前日日報平安。

（二）贈人詩 —— 褒獎期待，受贈者如獲珍寶

「出交天下士，入讀古人書」，黃文陶是一位相當好客的讀書人。在《竹崖詩選》中，收錄相當多的贈人詩，如：新官蒞任、新婚、得子、得孫、華誕、新居落成、開業或週年慶、考試及格等，而且，自己又能寫一首好字。故有須恭賀者，親筆寫一首自己做的賀詩、提上「醫學博士黃文陶」裱褙送上，經濟實惠，又有文化氣息，又可拉近彼此的情感，也表示交誼網絡的寬廣。如：

〈慶祝林振華醫學士醫院新築落成紀念〉[40]

醫術精研一卓才，堂黃華麗院宏開；

仁風從此桃城佈，佇看他年杏遍栽。

〈慶祝德和女士令次男藩雄君新婚〉[41]

九畹移栽學士家，階前麗日吐其葩；

春回馥郁桃城遍，兆慶琳瑯茁慧芽。

但有一些作品並無蒐錄，如筆者友人提供黃文陶於民國五十三年五月十六日，親書贈人小圓型裝飾品。內容如下：

俊榮宗兄嫂夫人

劉香女士榮膺模範母親表彰誌慶

清芬端淑著賢聲，畫狄辛勤仰令名；

江夏高風傳兩美，褒揚禮厚慶殊榮。

醫學博士　黃文陶撰贈　民國五十三年五月十六日

這首詩並沒有蒐錄在《竹崖詩選》中，可見黃文陶當年編此書，有很多詩作遭遺珠之憾。尤其，擊缽詩課題詩，與友人唱和，贈友人詩作，也是擇要刊出，就有這麼多了。

---

40 見黃文陶著《竹崖詩選》頁 122。
41 見黃文陶著《竹崖詩選》頁 125。

（9）民國五十三年黃文陶書贈賀詩（郭雙富提供）

（三）憶往詩 —— 逼真寫實，勾起共同記憶

在他的憶往詩中可看出日治時期的種種社會景觀，及日本統治下的種種措施。〈回憶吟〉[42]，共分十首寫出日治時期印象較深刻者，也可喚起經歷那段歷史的大眾共同記憶。

〈配給〉

　　口稱一視盡同仁，誰信民糧配不均；

　　台籍七成他十足，改名優待等伊人。

日治時期之食物配給不是很公平的，台籍同胞只給七成，日本籍就能給十足的糧食；並為鼓勵皇民化，只要改成日本名的配給也有優待。當時在同伊機關當公務人員或同一學校擔任老師，日本籍的薪水也領比較高，台籍的幾乎是日本籍的七成。

〈家庭奉公班〉

　　婦女操場訓練忙，遞囊送水上樓房；

　　早知戰火無情物，應悔當年瀆武狂。

應付戰爭時期男人被調往戰場，故婦女須接受消防訓練。水桶接水一

---

42 黃文陶撰《竹崖詩選》，頁181、182。

桶一桶的傳送到演習的水源處滅火。

〈臺兵〉

　　　　倭裝荷銃幾新兵，矛盾心情忐忑生；

　　　　彼此同根黃祚後，為誰征戰為誰征。

被日本徵調的台籍兵，穿著日本軍人的衣服，到中國戰場去打戰，結果就有一個現象，不知為何而戰，因為台灣被日本統治士兵代表是代表日本人，但打戰對象卻是同根的炎黃子孫，故有不知為誰爭戰的茫然。

〈獻鐵〉

　　　　家家催獻鐵和銅，南北搜空西復東；

　　　　窗戶欄干都不管，一爐溶化砲聲中。

日治末大東亞戰爭時期，戰爭缺乏銅鐵，故家家戶戶必須把銅鐵器獻出，故欄杆窗戶的鐵質部分都必須鋸掉獻出，幾乎成那時期的全民運動。

〈初襲〉

　　　　夜半初傳臺斗坑，炸彈破屋肆橫行；

　　　　穿衣穿被穿筋骨，十七村民半死生。

日治大東亞戰爭後，尤其是民國三十年珍珠港事件後，美國對日宣戰，加入亞洲戰場，當時台灣是日本南進的跳板，故美軍對日本統治區台灣加以轟炸，嘉義地區自然也不能倖免。初次空襲台斗坑地區最為嚴重，房屋被毀，村民也半死生。

〈空炸〉

　　　　沉淪異族向誰瞋，敵友難分最辛苦；

　　　　記得盟機空炸下，朝朝狂殺自家人。

台灣被日本統治，盟軍炸台灣，把台灣當成日本領土轟炸，以台灣人民的立場盟軍到底是敵是友分不清楚，盟軍也可說在轟炸天天枉殺台灣無辜老百姓。

〈爆擊〉

　　　　炸彈機銃殺傷頻，不擊軍人擊細民；

　　　　莫笑春秋無義戰，兇殘廿紀勝狂秦。

美軍的轟炸機槍掃射，小老百姓死傷嚴重，反而日本軍較會躲藏，故死傷較少，故說盟軍這也不是解救台灣的義戰，其二十世紀炸彈機槍掃射威力當然勝於古代，故兇殘程度更勝於狂秦。

〈待避〉

美機來時市成空，待避家家逐日忙；

我到靜香莊上去，黃枝相迓放芬芳。

美軍轟炸時期，都市住屋密集機關也較多，故幾乎成轟炸對象，故機關及人民幾乎都必須疏開到鄉下暫避，黃文陶也暫避到靜香莊去。

〈憶同仁〉

誰憐敵下苦頭陀，戰捷謠中應召中；

幾個同仁菲馬去，半為俘虜半隨波。

日治時期，有同仁應召被徵召往南洋的菲律賓、馬來西亞等地方去，戰爭結束有一半被盟軍俘虜，有一半在那隨波逐流生死未明。

〈驕虜〉

敵皇低首誓心降，昔日驕奴化野尨；

臨走掉頭還傲語，廿年捲土再重逢。

日本天皇已宣布無條件投降，日本人昔日在台灣是天之驕子，今日像沒主人的野狗一樣，但有日本人臨走，還誇下狂妄的海口，二十年後他們還要捲土重來。

（四）時局詩 —— 觀察細膩，診斷時弊

1．兩岸詩

三十四年日本投降，八年抗戰終於獲得最後勝利，日本交還五十年前割讓的台灣，本想有和平日子可過，但奈何國共爭又起，三十八年政府撤退來台，看在國人眼中感慨萬千，故有詩作。

〈和談破裂有感〉其一

三月求和事已非，安民救國終願違；

當年勝利今何在，滿目瘡痍伴落暉。

〈和談破裂有感〉其二

桃紅李白不勝春，半壁江山付劫塵；

國父有知應感慨，肩扶危局有誰人。

2．選舉詩

在民主時代，尤以選舉這件事讓人感受最深，選賢與能造福人群。否則，黑金橫行，假公濟私，國是日非，被選出來的民意代表成為亂源，吃虧的還是老百姓。

〈**國大競選街頭即事**〉[43] 其一

諸羅競選術翻新，茶果香菸馬路陳；
更有嬌娃頻點額，請君一票寫斯人。

〈**國大競選街頭即事**〉 其二

送煙請酒尋常事，利誘權操最著名；
競選一開齊著手，果然馬到便功成。

〈**國大競選街頭即事**〉 其三

胸無點墨恃多財，筵席連宵次第開；
競選何庸陳政見，只須如此便登臺。

〈**國大競選街頭即事**〉 其四

奸謀狡策日翻新，被騙市民亦可憐；
是虎是狼渾莫辨，枉將一票選斯人。

〈**嘉義縣第二屆縣議員選舉即事**〉[44] 其一

大林溪口又民雄，新港巡迴興不窮；
民主先聲開自治，議員圈選樂融融。

〈**嘉義縣第二屆縣議員選舉即事**〉 其二

黑色頭巾半面遮，媼翁攜手坐牛車；
鄉村選舉情真摯，已肇中興國與家。

〈**嘉義縣第二屆縣議員選舉即事**〉 其三

小學庭東日未斜，村姑鄉老列長蛇；
之無莫辨情深切，慎選賢能志可嘉。

前一首詩中寫出他對賄選的憂心，茶果、香菸，流水席，討好選民，縱然不學無術，只要肯花錢就可選上，而市民短視，只見小利，而沒想到選賢與能，才能真正監督政府，走向康莊大道。而對競選者是狼

---

43 黃文陶撰《竹崖詩選》，頁143。
44 黃文陶撰《竹崖詩選》，頁159。

是虎都無法辨識，就把這一票投給他，這是付出非常大的後果的。所描述是社會的病態。

　　第二首詩所描述比較屬於正面方面。黃文陶擔任「台灣省公職人員選舉監察委員會嘉義監察小組」一職十年之久，故詩中提及他在大林、溪口、民雄、新港等地區巡視。第二首提及鄉村婦女，黑頭巾半遮面，老阿公、老阿婆，手牽手，搭牛車去選舉的情景，真摯感情以肇國家中興。第三首提及村民雖不識字仍然踴躍參與選舉的情形。

　　（五）詠物詩 ── 善用隱喻，發人深省的

　　通常詠物詩可說是擊缽詩或課題最常出現的命題。大至山川河流，小至花鳥昆蟲，都可成為詩人摹寫的對象，都可寄託詩人的情感。若只詠物而別無寄託將失之於膚淺。故詠物詩須有寄託，才能賦予詠物詩特出的價值。

1．植物類

　　　〈紅葉〉45

　　　　不是桃花照碧流，更非榴火攝江舟；

　　　　霜楓千樹清溪畔，一樣如霞欲暮秋

　　　〈丹荔〉46

　　　　千株霞樹產南蠻，六月香飄正可攀；

　　　　馳聘當年妃子笑，何人識是悅紅顏。

2．自然景觀

　　　〈關山月〉47

　　　　沙寒雪冷不知艱，杯酒長宵月一彎；

　　　　醉倒亂山君莫笑，戰爭千古幾人還。

　　　〈字紙籠〉48

　　　　編竹為籠掛柳梢，雲箋繭紙任人拋；

　　　　傷心枉貯經書滿，濟世無能應被嘲。

---

45 黃文陶撰《竹崖詩選》，頁 76。
46 黃文陶撰《竹崖詩選》，頁 80。
47 黃文陶撰《竹崖詩選》，頁 76。
48 黃文陶撰《竹崖詩選》，頁 78。

3．科技文明

〈**寒暖計**〉[49]

應劃分明作表章，水銀管內自弛張；
事情冷暖量來未，便向人前示短長。

〈**電視**〉[50]

視真相慶渡臺瀛，藉電空傳技可驚；
華府東京開盛會，管教頃刻眼前明。

〈**太空船**〉[51]

漫經科學未專精，廿紀文明耳目驚；
乍見衛星輿地繞，旋聞空艇月宮行。
願隨術士聽仙曲，且有嫦娥慰客情；
他日功成營利大，移民可待盡歡迎。

（六）詠景詩 ── 描繪鄉土景觀，內心感觸

鄉土作家黃春明主張「用腳讀歷史」，由對家鄉的熟悉，喚起愛鄉之情懷，再轉爲對土地國家的認同。也可說是「用心去旅行，用詩寫地理」，黃文陶亦不免遊歷附近景點，或台灣名勝。如遊玉山寫下〈玉山瑞雪〉，遊關仔嶺寫下〈遊火山岩碧雲寺〉；遊梅山寫下〈梅山探梅道上即景〉；遊太平山寫下〈太平山上〉；遊阿里山寫下〈遊阿里山即景〉；甚至路經左鎮也寫了一首〈左鎮途中〉。

清人黃子雲說：「詩不外乎情事景物，時事景物要不離真實無僞。一日有一日之情，有一日之景，因題著句，則固景無不真，情無不誠矣。」以上詠景詩細膩的刻劃遊覽所見之風光景色，以及內心的感觸。

〈**玉山瑞雪**〉

醒覺衿寒曙色微，祝山東望白巍巍；
鵝毛笠戴峰稱玉，梅瓣脂拖粉帶暉。
燦爛已占開盛世，清光喜兆復京畿；
竚看六出瓊花麗，到處年豐願不違。

---

49 黃文陶撰《竹崖詩選》，頁 105。
50 黃文陶撰《竹崖詩選》，頁 205。
51 黃文陶撰《竹崖詩選》，頁 43。

〈遊火山岩碧雲寺〉[52]其一

結伴山原避俗塵，碧雲空氣自清新；
參禪佛客多如鯽，證見梵王最愛人。

其二

漫步羊腸到火山，鐘聲遙出碧雲間；
能不禮佛僧和俗，覺醒靈堂化魯頑。

〈梅山探梅道上即景〉[53]其一

百折羊腸路亦奇，況兼玉萼破春時，
此行不費蒐資料，到處風光供賦詩。

其二

竹崎北轉即梅山，十里迂迴道路艱，
昔日桃源堪比擬，何妨且住避塵寰。

〈太平山上〉

半山村上太平巔，雞犬無譁境似仙；
不減桃園風景麗，何期此日訂詩緣。

〈遊阿里山即景　其一沿途〉

為探阿里率諸孫，冒雨驅車到北門；
坐上中興頻拭目，遙看雲樹綠珠奔。

〈遊阿里山即景　其二獨立山〉

鐵路奇觀獨立山，火車三匝向高攀；
如梭穿洞登峰極，幾度樟寮指顧間。

〈左鎮途中〉

車開善化日中天，遙望東山樹色妍；
頃刻雲低風景異，菲菲左鎮雨連綿。

---

52 黃文陶撰《竹崖詩選》，頁 151。
53 黃文陶撰《竹崖詩選》，頁 152。

五、結語 ── 黃文陶的漢詩價值

　　黃文陶有叔父爲其奠下深厚漢學根基，加上自己亦有深厚興趣，故到西螺行醫次年即召集志同道和者，組織芸社，隔年改稱葵社，並聘請宿儒江茂才（藻如）主講，以詩文課士，這是他對西螺地區詩壇的貢獻。並娶妻張雀，岳父張淮及內兄張立卿皆是詩人，留日取得醫學博士後，在嘉義行醫，被聘爲「鷗社」顧問，每月與詩友聯吟，風雨無阻，擅長詩文，被聘爲「鷗社」顧問，每月與詩友聯吟，風雨無阻，1934 年主辦全島詩人大會，代表主辦人，向與會詩友致辭，代表他對詩壇的奉獻與地位。他對傳統的提倡及詩壇的維持的貢獻，是不可磨滅的。

　　它的詩作頗多，《竹崖詩選》就選進上千首詩作，以他那麼踴躍參加詩社活動，擊缽及課題詩必多，他有廣闊的人際網絡，且是嘉義地區早期的領導人物，婚喪喜慶應酬必多，他最常親筆題詩，應酬詩句必多，這些詩句蒐入《竹崖詩選》的相信不到一半。

　　由於他在叔父黃倬其門下接受嚴格訓練，爲舊學奠下深厚根基，加上行一期間，仍孜孜不倦，從黃茂才飽讀詩書，厚基薄發，在這麼好的基礎下，形式上他的詩作平仄純熟，韻腳平穩；內容上詩料豐富，用典不會艱澀，可說隨手拈來便是佳句，是光復前後雲嘉地區不可多得的政治家，尤其對醫師公會貢獻最多。終身護持傳統詩壇，一方面也是他的興趣，也可說他對文化的一份執著，值得大家紀念與肯定。

參考書籍：

1. 黃文陶：《竹崖詩選》（嘉義，上池醫院，民五十六年十二月十五日）出版。

2. 黃文陶：《竹崖文選》（嘉義，上池醫院，民五十六年十二月十五日）出版。

3. 黃文陶：《中國歷代及東南亞各國祀孔儀禮考》（嘉義縣文獻委員會發行，民國五十四年二月十六日）出版。

4. 張瑞和、施懿琳：《詹作舟全集》（彰化永靖：詹作舟全集出版委員會，2001 年）出版。

5. 林瑞明編：《賴和全集》（台北市：前衛，2000 年）出版。

6. 林瑞明編：《賴和影像集》（彰化：賴和文教基金會、南投：台灣省文獻會策劃出版，2000 年）。

7. 許雪姬、薛化元、張淑雅等撰文：《台灣歷史辭典》（台北市：文建會，2004）出版。

8. 程大學總主編：《西螺鎮誌》（雲林縣西螺鎮：西螺鄉公所，2000 年）出版。

9. 符寒竹：〈醫學博士黃文陶〉，刊於《嘉義文獻 第八期》，（嘉義市：嘉義文獻委員會，民六十六年一月出版）。

10. 《菼社同人錄－十五週年紀念》，西螺菼社出版。

11. 《黃文陶漢詩》，雲科大漢學所歷屆同學調查整理相關資料。

12. 李瑞騰總編輯：《文訊月刊》第十八期（臺北市，文訊月刊雜誌社，民七十四年六月）。專題企劃〈傳統詩社的過去現在未來〉含一張夢機等〈傳統詩社的現況與發展座談〉，二編輯部〈現階段台灣傳統詩社概況〉，三王文顏〈台灣詩社的時代價值〉，四黃志民〈詩社活動現象及其意義〉。

13. 賴郁文：《吳景箕及其詩研究》，國立雲林科技大學漢學資料整理研究所碩士論文，九十三年一月。

14. 林哲偉：《邱水謨漢詩研究》，國立雲林科技大學漢學資料整理研究所碩士論文，九十三年六月。

附：黃文陶年表及作品繫年

爲了對黃文陶有一個全面的認識，茲將蒐集資料列出年表如下。

1893 光緒十九年癸巳 1 歲

十二月二日出生於彰化市。

1895 光緒二十一年乙未 3 歲

日本據臺。

1898 明治三十一年戊戌 6 歲

父親黃金泉因患「鼠疫」傳染病，與祖母同日去世於故鄉。

1899 明治三十二年己亥 7 歲

母親游氏因長年患腸病辭世。

1903 明治三十六年癸卯 11 歲

彰化第一公學校入學。

1907 明治四十年丁未 15 歲

春，入設於彰化市南壇（今中山國小旁南山寺）側之小逸堂拜叔父黃倬其爲師學漢文，同學有賴和、詹阿川（作舟）、石迂吾等。[54]

1908 明治四十一年戊申 16 歲

彰化第一公學校本科第六回畢業。[55]

1912 大正一年壬子 20 歲

總督府醫學校就學，在學中常任級長。[56]

適逢國父創立中華民國。

苗栗烈士羅福星起義失敗，目睹仁人志士，被捕北上，頓感受異族統治之慘，不禁灑下熱淚。

---

54 見《賴和全集二・新詩散文卷》頁 197〈小逸堂記〉「丁未春，家居賦閒，我等父兄仰其博約善誘，欲以子弟相托，乃爲築室於南壇之側以講學…」，丁未年即明治四十年，公元 1907 年。

55 見《彰化縣第一公學校卒業生名簿》，彰化第一公學校創立三十五週年記念祝賀會編，昭和八年十一月出版

56 見〈弔王甘棠先生文〉「在醫學校班級雖差一年，因係同庚，且在學數年間，同任級長之職。」

1917 **大正六年丁巳** 25 **歲**

總督府醫學校第十六期畢業。

台中市私立同仁醫院實習。

1918 **大正七年戊午** 26 **歲**

二月，辭同仁醫院，至西螺開設「上池醫院」。

1919 **大正八年己未** 27 **歲**

與廖學昆、魏等如、江擎甫、等人在西螺組織「芸社」[57]，聘本
鎮宿儒江茂才（藻如）主講，以詩文課士。

迎娶斗六品芳堂第二代中醫師張淮之女張雀（十九歲）

叔父黃倬其講學之彰化小逸堂新築完成。[58]

1920 **大正九年庚申** 28 **歲**

西螺「芸社」改稱「葵社」。

對自己有養育及教導之恩的叔父黃倬其逝世。[59]

1923 **大正十二年癸亥** 31 **歲**

三月十五日初次到日本旅行。

十二月十六日曉，與蔡培火等同案遭違反日治安警察法嫌疑受日
警困擾，搜查家宅，並被留宿現虎尾鎮中山堂二樓一夜二日。

1924 **大正十三年甲子** 32 **歲**

仰慕祖國文化開始周遊大陸，並秘密加入國民黨，往福建海澄謁
祖，經福州北上至滬、杭、南京等地。

1925 **大正十四乙丑** 33 **歲**

二月，葵社五週年慶會、嘉社第三回大會主辦。[60]

四月，岳父斗六名中醫張淮逝世，次子張立卿繼承家業，為中醫
亦為名詩人，次年在斗六大街（今太平路）重新改建雙店面二層
樓新宅，擴大營業，取名「品芳堂西漢大藥局」，兼售漢藥與西

---

57 根據江擎甫撰〈葵社沿革〉，收於《雲林文獻季刊創刊》寫「芸社」，而西螺鎮
　誌寫「同芸社」，不知友何根據，或是錯誤。

58 見賴和撰〈小逸堂記〉，收於《賴和全集二。新詩散文卷》頁 197-198。另參考《賴
　和全集三。雜卷》頁 262，〈賴和年表〉。

59 同前注「乃距落成未一年，而夫子竟以捐館。…」

60 由出土之當時大會回條，收件者皆是寄黃文陶可知。

藥。61

大正十四年十二月六日，西螺茭社送別黃文陶紀念攝影

結束西螺上池醫院，入台灣總督府醫學專門學校病理研究科深造。茭社聘斗南黃茂才（紹謨）為顧問，指導詩社，社員定期於廖學昆府上活動。

1926 昭和元年丙寅 34 歲

自韓國經東北奉天轉入大連、青島、上海、杭州、南京，謁拜中山陵。

三月，茭社辭宗江秀才年高體弱辭詞宗，另聘斗六黃承丕為詞宗，到昭和六年（1931）止。

1927 昭和二年丁卯 35 歲

負笈至日本京都帝國大學專研外科深造，七月攜眷東渡京都帝國大學醫學部附屬病院任醫局員。

1928 昭和三年戊辰 36 歲

三度周遊大陸，為印刷其中文著作，居留上海月餘，而完成心願。

1929 昭和四年己巳 37 歲

元月，帶職進入該大學外科專修科，在烏潟教授指導下專研外科。

1932 昭和七年壬申 40 歲

經過前後七年的研究後，提出論文《關於痲瘋桿菌音伯丁（Impedin）即煮沸免疫元之研究》，十一月通過審查，取得外科醫學博士學位。

1933 昭和八年癸酉 41 歲

元月，至嘉義市開設外科專門醫院「上池醫院」。

十月，被選出任嘉義市醫師會會長並連任六年。

醫學校教授（校長）堀內次雄博士贈匾。62

1934 昭和九年甲戌 42 歲

一月，被選任第三屆嘉義市協議會議員，七月因家事辭職。此後終生未再擔任日本官派議員。

四月七日，本市主辦全島詩人大會，與會六十七吟社，共二百三

---

61 見鄭定國撰〈斗六張立卿漢詩特色〉，收於《漢學論壇第三輯》，2003 年 12 月，雲林科技大學漢學所發行。

62 見黃文陶撰《竹崖文選》，前面相片匾額圖片。

十一人參加。於次日下午八時大會圓滿成功之慶筵前，代表主辦
人致辭。

1935 **昭和十年乙亥** 42 歲

慶祝西螺菼社創社十五週年出版《菼社同仁錄》，有六十首詩作
收錄集中。

1937 **昭和十二年丁丑** 45 歲

夫人張雀因病去世，遺下三男三女，時長男孟超十五歲，次男伯
超、三男季超、長女素華、次女素一，三女素節則僅出生三個月。

1939 **昭和十四年己卯** 47 歲

擔任台南州醫師會理事，連任六年至戰爭結束。

撰〈己卯生辰書感〉七絕二首。

1940 **昭和十五年庚辰** 48 歲

八月十二日，與友人共十四人登新高山，共五日返，撰有〈新高
遊記〉。

12 月 28 日，參加小逸堂晉一會。[63]

1942 **昭和十七年壬午** 50 歲

舉行小逸堂第二次同窗會於賴和府。

1943 **昭和十八年癸未** 51 歲

1 月 29 日，參加小逸堂晉一會。

1 月 31 日小逸堂同學賴和逝世。

1945 **昭和二十年民國三十四年乙酉** 53 歲

十月廿五日，嘉義市在中山堂召集一千多人的民眾組織一個臨時
參議會性質的嘉義市自治協會，[64]十一月二十日，被公推爲嘉義
市自治協會理事長，協助甫經成立的嘉義市政府，推行政令及接
管事宜，包括施政、治安、教育、人事，至次年三月廿五日止。

任嘉義高中家長會長（34.09－39.09）。[65]

1948 **民國三十七年戊子** 56 歲

11 月 1 日，參加小逸堂晉一會。

---

63 小逸堂舉行日期，見張瑞和編《詹作舟全集·二研究篇》頁 91.92。

64 〈慶祝光復節感言〉頁 35。

65 見嘉義高中網站家長會歷任家長會長。

1949 民國三十八年己丑 57 歲

　　2 月 24 日，參加小逸堂晉一會。

　　撰〈慶祝嘉義農業試驗支所接收四週年紀念〉。

1950 民國三十九年庚寅 58 歲

　　十二月廿四日，次男伯超與詹作舟之弟詹椿柏之三女淑禎結婚，迎親新人立於神前奉告，撰有〈奉告文〉。

1952 民國四十一年壬辰 60 歲

　　爲《蔣總統復行視事二週年紀念詩集》寫序文。

　　9 月 15 日，參加小逸堂晉一會。

　　在嘉義開業二十週年，詹作舟寫有賀詩。

1953 民國四十二年癸巳 61 歲

　　一月起，出任嘉義縣醫師公會理事長，二年一任，共任六年。

　　六月廿日，撰〈弔張參先生文〉，張乃小逸堂同學，業中醫，以六十二歲逝世。

　　再任嘉義高中家長會長（42.04－44.10）。[66]

1954 民國四十三年甲午 62 歲

　　元月 6 日，於自宅桃城樣圃當主人，舉行小逸堂晉一會。

　　撰詩〈甲午馬日晉一會席上有感〉。

　　發表〈省立嘉義家事職業學校第十屆畢業典禮祝辭〉。

　　第十屆醫師節，發表〈恭迎醫師節感言〉。

　　爲省立嘉義醫院院長詹添木講演稿付梓《砂眼史》寫序文。[67]

1955 民國四十四年乙未 63 歲

　　一月廿三日，三男季超服務高雄市船車管理處，將締結連理，新人立於神前奉告，撰有〈奉告文〉。

　　五月十二日，作〈祭堀內次雄先生文〉，堀內乃就讀總督府醫學校之校長，享年八十三歲。

　　以嘉義縣醫師公會爲中心，發起創辦私立中正（後改介壽）醫學

---

66 見嘉義高中網站家長會歷任家長會長
67 黃文陶撰《竹崖文選》，頁 341

專科學校，惜未成功。[68]

發表慶祝（第十一屆）光復節感言。

發表〈國父誕辰及（第八屆）醫師節感言〉。

1956 民國四十五年丙申 64 歲

受聘爲嘉義市聯吟社顧問。

十一月十二日醫師節發表一篇〈談良相和良醫－爲慶祝第九屆醫師節而作〉。

爲台灣省醫學會第三屆地方醫學會致辭。[69]

十二月二日，爲江文峰博士〈展望近年來婦產科之進步〉，及劉乾元博士〈下痢疾患之新療法〉二文合書出版《綜說與新治療法》寫序文。

1957 民國四十六年丁酉 65 歲

元旦爲《臥雲詩集》寫序，此書乃嘉義詩醫林玉書（字臥雲）七十七歲之作。[70]

一月十五日，爲美國軍醫上校鄧泊爾《二三肺部難症療法》寫序文。

中秋，爲尙惠川先生，號悶紅老人《悶紅墨屑》作跋，此乃一部台灣民俗大文獻，也是一部三代人文變遷史。

十一月十二日醫師節，發表〈展望我國的醫政教育－慶祝第十屆醫師節〉，約四千字，勸請政府准許設立私立醫專。

十一月十四日，撰〈祭陳吳傳先生文〉，乃小逸堂同學，以七十歲逝。

爲日本六位博士八木、安藤、西端、齊藤、森、村上，專題演講內容出版《六大專題要旨》寫序。[71]

1958 民國四十七年戊戌 66 歲

---

68 見竹崖文選，〈自傳〉頁 99

69 頁 223-229，此次會議由嘉義縣醫師公會主辦，第一次地方醫學會議於民國四十三年舉行每年一次，故第三屆是民國四十五年。

70 〈弔林玉書先生文〉提及林玉書字臥雲，乃醫界前輩，住嘉義，後往高雄開業，於五十三年三月廿六日，以八十四高齡病逝，

71 黃文陶撰《竹崖文選》，頁 343

撰〈弔謝德斌先生文〉，謝乃醫界前輩。

七月五日，電台廣播〈國民生活與夏季環境衛生〉[72]

1959 民國四十八年己亥 67 歲

夏季全縣大清潔宣導週講播〈大清潔的意義〉

三月十五日，作〈爲周故元助先生祝本山司土之神文〉

十一月十二日醫師節，發表〈應效法國父智仁勇精神—慶祝第十二屆醫師節〉

1960 民國四十九年庚子 68 歲

三月廿日在嘉義縣黃姓宗親會，黃姓宗親會席上以顧問身分發表一篇〈黃氏的由來與祖宗的美德〉，並作〈嘉義縣黃姓宗親會祭祖文〉一篇。

八月四日，撰〈弔石錫烈先生文〉，石乃彰化小逸堂同窗，於南投集集行醫，以六十九仙逝。

九月廿七日，撰〈弔黃三朋先生文〉。

十月三十日，作〈爲林故炎祝本山司土之神文〉。

編撰《中國歷代及東南亞各國祀孔禮儀考》節錄本約五千字，收於《建設》14 卷[73]

十一月十二日醫師節，卸任嘉義縣醫師公會理事長，該會贈匾。[74]

十二月廿八日撰〈弔百樓先生文〉，百樓於虎尾開業。

1961 民國五十年辛丑 69 歲

四月八日佛誕節發表一篇〈浴佛節的意義〉[75]

四月廿八日，爲黃芳來作祭陳宗惠先生文，黃乃嘉義縣佛教支會理事長；陳乃嘉義縣佛教支會顧問，也是醫學博士。

八月，爲中埔醫師（行醫四十三年）林宗焜作墓誌銘。

十一月廿一日，次女素一嫁與嘉義市楊松樹四男柏椿。

十一月廿六日，撰〈弔廖學昆先生文〉，西螺望族，西螺莪社發

---

72 黃文陶撰《竹崖文選》，頁 290-295

73 見行政院文化建設委員會孔廟文化資訊網
　　http://confucius.cca.gov.tw///news//news_Detail.as？View=23

74 見黃文陶撰《竹崖文選》，前面相片匾額圖片。

75 黃文陶撰《竹崖文選》，頁 68－72

起人，以六十五歲逝世。

1962 民國五十一年壬寅 70 歲

四月四日，撰〈弔詹院長添木文〉，詹乃省立嘉義醫院院長，以五十九壯齡病逝。

三女素節，與嘉義縣新港鄉吳金木長男奐昭訂婚，撰有〈奉告文〉。

1963 民國五十二年癸卯 71 歲

元旦，外孫廖日嘉畢業台大醫學院，為台大醫學院住院醫師，將舉行婚禮，奉告祖先，撰有〈奉告文〉。

三月廿七日，撰〈弔高培基先生文〉，高乃省立嘉義醫院內科高主任蒼洲尊翁，以七十三高齡仙逝。

七月十五日，撰〈弔黃美玉先生文〉，黃乃醫學校學長，於員林行醫，七十五歲逝世。

獲全國好人好事代表表揚，地方人士賀匾，詩友賀詩很多。

1964 民國五十三年甲辰 72 歲

撰〈恭迎大成至聖先師孔子二千五百十五週年誕辰〉，為一篇廣播詞。

1965 民五十四年乙巳 73 歲

二月廿六日撰〈弔王甘堂先生文〉，王乃醫學校次一年學弟，且在嘉義開醫院。

六月十二日，作〈為毛松年祭黃太夫人文〉，毛乃台灣銀行總經理，黃乃臺灣銀行總務處主任鍾成家德配。

二月十六日出版單行本，《中國歷代及東南亞各國祀孔儀禮考》，由嘉義縣文獻委員會發行。

七月三十日，為嘉義敬明先生紀念詩集《雪舫青踪》作序。敬民先生字雪舫，乃淡交吟社之錚錚者，山產物界巨擘，後人於其六五冥誕追思付梓。

發表〈慶祝　國父百年誕辰季第十八屆醫師節獻辭〉。

1966 民五十五年丙午 74 歲

元月十二日，撰〈弔林玉信先生文〉，林乃嘉義市醫界同仁林振華先翁，享年六十七。

十二月，應嘉義市長方輝龍之邀，爲嘉義火車站前吳鳳銅像，作「吳鳳公銅像銘」。

十一月十三日，替嘉義縣黃姓宗親會會長，嘉義縣第三四屆縣長黃老達作〈祝嘉義縣黃姓宗親會祭祖文〉。

1967 民五十六年丁未 75 歲

元月六日爲張李德和《琳琅山閣唱和集作序》。

十月廿三日，完成〈就台灣文化建設而言〉，約一萬一千字。

中風臥病。

次子伯超博士後，往美國杜南大學（Tumale）[76]進修學成歸國。

十二月十五日自費出版《竹崖詩選》及《竹崖文選》。

1970 民國五十九年庚戌 78 歲

十一月二十七日，病逝於上池醫院家中，享年七十八歲。

（本文感謝黃文陶博士之哲嗣前台大醫學院院長，現教育部醫學教育委員會常務委員黃伯超博士，猶如指導自己學生一樣，對本文加以斧正，甚至連錯別字也加以訂正。）

---

76 現麻州理工學院（MIT）

黃傳心漢詩研究

吳　岱　壎

一、前　言

　　在本土意識抬頭，台灣文學逐漸備受重視的年代裡，已經有許多的專家學者重視到台灣本土文學的傳承和保存的重要。以目前各界學者所關注的焦點來說，主要所著重的焦點乃在於原住民文學、本土語文、客語文學、古典詩、古典散文、民間文學（包括：歌謠、布袋戲、歌仔戲、童謠....等等）。以地區性來說，有做整體規劃研究的並不多，例如：新竹地區的傳統史料。所以，有許多地方的珍貴前期資料，尚未蒐集齊全，或者可以說，正在流失當中。因此，對於地方文學文獻資料的蒐集和保存是一件非常迫切的事情，否則，歷經久遠之後，台灣地區的本土區域文獻將不復見。

　　然而，少部分地方的地方學者，已經開始著手研究的計畫，但是年代已經久遠，要從事這方面的研究，需要相當的時間和耐心。從資料的蒐集、考證、田野調查、整理年表等等，都是一門浩大的工程，而資料的取得，亦是個相當有挑戰性的考驗。

　　黃傳心先生在東石、崙背等地區都是無人不知、無人不曉的全方位全才，他不僅詩詞的能力絕佳，在堪輿、醫術、管弦、卜爻、棋奕、書法、燈謎、拳術、丹青……等等的各種技藝，幾乎是無不精通。

　　個性詼諧、豪爽且慈祥的他，在地方上人緣極佳，在他的著作當中，便有許多都是贈送給詩社的詩友的作品。然而由於他居住在雲林

嘉義一帶，故詩中也常見山川風景的描述，除此之外，其詩作內容相當多樣化，包括了親人、朋友、節慶、遊歷、感懷之作，甚至家國大事等等。從他一生的作品當中可以瞭解到身負鬼才所具備的才氣縱橫，在他的身上真的是表露無遺。

二、黃傳心先生簡介

黃傳心（1895－1979），名法，字傳心，號劍堂，東石人，乃是一位全方爲的「怪才」。自幼自幼師承西瀛趙鵬沖秀才，結婚後遊學於新港林維朝[1]秀才門下，蒙受薰陶，其字體鐵劃銀鉤，步史可法之筆，所作詩句，意超言外，韻饒意響，豪放清靈，百吟不厭，時人有青出於藍之譽。當時的嘉義名儒賴惠川讀愛其才學，每每遇見他都會撫其背讚歎：「可愛哉！才人！」

黃傳心先生年輕時曾隨父親經營家中「新鼎發」貿易行業，爲「船頭行」，即是所謂「船郊」，供兩岸船隻入靠，富傾海口，購有海埔地三十於甲，先生兄弟遂得以延聘唐山名師在家客讀。同時，因爲東石與大陸的貿易頻繁，而先生家中的「新鼎發」貿易行，出入的名士、藝師甚多，接因爲憐愛其聰穎有才，因而盡授決技給他，因此，舉凡堪輿、醫術、卜爻、詩詞、管弦、棋奕、書法、丹青、拳術、燈謎等百家技藝，先生幾乎是無不精通。雖然學識豐富，懷技在身，但是先生並不驕傲，他不但個性詼諧、慈祥豪爽，在地方上人緣更是極佳。

黃文薰[2]是黃傳心最疼愛的姪子，他說：「阮伯仔真愛唱曲（南管），

---

1 林維朝（1868-1934），字德鄉，號翰堂，別號怡園主人，嘉義新港人。二十歲時考上秀才。
2 黃傳心之姪子，曾任東石「先天宮」之第三任、第四任之管理委員會副主任委員。

每遍由虎尾返來，就去招那些唱曲伴，把厝內的鼎、鍋仔、面桶、水桶通通搬出來，就摃就唱了。」他在就讀斗南中學初級部時，寄宿於虎尾「劍堂」（傳心之宅），當時，黃傳心正爲黃海岱的五洲園木偶劇團，編寫「虎兒道祖」、「瀟湘夜雨」、「紅烏巾」等劇本，每回其弟黃秀峰去虎尾，黃傳心便會與他商議劇情：「細的，細的，你看這個欲乎死否？」

嘉雲南地區，現今五、六十歲以上的中老年人，幾乎無人不識黃傳心—「虎兒道祖」這齣布袋戲的編劇人。「虎兒道祖」曾多次於朴子廟會上演，一演輒逾月。初時，尙不知是傳心所編，曾有友人與他談論劇情：「不知何時虎兒道祖才會死？」傳心回答：「編劇的未死，伊就不會死。」另一位友人向他抱怨：「不知佗一個夭壽死孩子，這麼會編劇，害我每下晡都要去看戲，工作減做真多！」

台灣光復前後時期，黃傳心曾受聘至彰化縣水尾的「新錦珠」教授南管，但是大約在民國十三年左右，當時便曾成立南管子弟團。以「先天宮」[3]爲界，廟的北庄以黃傳心先生爲首，成立南管，而廟的南庄則以吳賜煙爲首，成立了北管，數年後，兩管合併，由黃傳心主持，編導南管戲。後來因爲先生遷居到虎尾，事業也繁忙，所以很少回到東石鄉，此團便暫停了一段時間，民國三十九年才又開始運作。直到民國六十四年，團長過世，成員也皆有點年紀了，因此宣告解散。這個團裡，約有十餘人，在嘉義地區頗受好評，有著許多經典人物的臉譜，吳裝信的嗩吶、黃秀峰的小旦扮相細緻，還有黃傳心先生的編劇唱詞語口白都是四句聯子，文雅而且押韻，加上一些幽默的片段，都是吸引觀眾的地方。

另外，黃傳心先生看風水的本領亦是全省聞名，特別是宜蘭、彰化、雲林、嘉義這幾縣的百姓更是信賴、敬重他。

先生失怙後，經商不振，於是當時便遊遍了雲林嘉義地區，並且在各個地方設帳授徒，鼓吹固有文風，啓發民族意識，爲台灣培育了不少應才。在日據時期屢屢遭日警所注意，其子侄黃文薰說，幼時與

3 見《先天宮宮誌》。「先天宮」原名「福隆宮」，位於嘉義縣東石鄉東石村。建於清康熙六十年辛丑，光緒四年戊寅重修，換名「先天宮」。

伯父同住的時候，其居處屢被搜查，漢圖書藏之不及，爲日警所得，幾成階下囚。

光復後，先生應聘虎尾區署秘書，後還曾任虎尾中學教師、虎尾糖廠文書、雲林縣文獻委員會編輯等。當時學生傳言：「傳心老師教冊攏清采（隨便）教教咧，就講欲去倒了，你若稍給問，伊就無歡喜，不過，你若是作詩予伊改，伊精神就來了，給你改得是真工夫。」因黃傳心教漢文時，不喜歡人家多問，以致學生們都能認真聽講，又因嗜好改詩教詩，其徒輩漢詩的造詣均甚高深。

西元 1956 年，先生移居朴子街，並將平生所學之技藝濟世，他仍然喜歡閒詠消遣、以樂晚年。先生栽培後進，不遺餘力，桃李三千，在台灣詩壇聲名顯赫，他更是少數能同時創作新舊文學的嘉義詩人之一。

曾任嘉義縣詩人聯誼會、樸雅吟社、江濱吟社、石社等顧問、嘉義文獻委員會顧問。著有：《劍堂吟草》、《劍堂吟草續集》、《戲劇劇本》、《台灣童謠編》、《丹心集》[4]、《雲嘉文獻》。

三、黃傳心先生漢詩探析

由於黃傳心先生自幼便有相當紮實的文學根基，加上先生的多才多藝、廣博見識，因此先生的詩作所記載的內容亦富多樣化，呈現出多元的風格和變化，格局也大於當時許多的文人。當時嘉義的悶紅老人賴惠川先生評斷先生的詩作說：「絕其詞義超脫，往往出人意表，道人所不能道者，而其豪放處，幾如天馬行空，不知所止。」此形容再貼切也不過了。

以下便將黃傳心先生的詩作加以分類賞析：

（一）寫景記遊

1 ．寫　景

〈**春色宜人**〉（鯤瀛詩社 38）

4　《丹心集》爲黃傳心先生與夫人牡丹所合著。其學生詹昭華、李茂鐘輯而刻之。

二月韶光好，賞心興未降，登山名士屐，泛水美人艭。

淑氣盈天地，吟情蕩海邦，嬉春人似鯽，景色豔無雙。

　〈春心〉（鯤瀛詩社 60）

鶯聲恰恰鬧花間，惆悵遼西夢乍還。

朧朧芳情最難過，征人何日唱刀鐶。

這兩首詩主要在描寫春天時節賞玩山水的美景，二月時節的春意盎然一覽無遺，第二首詩更有藉景書懷之意。

2．遊　記

　〈山行遊記〉（詩文之友 20 卷 6）

深山白雲封。絕頂無人蹤。遊心殷之遠。荒路誰與從。

著我登高屐。攜我涉險筇。荊榛何其莽。溪壑何其重。

危崖立如虎。老樹蟠如龍。聞道一葉蘭。生在千尺峰。

采擷亦非易。蓬蓬雜草茸。歸途憩古寺。又勞午飯供。

野穀半天伊。清茶萬年松。乃知方外友。依稀舊時容。

緬話別後情。不覺撞暮鐘。

此詩乃記登山遊玩之情景，歷經了山路的荒蠻以及溪谷的深峻，在沿途中欣賞到了危崖及老樹的壯觀，在歸來的路上又遇到老友接受他的接待，在互相寒暄問候之後，不知不覺已經到了傍晚時分了。

但是深深玩味本詩之意，除了寫景記事之外，更有借景抒情的意味。旨在描寫自己一生以來所具備的才能以及一路走過來的些許孤單。

（二）書　懷

　〈六一初度書懷〉（詩苑 2.6）

蒼茫學海一詩傭，酬世無才筆斂鋒，

賃廡敢誇身並健，行年愧說甲重逢。

名心淡後常觀水，吟草刪餘慣聽蜒，

華髮不順感遲暮，蟠然我似歲寒松。

本詩應是其中晚年之作，先生並不以自己的才能自負，反而自感「無才」而「筆斂鋒」。在這裡更可以看出先生並不汲汲於功名而是喜愛平淡閒適的生活。

　〈歸隱書懷〉（詩報 316）

磨劍攻書志未酬，死難生困且潛修，
雲中雞犬原仙骨，夢裡江湖有釣舟。
蛀食合應除白蟻，險途敢擬鑿金牛，
如今苦憶恩師語，敝帚儒門善保留。
倦鳥原知返故林，老來豪氣漸銷沈，
嬌花寵柳春空媚，增產持家力自任。
鍼線妾勤縫破褐，絃歌我久謝焦琴，
生涯淡寄沙灘畔，疆場蠔田認淺深。

本詩乃於歸隱以後所作。先生有感自己之壯志未酬，但是年老以後，豪氣已不如從前，所以說「倦鳥原知返故林」，因此選擇回到東石這裡歸隱，回到家陪陪家裡的親人，彈彈琴，一生中的豪情壯志就寄託給沙畔吧！

〈還曆書懷〉

即今花引慶初還，貢世元音振九寰。
錦繡功名營筆稼，逍遙詩酒樂林彎。
慣看風雅騷人癖，不拜黃金壯士顏，
難得家傳清白裔，廉隅猶可濟時艱。

〈次嘯天詞兄夏日書懷韻〉　三首　（詩報228）

薰風引領望親扉，鶴俸無多苦發揮。
老母龍鍾雙袖淚，羈人淪落一征衣。
頻年學海身心瘁，此日商場面目非。
為問啣泥樑上燕，秋來何處覓棲依。

鳩聲入耳旅愁加，厭聽芭蕉戰雨譁。
茅竹數椽勞補漏，江湖滿地學浮瓜。
問經童去書齋寂，挈榼人來酒斾斜。
欲誦南華無指譜，漫將客思寄天涯。

榕樹森森遠屋遮，筆頭隨分作生涯。
無名自愧偕漁隱，習靜猶歡遠市譁。

綠繡田疇饒畫意，翠擎荷蓋煥珠華。

出遊怕聽農人道，雨後溪南路已差。

〈**歲暮書懷**〉（藝苑 23.6）

江村驚歲晚，握筆賦閒居。

五福梅花帖，平安竹葉書。

敲鍼兒作釣，紡苧婦安車。

垂老功名淡，無心問渭漁。

從黃傳心的詩作裡，常可已感受到淡泊的意境。前幾句寫退隱東石村後又到了歲末時節，正準備過年節的景象，而末二句，則有點歲末感傷之意。

〈**七十書懷**〉　四首　（中華藝苑 19.2）

干戈無恙老吟身，自詡逃名杖國人。

補網每懷富川侶，卜居久與樸公鄰。

江湖藝業虛聲價，桃李門牆證果因。

努力待完婚嫁事，三千白髮任增新。

幾經滄海感栽桑，變滅烽煙歲月長。

依樣葫蘆慚作畫，牽緣翰墨愛登場。

艱時立詠搜新穎，晚景安居近故鄉。

誰識老來詩料富，文明甫見衛星光。

匆匆又度古稀年，鏡裡頭顱幾變遷。

未許乘桴浮學海，寧辭握筆拓書田。

易經參演文王卦，老驥難追祖逖鞭。

牡蠣城東宜小隱，生涯漫寄釣魚船。

居諸迭運老寒儒，霜雪任教上鬢鬚。

小飲烹魚思五柳，長年作賦拓三都。

癡獃減價終難賣，心血非時嘔欲枯。

藥可扶衰詩遣興，幾忘暮景入桑榆。

（三）社友酬唱

〈樸雅吟社成立四十年書懷〉 （詩文之友 16.3 卷）

載筆歸來鬢已霜，未應學海日奔忙。

家居樸雅曾三徙，詩賦都門誚兩當。

大好江山傳韻事，團圓人月會騷場。

春秋四時堂堂邁，重擬羅珊鐵網張。

〈寄懷南社諸君子〉 （詩報 289）

鯤門海水注情深。時趁鷺鷗結伴吟。

南社因緣牽一線。燕臺聲價重千金。

嘲花睹酒風流癖。看劍題詩錦繡心。

重會羅山秋約半。先遣雁字寄佳音。

〈訪嘯天詞弟〉 （詩報 162）

意外相逢日，春風臉上生。

有心堅後約，握手問前程。

世味同甘苦，天時判兩晴。

匆匆人境幻，寧忍坐愁城。

〈訪笑林居士不遇〉 （詩報 224）

春風策馬訪知音，未覯丰標感慨深。

翰墨場中漸落拓，鷺鷗磯畔惜浮沈。

人懷蓬島三千里，月比明珠一片心。

俗累紛紛拋不得，何時聚首整弦琴。

〈留別溪湖何策強詞兄〉

松風謖謖上溪湖，蘿蔔花開似雪鋪。

投轄騷人留信宿，嫉才造物迫窮途。

燈窗共話詩心熱，灞岸分襟淚眼枯。

大地春光來咫尺，深期共與醉屠蘇。

〈送凌霜詞兄榮轉六斗尾〉 （詩報 160）

平生和藹久尊崇，桃李門牆擅化工。

半世騷壇多戰績，十年學海建奇功。

詩才日變風雲態，道義心交水乳融。

自笑無緣陪祖宴，驪歌欲唱感無窮。

〈病中答許君山先生惠寄瑤韻〉　二首　（詩報 101）

艱時稼筆最傷心，廿載生涯淡到今。
破篋藏書容外謗，焦桐失調遇知音。
放懷詩酒無榮弱，媚世人情任淺深。
春日壽山風景好，攜筇準擬約登臨。

療病朝朝乞梵王，案頭詩債愧遲償。
尋盟人是鷺鷗侶，投契心同翰墨香。
勞役何堪似牛馬。瞻雲有恨隔參商。
自憐久抑摩空志，難遂扶搖萬里翔。

〈喜晤王養源先生〉　（詩報 308）

邂逅羅山共滯留。笑從皮裡話春秋。
風塵老我餘琴劍。身世由人喝馬牛。
酒欲成仙誇李白。蝶因幻夢栩莊周。
交情直指蓬萊水。一派詞源萬古流。

〈呈絅秋先生〉　（詩報 289）

不但詩耽酒亦耽。因緣有分接雄談。
茱萸仔細當秋佩。雞黍殷勤按節探。
對酒清狂誇獨步。買金聲價重雙南。
情深指水江湖侶。恐負鷗盟誼結三。

〈寄懷施梅樵詞宗〉　（詩報 228）

梁月驚看四度圓。勞人嫁線阻遊鞭。
麻黃樹茂懷恩蔭。草決茶香奪酒權。
書寄雙魚心尚渴。山瞻八卦眼將穿。
蟬琴似解相思苦。譜入南薰第幾絃。

〈賦呈施梅樵先生〉　（詩報 288）

緣因翰墨證相知。逸少傳家喜有兒。
龍馬精神歌大衍。煙霞嘯傲覺真痴。
堅磨菱刺都圓滑。高舉鵬翔任早遲。

笨港猿江同指水。清閒願與話襟期。

黃傳心先生的交友廣泛，爲人豪爽親切，因此以詩會友的頻率相當的高，在他的詩作當中，可以看到有許多和好友互相聯絡或是跟詩社有關的作品，詩中所表達的無非是關心感念之情，有時聊聊家常，有時抒發己志，其隨和性格表露無遺。

（四）國家軍事

〈少年遊〉　詞三首　反攻前夕（中華藝苑 23.5）

軍威肅立大旗飄，舉楫渡江遙。
兔走鳥飛，金迷紙醉，歌板誤南朝。
健兒心似漢班超，讖語記青田。
劍倚東風，聞雞起舞，復國勇爭先。

陸沈何日靖烽煙，搔首問蒼天。
不墜青雲，老當益壯，心志鐵同堅。
戈頭作枕怎成眠，待駕一帆風。
渡海樓船，旌旗浩蕩，金馬直行空。

仙人多少駐蓬壺，揮塵策雄圖。
還我山河，天機警惕，殲滅赤菙苻。　　　符
金戈壯舉聽歡呼，歲月肯蹉跎。
同志一心，犁庭掃穴，快唱凱旋歌。

〈尖山頂弔革命先烈賴儀將軍〉古風（詩苑 2.5）

丈夫懷抱濟時才。手挽洪濤下蓬萊。
弱水三千苦潛渡。築壇倡義尖山隈。
當時人心齊響應。不負親承國父命。
漢魂喚醒舉義旗。西來庵內軍容整。
誓師慷慨繼延平。先驅暴日後遜清。
七鯤洶洶怒濤起。日日奔馳吼雄聲。
鶯飛草長歲月遷。將軍拔劍已三年。
奴顏婢膝偏趨附。一露風聲黨錮連。

捐軀殉難最痛切。家家袖淚同嗚咽。
蠻花犵草遍地愁。斷瓦殘磚做鼠穴。
鳳鳴我來立斜陽。撫今追昔心哀傷。
乾坤正氣揚寶島。民主長留一瓣香。
革命精神能有幾。如何名不垂青史。
滄桑還我舊山河。埋沒英雄堪髮指。
黃土青山碧血新。風蕭雨晦走青燐。
天心特為標精魄。楓樹年年不老春。

在黃傳心的詩作當中所寫所記的不只是風景、書懷⋯等等較為抒情的
風格，他亦寫有關國家軍事的詩作，在這兩首詩當中，充分表現出先
生愛國的情操，以及對國家局勢的看重，在在顯示出先生不只是個會
寫詩的讀書人，更是個家事國事天下事，事事關心的人。

（五）家庭親情

〈癸未春日寄東京諸兒女〉 （詩報293）

階蘭庭桂挺幽香，雨過聊園綠蔭涼。
名士放懷詩酒事，佳兒勵志帝王鄉。
鶯花著眼春如錦，歲月催人鬢易霜。
笑我頻年傭禿筆，闌干首蓿忍長嘗。

在黃傳心先生的詩作中，寫親人兒女的部分並不多，由詩題可以看出
他是寫給在東京的兒女們。以蘭、桂來寫家中庭園的景色，一語道出
園中的清新幽靜。而後兩句則是說出了兒女目前的正在為了自己的前
途而努力。可是，畢竟是身為父親，看著兒女們的長大為了未來而努
力，歲月在無形中也悄悄的過去了，還是稍有感嘆歲月催人老之意。

（六）興懷記事

〈秋晚歸興〉 二首 （藝苑。23.5）

西風一杖立官圳。落葉蕭蕭送遠眸。
倚岸棚欹瓜盡絡。沿江秋暮水成油。
神仙不作嘲雞犬。壟磨紛勞嘆馬牛。
誰識富川老漁父。晚年閒許伴沙鷗。

　　　魚池曲岸接新塍。秋老江干水色澂。
　　　村舍四圍堆稻薰。籬笆一帶掛絲綾。
　　　歸田稼穡師元亮。對酒傷時憶少陵。
　　　自笑關門窮措大。頻年抱膝待中興。

（七）祝　賀
　　〈祝笑園主人令郎兆庚君醫專及第〉
　　有心濟世此奇見，滿面春風及第時。
　　深慕三彭闡仁術，敢辭數載下書帷。
　　醫關家國功非淺，學慣天下志不移。
　　願藉笑園開祝宴，殷勤晉酒獻新詩。

　　〈祝安奇詞兄華廈落成〉
　　稻田蔗圃接幽庭，卜宅相宜喜氣生。
　　棟宇風和歌玉燕，樹林日暖囀金鶯。
　　溪山景入天然畫，詩酒人多物外情。
　　漫道農家清福少，時聞喚鳥喚春耕。

四、結　論

　　台灣文學是台灣人民社會生活的重要產物，不論是古典文學還是新文學，都是反應時代潮流而產生的作品。而這位雲嘉地區的才人黃傳心先生，更是當時居於重要地位的人物，因此，對於他的作品研究固有重要的意義存在。

　　從黃傳心的詩作當中，可以看出他的漢詩風格，他並不追求文字的華美，更不會刻意去咬文嚼字，寫的只是自己心情的抒發，有一種儒生所具有的單純雅潔之美。而且在作品當中，有關於雲嘉地區的風俗、節慶以及詩社的種種，都能夠一覽無遺，相當具有區域文學的特質。

　　而他的年代剛好處於新舊文學夾雜的期間，不僅見證了這個時期的經過，其閒雅淡泊的遣詞用句，更足以表現鄉土的味道，先生所使用的語言體裁雖屬古典漢詩，但卻無傷於他在台灣區域文學史上的重

要地位。

五、參考資料

1. 江寶釵：《嘉義地區古典文學發展史》（嘉義市：嘉義市立文化中心，1998 年）
2. 黃傳心：《劍堂吟草》（雲林科技大學漢學所藏書）
3. 黃傳心：《劍堂吟草續集》（雲林科技大學漢學所藏書）
4. 黃傳心：《丹心集》（台北：黎明出版公司，1989 年）
5. 鄭定國：〈四湖旋馬主人林友笛漢詩析論〉，《漢學論壇》（第二輯）（雲林，雲林科技大學，2003 年），頁 99－124。

附錄一、黃傳心先生所參加過的詩社簡介

（一）樸雅吟社（1922）

一九二二年秋，有日本人森永信光來守東石郡，其人漢學造詣頗深，情耽風雅，為了提高文化，鼓吹詩學，特邀當地人士創立樸雅吟社，由民雄聘請楊爾材為社長兼任主講，廣大募集社員二十餘人。自是約期會集，相率倡和，扶抑進後，一九五三年辛卯三十週年社慶，建詩碣於東石中學以資永久紀念，未幾社長楊爾材病逝，改選蔡錦棟為社長。

（二）石社（1933）

一九三三年十二月十日，成立於東石港。黃三絨、黃傳心、黃謙容、林眠雲、蔡痴先、陳安奇、楊維藩、吳蘊輝、蔡鴻謨、黃藏玉等，時感濱海文化之衰頹，乃提倡斯文於僻隅，時邀集會、互相切磋，研究韻學，陶冶性情，宣揚故有文化道德，第二次世界大戰後，諸吟友星散。

光復後，由林眠雲、黃秀峰、吳莫卿等重整旗鼓，更推林眠雲為社長，秀峰、莫卿副之。

（三）江濱吟社

以黃秀峰、謝山水、陳松坊、為顧問，顏禹門、陳明宗、柯慶瑞為社長，社員陳毓期、謝宏、林宗生、吳書香、王廉、涂英武等，創立於東石鄉，定期擊缽月課。

附錄二、黃傳心先生生平簡表

1895 民國前十七年　黃傳心先生出生。

1924 民國十三年　成立南管子弟團。

（以東石鄉「先天宮」的北莊為範圍。）後來與吳賜煙為首的北管（先天宮的南莊）合而為一。

1945 民國三十四年

台灣光復後，黃傳心先生曾在虎尾任教。光復前後時期，也曾受聘到彰化縣水尾的「新錦珠」教南管，而看風水的功夫亦是遠近馳名。另外也在雲嘉南各地設立私塾，培育許多英才。

1950 民國三十九年

黃傳心先生遷居虎尾，再加上事業繁忙，所以南管團逐漸變成休管狀態。後來，吳帶（贛帶）因認識交加戲師─粟子崙陳萬來先生（教樂器），乃旋改劇種，招募成員，而重新活動。

1975 民國六十四年

由於團長吳帶辭世，加上團員逐漸老成，管內約剩團員十餘人，但不論以何種劇種演出，在嘉義一帶均頗受讚譽。

1979 民國六十八年　黃傳心先生逝世。

附錄三、黃傳心先生的家庭

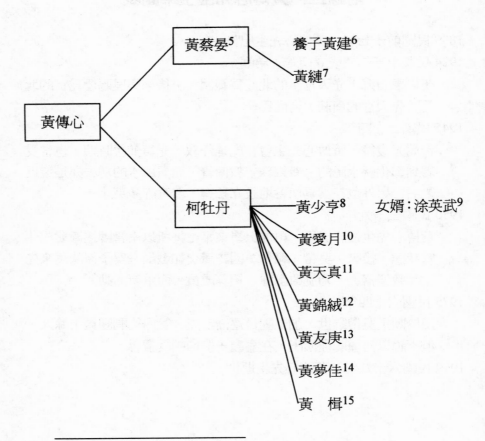

5　民國前十四年一月二日生。教育程度：無。職業：家庭管理。
6　民國十一年三月二十日生。教育程度：國校肄業三年。職業：補漁。已過世。
7　民國二十八年二月十六日生。教育程度：國校畢業。職業：無。
8　民國二十一年九月十七日生。教育程度：高中肄業。
9　嘉義縣書法學會常務理事、嘉義縣文藝作家協會常務理事兼副總幹事。於朴子任公職，其住宅名「傳心堂」。
10　民國二十五年九月二十八日生。教育程度：初中肄業。
11　民國二十九年六月十九日出生。教育程度：國校肄業。
12　民國三十四年七月一日出生。教育程度：國校肄業。
13　民國三十六年十一月六日出生。
14　民國三十八年十月二十九日出生。
15　民國四十二年九月一日出生。

附錄四、關於未來研究方向及重點

　　黃傳心先生在雲嘉地區，是個頗負盛名的才子，對於他的研究也當不可馬虎。在本研究內容當中，由於限於本文資料以及田野調查的不足，因此，有許多地方尚待加以考究。

　　以下所列舉的幾點便是針對此份研究報告之不足所舉之未來繼續研究努力的方向，期待能將黃傳心先生的作品以及相關文獻作一個更準確的分析和探討。

一、對於黃傳心先生的生平事蹟作更深入的調查

　　1 . 家庭背景及家庭成員

　　2 . 學習背景（師承爲何）

　　3 . 居住地的實地訪查和紀錄

　　4 . 其子女及後輩目前的發展狀況

二、對於黃傳心作品的蒐羅和整理

　　1 . 期待能有機會取得黃傳心先生的手稿

　　2 . 將先生的作品加以整理打字

　　3 . 將先生的作品加以分門別類

　　4 . 對於先生的作品詩風的探討能更深入而切實

三、對於黃傳心先生所參加過的詩社也能做更深入的瞭解

　　1 . 詳細調查各詩社的發展

　　2 . 希望能夠查出先生入各詩社的確切年代

　　3 . 研究各詩社所走的風格及路線

四、對於黃傳心先生的年表能夠更確實的紀錄

　　1 . 對於黃傳心先生的各項活動能夠透過田野調查做更確實的紀錄。

　　2 . 期望能夠在年表當中加入當年所作的漢詩作品，如此一來，資料的查閱會更便利

五、在某機緣下，有幸能夠取得《丹心集》之影本，書前有女婿及多位兒子的題字，以及五兒子爲父母親所繪之肖像，並有弟子爲此

書所做之序，是一份相當珍貴的資料，期許自己能針對《丹心集》
作更深入的分析及研究。

廖重光漢詩研究

朱　繪　文

一、前　言

　　在台灣文學的史頁上，雲林縣籍的作家雖不曾出現過如賴和、吳濁流一般人耳熟能詳的大家，然仍有活躍於文壇並頗富文名的龔顯昇、王邦雄、宋澤萊等人，或專研學術理論，或長於詩歌、小說或散文等，亦可謂百家爭鳴，各揮其采。然由於個人工作因素，或客居他鄉、或落籍異地，因此雲林縣作家在台灣文學史上所受到的重視程度，似乎不若其他地方作家所受矚目爲多，實須歸因於多數雲林籍作家「楚材晉用」，人才外流之緣故。

　　廖重光先生一生奉獻詩壇數十載，其所流傳於世的詩詞名句，不在數十首之下。詩作歌詠範圍亦堪稱包羅萬象，展現多樣風情，也可見廖重光先生對生活中一切事物的處處留心。其所處之時代背景，適逢台灣各地詩社如雨後春筍般興起之際，重光先生躬逢其盛，加入爲西螺街「菼社」之會員，與當時其他詩人有許多唱酬佳作。

　　由此觀之，雲林一地文風不可謂不盛，實乃有其歷史淵源及時代背景。我們也可說在今日經濟匱乏、物質貧瘠的雲林縣，文學的花樹依然曾經盛開在這片土地上！

　　本文僅就筆者所得之廖重光先生的傳統詩作加以歸納、整理，簡單介紹這位以菊癡自名的日治時代的西螺街長，對其生平作一略述，並針對其詩作加以分析，領略其閒適洗鍊的詩風，從而窺見其恬淡高

潔的人格。

二、廖重光先生生平概述

　　廖重光先生生於 1875 年（光緒元年），爲人資性穩健具備德望，爲日治時期西螺鎮的西螺街長，乃地方代表人物。祖父輝煌（秋紅）先生爲清朝咸豐年間的秀才，於 18 歲時從福建詔安渡海來台，經商得法，勤儉粒積，店號玉山（今西螺鎮延平路街尾有此名稱建築），喜交際，南來北往的官界及商界，無不止宿於玉山宅，因此有秋紅頭[1]的稱號。

　　重光先生的父親維峻先生是輝煌先生的六男，幼喜讀書，詩通八股，30 歲時到桐城應試，獲「申秀」即乳名兼生員之名。維峻先生與曾任漳州協台嘉義參將周夢渭先生三女香（姑）結婚，生二男二女，長子即爲廖重光先生。

　　重光先生生於 1875 年（光緒元年）二月十九日的虎尾郡西螺街（即今之西螺鎮），名伯陽，字重光，號菊友，後自號菊癡。自幼少即俊敏有名，因爲他出自書香之家，在良好的庭訓薰陶之下，自幼鑽研四書五經，學行俱佳，才識冠群英。8 歲時師事葉有聲及「生員」蔡壽星（舉人，後中進士），讀完四書五經及註解。17 歲受母親鼓勵前往嘉義邱錫熙先生處研究詩文。

　　1898 年（明治三十一年）三月畢業於雲林國語（日本語）傳習所甲科，復進學台灣總督府國語學校語學部（師範前身），1901 年（明治三十四年）以優異成績畢業。立入育英界，爲兒童子弟執教貢獻盡瘁。

　　1901 年（明治三十四年）畢業後，任西螺公學校[2]教員，爾來從事教職達 19 年之久，後檢核及格爲訓導，乃教育界之功勞者。

　　1917 年（大正六年）台灣總督安東貞美以重光先生曾任十五年以上教員，授時錶一個以爲獎賞。1919 年（大正八年）昇任爲教諭。

---

1 見程大學主編：《西螺鎮志》（雲林縣：西螺鎮公所，2000 年），頁 3-87。
2 今西螺鎮文昌國小。

　　1920 年（大正九年）辭教諭官職，十月地方制度改正的同時，改任虎尾庄長兼會計役一職，及專心致力於庄政的事務。

　　1921 年（大正十年）六月，台灣總督依據「台灣紳章條令」頒予紳章配用，故鄉民推崇廖重光先生爲西螺街第一號人物。

　　由於廖重光先生是日治時代西螺地方的聞名知識界仕紳，因爲人品清高，處世嚴謹，受鄉民推崇，因此被日本當局器重，於 1924 年（大正十三年）五月光榮地被拔擢，派任爲第二任西螺街長（今稱鎮長）。因其長於社交之好紳士，在街民間爲德高望重之人物。並兼營「菸酒賣捌（專賣）」。[3]

　　1928 年（昭和三年）及 1932 年（昭和七年）共擔任三任西螺街長，樂於爲故鄉服務。任職街長期間，喜吃雞尾椎，至今仍爲西螺人津津樂道。

　　1934 年（昭和九年），西螺市區改正實施，率先將自宅拆毀爲範，並獲信用組合配合低利貸款，街衆樂從，街長與助役及衆官盡心設計，並參酌都市方式，配合西螺鎮市街原本情形，以三線式而分人道、車道，並定北畔專屬郵電，南畔爲電燈專用，更以溝渠四通，大小適當並化污穢爲景觀，由雜沓而臻井然，街上熙來攘往，人車各行其道，爲西螺街奠下良好的規模，西螺延平老街幾乎與大溪、三峽、鹿港齊名，重光先生街長居功厥偉。

　　其間，由台灣總督田健次郎授先生與台灣紳章，治街績效成果顯著。1936 年（昭和十一年）五月，在街民慰留聲中謙讓後進而榮退，前後主持西螺街長達十三年之久，任內竭盡心力推展街政，辦理各項基層建設不遺餘力，政績斐然，使西螺街在日治時代居於台南州下，僅次於台南市及嘉義市的最繁華大鎮。同月受「奉任官」引退後，任西螺信用組合理事，老當益健，仍矍鑠活躍於地方金融界。

　　重光先生 65 歲任西螺信用組合長，70 歲退休後，爲靜養身心而醉心園藝，以舒筋骨，選種栽花以暢精神，或遊溫泉享天惠之樂，或

3　1922 年，台灣總督府實施酒專賣，以此爲施恩利誘方式，指定各地區的賣捌人（中盤商）及小賣人（及零售商）。見張炎憲〈台灣風物〉五十卷 1 期，http://www.twcenter.org.tw/e01/other1/50/01_1.htm。

溫誦舊吟以見懷古之心。每當月白風清之時，焚香茗果列於花卉之間，或談往事使家族樂聞，尤以菊花怒放或白柚嘗甘，必也舊雨新知來共賞，以見老誠，所謂樂無爲而有爲也。重光先生喜園藝與吟詩作樂，且據傳他有一種特別的嗜好，就是喜歡吃雞臀部[4]（閩南語稱雞尾椎），因此他平時親朋宴請他吃飯時，都不會忘記先夾雞尾椎奉敬，因而賓主在飯局中說侃皆歡。在昔日的農業社會，習俗上通常雞頭、頸部、翅膀、腿、臀、腳部以及其他部位肉塊，都像活雞模樣排置於盤上，而禮貌上雞頭、雞尾椎和腳，客人是不能食用，一定要留下來。

　　廖重光先生愛吃「雞尾椎」的趣事，廣爲流傳，因此西螺、二崙一帶，坊間筵席上便流行了「你要不要吃西螺街長？」這一句有趣的調笑話，約傳半世紀之久。因近十年來，台灣地區工商業發達，國民經濟欣欣向榮，大家的生活水準提高，一般宴席菜餚有日趨高級，色、香、味俱佳，各種各樣「手路菜」百出，並受吃海鮮，故傳統樸素的「白切雞片」甚少上桌，所以這一句「你愛吃西螺街長否？」調笑話，似乎因此而被遺忘了。

三、廖重光先生漢詩探析

　　本文所收錄評析之重光先生的詩作，多出於《茭社同人錄》，此爲紀念西螺茭社創立十五週年，集當時十七位社員、二位顧問，共計十九人之詩作編纂而成，其中收錄重光先生之絕詩三十一首，律詩二十一首。現就詩作依其內容分爲四類：（一）寫景抒情（二）心情感懷（三）閒適生活（四）贈答唱酬。以下就詩作內容試作評析。

　　（一）寫景抒情

　　重光先生的興趣是園藝，所以在他的詩中，常藉菊、梅、柳以喻志。抒發情懷，以及他對自己的期許。此外，自然之意、日常生活的情趣，在先生的詩中也都能一覽無遺。在前述三種花卉當中，又以菊花爲先生之最愛，從先生以「菊癡」自名，便不難得知菊花能在寒冬

---

4 見廖丑：《西螺七崁開拓史》（台北市，前衛出版社，1998），頁250。

降臨，百花凋零時依然傲霜綻放，其奮發向上的強韌生命力，及不同
於其他花種的高潔特質，最爲廖重光先生所欣賞。

〈贈菊〉

傲霜浥露質殊優，三徑[5]深秋好唱酬。

不愧花中稱逸品，借君艷色贈吟儔。

歌頌菊花能在寒冷的氣候環境下，展現其不同於其他花品的堅忍風
骨。藉此勉勵世人要學習菊花在逆境中求生存的骨氣。

〈菊枕〉

東籬常展舊姿容，豹枕驅邪好比儂。

玉帳宵深雖不寐，餘香猶覺十分濃。

重光先生以此詩描寫菊花香味十分濃郁，雖未入眠也可以聞到。由此
詩作可以看出他對菊花的偏愛。

〈賽菊〉

養植幽香用意多，黃丹白紫盡搜羅。

公開藝苑陳評日，方信光輝是特科。

此詩描繪賞菊大賽時，菊花朵朵盛開，五顏六色的美麗景象。

〈水仙花〉

玉蕊冰肌好水花，含香南國逞精華。

幽人樂此舒幽興，不遜牡丹植世家。

以此詩觀之，可知在廖重光先生的心中，他對於水仙的偏愛更甚於被
譽爲「花中之王」的牡丹。

〈新蟬〉

應候新聲獨占先，風輕露薄噪寒蟬。

清音斷續知時早，惹卻兒曹廢晝眠。

〈新柳〉

暖律和煙氣象新，依依柳絮正舒顰。

長條蔽日偏生色，細葉迎風獨出塵。

---

5 喻隱士所居。西漢末，蔣詡，字元卿，曾任兗州刺史，以廉直著名，因不滿王莽專
　政，隱居不仕。歸鄉里後，以荊棘塞門，舍中有三徑，不出。見《漢書·鮑宣傳·
　附蔣詡》；漢·趙岐《三輔決錄》。

> 嬌眼垂青何汲汲，纖腰醉舞更頻頻。
>
> 春來濯濯多臨水，嬝娜輕盈實可人。

第一句描寫柳樹的生長環境。接下來的字句著重在描寫柳樹的生長情態及隨風搖曳擺動生姿的風采。

　　從以上幾首詩中，可以看到詩人以菊、水仙、柳等植物入詩，充分展現其對自然平和的嚮往，及在園藝生活中所體會到的樂趣。內心閒適及田園之居的喜悅躍然紙上。

　　（二）心情感懷

　　此類作品多半為廖重光先生以生活中的所聞所見做為入詩的題材，而藉詩中的意境及文句抒發個人的情懷。此中又可因品評人物、藉事言情及藉物抒懷等幾類作品。

　　〈弔箕子陵〉

> 獨夫[6]忌諫意成仇，使叔為奴怒不休。
>
> 自古忠臣多被棄，牡丹臺上歎殘留。

這裡講的是箕子忠諫紂王不可過於奢淫，但不為紂王所接受，有人建議紂王將他罷官流放，他不願彰君之惡而自說於民，於是被髮佯狂而為奴的事。

　　〈伍員〉　其一

> 別父辭兄極苦辛，中途乞食為何因。
>
> 佐吳伐楚雪幽恨，入郢鞭尸素志伸。

　　〈伍員〉　其二

> 維兼忠孝做亡人，兩國興衰係此身。
>
> 早悉屬鏤[7]頒賜日，安須伯嚭共朝臣。

此二詩在感嘆伍子胥背負父兄大仇，忍辱負重終能湔雪幽恨，但最後自己卻也逃不過為佞臣所陷，而遭夫差賜死的命運。

　　〈田單〉

> 七十邊城歸敵友，齊君徒嘆莫如何。
>
> 火牛礪角攻前陣，直使燕師盡倒戈。

---

6 暴君，猶天下只我一人。《書・泰誓下》：「獨夫受，洪惟作威。」受，即殷紂王。
7 春秋時代吳王夫差賜伍子胥自刎的劍。見《吳越春秋》卷五〈夫差內傳〉。

〈弔屈原〉

汨羅江水映斜暉，堪嘆楚王不識機。

忠諫為何遭見放，徒留競渡作憑依。

〈蒲劍〉

頻年午節楚魂招，劍掛菖蒲恨未消。

持與靈均九泉下，斬他斬尚佞臣腰。

屈原不被楚王看重反遭奸臣讒言所陷而致流放，使屈原毫無展現自身才能報效國家的機會，因而在汨羅江投江自盡。作者似有藉詩為屈原的遭遇抱屈之意。

〈讀前後出師表〉

偏安王業總難成，師出中原正氣橫。

漢賊同時難兩立，劉曹異勢必相爭。

內憂既靖聲南討，外患應除誓北征。

遺表至今聞涕泣，鞠躬盡瘁死留名。

詩人讀完出師表之後的心得。劉備從中原來到四川建國，有著不凡的報負和中興漢室的壯志，然當時也有其他勢力意欲逐鹿中原，附近也有蠢蠢欲動的外族，內憂外患同時發生，所以無法很順利的安定國家。諸葛孔明作出師表以為對策，然而最後還是壯志未酬，鞠躬盡瘁而亡。

　　以上的詩作是菊癡先生以自己閱讀的書或歷史事件來敘述自己的感想，並以自己的觀點來表達對歷史人物的特殊感情。

〈高射炮〉

國防汲汲唱無休，置砲高邀稱善謀。

任彼飛機多少至，管教一射作俘囚。

國防是朝著保衛全體國民的目標而努力，而設置高射炮是一個鞏固國防的好方法，因為不管敵軍的飛機從何而來，當將因為有高射炮的攔截，而能將敵人手到擒來。

〈古梅〉

幾歷年華老岸隈，衰枝瘦幹任風催。

迭經戰亂遭傾折，猶得開花獨占魁。

作者藉此詩喻自身之年老力衰，但卻還是可以通過風吹雨打的考驗，

承擔工作上的壓力。似乎是在描述自己在經過戰亂之後還是可以平平
安安過著閒適的生活。

　　〈蘆花〉

　　　　兩岸依依布密林，宜風宜雨好清吟。

　　　　白花孋娜如秋雪，黃葉扶疏動夕陰。

　　　　水國波瀾聲浩盪，江天夜色氣蕭森。

　　　　閿衣一著留千古，使我懷思感慨深。

　　〈鴛鴦枕〉

　　　　朝來覽鏡理新粧，且喜今宵慶洞房。

　　　　繡就鴛鴦欣並宿，同心載寢合歡床。

描寫新婚之日，新娘早起梳妝打扮，期待今天晚上的洞房花燭夜，新
婚佳人快快樂樂的住在一起。作者以鴛鴦枕為題，象徵待嫁新娘期待
從此得與夫婿雙宿雙飛的心情。

　　〈圖書館〉

　　　　萬卷常齊集，井然修一堂。

　　　　圖書評檢閱，史籍任收藏。

　　　　益眾誠無限，利人實有方。

　　　　吾儕宜熟覽，知識得增長。

廖重光先生寫圖書館書藏萬卷，多讀古人之字，鼓勵大家多利用圖書
館的館藏，可充實自己的知識。

　　〈筆花〉

　　　　同是圓形物，依人見本真。

　　　　江淹迷五色[8]，毛穎重千鈞。

　　　　夢裡含毫銳，吟詩把翰新。

　　　　斑君投筆志，萬里展經綸。

「斑」字疑應作「班」，此處應為引用東漢班超投筆從戎[9]，立志效法

8　指南朝梁之金紫光祿大夫江淹，原以詩文名重一時，晚年才思已退，一日夢見一男
　子自謂郭璞向其索討五色筆，此後江淹詩文絕無美句，時人謂之「江郎才盡」。見
　《南史·江淹傳》。

9　見《後漢書·班超傳》。

張騫立功異域，以取封侯之典故。

〈拜歲蘭〉

歲序更新候，幽蘭擅眾芳。

春光欣獨拜，秋露喜先嘗。

最好離騷賦，追攀鄭國香。

初陽賡獻瑞，丹顆正揚揚。

〈郵票〉

一票黏書角，由郵遞送呈。

吉凶憑致意，悲喜賴知情。

抵用三錢費，無須萬里行。

片箋馳各地，消息早分明。

廖重光先生以不同的角度描寫郵票，一張小小的郵票可以將可抵萬金的家書送回家中。

〈信魚〉

冬至初來日，洋洋甚得時。

悠揚從北上，潑剌向南之。

剖子憂南返，回頭怕失期。

優遊環海內，守信可稱奇。

以上幾首詩，都是廖重光先生藉敘寫生活中所接觸到的物品，趁機抒發自己的觀感及一得之見。

〈湯婆〉

年老身常弱，因湯可禦冬。

蒙頭眠不得，煖足睡方濃。

附熱情難舍，趨炎思特鐘。

寒中叨寵召，春到執憐儂。

重光先生描寫自己的身體狀況因歲月的流逝而日漸衰竭，所以在寒冷的冬夜裡必須喝碗熱湯，以火爐溫床禦寒才能睡得好。

〈蘭盆會〉

普獻蘭盆七月天，豎幡供佛設齋筵。

解開餤口眾生度，繾綣思親羨目連。

此詩描寫七月的中原普渡，擺設齋筵來敬好兄弟度眾生。作者也因此想起令自己羨慕且孝心感人的目連和尚慎終追遠的故事。

〈競走〉

選手雲連氣勢橫，奪標爭霸競前程。

趨先恐後相徵逐，終點到時博好評。

〈採茶〉

名擅東吳秀，茶傳瑞草芳。

龍團栓特色，雀舌吐幽香。

十指纖纖動，雙眸盼盼忙。

滿園傭婦女，黽勉各提筐。

詩人描寫在茶葉採收的季節，採茶女辛勤努力地採收茶葉的情景。兼以稱讚滿園的茶香遠播，認真工作的採茶女亦顯得十分動人。

〈職業戰線〉

就職艱難喚奈何，腐心事業廢奔波。

千謀百計生存急，幾似彊場共枕戈。

因為在工作職場上的奔波忙碌，因而發生活勞苦之感嘆。作者認為世人為了求一口飯吃，幾乎要像在戰場上枕戈待旦的士兵一樣，時時刻刻兢兢業業的。由此詩也可見重光先生雖身居要職，在工作上亦不敢稍有怠慢。

〈胭脂虎〉

胭脂點綴類溫存，時逞虎威擅自尊。

口陷翁姑持豹變[10]，目無夫婿肆鯨吞。

忽然震恕茶杯落，偶爾懷疑醋甕翻。

潑婦綱常全不顧，徒憑雌力使含冤。

這是一首非常有趣且帶戲謔口吻的詩。說女人平時打扮起來是一副美麗溫柔的樣子，一旦發起雌威卻如老虎般兇猛而妄自尊大。更說當女人因為疑神疑鬼打翻醋罈子的時候，會將是倫理綱常全拋於腦後的。詩中第五句應為「震怒」，方能使文意貫通，而茭社同人錄中誤植為

---

10 豹紋的變化顯著。因以喻人的變化之速，猶如忽然由低至高。或謂由貧賤而顯貴。見《易·革》：「上六，君子豹變，小人革面。」

「震恕」。

〈昭和丙子年夏五月西螺街長滿期辭職感賦〉

> 碌碌奉公卅六秋，愧無才學贊皇猷。
>
> 諸君助我情非小，世德周家仰作求。
>
> 且喜今春任期滿，微軀孱弱勢難持。
>
> 讓賢時到不容緩，釣譽沽名哪敢為。

作者自述任職西螺街長三十六年，受到別人的幫助也不在少數，藉詩感謝大家的幫忙，並表示如今任期已滿，自己的身體狀況也不如從前，自認是該到了讓賢的時候了，此刻卸任並非為沽名釣譽之舉。

〈驚弓鳥〉

> 自從曩日被人欺，戰戰兢兢不自持。
>
> 止宿猶將留顧盼，高飛尚且致危疑。
>
> 風吹恍惚驚絃響，星耀徬徨怕管窺。
>
> 無意歸巢營牖戶，哀鳴樹梢歎神疲。

作者描寫鳥常日被人欺負，每天都過得戰戰兢兢無法自保，連在自家中也無法安心，飛在空中時也擔心危險。每聽到像拉弓的聲音就會驚嚇錯愕，導致不敢回巢，每次都躲起來孤獨哀鳴感嘆自己精神疲累。並藉此影射自己在職場上經常被上級長官緊盯，也深怕自己沒能將任務完美達成。

〈秋感〉

> 金風蕭瑟樹梢鳴，落葉丁丁觸地生。
>
> 宿志未酬雙鬢雪，淒涼情態共秋爭。

秋天的來臨使樹葉枯了，秋風的吹來使樹梢萎了，落葉落下的叮叮聲使人感到失落感，個人原有的雄心壯志及遠大志向卻尚未隨著時間的流逝而達成，作者因而心生感慨。

〈鬥棋〉

> 騎馬車兵入陣難，驅車運炮至宵闌。
>
> 出征士卒皆辛苦，將帥優游靜坐看。

作者將奕棋的過程寫成一首詩。後兩句似乎意有所指，將棋局比戰場，形容每當打仗的時候，總是士兵在前面衝鋒陷陣，領軍的將帥卻常只

是在旁邊靜觀其變，頗有「一將功成萬骨枯」之慨。

　　以上詩作均為廖重光先生將自己日常生活中所逢遇之事，藉詩句將之記錄下來，其中也有許多感嘆自己遭遇的作品。可見雖然先生一生平順，但詩人對於生活週遭一切事物的感觸有異於常人的敏銳度，仍能以入微的觀察和細膩的心思，寫下自己對於生活的所見所感。

〈朝鮮視察夜泛大同江有感〉

大同江上駕輕舟，也似當年赤壁遊。

名士妓生同一座，金樽檀板樂悠悠。

作者在任職時常有出外視察的差事。此詩在敘寫作者視察大同江時的感受，大同江上駕小船，猶如赤壁之遊，和名人雅士一同前往，其樂悠悠。

〈昭和八年八月被命滿洲國視察於新京作〉

時逢八月序涼秋，萬里遨遊入滿洲。

建國新京施政令，欲行王道世無儔。

作者在任職時常有視察的差事。此詩是他在視察滿洲國時的感想之作，正逢八月時，秋風正涼爽，千里迢迢經萬里路來到滿洲，看到國都施政的現況。

〈於哈爾濱〉

雄鎮邊陲哈爾濱，街衢宏壯勝天津。

松花江畔多船舶，經濟權操在賈人。

此詩是作者到哈爾濱旅遊的感想之作。位於國家邊陲的哈爾濱市，其街道景象竟比天津來得更加宏偉壯觀。而松花江畔上多是前來從事貿易商業的商船，船上的商人想必也為地方帶來了不少經濟利益。

〈釜山遇颶船不得進關門感作〉

關門風雨阻歸船，逆旅淒涼夜不眠。

厄日偏逢二百十，黑雲四面釜山天。

此詩是作者到釜山旅遊時的記錄之作。在釜山搭乘渡船正要入港時，不幸因為遭逢颶風來襲，使得港口關閉，渡船無法進港。在強風驟雨的夜晚，身處異鄉的詩人更覺心情淒涼而夜不成眠。

　　以上作品多是廖重光先生在擔任公職任內，因職務所需至各地考

察時所作之詩。除了外出遊歷時不忘寫下自己沿途的所見所聞，並藉機盛讚政府當局治國有方，描寫國家安康富庶、經濟繁榮的景象。可見廖重光先生於日治時期屢任地方重要職務，能為日本當局極度器重不是沒有原因的。

（三）閒適生活：

自適是詩人的真性情，閒雅是詩人終生的嚮往。能在平日為工作生計奔波忙碌之餘，藉偷得浮生半日閑之時，或乘夜出遊夜釣泛舟，或於年節慶典時與家人、朋友相聚把酒言歡，自是人生一大快慰之事。

〈月夜泛舟〉

月光朗朗泛江天，一夜清遊赴畫船。

水淨碧空搖斗柄，風和瑞氣繞雲煙。

管弦添興情何適，詩酒相陪志若仙。

對面漁燈遙掩映，應知舟子下魚筌。

〈夜釣〉

微風嫋嫋水潺潺，露冷星稀月一彎。

徹夜不眠垂釣客，一簑煙雨賦清閒。

作者描寫在微寒星稀、彎月高掛的夜晚，穿著簑衣避露水，作者描寫自己是整夜不睡的釣客，陶醉於悠閒垂釣之樂。

此二詩予人一種既清逸又恬淡的意境，讀來彷若有如詩如畫的感覺。在獨自一人時只需有詩酒相陪，也是一種令人欣羨的安靜和閒適的寫意生活。

〈池邊鶴〉

羽衣丹頂睡湖邊，獨得天真出眾眠。

緊據瑤池饒夕飲，欣歌太液樂朝煙。

翩翩胎化橫千里，踽促巢居勝九淵。

警露驚心鳴滴滴，翱翔金闕慶新年。

本詩的最後一句可以看出作者對新年的喜悅。作者用鶴幸福快樂在湖邊的生活來比擬自己，表達自己對新年來臨的興奮之心。

〈除夕圍爐〉

舊歲圍爐日，年華此夕侵。

　　椒花欣作頌，柏酒慶同斝。

　　臘盡桃符換，宵長獸炭尋。

　　家家忙整頓，添火待春臨。

作者作此詩歡慶新年的到來。每年除夕時刻也是每人年齡增長之時，全家大小都不能免俗的勤作掃除，期待有一番新的氣象，並藉此迎接新春的來臨。

　　〈月餅〉

　　圓餅對圓月，陶然望一回。

　　銀泥裁作餡，玉屑製成材。

　　品似冰壺潔，輪如金鏡開。

　　清秋欣賞識，邀友共追陪。

本詩描寫月夜大家邊吃月餅邊欣賞天上皎潔明月的情景。用銀泥作月餅的餡，玉屑作成茶具，一派清閒無憂無慮的吹著夏夜的涼風，邀請友人一起欣賞圓圓的月亮。

　　〈餐英吟會〉

　　群友聯翩至，邀吟且看花。

　　金英凌蚌蛤，玉蕊勝魚蝦。

　　愈疾搜奇好，消炎得句嘉。

　　吾儕同會食，遣興屈平家。

作者邀請朋友一起邊賞花、邊吟詩，是在與朋友聚餐時興致一發所作的作品。

　　跟家人及好友的相聚，心裡的喜樂滿足之情一一化作泉湧的文思，除藉詩作序寫出當時的民情風俗，在閒適之餘，對平常一些並不顯得起眼的東西，也有一番不同以往的新體悟。由以上幾首詩，可以讀出作者在生活上的閒適，和喜歡跟朋友一起飲酒賦詩的習慣。

　　（四）與友人贈答唱酬作品：

　　自古文人多喜以文會友，廖重光先生一生交遊廣闊，人緣極佳，其詩作中自然也少不了一些以詩會友的作品。包括詩友之間的相互贈答，及朋友之間出遊送別之作，當然也有平日祝賀應酬禮尚往來所作之詩，可從此一類作品中看到廖重光先生與友人之間的情誼深重，其

待人熱情而好交遊的一面。

〈謹次黃丕承先生留別瑤韻呈作紀念〉

宏張絳帳[11]五更年，頹廢斯文一線牽。

汲汲啟蒙傳後學，循循誘掖類前賢。

榕齋垂蔭春風好，茭社增輝旭日妍。

仰止斗山猶咫尺，過從長願結因緣。

此詩為 1931 年（昭和六年）冬，時任茭社詞宗的黃紹謨將要辭館離開西螺鎮時，感於在西螺臥雲齋講學五年以來，與茭社眾人建立了深厚的友誼，因有留戀不捨之意，他留別茭社吟朋及榕齋御學友之詩云：

囊首已螺陽五年，一朝分袂感情牽。

吟朋茭社多先達，學友榕齋起後賢。

古柏蒼蒼餘歲晚，天桃灼灼競春妍。

吾儕道義相磨礪，永願無忘翰墨緣。

而廖重光先生便依其原韻，回贈此瑤韻予黃秀才，此詩表達茭社眾人對黃秀才的惜別之情。

〈滿鮮視察次黃清江氏送別瑤韻〉

時值新秋景色明，長亭設席壯吾行。

諸君雅意情當感，更有新詩慰客程。

〈其二〉

滿蒙視察過重洋，猶愧前程志未張。

飽看新興諸氣象，待將記錄為傳揚。

〈次林臥雲先生瑤韻〉

滿洲國建世文明，附驥[12]群中共遠征。

深謝諸君多雅意，前程萬里藉光榮。

〈次賴尚遜先生瑤韻〉

羅山握手氣融融，詩酒言歡一夕中。

壯志著鞭遊海外，雄心勃勃有人同。

---

11 紅色的幃帳，今以絳帳為師長或講座之典。見《後漢書・馬融傳》。

12 驥，千里馬。謂附於千里馬之尾，一同飛馳，其名因驥而共顯。見《史記・伯夷傳》。

〈次吳百樓先生瑤韻〉

喞啾雀趁鳳凰鳴，自愧藩籬私語聲。

喜見滿洲天府國，礦山果是好批評。

〈次李德和女史瑤韻〉

滿洲特地氣氤氳，萬里江山覆錦雲。

長白高峰鴨綠水，拾將詩料贈諸君。

〈朝鮮視察夜泛大同江有感次戴戊己先生瑤韻〉

朝參箕子山陵後，今夜同江共泛舟。

猶喜美人頻顧盼，臨行約我再來遊。

廖重光先生與戴戊己先生共同夜遊泛舟，而戴戊己先生於重光先生臨別之時，更先行邀約下次再一起前來舊地重遊。

〈滿鮮視察後臨別贈同行諸先生〉

弱質菲才附驥行，船車萬里歎勞生。

深承一路垂青[13]眼，安抵家山無限情。

〈次黃文陶先生春日書懷瑤韻〉

宿雨含桃灼灼紅，一春開遍滿園中。

無關世事心常樂，莫羨功名志自融。

笑我同年多不賤，喜君共濟具和衷。

相期社會還努力，彼此吹來有好風。

〈次陳泰山詞兄虎尾收局瑤韻〉

為主籌謀是哲人，虎溪踏遍瘁心身。

五年計畫留芳躑，半世經營獨出神。

善理飛砂成壤土，親栽冗費任艱辛。

此中收拾非容易，處世如君勝逸民。

〈祝林拱辰先生令堂八旬晉一壽誕同令郎新婚雙慶〉

青鳥[14]頻傳喜來信，斗山林母壽筵開。

萱堂敬獻長生果，嗣子欣聯合卺杯。

五福箕籌君悉備，三多華祝我叨陪。

13　受到重視。見元・耶律楚材〈蒲華城夢萬松老人〉詩。

14　喻使者。見《山海經》。

中天婺彩輝無極，照徧孫曹展駿才。

〈昭和十四年春上京船中次江耕雨君瑤韻〉

世事繁難了，純然一局棋。

羨君無嗜酒，愧我未能詩。

度量洪而雅，襟懷正不欹。

老生因保健，夜夜小傾卮。

〈次許百鑄襟姪六十述懷瑤韻〉

年華易邁實難留，倏忽已經六十秋。

幸喜慈萱身老健，何勞季子志靡酬。

雖遭疾病由天相，那患賓朋莫我儔。

造化因人而賜福，如君孝友可無求。

歷經辛勤廿七年，恩培桃李布書匭。

推移世事無關著，變態風雲任播遷。

嚴守官規心自在，懷尊母訓樂陶然。

授勳敘位光鄉里，如此榮餘孰可憐。

廖重光先生感嘆光陰似箭、歲月如梭，自己的年華也隨而消逝了。在過往的六十年歲月中，有將近二十七年的時間都奉獻給教育界，從事作育英才的工作，回顧自己過往的事蹟，也欣慰自己能在晚年時獲得大家的肯定，光耀鄉里。

〈呈螺陽會留學生各位〉

欲成男子志，破浪乘長風。

莫學因循事，專修奮勵工。

身心宜鍛鍊，肝膽貴豪雄。

愛國忠君念，時時慎記衷。

廖重光先生藉此詩來勉勵螺陽會的留學生，他們要乘風破浪的出國留學，這樣難得的機會和艱苦的求學過程，切莫因為自己的因循怠惰而錯失這樣的大好機會。必須要專心向學，同時也要注重身體和心靈的鍛鍊，人雖在外也不可將該有的愛國精神拋諸腦後。

四、結　語

　　廖重光先生小時候受過漢學教育，在良好的庭訓及自身的苦讀鑽研之下，本身的文學造詣頗有可觀之處，這些漢學方面的素養也成為廖重光先生從事詩作創作的基礎。從他的作品當中，可以發現他對於日常生活中的諸般事物均觀察入微，所作的詩也涵蓋各個層面，無論在抒情言志、關心民瘼、觀古記事、寫景詠物的各類作品當中，都能讀到重光先生樸質但不失練達的詩風。一般認為，詩是較具隱晦風格的一種文學創作，但廖崇光先生的傳統漢詩，卻具有寫實的詩風。無論是描景寫物，或抒發感情，均能將自己的意志感情藉著文字忠實的呈現出來，雖然是套用傳統詩重格律、駢偶對仗的格式所創作的作品，但已初具進步的現代詩精神。尤其可貴的是，從作品中我們也不難讀出詩人真摯的情感、對日常萬物處處留心的縝密思緒，及對自己人格方面有著閒雅高潔的自我期許，這些素養都足以說明，一位文人清楚知道他必須以自身風骨及其傳世的作品做為後學者的典範。

　　廖重光先生一生為自己的家鄉奔走、奮鬥，不僅在其擔任西螺街長期間，更因自身對於家鄉的熱愛，且明白自己肩負的時代使命，在自己離開教職轉任地方事務公職之後，他將自己大部分的時間都奉獻給西螺這塊土地及其人民。以此觀之，我們可以說廖重光先生在為數不少的雲林漢學詩家當中，亦有其難以掩蓋且不容漠視的光芒。

參考書目

一、專　書

1. 程大學主編：《西螺鎮志》，西螺鎮公所編印，2000 年。
2. 廖丑：《西螺七崁開拓史》（台北市，前衛出版社），1998 年。
3. 范曄、李賢：《後漢書》，台灣中華書局，1984 年。
4. 廖學昆等箸：《拾五週年紀念－茨社同人錄》，1940 年（昭和 15 年）。

二、單篇論文

1. 王芷琳：〈西螺街長－廖重光的古典詩〉，雲林科技大學漢學所收藏的資料。
2. 王前文：〈廖重光漢詩析論〉，雲林科技大學漢學所收藏的資料。
3. 王文廷：〈廖重光漢詩析論〉，雲林科技大學漢學所收藏的資料。
4. 游函諺：〈西螺茨社廖重光漢詩析論〉，雲林科技大學漢學所收藏的資料。

附錄一：菼社沿革

　　日治時代，各地區的仕紳雖生存於日本政府的政治環境之下，然而對於中國傳統文化的情感卻也頗難忘懷。在當時環境之下，如果想要學習國學，除了政治上的問題之外，要尋找對國學有所研究的人士，除了少數的耆宿遺老之外，實屬鳳毛麟角。

　　在當時除了日本人主辦的詩社組織外，台灣各地亦有創辦詩社的風氣，主題以詠物、寫景、懷古居此多。1919 年（大正八年）適逢各地詩社相際成立之際，西螺街有黃文陶（竹崖）、廖學昆（應谷）、廖心恭（和衷）、林朝好、文永倡、魏等如（任菴）、江擎甫（耕雨）和李廷通（啓塞）等八人聚合喜好文藝之士，於三月組織籌設「同芸社」[15]，勤勉致力於詩工麗澤的創作之中，並禮聘江秋圃（藻如）秀才講解詩文，擔任詩社之詞宗。1920 年（大正九年）街內其他人士如：廖重光（菊癡）、廖發（長春）、廖學枝（逸陶）、廖學明（夢蕉）、張李德和（連玉）、張英宗（杰人）、蘇茂杞（鴻飛）、鍾金標（步雲）、陳元亨、黃清江（明心）、廖元鐘、楊耀南、林圓、林等、林明發；周新附、陳源興、張清顏等人相繼加入，詩社組織逐漸蓬勃發展。詩社於翌年改稱「菼社」，改設號爲「菼」的因素，是除了環境區域四處可見菼（鹹草）這類的植物，菼這種植物有「中實而赤」的特性，象徵詩人非但要以發揚文藝爲宗旨，重要的是要懷著丹心報國之心情，以示愛國不落人後之意。

　　1925 年（大正十四年）菼社繼續聘請斗六黃茂才爲顧問，指導詩社之創作。而當時社員定時的聚會，大部分時間是集合在廖學昆府上。隔年（昭和元年）三月，菼社詞宗江秀才因年高體弱，不堪重勞，數度請辭詞宗之職務，社員同仁體其事實，勉爲答應，並煩請另覓新詞宗代替接任。於是江秀才乃推薦斗山（斗六）臥雲齋黃秀才丕承（紹謨）待其職，擔任詞宗，當時黃秀才正於斗六設帳授徒，兼任「雲峰

---

15 一說爲芸社，見江擎甫：〈菼社沿革〉，《雲林文獻季刊》創刊號，1952 年。

吟社」之詞宗，並無法抽出時間來顧及葵社諸同人之敦請，於是，江秀才親自寫了一封信給他，極力勸誘而邀請，內容略謂：「…為國家隆替關頭，位青年前途進取設想，特請先生俯就指導云云…」。由於這封信的內容聲聲動人，句句技盡肺關，遂感動了黃秀才。

後來據詩社成員廖學昆的描述，當時臥雲齋黃秀才接讀此信時，不覺泫然為之淚下，並當場允諾其盛情之邀請，隨即連裝俱行，此為臥雲齋西螺講學時代之始。按此期間，自1926年（昭和元年）三月起至1931年（昭和六年）年底止，計滿五年之久。

當黃秀才入西螺鎮指導詩文之後，始終在廖學昆舊宅之榕齋開班講學，由於此處環境地繞花木，頗適合「經」的學習與「詩」的創作。當時學習人數約有三十二人左右，黃秀才除指導詩文外，亦擔任葵社詞宗，並且辭去斗山之職，是因其感自身責任之重大，專心一意之緣故。

依據1929年（昭和四年）孟秋重編之家社社員名簿所載，此時葵社社員，已有黃文陶、廖學昆、魏等如、黃紹謨、廖重光、陳元亨、黃清江、鍾金標、林圓、林明發、李廷通、廖學枝、廖心恭、林等、廖元鐘、林庚宿（星輝）、張李德和、李長壽、廖學明、張英宗、黃梧桐、江鳳欑、林牛港（鶴童）、江聯柱、江聯翹、施錦川（筆鋒）等廿六名之多。

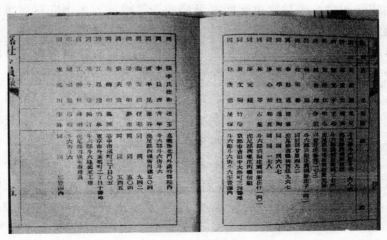

葵社會員名錄

　　黃秀才在西螺鎮授讀時，治學態度非常嚴謹，例如讀到漢朝金日
磾，因爲此人在詩作中出現的機率並不高，所以他並不熟悉，在不願
輕率了事的想法下，告訴學生另日再查相關書籍再予以教授。另外，
他選詩的內容，必分別本社員或外客社員的程度與喜好，而有不同的
著眼，本社員之作品，則側重於此作品有無詩病與否？外社參加之作
品，則全以氣魄來論評。黃秀才又專精於文字之運用，氣骨秀潤，極
似潘齡皋體一般，自成一家，社員在其薰陶與指導下，深受影響。西
螺鎮之廟宇楹聯，或者老店舖之招牌匾額，爲數不少皆出自先生手書。

　　詩社組織一直到 1937 年七七事變後，日本政府才嚴加控管。戰
後，葵社社員四處分散，再也沒有聚集在一起創作了。1952 年一度出
現詩社聯誼會，但僅有少數個人創作而已。

附錄二：廖重光先生和西螺大橋[16]

　　光復後，西螺大橋仍只有橋墩而無橋面，至 1946 年（民國卅五年）
五月，適值台南縣參議會會期，參議員李應鏜以「架設濁水溪人道橋
案」再向縣參議會提出建議，該年十二月間，由原「濁水溪人道橋架
設期成同盟會」委員廖重光與縣參議員李應鏜連署，再向縣參議會提
出陳情，並請轉省參議會，該陳情書謂：「……西螺公路大橋，實遠
東第一長橋，架設工程及半，懇予迅速續建，竊以橋樑爲交通命脈，
亦即軍事要衝，文明國家，靡不重視，顧此大橋，在日治時代，費百
餘萬巨資，歷兩年歲月，從事架設，因頑敵疲於應戰，力難繼續，致
此一千九百餘公尺之遠東第一長橋，功虧一簣，半途停頓，長使美麗
河山，留些缺陷，今光復一載有餘，百廢俱興，交通亦臻完善，而處
本省中央，當南北外道之長橋，當放任棄置，未能竣工，謂非全省一
大憾事而何？此不獨對於產業虎視耽耽，宿敵猶作死灰復燃之環境
中，亟須早日完成，裨一朝有事，則全省可連成一氣，庶免鞭長莫及，

望洋興成，火車往來無阻，一乃縱貫公路，彼日人開鑿此路，正欲佐鐵路之未逮，防鐵路，鐵橋不測之歹，在平時可收雙管齊下之功，在戰時又可避線梗塞之險，既便汽車，復利步行，是以形成南北交通之要樞，抑聞此縱貫公路全橋樑，概已築峻，唯此西螺溪（濁水溪）公路大橋，握全線關鍵，尚付缺如，非美中不足矣，蓋此橋一日不完成，即一日有阻礙全省交通之慮，故南北汽車，行抵此溪，輒為所阻，西海岸台西一帶物產，既難輸送北部，如鹿港，北斗方面物資，自不暢達南部。南北之交通至此中輟，若夏季雨期一屆，非藉需筏，渡登彼岸，實難越雷池一步，何殊咫尺千里，誠全省交通上亟應續建，刻不容緩之重要橋樑……」。廖重光與李應鏜的連署陳情書，確實說出當時亟欲續建大橋的諸般緣由，惟光復之初百廢待舉，省政府對於大橋續建一事仍無暇理會。

最後，西螺大橋工程終在在南北兩岸工程人員同心協力下，於民國 41 年 12 月底全部竣工，是為當時遠東第一長橋。曾為此橋的興建大聲疾呼，戮力奔走的前西螺街長廖重光先生，對於終能見到大橋的竣工通車，心中自有一番不同於他人的感觸，他也曾為詩讚頌巍巍壯觀的大橋，並讚歎此橋的巧奪天工，堪稱力與美的最佳結合。

附錄三：廖重光先生年譜

1875 **光緒元年** 1 **歲**　誕生（張廖氏）
1900 **光緒二十六年，明治三十三年** 15 **歲**
　　畢業國語學校國語部
1917 **民國六年，大正六年** 33 **歲**
　　西螺設立信用組合
1920 **民國九年，大正九年** 36 **歲**
　　從事育英
1920 **民國九年，大正九年** 36 **歲**
　　任虎尾庄長
1924 **民國十三年，大正十三年** 40 **歲**

拜命西螺街長

1928 民國十七年,昭和三年 44 歲

拜命西螺街長（連任）

1932 民國二十一年,昭和七年 48 歲

被命滿洲國視察於新京

1932 民國二十一年,昭和七年 48 歲

拜命西螺街長（再次連任）

1936 民國二十五年,昭和十一年 52 歲

命西螺街長,重任三次,此間賜配紳章,昇爲奏任待遇

1936 民國二十五年,昭和十一年 52 歲

擔任西螺信用組合理事

1936 民國二十五年,昭和十一年 52 歲

西螺街長滿期辭職

1938 民國二十七年,昭和十三年 54 歲

上京船中、次江耕雨瑤韻

1948 民國三十七年 64 歲

向台南縣參議會陳情成立「西螺大橋續建委員會」

廖學昆漢詩研究

胡 淑 婷

一、前 言

自從甲午戰爭清廷戰敗，1895 年，馬關條約將台澎割讓日本，臺灣文學史進入一段新的發展。在日治時期，臺灣漢人保存傳統中華文化不易，幸於日治初期來台履任的官吏爲籠絡民心，實施懷柔政策，對於臺灣詩社的發展持放任態度，因此詩社於日治時期是合法組織，延續漢文化在台灣的發展與生存空間，也使得漢文與民族意識得以藉由詩社組織傳播，於是臺灣各地詩社如雨後春筍，到處林立。本篇便對雲林縣西螺地區詩人廖學昆（應谷）的漢詩作品，與其參與的西螺菼社作一番探究，以窺日治時期臺灣詩人與詩社發展的梗概。

二、廖學昆生平概述

廖學昆（1897－1961），別號「應谷」，原居址爲臺南州虎尾郡西螺街西螺 504，即現在西螺鎮廣福里。[1]祖父廖心村一代，家境貧苦，從事轎伕工作，但爲人爽快而忠厚，人緣頗佳。父親廖漢棟因天賦聰穎，經營芋粿生意，開設當鋪，並買地置產約五百甲土地，成爲西螺

---

1 行政區域劃分沿革：日治時期，1906 年（明治 39 年）西螺屬於斗六廳西螺堡，後來西螺堡一度歸屬嘉義廳（無年度可考），1920 年（大正 9 年）改爲台南州虎尾郡西螺街，光復後 1945 年（民國 34 年）先改爲台南縣虎尾區西螺鎮，1950 年（民國 39 年）調整爲雲林縣西螺鎮，沿用至今，轄區共計二十七里。

當地富有名望的大地主。廖學昆身爲獨子，父親自幼便聘請家庭教師教育，研讀漢學、四書五經，而後進入正規學校，並留學日本東京亞東學院，學成返國後，經營大東信託株式會社。

（1）上圖為廖學昆的舊居，由於其家業鼎盛，此住所是當時西螺鎮上最大的花園洋房，大約建於 1936 年（昭和十一年），佔地近一甲，然如今人去樓空，漸漸荒廢，照片中的主體建築已於 1999 年 6 月 4 日毀於大火中。

廖學昆生性溫厚、淡薄名利，對社會文化與地方建設貢獻良多，如 1921 年（大正十年）倡議並出資整修西螺振文書院；1926 年（昭和元年）重建西螺張廖家祠崇遠堂時，擔任建築委員，出錢出力；1936年（昭和十一年）西螺廣福宮重建，亦捐款、捐地贊助。在日治時代，廖學昆曾擔任西螺街協議會員、信用組合理事、虎尾郡水利組合評議員、大東信託株式會社監察役、臺灣地方自治聯盟評議員等職務，在地方上頗具聲望。二次大戰後臺灣光復，由於廖學昆在地方上德高望重、學識人品俱佳，經西螺仕紳推薦，由台南縣長袁國欽派任爲戰後首任西螺鎮長，於戰後鎮務推動，貢獻不少心力，但一年後自請卸辭，專心經營斗南建材股份有限公司，1952 年（民國四十一年）曾任雲林縣文獻委員會顧問。

　　廖學昆育有三男二女[2]，兩位女兒廖素娟及廖素貞皆留學東瀛。長子廖本仁畢業於日本早稻田大學，曾任東京防衛軍第九軍少佐，戰後歸國，因不滿陳儀政府的腐敗，二二八事件時曾率鄉民攻打虎尾機場，遭國軍四處搜索，經由西螺鎮長廖萬來出面邀宴款待，廖學昆花掉數十甲土地，花錢送金條才免除廖本仁的牢獄之災，得以保全性命。[3]次子廖本農於東京巢鴨中學畢業後，至香港萊頓學院和英國芭蕾舞學院就讀，學成後旅居香港，創辦舞蹈學院，高徒輩出，享譽國際。三子廖本懷於香港大學建築系畢業後，又得到英國德威大學地形設計研究所學位，返港後曾擔任香港大學教授、香港政府屋宇建築委員會建築師、政務司等[4]，被譽為香港建築界泰斗，其妻子袁經綿（小名毛妹）是香港著名的舞蹈家[5]，廖本懷於 1989 年退休，並獲英皇頒 CBE 太平紳士的榮譽。

　　廖學昆生平除經營事業有成，對公益事業不遺餘力外，對雲林地方藝文活動，尤其西螺詩社的發展更有不可忽視的地位。

三、廖學昆與莪社發展

　　日治時期，各地區的仕紳雖處於日本統治的環境下，但對中國傳統的文化難以忘懷，想要修習國學頗為不易，於是當時臺灣各地詩社相繼成立，成為日治時期維繫漢學命脈的重要管道之一，對地方文風的推展，裨益匪淺。

　　1919 年（大正八年），適逢各地詩社成立之際，西螺街黃文陶（竹崖）博士邀集廖學昆（應谷）、廖心恭（和衷）、林朝好、文永倡、魏等如（任庵）、江擎甫（耕雨）、李廷通（啓塞）等八人，聚合雅

2　程大學主編：《西螺鎮志》（雲林縣：西螺鎮公所，2000 年），頁 3-92。然經筆者至西螺鎮戶政事務所訪查，於戶籍資料中，廖學昆名下計有四男二女，其中一子名為廖本雄，疑似早夭，故《西螺鎮志》中並未記載。

3　楊彥騏：〈走尋虎尾二二八〉http://www.oceantaiwan.com/land/20040308.htm

4　廖本懷於 1985 年被委任為當時英國殖民的香港政府政務司（相當於內政部長）一職，是在香港政府擔任最高職位的華人。

5　廖本懷夫人袁經綿女士（小名毛妹）於 1964 年創辦「毛妹芭蕾舞學校」，是全球規模最龐大的和香港著名的舞蹈學校。

好藝文人士，於同年三月組織詩社，曰「芸社」[6]，致力於漢詩創作，以詩會友，並禮聘江秋圃（藻如）秀才講解詩文，擔任詩社詞宗。翌年，詩社成員增加，如廖重光（菊癡）、廖發（長春）、廖學枝（逸陶）、廖學明（夢蕉）、張李德和（連玉）、張英宗（杰人）、蘇茂杞（鴻飛）、鍾金標（步雲）、陳元亨（玄菴）、黃清江（明心）、廖元鐘、楊耀南、林圓、林等（占魁）、林明發、周新附、陳源興、張清顏等人相繼加入，遂改詩社名爲「蔡社」，改稱「蔡」的原因，乃取西螺地區遍生植物蔡（鹹草），其有「中實而赤」的特性，象徵詩人除以發揚文藝爲宗旨，更要懷抱丹心報國的情操，顯示詩人愛國不落人後之意。嗣後，各地相起仿效，成立詩社組織。

　　1923 年（大正十二年），蘇孝德、賴雨若、林玉書等循鷗社創立五週年紀念聯吟大會決議，邀請嘉義羅山吟社、玉峰吟社、鷗社、樸雅吟社、月津吟社、西螺蔡社、汾津吟社、轂音吟社、新柳吟社、鶯社等十社設「嘉社」。[7]1925 年（大正十四年），蔡社繼續聘請斗六黃茂才爲顧問，指導詩社，當時社員定時聚會，大部分聚會地點便是在廖學昆府上。1926 年（昭和元年）三月，蔡社詞宗江秀才年高體弱，請辭詞宗職務，並推薦斗六斗山吟社臥雲齋秀才黃丕承（紹謨）代其職，江秀才親自寫信邀請，內容句句動人，據廖學昆描述，黃秀才接讀此信時，不覺泣然爲之淚下，並當場允諾其盛情邀請，此後五年，黃秀才於西螺廖學昆舊宅之榕齋講學，由於此處環境地饒花木，適合經的學習和詩的創作，當時學習的人數約有三十二人左右。

---

6 見江擎甫：〈蔡社沿革〉，《雲林文獻》創刊號（1952 年），頁 68。「芸社」，另一說爲「同芸社」，見程大學主編：《西螺鎮志》（雲林縣：西螺鎮公所，2000 年），頁 8-62。
7 江寶釵：《嘉義地區古典文學發展史》（1998 年），頁 249。

（2）1936 年（昭和十一年），菼社第十七次總會之合影照片。

四、廖學昆漢詩作品概述

1935 年（昭和十年），爲慶祝菼社成立十五週年，遂集結菼社二位顧問和十七位成員之詩篇，編纂《菼社同人錄》[8]，收錄詩作約一千二百餘首，內容以菼社詩人平時課題擊缽之作爲主，再加上一部份的個人創作，故頗多詩名相同，爲西螺菼社的精華詩篇，其中收有廖學昆的絕句八十四首、律詩三十一首，合計一百一十五首，完整的保存廖學昆在 39 歲之前的作品。

---

8 江擎甫：〈菼社沿革〉，《雲林文獻》創刊號（1952 年），頁 68。

（3）1935 年（昭和十年），莪社成立十五週年，於廖學昆府上所拍攝的紀
　　念照，前排右三為黃文陶、右五為廖重光、右七為廖學昆、後排左四為
　　江擎甫。

　　廖學昆不但創作豐富，且題材廣泛，大概可歸納爲以下七類：借
景抒情、托物言志、閒情詠物、針砭史事、酬唱贈答、節令感懷、深
閨幽情，以下略述各類體裁
標準與詩作：
　　（一）借景抒情：本類詩作乃作者借描寫自然景色抒發想法或情
感，如〈武陵溪〉一首、〈灞橋踏雪〉一首、〈新高山〉一首、〈京
郡道上〉一首、〈過莫愁湖〉一首、〈柳眼〉一首、〈關子嶺〉一首、
〈春雨〉一首、〈阿里山曉望〉一首、〈水中月〉一首、〈螺溪月〉
一首、〈虹〉一首、〈採茶〉一首、〈諸羅春色〉一首、〈春帆〉一
首、〈塞上春草〉一首、〈新月〉一首。
　　（二）託物言志：本類詩作即作者藉由描寫事物寄託自己的志向
或想法，如〈晚菊〉一首、〈聊園雜詠〉二首、〈古鏡〉一首、〈古
寺〉一首、〈水仙花〉一首、〈燕剪〉一首、〈盆松〉一首、〈接花〉

一首、〈並蒂蓮〉一首、〈夏菊〉一首、〈菊影〉一首、〈友菊〉一首、〈菊枕〉一首、〈雁字〉一首、〈蟬聲〉一首、〈籠鶴〉一首、〈冰旗〉一首、〈池邊鶴〉一首、〈夏日雜詠〉一首。

　　（三）閒情詠物：本類詩作爲作者閒情吟詠或單純詠物之作，如〈吹春〉一首、〈無題〉一首、〈甲子元月夢見先父以詩代錄〉六首、〈新柳〉一首、〈手提電灯〉一首、〈石獅〉一首、〈古硯〉一首、〈夜釣〉一首、〈慾海〉一首、〈待月〉一首、〈綠天〉一首、〈海水浴〉一首、〈影戲〉一首、〈棹球〉一首、〈望遠鏡〉一首、〈留聲機〉一首、〈警鐘〉一首、〈稻江養病〉一首、〈雪衣〉一首、〈鴛簧〉一首、〈筆花〉一首、〈測候站〉一首、〈月餅〉一首、〈紙鳶〉一首、〈釣蛙〉一首、〈餐英吟會〉一首、〈信魚〉一首、〈郵票〉一首、〈睡蓮〉一首、〈湯婆〉一首，是廖學昆創作漢詩中最多的一類。

　　（四）針砭史事：本類詩作可分爲以古諷今和批評時事兩方面，如〈毀艦〉一首、〈蘇武〉一首、〈孟嘗君入秦〉一首、〈蘇東坡〉一首、〈鬪碁〉一首、〈古梅〉一首、〈觀海〉一首、〈劍氣〉一首、〈探海灯〉一首、〈落下傘〉一首、〈高射砲〉一首。

　　（五）酬唱贈答：本類詩作即作者與親友相互唱和、贈與送別之作，如〈寄明哲君〉一首、〈寄重光先生〉一首、〈送新鶯君歸諸羅〉三首、〈送鳴皋君之東都〉二首、〈贈竹崖君〉一首、〈寄懷明哲君〉一首、〈祝林拱辰先生令堂八旬晉一壽誕及令郎新婚〉一首，〈癸未春日寄東京諸兒女〉一首。

　　（六）節令感懷：本類詩作乃作者於特殊時節或節令感懷之作，如〈新秋〉一首、〈甲子年端午感懷〉二首、〈上元灯〉一首、〈門松〉一首、〈辛未中秋病床作〉三首、〈十六夜月〉一首、〈餞歲〉一首、〈聊園春色〉一首、〈首夏〉一首、〈乙丑元旦和竹崖君韻〉一首。

　　（七）深閨幽情：本類詩作主要描寫閨中女子的情思或閨怨，如〈征婦詞〉一首、〈寫意〉一首、〈守宮砂〉一首、〈鴛鴦枕〉一首、〈夜雨〉一首、〈秋閨怨〉一首。

五、廖學昆漢詩作品分析

廖學昆的詩作題材廣泛，除臺灣古典漢詩中常見的借景抒情、托物言志、針砭史事、酬唱贈答外，還創作大量且饒富趣味的詠物詩，又有涉及婦女情感的閨思作品，別樹一幟，每一類型俱有可觀，非常可貴，以下便針對廖學昆各類漢詩作品作簡略探討，並舉例分析。

（一）借景抒情

本類詩作主要是作者借由描寫自然景色以抒發自己的想法或情感，試讀〈關子嶺〉、〈阿里山曉望〉兩首詩，可見其情：

〈關子嶺〉

幾重深谷幾重雲，隔斷人寰絕俗氛。

惟有靈泉共朝夕，世間塵事總無聞。

〈阿里山曉望〉

即目東南望，繽紛曙色新。

迎曦山號祝，擎宇木稱神。

老檜沈雲海，巖櫻繞石津。

八通關外路，萬岳露天真。

廖學昆詩作中，除了對臺灣風景的描寫外，亦不乏對中國大陸景致的嚮往，顯示作者不忘祖國的情感：

〈過莫愁湖〉[9]

果信盧家有莫愁[10]，祇今湖綠未曾休。

勝他一片秦淮水，流入長江不轉頭。

（二）托物言志

古人謂詩可言志，歷代文人常於詩中托物言志，廖學昆亦不例外。自古皆以菊爲志節之士，魏晉陶淵明以降，更稱菊爲花中隱士，常借

9　湖泊名，在南京城西水西門外，清時號稱金陵第一名勝。
10　語見《樂府詩集》卷八十五〈河中之水歌〉：「河中之水向東流，洛陽女兒名莫愁，莫愁十三能織綺，十四採桑南陌頭，十五嫁爲盧郎婦，十六生兒字阿侯。」後引爲少婦代稱。

菊花以喻志節高超，廖學昆詩作中和菊花有關的便有〈晚菊〉、〈夏菊〉、〈菊影〉、〈友菊〉、〈菊枕〉等五首，歌頌菊花清高的氣節，推崇陶潛和屈原的高尚品格，以自我期許，茲錄於下：

〈晚菊〉

誰道秋容老，黃花色尚留。

可知真傲骨，不為雪霜憂。

〈夏菊〉

為嫌蕭瑟吐籬東，夏日先開滿徑紅。

是否淵明忘教囑，誤他失節拜薰風。

〈菊影〉

一籬秋色月痕明，匝地猶存晚節清。

疑是陶家新畫譜，憑誰寫照總難成。

〈友菊〉

滿身風露立東籬，默默心交淡淡姿。

畢竟此情誰解識，陶潛而外屈原知。

〈菊枕〉

不羨餐英學楚風[11]，收將殘蕊碧紗封。

閒來作枕遊仙去，應覓陶潛舊隱踪。

綜觀廖學昆詩作中，提及菊花和陶淵明甚多，由此可見作者對品格崇高之士的嚮往，也隱約透露其淡薄名利的性格。廖學昆不但好以菊為題，從葵社詩人江擎甫的贈詩中，則可推測廖學昆府中應多植菊花：

〈聊園乞菊呈應谷夢蕉[12]二兄〉[13]

多蒙割愛到東籬，又命園丁代護持。

寄語主人休問種，淵明太白粉西施。

除了菊花以外，鶴在古代亦是高節之士的象徵，又具有道家仙風道骨的形象，廖學昆以鶴言志的詩作共有三首，如下：

---

11 典出屈原〈離騷〉：「夕餐秋菊之落英」。

12 廖學明，別號夢蕉，葵社詩人之一，亦是廖學昆的堂兄弟之一。

13 見廖學昆主編：《葵社同人錄》（嘉義市：弘文堂出版社，1940年）。

〈池邊鶴〉之一

太液池邊一轉旋，玄精霜羽自蹁躚。

蓬萊浪淺眠三島，碧海雲輕聳九天。

飲啄雅尋安樂土，昂藏屬意太平年。

知他靜立看流水，盛世而今不羨仙。

〈池邊鶴〉之二

幽閒小立禁池邊，未許雞群聳比肩。

記得鳴皋聲尚在，應知奮翼志猶堅。

素姿白壓瓊霜舞，丹頂紅追旭日懸。

不羨乘軒還有祿，愛他德厚羽毛鮮。

〈池邊鶴〉是刻畫鶴之閒適自得、與世無爭，作者另有描述籠中鶴想掙脫束縛，一飛沖天的詩作：

〈籠鶴〉

束縛如囚暮復朝，玄精不減羽毛消。

知他未改沖天志，日日籠頭望九霄。

（三）閒情詠物

此類為廖學昆詩作中創作最多的類型，不同於托物言志，此類詩作多半為單純詠物，包含對植物的描寫，如柳樹、蓮花等，生活休閒用品如手提電灯、硯台、望遠鏡、留聲機、郵票、棹球、紙鳶等，亦有公共設施如石獅、測候站等，試讀〈郵票〉、〈望遠鏡〉及〈測候站〉，可見作者的以小見大，創作角度饒富趣味：

〈郵票〉

錦箋如葉小，貼上尺書輕。

帶不勞鴻力，傳非藉雁行。

郵丁看汝面，驛使認君名。

莫道三分價，遞函萬里程。

〈望遠鏡〉

手持一管觀遙天，萬象森羅眼底懸。

星月別開新世界，憑將此器辨山川。

〈測候站〉

造化原無定，玄機此處通。

雲低因驟雨，氣壓曉颶風。

地震針盤動，天晴報盒空。

願教長不變，舜日與堯同。

（四）針砭史事

本類詩作可分為詠歎歷史人物以及批評時事兩方面，在詠歎歷史人物中，廖學昆特別崇敬志節高尚之士，如蘇武、蘇東坡等，於詩中可見其推崇之意：

〈蘇武〉

豈因怕死牧羝肥，嚙雪啖氈志不違。

一樣匈奴留漢虜，少卿怎及子卿歸[14]。

〈蘇東坡〉

不從介甫行苛政[15]，受貶黃州志亦甘。

赤壁祇今秋月白，尚留佳句潤江南。

除詠歎歷史人物，廖學昆亦關心時政，有些詩作便是針對時事抒發見解。

〈毀艦〉

海上平和日，艨艟自擊沉。

國防應有限，軍縮是良箴。

〈探海燈〉

一灯閃爍掛船頭，敵艦分明眼底收。

海上而今無戰鬥，煌煌祇合照中流。

（五）酬唱贈答

本類詩作即廖學昆與親友相互寄贈、祝賀、送別之作。當中，贈與類的有〈寄明哲君〉、〈寄重光先生〉、〈贈竹崖君〉、〈寄懷明

---

14 西漢，蘇武字子卿，李陵字少人，「子卿」指蘇武，「少卿」指李陵，作者以詩推崇蘇武持漢節不降匈奴的情操，乃投降匈奴的李陵所不及。

15 王安石（1021～1086），字介甫，號半山老人，北宋臨川人，神宗時為相，改革政治，銳行新法，反對者眾多，蘇東坡即其中之一。

哲君〉、〈癸未春日寄東京諸兒女〉等,試讀〈贈竹崖君〉一首:

〈贈竹崖君〉

騷壇樹識尋常事,別有青年訓勵功。

自是神農身外術,醫人醫俗妙無窮。

由詩中可見作者對詩友黃文陶(竹崖)醫術之推崇,比之神農,兩人感情深厚,1961 年(民國五十年)廖學昆去世,黃文陶痛失好友,贈輓聯致哀悼之意:

〈弔學昆詞兄文〉

廿載神交,颺誦詩文懷道義。

一朝絻執,同歌薤露泣霜風。

此外,廖學昆的祝賀詩作有〈祝林拱辰先生令堂八旬晉一壽誕及令郎新婚〉,茲錄於下:

〈祝林拱辰先生令堂八旬晉一壽誕及令郎新婚〉

先生高去樂天流,攜得清囊濟五州。

奉母承歡常舞彩,為兒授室善貽謀。

堂前萱草添佳色,膝下蓮花喜並頭。

想見双双朝拜壽,慈顏應笑詠睢鳩。

送別詩如〈送新鴬君歸諸羅〉三首、〈送鳴皋君之東都〉二首,均可見其離情依依,情摯感人:

〈送新鴬君歸諸羅〉之一[16]

水仙香裡話離情,酒綠燈紅感慨生。

漫道長條難繫馬,陽關欲奏已吞聲。

〈送鳴皋君之東都〉之一[17]

昔年送我短亭邊,今日離君酒一筵。

不用陽關翻舊譜,新詩賦就問歸旋。

(六)節令感懷

本類詩作為作者於特殊時節或節令感懷之作,舉例欣賞如下:

---

16 張清言,別號新鴬,萊社詩人之一。

17 江鳳叢,別號鳴皋,萊社詩人之一。

〈甲子年端午感懷〉

兩載蘇杭寄此身，端陽猶作未歸人。

蒲觴今歲留家飲，還憶西湖吊屈辰。

〈上元燈〉

金吾不禁祝良辰，玉樹煌煌此夜新。

但願花開休作淚，光輝好慶萬家春。

（七）深閨幽情

　　本類詩作主要描寫閨中女子的情思或閨怨，乃是廖學昆詩作中最特別的一類，其中有模仿古代邊塞閨怨詩之作品，如〈征婦詞〉、〈秋閨怨〉等：

〈征婦詞〉

落日秋風冷，輕衫未堪穿。

遙知邊塞裡，寒氣定先傳。

〈秋閨怨〉

梧桐葉落斷腸時，弱質真成命一絲。

紫燕巢寒偏去早，戍鴻路遠獨還遲。

西風簾外悲誰覺，孤月樓頭怨自知。

昨日有人邊塞返，竟無消息道歸期。

此外，另有對於古代要求女性貞潔所點守宮砂的悲憫與批判：

〈守宮砂〉

曾搗春風萬杵誇，丹心未改血尤華。

朱紅一點宮人淚，千古傷情是此砂。

六、結　論

　　廖學昆享年 65 歲，然由於《葵社同人錄》中收錄者僅其 39 歲之前的創作，礙於其他文獻缺軼，無法作更貼切與真實的研究，實為遺憾。

　　就目前詩作分析，廖學昆詩作大都流露出恬淡自然、閒情自適的風格，應與其為人個性淡薄以及經濟環境優渥有關，而在語言方面，

用典文雅，卻又淺白易懂，具通俗性，於書寫個人情志更是語真意切，是其詩作的一大特點，在日治時期西螺菼社的詩人中，有其一定的地位。

附錄一：廖學昆年譜簡表

1897 年明治三十年

廖學昆出生於雲林縣西螺鎮廣福里。

1916 年大正五年

廖學昆之父去世。

1919 年大正八年

廖學昆受黃文陶之邀，組織「芸社」。

1920 年大正九年

「芸社」改社號為「葵」，「葵社」成立。

1921 年大正十年

廖學昆倡議並出資整修西螺振文書院。

1923 年大正十二年

「葵社」參加「嘉社」組織。

1924 年大正十三年

西螺七崁於福田里重建，廖學昆與廖重光、廖富淵、廖旺生、張崇岳組成建築委員會，總司廖氏宗祠興築計畫。作〈甲子元月二十八夜夢見先父以詩代錄〉六首、〈甲子年端午感懷〉二首。

1925 年大正十四年

作〈乙丑元旦和竹崖君韻〉一首。

1926 年昭和元年

廖家祠崇遠堂重建，廖學昆擔任建築委員。

1931 年昭和六年

作〈辛未中秋病床作〉三首。

1932 年昭和七年

作〈蘇東坡〉一首、〈諸羅春色〉一首、〈十六月夜〉一首。

1935 年昭和十年

為紀念葵社創立十五週年，編纂《葵社同人錄》，收錄廖學昆絕句八十四首，律詩三十一首，合計一百一十五首詩作。

1936 年昭和十一年

西螺廣福宮重建，廖學昆捐款捐地贊助。

1943 年昭和十八年

作〈癸未春日寄東京諸兒女〉一首。

1945 年民國三十四年

日軍撤離臺灣，廖學昆被台南縣長袁國欽派任爲戰後首任西螺鎮
長。

1946 年民國三十五年

廖學昆自請卸任西螺鎮長之職。

1952 年民國四十一年

廖學昆擔任雲林縣文獻委員會顧問。

發表〈祝雲林文獻創刊〉一首於《雲林文獻》創刊號。

1953 年民國四十二年

作〈待春〉一首、〈成倪登玉先生〉一首。

1954 年民國四十三年

作〈次答蘇鴻飛兄原玉〉兩首、〈中市偶作〉一首、〈草山道上〉
一首。

1955 年民國四十四年

作〈歡場偶作〉一首。

1961 年民國五十年

廖學昆逝世。

附錄二：廖學昆（應谷）手稿

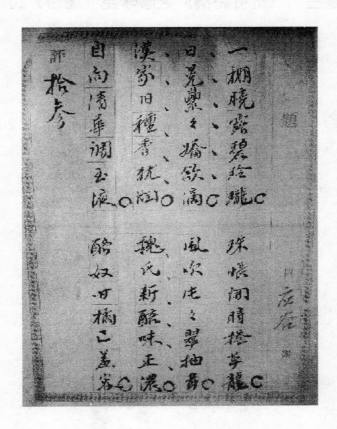

附錄三：《菼社詩稿》之廖學昆（應谷）詩作

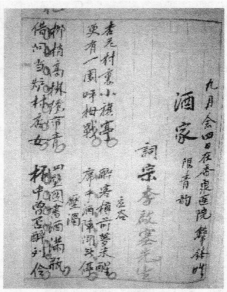

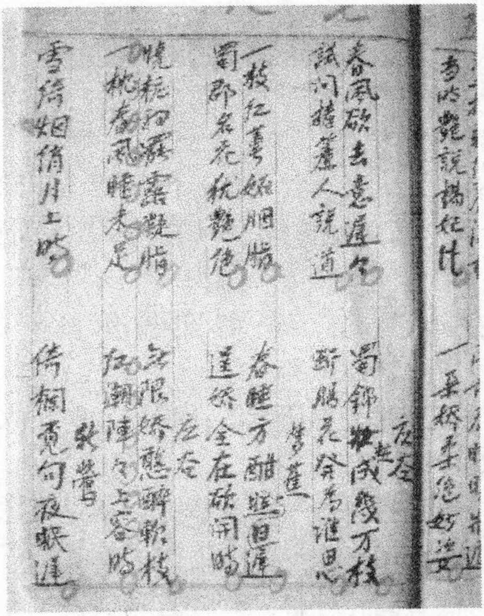

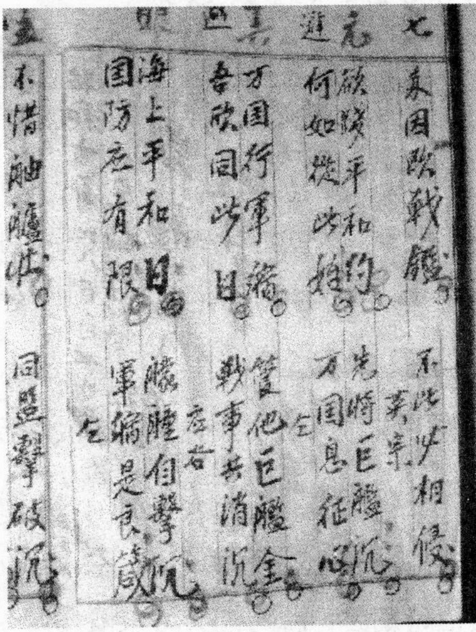

參考資料

一、論文資料：

江擎甫：〈茨社沿革〉，《雲林文獻》創刊號（1952 年），頁 68。

吳景箕：〈斗山吟社沿革與臥雲齋〉，《雲林文獻》創刊號（1952 年），頁 79-83。

施懿琳：〈臺灣古典文學的蒐集、整理與研究〉，《師生論壇》第一輯（2003 年），頁 126-130。

郭麗琴：《西螺地區文學發展研究》（嘉義：中正大學中國文學研究所碩士論文，2004 年）。

陳國威：〈臺灣詩社初探〉，《壢商學報》第二卷（1994 年 5 月），頁 1-23。

黃美娥：〈日治時代臺灣詩社林立的社會考察〉，《臺灣風物》第 47 卷第 3 期（1997 年 9 月），頁 43-88。

謝崇耀：〈試比較清、日政權於臺灣漢詩發展的成就與影響〉，《臺灣文學評論》第 3 卷第 3 期（2003 年 7 月），頁 107-122。

二、書目資料：

古繼堂：《簡明臺灣文學史》（台北市：人間出版社，2003 年）

江寶釵：《嘉義地區古典文學發展史》（嘉義市：嘉市文化出版社，1998 年）

程大學主編：《西螺鎮志》（雲林縣：西螺鎮公所，2000 年）

許俊雅：《臺灣寫實詩作之抗日精神研究：一八九五一一九四五年之古典詩歌》（台北市：國立編譯館，1997 年）

鄭定國等著：《日治時期雲林縣的古典詩家》（台北市：里仁出版社，2005 年）

鄭定國等著：《日治時期雲林縣的古典詩家續編》（台北：文史哲出版社，2005 年）

鄭定國等著：《日治時期雲林縣的古典詩家三編》（台北：文史哲出

版社，2005 年）

廖學昆主編：《茭社同人錄》（嘉義市：弘文堂出版社，1940 年）

《雲林文獻》（台北：成文出版社，1983 年）

　　三、**網站資料：**

楊彥騏：〈走尋虎尾二二八〉

http://www.oceantaiwan.com/land/20040308.htm

　　四、**田野調查資料：**

1. 於 93 年 11 月訪查郭雙富先生，經由郭雙富先生獲得許多茭社的珍
　貴資料，裨益於本文之撰寫，在此深表感謝。

2. 於 93 年 12 月至西螺鎮戶政事務所訪查，獲得廖學昆之戶籍資料與
　生卒年資料，附於文後，以資參考。

魏等如漢詩研究

黃 振 崇

一、前言：西螺的魏等如

　　一代名醫魏等如先生，爲西螺葵社成員之一，1919 年（大正八年）3 月成立「同芸社」[1]，1921 年改名「葵社」。他業醫濟世，工於作詩。他的詩表現了豐富的人生，本文介紹其特色：魏等如出生於濁水溪畔的小鎮—西螺，對西螺有著深厚之情感，本文從魏等如生前之遺作，勾勒出其生平，並從其創作之漢詩部分，做編輯整理和詩風概述。

（一）西螺一詞的由來[2]

　　魏等如先生出生於西螺鎮，生於斯、長於斯、死於斯。對西螺有深深之情感，以下對西螺做個簡單之介紹，西螺 TLPA 台語音標讀「sel lea」。這裡最早的居民是平埔族的巴布薩族。他們對本地稱呼爲「Soreau」，因此音譯爲「西螺」。

　　另一種說法是：西螺因地形如田螺，又位在濁水溪的南面，所以有了「西螺」這個名稱。

　　清朝年間，西螺地區不但物產豐富，而且文風鼎盛，出了很多秀才；習武的風氣更盛極一時，常受到外界的讚揚，因此西螺又名螺陽。

　　西螺，是座落於台灣最長河流—濁水溪旁的一個擁有三百多年歷史的小鎮。自日治時期即有五萬餘居民至今，這裡最早的居民是平埔

1　程大學等編：《西螺鎮志》，雲林西螺：西螺鎮公所，2000 年 2 月，頁 8-62。又依據張瑞和手邊江擎甫資料爲「芸社」，今暫依《西螺鎮志》之資料。

族的巴布薩人。「西螺」這個名字，是荷蘭人根據平埔族土音譯爲
Sorean，後來漢人才譯爲「西螺」，古時文人雅士又別稱爲「螺陽」。

　　西螺由於平原遼闊，土壤肥沃，又有豐沛的溪水可引爲灌溉，所
以吸引了許多移民來拓墾農地，發展快速。清初，已有居民四千九百
多戶，民生昌榮，人文薈萃，成爲嘉義與彰化之間，先人早期在台灣
墾殖的重鎮，留下許多拓荒的史實和珍貴的古蹟。

（二）西螺的行政劃分

　　清雍正、乾隆間，台灣的行政規劃，隸屬彰化縣：最初叫西螺社，
後來叫西螺堡。光緒十三年（西元 1887 年），台灣建省，增設雲林縣，
西螺劃歸雲林縣管轄。光緒二十一年間，西螺由隸屬台灣縣嘉義支廳
改爲雲林出張所，三年後又改隸嘉義縣斗六辦務署，光緒二十七年再
屬斗六廳，民國九年西螺再改制隸屬台南州虎尾郡。台灣光復後，民
國三十九年，西螺才又改隸雲林縣，成爲雲林縣二十個鄉鎮之一。

（三）濁水溪和西螺大橋

　　西螺位於濁水溪下游，他的興衰起落和濁水溪密不可分，濁水溪
長一七六公里，河道曾數度變遷。它從中央山脈奔流而下，滔滔滾滾，
水流混濁，因而得名。溪到下游分三流赴海：北爲北斗溪，中爲西螺
溪，南爲虎尾溪。西螺位於西螺溪南岸，虎尾溪北岸。以前西螺溪寬
不過五十公尺，平淺狹小。日治時代，日人施行水利防洪計劃，堵塞
北斗、虎尾兩溪，西螺溪遂一躍而成爲濁水溪主流，水量遽增，河道
拉寬。民國七年，山洪爆發，將濁水溪衝擊而成現狀，岸寬約二公里
溪中礫石遍布，沙洲淤積。西螺四千公頃的農地就是依賴濁水溪的溪
水灌溉，而成爲農產豐饒的「嘉義穀倉」。三百多年來，濁水溪不但
是西螺世代居民安身立命的泉源，同時也是西螺鎮昌榮的動力。

　　西螺大橋雄跨濁水溪之上，起自雲林縣西螺鎮，止於彰化縣水尾
村，全長計有 1.93 公里，對輸運南北交通，功不可沒。西螺大橋的興
建，是在民國二十六年發包，但因中日戰爭、珍珠港事變的發生，使
工程停停建建，未能完成。光復後，政府繼續興建，於民國四十一年

---

2 程大學等編：《西螺鎮志》，雲林西螺：西螺鎮公所，2000 年 2 月，頁 1-44。

五月二十九日正式開工，不到七個月就全部完成，於同年十二月全部
完工，翌年一月二十八日正式通車。

全長 1939 公尺，橋面寬約 7.3 公尺採華倫氏穿式，鋼鐵作架，水
泥作墩，桁樑引孔，舊時曾附設台糖的小火車軌道，形成火車與汽車
並行的奇觀。

而這座大橋之完成，魏等如先生亦是其幕後推手之一，詳見所附
生平年表。

二、西螺詩社創立的時代背景

（一）振文書院的成立

振文書院[3]自古爲地方士紳薈聚之地，爲雲林縣碩果僅存的書院於
1797 年（嘉慶二年），建於西螺鎭之東南郊，今中山國小之西邊，民
眾稱爲文祠廟。據道光（1821-1850）年間修成之彰化縣志所載：「振
文社在西螺街文祠內」。振文書院之成立，象徵西螺之文風鼎盛，亦
象徵西螺人之重視文風。

歷年來有許多設於振文書院內之地方團體，期中日治時期義孚社
代表人廖學昆，曾將其社團設於振文書院內，且義孚社於 1921 年（民
國十年）重修正殿和廂房。

（二）葵社成立之前身「同芸社」創社八大家

1919 年（大正八年）適逢各地詩社相繼成立之際，西螺街廖學昆
（應谷）、黃文陶（竹崖）、廖心恭（和衷）、林朝好、文永昌、魏
等如（任菴）江擎甫（耕雨）、李廷通（啓塞）等八位愛好藝文之人
士。

地方文藝詩社的發達，書院的建立，象徵一個地方的發展程度與
社會的成熟狀態，而書院更是清治時期民間推動教育的傳遞場所。

---

3 程大學等編：《西螺鎭志》，雲林西螺：西螺鎭公所，2000 年 2 月，頁 4-120。

三、魏等如的生平概述

（一）魏等如之生卒年與求學過程

魏等如先生字輔材，筆名任庵，名男爵，號景田，又名久蕙，又記天修，是唐鄭國公魏徵之第十八世族孫，其父為前清巡檢全台名醫魏照洲公之三男。

魏等如先生生於光緒二十三年（1897 年），卒於民國五十五年（1966 年），位先生八歲入學讀書，先承廖夫子德五之啟蒙，記經詹秀才汝彰之啟發，11 歲入公學，所學者多為日文。除於公學學習外，又從蔡師有暉習漢文。翌年因成績優異直升三年級（當時 12 歲），四年級（13 歲）時已讀畢四書五經，後因其父患足疾，不便行動，所以輟學在家照顧父親，此時參加日本早稻田中學及商務印書館之函授課程（丙寅冬），迨詹師歿後，蔡有暉、江藻如教其詩文，漢學程度大增。

（二）承繼父業行醫濟世

1919 年（己未年），其父辭世，悲傷至極。翌年孟秋，颱風連日，驟雨不歇，濁水溪溪水暴漲，大水洶湧而至。其父之墓傍溪，激流奔騰，濁水溪之土堤潰決，即將沖毀其父之墓，魏等如先生緊急雇工遷墓未得，只好請人移棺，誰知洪流若千頃駭浪，頃刻即至，沖垮土堤，千萬孤塚頃刻間沒於洪流之中。見父之墓將毀，伏塚痛哭，旁人強制攙扶而離開。後其父之墓雖被大水沖毀，巨棺順流而下，因其巨棺本地無匹，他鄉之水樵亦知，父親之骨骸得以無損。

魏等如先生隨其父行醫，盡得其漢醫奧秘。但日治時期廢漢醫，遂使漢醫無用武之地，故魏先生只好轉入商界。轉入商界之初獲大利，後因世界經濟大變，虧損不貲。一度前往漳州行醫，後因台灣瘟疫大流行，患者盈室以待，乃奉母命而歸。

然患者雖多，因無牌照，故日人以偽醫視之，更因患者較正牌醫生為多，橫遭嫉妒，而屢屢被檢舉，受難多次。後其患者有一日警，教其以製藥方式申請執照，取名「中和堂製藥部」。民國三十六年（1947

年）參加全國特種中醫詩考試，榮獲及格，一時全鎮轟動，地方人士特於西螺鎮公所禮堂設宴會以慶祝之。

此後一帆風順，歷任副里長、鎮民代表、鎮調解委員會委員、中央國醫館台灣分館董事、雲林縣中醫公會理事長、省中醫師公會常務理事、西螺初中家長會長、中山國小家長會長、福興宮修建與管理委員會委員等。

（三）蒼松勁柏、耿介人生

在其人生中，有一事必須提及，尤其筆者本人任教於基礎教育機構—國小，擔任教職，歷任教師、組長、總務主任、教導主任，深知學校與社區互動之重要，尤其是家長會。而魏等如先生於民國四十年擔任西螺鎮中山國民學校家長會長，竟於同年十月十日提出辭職書，辭家長會長一職，這真是教育界之頭一遭。時至今日，也未曾聽聞類似消息，真令人震撼，辭職書全文如下[4]：

> 竊等如謬蒙常委諸公錯愛，當選本會首席以來，在試辦期中，黽勉從事，深虞隕越，幸廖校長錫先生接掌本校，熱心教育，才幹過人，閭會同欽，正殷期待。奈間有矯枉過正，未能適合大多數家長心理者，每委由等如代向校長建議與陳情，接受之數，十不獲一。等如日受家長指責，深感德薄能鮮，任重言輕，既不克下情上達，復不忍坐視不為，長此以往，誠恐貽誤會務。茲乘未移交之先，爰引咎自責。懇請諸公准予辭首席並委員等職，另選賢能接替，實為德便。謹呈

中山國民學校家長會

常務委員廖　詹

中華民國四十年十月十日

由此事可知，魏等如先生之耿介，和其做事之積極性，實為現代有為者之表率。

4　《輔材詩文集》西螺魏等如著，2004.3 西螺輔材文庫出版。另有《巡檢魏照洲創院行醫壹百二十週年誌慶暨慶祝西螺大橋落成五十週年詩篇》出版。

四、魏等如漢詩作品析論

依其子魏嘉亨掇拾而成之「輔材詩文集」分類魏等如之作品計有：

甲：文之部有一.文章類、二.演講辭、三.提案醫藥類、四.提案一般類、
　　五.辭職書、六.記事類、七.信函類、八.祭文類。

乙：詩之部有一.五律十五首、二.七律十八首、三.五絕五首、四.七絕
　　七十一首。

丙：楹聯有一.慶賀類、二.輓聯。

丁：獎狀。

本篇論文專述魏等如之漢詩部分，觀其詩以七絕 71 首最多，五絕
5 首最少，後即錄其所作之漢詩，並予以粗略之分析，這其中有些是
葵社「課題」之作：

詩的分類
一、五　律

1、〈月夜追韓〉　嘉社九四課題

策關欲偌之，無雙國士追。逢人同獲玉，踏月異尋詩。

丞相言能用，將軍拜不遲。此行終滅楚，漢史共名垂。

此詩描寫楚漢相爭時，星夜中蕭何為了追韓信起迅騎趕上。後來讓劉
邦拜韓信為大將軍，終於擊敗項羽而得天下。

2、〈信魚〉

波刺欲何之，冬來不失時。黃河輸舊種，瀛海產新兒。

熱帶溫堪育，長途冷豈辭。年年如作客，回首族蕃滋。

〈信魚〉描寫的是烏魚汛，其中也影射描寫漢人來台開墾的艱辛，其
後才使族衍蕃滋。

3、〈釣蛙〉

一竿青草岸，欲獲綠衣兒。聲出泥中處，餌投雨後時。

寧無貪口腹，不再問官私。寄語休除盡，留些鼓吹資。

從描寫青蛙，其中有一種叫做「青葉仔」，背部像碧綠的玉般的潤澤，
魏等如稱之為「綠衣兒」，是相當難釣的一種青蛙。詩中既勸青蛙不

要貪食喪命，又勸釣客要有節制，注重環保。也隱喻世人不貪口腹之欲，不要嚼舌根。

4、〈採茶〉其一

武夷春正暖，綠葉摘盈筐。帶露龍團嫩，和煙雀舌黃。
社前聲價重，飲後齒牙香。玉手纖纖快，行歌欲繞梁。

〈採茶〉其二

世盡盧同癖，傜園采滿筐。曉晴雲腳綠，春暖露芽黃。
玉手纖纖力，新泉碗碗香。回甘應有分，勝彼事蠶桑。

此兩首描寫採茶的細膩，宛如像散播香氣般的生動，而這碧綠的茶香，不僅齒頰留香，更是沁人心脾，回甘無窮。

6、〈榴花〉

一株花灼爍，照眼獨新鮮。向日紅於火，臨風醉欲顛。
留題唐杜牧，得種漢張騫。四顧皆蒼翠，煌煌孰比肩。

此首詩描寫鮮紅之石榴花，「灼爍」、「臨風醉」這些修辭的引用鮮活有趣，令人拍案叫好。

7、〈圖書館〉其一

天祿真堪比，人人覽不妨。西山堆典籍，東壁煥縑相。
容膝席無定，汗牛卷有常。匡衡如遍讀，應免做工賞。

〈圖書館〉其二

滿目蔚琳琅，牙籤累萬藏。左圖披鳳軸，右史雜芸香。
卷卷觀無礙，人人讀不妨。自修貧士喜，此地是曹倉。

豐藏的圖書館，就像少林寺的藏經閣，深入其間，貧者因書而富，富者因書而貴，魏等如舉例的真是恰到好處，妙妙。

8、〈登高〉

太華凌霄漢，登臨感慨生。避災桓景意，落帽孟嘉情。
翹首青天近，迎眸碧海橫。胸鄉皆壘塊，嘯傲一身輕。

9、〈餐英吟會〉

詩朋欣聚首，下酒有黃花。嚼效三閭嗜，吟同七步誇。
枯腸纏潤澤，佳句出交加。共得千篇富，餘香逗齒牙。

10、〈燈花〉

一點銀台火，花開未許攀。玲瓏春不管，蓓聚夜方閑。
苗藉蘭膏潤，光看斗室頒。芳心誰解得，帶喜報人間。

11、〈賽馬〉

際此昇平世，戰場易廣場。追風千里速，奪錦萬鞭忙。
卻異章台走，渾如冀北望。不需逢伯樂，捷足眾稱揚。

12、〈冰旗〉

一幅題冰字，翩翩冷氣饒。低懸行客引，斜掛惠風飄。
儘有佳人捧，寧無公子調。伊誰思解渴，此地任逍遙。

13、台灣是民主自由之燈塔

雍雍美麗島，民主自由崇。燦爛俟燈塔，光明照海空。
丹心迎旭日，正氣接和風。億兆忠貞士，葵傾向此中。

二、七　律

1、〈古松〉

森森翠蓋碧雲端，屹立參天耐歲寒。
百尺巢高留鶴宿，千年幹老聽龍蟠。
長依峻嶺盤根固，久歷嚴霜肋節完。
蓬島俗塵飛不到，煙籠樹色護山巒。

2、〈擊鼓罵曹〉

三撾悲壯辱奸雄，口似懸河理至公。
裸體從容由熱血，欺君指摘是孤忠。
詞嚴不讓陳琳檄，氣盛何殊赤壁風。
洩憤廟堂天下快，儒生膽勇勝元戎。

3、〈不景氣吟〉

緊縮休言政策新，四民從此漸艱辛。
利微莫易療饑米，歲熟徒充納稅銀。
穀賤債台添處處，本虧工廠歇頻頻。
徬徨歧路謀生扭，失業傷心幾萬人

「不景氣吟」道盡生民之無奈，自古以來「穀賤傷農」，尤其西元 2003、2004 年發生之白米炸彈客之問題，突顯工商過度發展，而輕忽了農業是經濟之母的重要性。

4、〈養蜂〉

巢安小苑各題籤，植遍奇花聽醉厭。
春日分封框當室，夏時避暑竹為簾。
報衙兩兩寒潮應，作蠟重重薄粉兼。
一到蜜成收利溥，舉家喜氣上眉尖。

5、〈蛇杖〉

鱗甲森森吞象軀，一枝屈曲老人扶。
吹藜猶羨燃深夜，打草不驚履坦途。
緩策手中威尚有，醉橫筵上毒全無。
雷鳴莫漫成龍去，八十登潮愛爾俱。

6、〈新月〉

纖纖斜挂海西隅，兔魄初生拍手呼。
寶鏡三分輪未滿，峨嵋一抹曲非麤。
拈來依樣看人巧，拜去從容笑我迂。
莫漫徒愁多缺陷，團圓十五在須臾。

7、〈圖書館〉

幾疑身入瑯嬛地，積比曹倉架鄴侯。
存壓笑他高閣束，庋藏喜我宿儒修。
聖經賢傳含今古，科學天文萃亞歐。
願彼秦灰長不到，綿綿造士遍遐陬。

8、〈瓶梅〉

南枝雪蕊放輕寒，插向銀瓶水不乾。
嶺上曾逢高士賞，室中且當美人看。
蝶尋疏影紗窗隔，蜂逐清香繡幕欄。
愛汝幾生修得到，案頭幾日好盤桓。

9、〈古稀宴〉其一

星輝寶婺草榮萱，壽宴宏開舞綵殷。

七秩魷稱龜鶴侶，九如篇頌鷺鷗群。

歡承博士門楣耀，饌飫邰廚齒頰芬。

末席叨陪看一例，品芳堂拜宋宣文。

〈古稀宴〉其二

品芳堂上宴嘉賓，萱室龜齡慶七旬。

曲奏南飛筵水墜，樽開北海座瓊珍。

克家令子成醫博，壽母蟠桃薦漢珣。

天姥峰高齊拜手，九如篇喜頌頻頻。

參加賀古稀之宴，賦二首詩增加壽宴光彩。

10、〈慈母線〉其一

縫看密密母思彌，遊子章身感靡涯。

蔚矣形饒南極象，爛然色滿北堂姿。

白雲盼到懷英眼，寸草吟成東野詩。

一襲敢攀萊服舞，古稀著罷又期頤。

〈慈母線〉其二

天涯遊子布衣尊，慈母縫如挾纊溫。

楚楚質裁西蜀錦，飄飄色染北堂萱。

金鍼度比松髯密，玉縷穿凌鶴算繁。

戰地幾多人傑望，六銖堪慰大和魂。

此二首詩靈感來自唐孟郊（東野）之「遊子吟」，加以詮釋發揮。慈母的愛通過母親密密縫衣的舉動，更貼切的傳達給遠方的遊子或軍人。

11、〈祝陳錫卿賢棣蟬聯第三屆彰化縣長誌慶〉

曾從雁塔仰題名，百里春風錦製成。

三屆蟬聯饒德政，十年祍席起民生。

特優考績垂勛業，召見殊榮觀聖明。

堪與中牟同媲美，磺溪載道頌循聲。

12、〈祝鍾肖山翁六十一壽並創業文華居印舖四十五週年紀念〉

其一

算週花甲復星霜，卅五文華誌不忘。

業傲蕭曹刀作筆，人疑龜鶴壽而康。

萊衣無映南山翠，顧境佳縈濁水長。

願祝宏基歌大有，九如天保當稱觴。

　　　〈祝鐘肖山翁六十一壽並創業文華居印舖四十五週年紀念〉

　　　其二

遐齡六一喜蟬聯，鐵筆生涯卌五年。

頌晉林壬鄉以杖，藝精梨棗簡為箋。

金雕玉刻光螺浦，桂馥蘭薰耀穎川。

我亦傾樽雙致祝，業如曉日壽彭籛。

13、〈祝林德名先生蟬聯西螺農會總幹事誌慶〉

議壇功績豈區區，甘為農村闢坦途。

三載辛勤饒建樹，萬家福利賴匡扶。

出奇制勝財恆足，共濟和衷德不孤。

贏得口碑爭載道，螺陽今日有陶朱。

14、〈祝林拱辰先生令堂八十一晉榮壽暨令郎新婚誌喜〉

八一萱堂降誕辰，向平願了慶雙臻。

萊衣為母稱觴舞，鴻案憑兒合巹陳。

淑德遐齡真美果，善人福報有良因。

三千朱履歡聲祝，瓜瓞綿綿不老春。

以上五首詩皆為錦上添花之作，但遣辭用字得知其國學造詣深厚。

三、五　絕

1、〈新秋〉

乍落梧桐葉，涼生襟袖知。

家家砧杵動，人倚月明時。

2、〈飴珍梅〉

和羹應有分，密釀獨心裁。

病渴文園嗜，津從舌本來。

3、〈晚菊〉其一

不向重陽放，經冬色尚幽。

天心憐晚節，許共早梅儔。

〈晚菊〉其二

一籬紅紫艷，屈指過三秋。

好待迎年去，傲霜色更幽。

以上四首為詠季節和詠物詩，首首皆示獨到之創見。

4、〈謹次張傑仁君端午即是見寄〉

容易又端陽，稻江翰墨香。

風光供飽覽，詩料勝家鄉。

此首詩趁端午佳節賦詩予張傑仁。

四、七　絕

1、〈吟聲〉

不盡鏗金戛玉聲，起承轉合聽分明。

唱酬何止篇三百，扢雅揚風頌太平。

2、〈壽山〉其一

層巒疊嶂接雲天，俯瞰鯤身不計年。

截辟中饒仁者相，登臨客頌九如篇。

〈壽山〉其二

閱遍籌添海屋繁，愚公留欲障狂瀾。

千秋聳翠峰長在，好作南山一例看。

3、〈于蘭盆會〉

大會無遮厭老饕，酒池爭廣肉林高。

范丹塵甑誰憐及，偏向幽冥施若敖。

4、〈牧童〉

放牧平原晚照時，攜來短笛向風吹。

千秋甯戚勳名在，牛背生涯總不卑。

5、〈彩樓〉

娉婷玉立倚高樓，暗托絲球作蹇修。

寄語天公休錯配，儂心只願鳳凰儔。

6、〈雲峰〉

排空突兀百千尋，入夏尤其變幻深。

峻嶺崇山齊拱手，人間俯視幾浮沈。

7、〈警枕〉

下帷君實憑驚夢，對壘錢鏐等臥薪。
讀破曹倉書萬卷，也從圓木寤頻頻。

8、〈苦旱〉其一

風伯吹雲去不留，蒼生望雨日無休。
田園到處成龜裂，涸轍鮒魚一樣愁。

〈苦旱〉其二

水涸山焦孰解愁，桑林祈雨日無休。
可憐赤地連千里，百穀將萎重怨尤。

9、〈海水浴〉

萬頃汪洋淺復深，波翻浪湧滌塵襟。
潮流滾滾方趨下，我自潔身感不禁。

10、〈楊震〉

贈金不受避疑嫌，博覽明經德學兼。
一語四知傳萬載，貪夫賴汝作鍼砭。

11、〈桃腮〉

其華灼灼滿園齊，臉際堪餐望欲迷。
好是武陵春色麗，紅顏感與較高低。

12、〈曹參〉其一

黃老術耽取蓋公，身經百戰建殊功。
卻嫌有負蕭何薦，為相三年酩酊中。

〈曹參〉其二

相漢養成寬厚風，勳名堪與鄧侯同。
醇醪日飲無為治，畢竟平陽變理工。

13、〈菊影〉其一

婆娑疏影東籬下，搖動因風印象生。
料是嫦娥憐晚節，故來陶徑寫寒英。

〈菊影〉其二

遙從海上一輪生，照徹東籬正二更。

解向人間留印象，嫦娥心事合淵明。

14、〈觀魚〉

一泓水似鏡新磨，潑剌遊魚戲綠荷。
怪底惠莊能賞識，濠梁樂趣得天多。

15、〈盆蘭〉

根分九畹托湘瓷，合置華堂伴紫芝。
我愛庭陰栽萬本，當賢朋友學羅畸。

16、〈雪花〉其一

寒風吹雪作銀沙，低舞飄飄入望賒。
無限叢林生玉蕊，卻從何處辨梅花。

〈雪花〉其二

江山如拭曉煙斜，四望繽紛灑玉花。
一自灞橋人別後，憑誰吟詠到寒葩。

〈雪花〉其三

三日寒風震齒牙，漫天匝地雪飛花。
羅浮遠接千山日，無限銀霙掩翠霞。

〈雪花〉其四

臘雪繽紛日已斜，是誰妙手散天花。
每懷道韞當年詠，絮起因風句可誇。

〈雪花〉其五

變盡山榮噪暮鴉，北風陣陣墜瓊花。
灞橋當此敲詩好，得句詞應盡吐葩。

17、〈綠苔〉其一

印屐依墻不染埃，團圓翠色入簾來。
遙看一似青羅錦，惹得閨人費剪裁。

〈綠苔〉其二

石髮參沙積舊煤，盈街翠影上樓台。
憑欄遠眺麟麟處，疑是新秧野外栽。

〈綠苔〉其三

柴扉曉起趁晴開，滿地青青露染苔。

是否宋儒親畫荻，卻劉綠字費人猜。

〈綠苔〉其四

爭暈綠痕映曲隈，蒙茸一望淨無埃。
清蒼伴彼離離草，紅得流螢覷幾回。

18、〈蛛網〉

一縷纖然掛竹棚，風飄陣陣寂無聲。
周圍費盡張羅網，可是提防異類爭。

19、〈蝴蝶蘭〉其一

翩翩舊夢憶蒙莊，換卻凡胎擅國香。
一望風吹瓊蕊動，幾疑展翅逐蜂王。

〈蝴蝶蘭〉其二

花開幽色有餘芳，粉蝶形容總不翔。
應是韓平魂與魄，寄生楚畹厭偷香。

〈蝴蝶蘭〉其三

幽谷蘭英不染霜，魂如蛺蝶帶清香。
休教映入宮人眼，恐惹羅巾撲一場。

20、〈雁〉其一

南北隨陽應候飛，聯翩形影自相依。
後先有序倫常重，愧煞鬩牆競是非。

〈雁〉其二

湖塡飽啄稻粱肥，頻向南樓度夕暉。
自得文明郵政後，雲間從此寄書稀。

〈雁〉其三

印月摩雲雁影微，迢迢千里一高飛。
若教不是傳書慣，安得多年漢使歸。

21、〈電燈〉其一

奪得靈曄炎四方，銀燈點綴白如緗。
何愁晚近文星暗，一線傳來萬丈光。

〈電燈〉其二

玻璃萬顆自輝煌，一線惟憑電氣強。

照澈六街成不夜，渾疑月色遜燈光。

〈電燈〉其三

萬盞琉璃徹夜光，蘭膏無用短檠藏。

追思劉向當時事，疑是青藜照草堂。

以上數首為詠物詩視界頗廣，在魏等如詩人的國度之中，萬物皆可賦詩，萬物皆有靈性，每首詩都是魏等如對人生之體驗。

22、〈有感〉其一

人事茫茫操自天，非關巧拙與愚賢。

試看世上成功者，半受折磨苦在先。

〈有感〉其二

昔時錦上添花有，今日何無送炭人。

嘗膽臥薪緣底事，得賞宿願志方伸。

〈有感〉其三

風塵碌碌苦經營，未敢偷安誤此生。

不到功成名遂後，此身猶與世相爭。

〈有感〉其四

財寶原知多惹禍，有關榮辱便需爭。

他時致富能如願，築室家山校養生。

〈有感〉詩詮釋魏等如對於人生的深深體任和感慨，「財寶原知多惹禍」固是真理，但致富之後能夠放下一切，買山養生，更能善用財富的智慧。

23、〈次許君春暉寄懷瑤韻〉其一

螺陽分袂記鳴鳩，破浪乘風快壯遊。

寄語莫將鄉思繫，鷺江正泛濟人舟。

〈次許君春暉寄懷瑤韻〉其二

投筆班超愧不如，閒來溪上釣游魚。

心懷濟世才偏拙，日向窗前讀父書。

〈次許君春暉寄懷瑤韻〉其三

東南山勢最巉巖，省識新高映畫簾。

好是黎明人未醒，欄杆斜倚起遐瞻。

〈次許君春暉寄懷瑤韻〉其四
未能走馬到章台，馳騁騷壇亦快哉。
願得古人書遍讀，當他山水去徘徊。

〈次許君春暉寄懷瑤韻〉其五
遙頌佳句見情殷，聊慰相思日暮雲。
我自拋磚偏引玉，驚看獨鶴立雞群。

24、〈觀頂茄塘賽會途中口占〉
結伴閒遊興正長，同觀賽會頂茄塘。
肉林如畫人如鯽，獨愛團圓月倍光。

25、〈新燕〉其一
知時應候來春社，掠水唧泥入內庭。
記得畫梁沈寂久，呢喃又度碧窗櫺。

〈新燕〉其二
烏衣門巷認居停，回首煙雲路必經。
掠水唧泥猶未慣，呢喃畫棟最先臨。

26、〈蕉雨〉
灑檻敲窗戛戛鳴，卻從綠葉作秋聲。
耳邊盡是瀟瀟響，驚破遼西夢不成。

27、〈煙草〉
雪茄製作始何年，皓齒寒來氣味鮮。
標緻芝蘭香滿堂，隨風旋繞畫屏邊。

28、〈新寒〉其一
凍雲深鎖玉欄杆，漸覺霜風入座寒。
極目遠山新積雪，冬衣裁剪到更闌。

〈新寒〉其二
朔風如剪怯衣單，捲起珠簾仔細看。
怪底蔬梅先報信，枝頭蕚似雪花團。

29、〈歡迎國軍車駕蒞螺〉
國軍何幸住螺陽，簞食壺漿倒屐忙。
三萬鎮民齊額手，層霄舞曲照窮鄉。

30、〈古鏡〉其一

藏由寶匣鑄江心，拂拭塵埃閱世深。

自照吳宮西子後，此中又幾白頭吟。

〈古鏡〉其二

得自瀛秦閱歲深，用時拭去土花侵。

能分邪正千秋重，頻向人間照膽心。

以上數首詩取材甚廣，感慨亦深。在魏等如詩人的眼中似乎可以見到他對萬物的關懷中，萬物皆可賦詩，萬物皆有靈性。每首詩都是對人之。

31、〈迎春曲〉

落木蕭蕭花未芳，反攻前夕正堪方。

東風取次臨蓬島，復國心從淑氣揚。

32、〈癸己中秋關月郁園復偕吟侶遨遊大橋之上即景〉

佳節中火會郁園，聯翩鷗鷺賞嬋娟。

大橋側處團圓甚，不讓揚州美佔先。

33、〈祝天德醫院喬遷〉　45.12.13

天賦才華濟世心，德崇業峻羨醫林。

偉人自有超人學，民慶生春造詣深。

34、〈贈張杰人〉

才兼李杜氣如虹，讀罷居然拜下風。

兩榜鰲頭君獨占，詩名傳遍古瀛東。

35、〈贈張杰人英宗〉

莫社英豪羨杰人，掄元頻聽獎奇珍。

他年大會宏開日，君倘參加我步塵。

36、〈謹次張杰人君端午急事見寄〉其一　39.7.20

無復守株待兔愁，省垣山水任遨遊。

會稽任務原繁重，勝算操看滿桉頭。

〈謹次張杰人君端午急事見寄〉其二

且喜鷦旁借一枝，博通經濟異書痴。

嘉賓賢主令人羨，興到應吟得意詩。

37、〈克蒂颱風來襲〉

克蒂颱風力非輕，蓬萊窺探復東瀛。

反攻基地今非昔，有備何愁虐肆橫。

38、〈辛卯詩人節懷沈斯菴〉　40.5.30

福台新詠萃群賢，林立詩壇繼後先。

瀛島斯文延一線，沈公功合畫凌煙。

39、〈敬步廖重光先生辭西螺街長〉其一

先師後仕富春秋，卅六星霜展壯猷。

洙泗風揚仁政頌，賢聲蜀水記爭求。

〈敬步廖重光先生辭西螺街長〉其二

雍雍街政際昌期，虎尾螺陽賴主持。

抗戰面臨甘勇退，義難助敵戀奚為。

〈敬步廖重光先生辭西螺街長〉其三

栽培桃李幾經秋，又長街庄展壯猷。

只為螺民謀福利，不因荊棘憚搜求。

〈敬步廖重光先生辭西螺街長〉其四

大計樹人副所期，斯文未喪賴扶持。

急流勇退追張翰，種竹蒔花手自為。

40、〈祝中和痔科診所開幕誌喜〉

堂皇輪奐仰中和，卜地豐原擅痔科。

妙術宏施誇聖手，口碑爭頌是華陀。

魏等如長期住在西螺，對家鄉的人物既熟悉又注意，譬如對台灣文學前輩沈斯庵的懷念，對街長廖重光的急流勇退的佩服，對茭社同人張英宗的祝福，在在彰顯出他的仁心不僅只在醫德才面。以上略之分析，言詞拙劣尚不足表達其一二。

魏等如生平簡表

西元	年代	甲子	生平
1897	光緒二十三年		誕生於西螺，中秋八月十五日。
1907	光緒三十三年		入學。
1908	明治四十一年	戊申 12 歲	直升三年級。
1909	明治四十二年	己酉 13 歲	讀畢四書五經。
1919	大正八年	己未 23 歲	其父魏照洲辭世，三月組織「芸社」。
1920	大正九年	庚申 24 歲	孟秋時颱風入侵，其父墓為大水沖毀，芸社社員大增改名葵社。
1923	大正十二年	癸亥 27 歲	寄信予友心聲。
1926	大正十五年	丙寅 30 歲	入商務印書館函授學社補習國文。
1928	大正十七年	戊辰 32 歲	撰師友小誌。
1935	昭和十年	乙亥 39 歲	葵社成立十五週年，出專輯，一月十二日代撰鎮長李應鎧祭廖旺先生文。
1936	昭和十一年	丙子 40 歲	魏等如賦一詩贈名士廖重光辭西螺街長，五月十八日撰祭素霓妹文。
1946	民國三十五年	丙戌 50 歲	撰西螺初中開校致詞；撰首屆鎮民代表會祝詞。
1947	民國三十六年	丁亥 51 歲	中醫師特考及格；七月十二日撰「為台灣中醫界請命」；撰「鎮民代表會捉案—請設西螺大橋續建促進委員會」。
1950	民國三十九年	庚寅 54 歲	治癒不省人事之油車庄高石貴，且贈匾「易手回春」。
1950	民國三十九年	庚寅 54 歲	二月二十五日，代西螺鎮長李應鎧祭李賢先生。
1951	民國四十年	辛卯 55 歲	八月十五日代中山教導撰校長廖

			裕智祭文，十月十日辭中山國民學校家長會長。
1952	民國四十一年	壬辰 56 歲	撰「聲望證明由本縣核發案」；十一月九日撰文弔舅父。
1953	民國四十二年	癸巳 57 歲	孟春，魏等如撰西螺鎮鄉土誌序。撰「大橋列入八景」提案。
1955	民國四十四年	乙未 59 歲	治癒昏厥之西螺鎮林婦。
1957	民國四十六年	丁酉 61 歲	辭西螺鎮福興宮常務委員。
1958	民國四十七年	壬辰 62 歲	九月二十四日撰文弔庄母陳孺人；第二十八屆國醫節撰國醫節感言。
1959	民國四十八年	己亥 63 歲	腦炎盛行，治癒西螺鎮廣福里六歲盧慈欣、社口五歲程清標。
1961	民國五十年	辛丑 65 歲	治癒小兒麻痺症西螺鎮福興里三歲黃壹明，二崙頂茄塘四歲廖素珍。
1962	民國五十一年	壬辰 66 歲	撰文弔陳熊（博仁）醫師。
1966	民國五十五年	丙午 70 歲	午睡中駕鶴西歸，生於中秋，卒於聖母誕辰農曆三月初三。

鐘淵木漢詩初探

彭　振　利

一、前　言

　　文學創作必須具有深層文化內涵，詩歌則是另一種文學高度深化的結晶。台灣傳統詩的形成發展的軌跡，已刻劃出其獨特面貌。除了背負著舊時代背景的包袱外，還須面臨新時代、新文化的潮流所產生之衝擊。因此文化的傳承不僅是能代代相傳而已，並且是一種氣脈的傳承，有道是「古人曾照今時月」，藉由詩歌的吟賞最能瞭解古人思想的意境，是一種心靈的呼喚、情感精神的抒發。詩歌，反應給現代人不只是心靈的啓發，更是內在精神的洗練。故毛詩序曰：「詩者志之所之也，在心爲志，發言爲詩。」漢文化在台灣的早期發展，從明末鄭成功時代起歷經清領、日據、乃至國民政府爲止一直都有傳統漢詩的創作，每一階段的漢詩創作皆具有歷史時代文化背景的意義。詩社之所以成立與殖民統治的時代環境密切相關，當時西螺地區之文人意識到日人據台期間對於漢民族的文化習俗多加以箝制，影響漢文化的傳承發展，因此傳統知識份子憂心忡忡，遂紛紛倡組詩社，藉由漢詩的創作發表，延續漢文化之命脈。本文重點除了蒐集鐘淵木之相關文獻資料加以整理並對其詩草略作析論之，另外對有關懿德詩社之興起及沒落之原因亦深感興趣，希望能夠於田園調查過程中獲得更多的資料史實，可惜由於時間限制及詩社晚期成員後代普遍缺乏文獻資料保存意識。當你親耳聽到一整箱資料都隨著當事人逝世而付之一炬

時，實在感到惋惜。但身肩學術研究精神始終不敢輕言放棄，經鍥而不捨多次田園調查之後，逐漸獲得一些蛛絲馬跡，只可惜礙於時間因素無法從諸多線索中一一探詢。只得由現有資料作初步的研究，並以鐘淵木其詩析賞作爲本文主軸。

　　「西螺」古時又別稱爲「螺陽」。清雍正、乾隆間，叫西螺堡，隸屬彰化縣。光緒十一年〈西元 1887 年〉，台灣建省，增設雲林縣，西螺劃歸雲林縣管轄。從那時期起，民生昌榮，人文薈萃，文風鼎盛。當時雲林地區有四所著名的書院，分別爲：龍門書院、奎文書院、修文書院，以及振文書院。其中又以修文及振文兩書院所出的多位秀才、舉人、進士等爲螺陽開啓興盛文風最。目前振文書院而爲雲林縣碩果僅存的書院，爲清治時期民間從事教育工作的場所，當時的教育有所謂府縣儒學、義學、社學、民學等，而書院成爲台灣眾多教育形式的一種。地位介於官學與鄉學之間，由於當時各府縣廳儒學首重科考，並不重視傳道、授業、解惑，因而書院乃負起上述功能，以補儒學之不足，爲地方文運之所繫，成爲真正的教育、學術中心[1]。在這之前鎮民稱其爲「文祠廟」，文祠內曾設「振文社」與「菼社」，「義孚社[2]」等社團，供愛好詩詞的文人雅士聚會。其中以菼社的發展運作較爲著稱，詩社成員中如黃紹謨、廖重光、陳元亨、廖學枝、張李德和、廖學昆、魏等如等活耀詩界且作品頗豐，其中不乏佳作可說是西螺詩社發展之鼎盛時期。

1　見西螺采風 http://ms1.csps.ylc.edu.tw/sl/
2　參考螺陽文教基金會所編輯之西螺社區文化導覽手冊、西中小屋。

（1）荭社創始人員在西螺懿德堂合照。

二、西螺懿德吟詩會

　　西螺荭社創立於日據時期經過一段輝煌的時期之後，由於一些詩社老輩成員逐漸凋零或遷移之下，詩社盛況已不再。於是鐘木淵等人另組懿德吟社，由於當時日人為了便於統治台灣，曾刻意壓制台灣本土宗教發展，嚴格限制宗教活動，甚至禁止崇拜偶像等。而詩社之附設於文祠廟與孔孟之道相符，又可減低日人的疑慮。故振文書院與懿德堂成為當時詩社活動之最佳場所。

　　經實地訪查獲得民國五十九年以後之《詩文彙集》[3]詩稿手抄複印本壹份，總計收錄了懿德吟詩會詩稿集錄一至四十期作品及詩鐘二十一期內等作品，計有 1092 首詩、詩作者十五人。成員包括鐘淵木、洪溪河、陳國棋、張樹德等人，大都為懿德鸞友。當時鐘木淵為懿德分

3　《詩文彙集》為洪溪河之媳婦，黃老師提供。

院統領，稟持發揚儒宗宏揚中華文化道統的精神，主持吟社。其集會地址主要於懿德鸞堂內，每逢農曆初六、十六及二十六日進行鸞堂科儀之活動，並且代天宣揚儒道文化，以期匡正社會教化人心。這些參與鸞友大多同時也是詩社成員，因此有利於經常固定聚會，並且每月皆辦吟詩活動。直至國民教育日漸普及，現代化教育逐漸取代了傳統漢學、漢詩的教育，加上人才逐漸凋零，因此沒有獲得的重視，導致今日傳統漢詩文化的傳承在種種因素影響之下有了斷層。

　　經幾次訪查懿德吟社成員後代的訪談中，得到不少片斷的口述資料。茲記錄於下表中，有待安排時間作更進一步的訪查，以期建立更完整之資料。

1、《詩文彙集》收錄有懿德吟社集錄四十期、鐘題二十一期，詩共計有 1092 首，詩作者十五人。

2、擔任過詞宗者有蘇鴻飛、江擎甫、鐘淵木、陳國棋、張晴山、友梅、何亞季、朱芾亭、曾曉南、林萬舉等 10 人。

3、懿德吟詩社成員名錄

編號	姓　名	狀況	職　業	生年期間	作品	住　　址
01	鐘淵木	歿	擇日館	1905~1997	10	西螺
02	洪溪河	歿	西螺水利會	1912~1982	177	西螺
03	蔡鎮西	歿	鎮公所退休	1925~1994	12	西螺
04	陳國棋	歿			137	虎尾
05	張樹德	歿		1915~1980	224	
06	陳朝崇	歿			56	
07	劉德義	存	劉捷登擇日舘	1933~	80	西螺延平路85 號
08	李宏毅	歿			25	市後街
09	程心炳	歿			59	東市場
10	林火生	歿	西螺地政事務所	1916~1994	3	
11	陳喬松	歿			131	文昌路
12	羅樹溝	歿		1916~1995	172	地藏王菩薩附近
13	陳慧霞	存		不詳	3	舊戲院前
14	李水爲	歿		不詳	2	二崙
15	廖水鏡	歿		1919~2000	1	西螺埔心

4、擔任過懿德吟詩會詞宗的詩人

編號	姓　名	狀況	期間
01	蘇鴻飛		
02	江擎甫		
03	鐘淵木		
04	何亞季	歿	
05	張晴川	歿	
06	陳國棋		
07	朱芾亭		
08	曾曉南		
09	林萬舉		

三、鐘淵木（1910－1997）的生平概述

　　鐘淵木，號海松，生於民前二年卒於民國八十六年。由振文書院沿革碑文不難窺見其畢生與書院及懿德修文院之密切關係。年輕時代雖家貧卻仍不忘好學問道，尤其常藉親近廟堂之際得以尊賢尚儒且奠立漢學基礎。二十九歲時患重疾，得神庇佑指示迷津，（因日治時期嚴禁偶像崇拜,不得已至咬狗（斗六梅林）設堂扶鸞），獲神喻賜杯藥水,味嘗甚苦飲後得愈。從此立志修道並服務於廟堂。早年以篆刻雕印為業，育有子女四人，長子繼承父業，次子為理學博士任教國防醫學院，三子為三軍總醫院病理科主治大夫。海松先生個性溫和，平易近人，喜愛舞文弄墨。嘗事吟詠，加入葵社時已屬晚期故其作品甚少出現於葵社，今所見詩文大多發表於《詩文之友》、《詩報》、《傳統詩集》及《詩鐘》。擔任南天修文院懿德分院統領時，曾主持懿德吟詩會，常與蘇鴻飛、江擎甫等同為詞宗。由其詩「頻年作客駐他鄉，頓覺驚添兩鬢霜」句中得知其經常出外參加詩界活動比賽，並且有子三人經常邀請侍奉，因此參與詩界活動範圍甚廣。根據其長子口述，海松先生不僅結識中南部詩友，因有二子定居北部，故與北鷗詩社亦常有交流，所以應有不少作品發表於北鷗詩社。再由其詩中以螺溪為名者甚多，可見其不僅是道地西螺人，且充分表露其生於斯、長於斯

的人文精神及對故鄉風情的愛戀。由其詩作不難窺見其恬淡樸實的田園詩風。

四、鐘淵木詩草析論

鐘淵木之詩草目前所蒐集非常有限，大致可歸類為：（一）懷時感物、（二）寫景抒情、（三）思想情境。

（一）懷時感物

由懿德吟社詩稿集錄中皆是民國五十九年（1970）之後的作品，那時鐘淵木是 62 歲，由其詩暮秋、冬至、冬雨等詩句裡，蘊涵著對時空景物的寄情感懷，且呈現出其內心平靜與世無爭的感覺。

> 橫空雁陣返南天，蕭薔西方景寂然。
> 一望江山寒瘦甚，上林木落已無蟬。
> 西風肅然感情牽，蒲扇蕉衫已棄捐。
> 風樹飄丹江岸冷，霜花飛擁碧峰巔。

〈暮秋・懿德吟社詩稿集錄之一〉

此二詩是藉景抒情之作，前首以雁陣南飛類比木落無蟬，蕭薔西方類比一望江山。不僅富有動態與時空結合的美感。後首以西風對應蒲扇，以楓紅對應霜花，充分表露作者情感傷懷與對景物時空敏銳之觀察力

> 陰極陽升感慨長，頻年作客駐他鄉。
> 琯灰飛出盈緹室，頓覺驚添兩鬢霜。
> 六琯灰飛復一陽，從茲短晷漸伸長。
> 梅開瘦嶺春光洩，惹得詩人覓句忙。

〈冬至・懿德吟社詩稿集錄之二〉

上首詩描述冬至時節詩人參加吟詩大會時，在宣揚音樂中忙著覓佳句不知不覺太陽西下了。琯為古樂器。

> 簾纖散漫遍都城，撲面風吹冷氣生。
> 最是堪嗟攤販客，天中冒凍苦經營。
> 連綿滴瀝到天明，但覺添寒未放晴。
> 風逐聲驚孤館夢，飄蕭頻觸故園情。

〈冬雨‧懿德吟社詩稿集錄之三〉

此詩描述台北首都雖然是下著濛濛細雨的寒冬裡，擺攤販的生意人仍然不畏寒風凍雨刻苦營生。海松先生因自小家貧，所以很能體會民間疾苦，這詩應是旅居次子或三子於台北所作的

> 由來簫史技都精，籟韻幽揚繞太清。
> 奏到通天饒掐物，也應龍鳳互逢迎。

〈聞簫‧乙卯年十二月懿德吟社詩題〉

> 自拜中書令，管城氣吐虹。
> 題橋人立志，畫扇士風生。
> 落紙龍蛇動，成文翰墨功。
> 蒙恬憑造巧，毫銳劍鋒同。
>
> 腕底驚星斗，文成蓋世雄。
> 功超元帥劍，力邁萬軍弓。
> 筆氣強風裡，毫光勁節中。
> 秦朝恬始造，效用妙無窮。

〈毛錐‧懿德吟社詩稿集錄第二十九期〉

古稱毛錐即今之毛筆，秦朝蒙恬造筆自今，筆之於詩、書、畫，就如同刀、槍、劍之於軍人。

又形容揮毫時之翰墨筆功、力抵萬鈞，且自古以來筆勝於劍，畢竟政治還是文人掌握的層面居多。

> 扶輪大雅賴書生，未許斯文掃地傾。
> 磅礴元音傳逸韻，興觀群怨震天聲。

〈詩教‧雲林文獻第三十一輯354頁〉

子曰：溫柔敦厚，詩教也。詩可以興，可以觀，可以群，可以怨也。自古文化的延續及道學傳承要靠讀書人，因此文人不可不顧操守，毫無廉恥。

> 弔罷屈原野趣生，湖山巖路踏歌行。
> 端陽佳節懸蒲劍，仲夏叢林聞鳥聲。
> 大佛寺中空色相，明山園裡締詩盟。

　　觀音靜坐蓮臺上，一荐心香繫至誠。

〈詩人節遊湖山巖‧雲林文獻第三十一輯 354 頁〉

端午節弔屈原，向來為文人墨客不可或缺之活動，由詩中不難想像一大夥詩人共遊名山古剎，一路上詩人的吟詠不絕是何其的風雅。湖山巖上建有大佛像高數十米，為斗六近郊著名景點之一，湖山寺昔日香火鼎盛遊客絡繹不絕，雖今光華稍褪仍不失為假日踏青的好去處，寺旁後有一明山園設有易經研究中心，很適合詩人群聚共尋靈感。

　　重九迎佳節，還家願乍違。
　　驚看梧葉落，悵見菊花肥。
　　諸弟把茰插，雙親望子歸。
　　人猶留異地，何日報春暉。

〈重陽佳節思鄉雲林文獻第三十一輯 354~355 頁〉

重陽九月九，已過中秋時節，原本回鄉計劃卻不能如願。只見梧桐葉掉了滿地卻驚見菊花盛開，讓人不禁想起親情種種何時何日子女能體會父母的恩情!

　　糯米搓成粒粒丸，如珠錯落水晶盤。
　　甜鹹風味酬佳節，荐祖殷勤報歲寒。〈冬至圓〉

冬至圓：冬至佳節家家搓湯圓，湯圓煮好盛入透明的玻璃盆，有鹹有甜，拜完祖先之後家人可飽用。前二句可謂是把湯圓形容的出奇的好佳句，後二句則讓人感受年關已近的佳節氣氛。

　（二）寫景抒情

　　迎眸咫尺自強橋，閃閃燈光耀碧宵。
　　濁水溪流開一鑑，人車倒影浸虹腰。

　　輪胎小巧當輕舟，長放絲綸繫暗鈎。
　　漫道漁人生計拙，一竿釣得輔姬周。

　　幾處安裝碎石機，採砂事業一權威。
　　即今土木工程廣，各擅經營利有歸。

溪床廣擴望無垠，一片瓜田氣象新。
破曉新鮮空氣繞，人來散步爽精神。

連繫長堤是菜園，野蔬豐植佐饔飧。
看來老圃逾高土，與世無爭心不煩。

引西圳水灌農桑，十里長堤護萬方。
兩側防沙栽綠樹，迎風搖曳好風光。

〈螺溪曉望六首〉雲林文獻第三十一輯 355~356 頁

一抹斜陽欲暑威，螺溪入望景依稀。
大橋霽色餘殘照，曲徑行人背夕暉。
寶剎鐘聲醒世夢，老僧慧性悟禪機。
呼群最是歸巢鳥，點綴疎林歷亂飛。

〈螺溪夕照〉雲林文獻第三十一輯 356 頁

兩岸蘆花撲雪寒，臨風悄立濁溪干。
浮沉樂趣拋香餌，淡薄生涯寄釣竿。
景色依稀疑渭水，心情彷彿隱嚴灘。
陶然歲月忘機地，與世無爭豈等閒。

〈螺溪垂釣〉雲林文獻第三十一輯 356~357 頁

海松先生世居西螺，生於斯長於斯，故對濁水溪有一份特別眷戀的感情。由詩中的濁水流溪、魚人釣客、採沙工人、老農、瓜園菜圃、橋上人車，白茫茫的蘆葦花海還有輝映著長堤兩旁的綠樹，遠處不斷傳來寶剎鐘聲，嚇的林鳥歷亂飛，使晨昏的濁溪景象一覽無遺。由以上幾首螺溪詠詩，可察覺作者與世無爭和恬靜性情，其豐富的情感，敏銳的觀察，使其詩具有田園農村詩的風格。

浴罷蘭湯氣不凡，偏教淅瀝濕吟衫。
也應滌盡三閭恨，遮莫巨奸復逞讒。

〈端陽雨‧雲林文獻第三十一輯 357 頁〉

油雲蓊鬱化甘霖，如醴釀成滴滴金。
潤澤膏腴千萬頃，及時獨慰老農心。

〈時雨・雲林文獻第三十一輯 357 頁〉

西疇鳩婦呼聲傳，如醴如膏徹夜綿。

碧海瀰漫絲影濕，滋培萬物兆豐年。

鳩呼北畝滴如金，萬頃膏腴潤澤深。

喜得一犁春水足，豳風入畫慰蒼黔。

〈春雨之一雲林文獻第三十一輯 360 頁〉

南畝西疇二月中，一犁水足潤犁功。

汗珠滴處情何限，稻穗垂時感靡窮。

不負冬藏歌大有，定教秋穫慶年豐。

當年伊尹耕莘野，漫笑區區田舍翁。

〈春耕之一雲林文獻第三十一輯 360 頁〉

一犁春水漾濛濛，潤澤如膏二月中。

此日辛勤禾麥播，他時喜穫稻梁豐。

耕田樂道農機化，擊壤高歌德政功。

南畝西疇千頃綠，待看鼓腹繪豳風。

〈春耕之二雲林文獻第三十一輯 360 頁〉

禁中已受鞭笞苦，莘野猶勞農事艱。

不與吳牛同喘月，任人叱吒下田間。

〈春牛耕田雲林文獻第三十一輯 360 頁〉

以上數首屬於春雨犁耕的農村詩情，雖然螺陽田原得濁水之利，但是春耕前之及時雨水對農人來講仍是很寶貴的。由海松的詩可看出他對下雨的感覺很是特別，其頻以蘭湯、甘霖、如醴如膏、膏腴、滴如金等句來形容雨水潤澤萬頃，更可顯見其田園詩風。後首春牛耕田可窺探出海松先生擇其善而固執的修行人本色。

驅車一路逐東風，草嶺迎眸氣象雄。

大好放懷天地外，花朝雅性樂無窮。　　〈草嶺望春〉

草領是雲林縣內東境山區風景名勝，沿著崎嶇山徑，峰迴路轉景象萬千，放開胸襟倘佯在大自然的懷報裡，悠然樂無窮。

金衣初出鬧春光，苑囀嬌柔學語忙。

他日待遷幽谷樹，穿梭織錦奏笙簧。　　〈雛鶯〉

雛鷹一首展現出海松先生的赤字心懷，金衣初出鬧春光，意謂剛出生之雛鳥羽毛未長成，光溜溜地身子像極了初生嬰娃呀呀學語的模樣，等羽翼漸豐時即可展翅高飛。好俏皮的形容手法。

　　自從移植玉盆盂，蟠鬱靈根氣節殊。

　　瘦葉遠逾尖葉美，古榕不遜老松株。　　〈瘦葉盆榕之一〉

　　盆中鬱勃自清腴，結子如驪頷下珠。

　　漫笑生涯歸寸土，千秋氣節豈區區。

　　　　　　　　〈瘦葉盆榕之二〉上五首摘自雲林文獻第三十一輯 359 頁

瘦葉盆榕前首：意將老榕移植盆栽，因盆底有限根節部份會慢慢浮出，而且枝葉可修剪雕琢形成另一種蒼勁美感，可媲美老松。後首；驪珠用來譬喻文章最精華部份 。意謂生活圈雖小的簡單樸素，透過自我期許要求仍可培養出千秋的氣節。

（三）思想情境

　　太真貌勝牡丹驕，迷得君王不早期。

　　月夜相隨遊御園，如花解語寵恩饒。

　　明皇太液晏群僚，盛讚蓮花豔正嬌。

　　爭似楊妃能解語，傾城傾國惹魂消。

　　　　　　　　〈解語花〉雲林文獻第三十一輯 359~360 頁

太真即楊貴妃為女官時的稱號。太液池。唐白居易〈長恨歌〉：歸來池苑皆依舊，太液芙蓉未央柳。此詩極盡可能地形容楊貴妃之妖豔，就連以牡丹之驕、蓮花之豔都無法媲美。難怪唐明皇日夜消魂最後惹來兵變差點亡國。

　　凌雲銀翼媲仙舟，碧落洞天任暢遊。

　　鐵筆隨身憑寫實，雄心壯志效莊周。　　〈逍遙遊〉

詩人的思想空間是無限自由，可上可下，可近可遠，可內可外。甚至可跨越時空的鴻溝，隨心盡意揮灑可比莊周夢蝶般的逍遙自在。此首詩富含形上美學的意境，吻合其崇儒尚道的個性。

　　青帝才歸去，南薰氣漸饒。

　　忘機傾竹葉，遣興盥蘭橈。

　　兔魂橫雲漢，蟾光滿碧宵。

　　螺溪波浪靜，一舸樂逍遙。

〈初夏螺溪泛月〉雲林文獻第三十一輯 357 頁

此首是頗有修行意境的詩，《史記・樂書》南風之薰兮，可以解吾民之慍兮。作者以青帝比喻白宮之太陽，以南薰比喻夜晚之月。當月色灑在竹葉上幻影巡邏有如水上盪舟的感覺，兔魄與蟾光皆是形容月色之悽美，望著濁水一湍溪流彷彿自己就在一艘大船一樣，這種以月色景物配合內心世界所建構的意境詩頗耐人咀嚼尋味。

　　諄諄畫迪母心憂，茹苦含莘守柏舟。

　　報國精忠懷刺背，一針見血淚雙流。　　〈慈母淚〉

守柏舟意即守寡。見《詩經・鄘風・柏舟》。後以柏舟之節比喻夫死守節。詩中引用岳飛稟承母訓一生精忠報國的歷史典故來抒發孝道精神。

　　斯文遮莫任沉淪，夫子頻敲啟後人。

　　逸韻傳來興聖教，何須嘆鳳復傷麟。　　〈木鐸聲〉

此為傳統儒教意味頗濃之勸道詩，海松先生長年奉獻於南天修道院所屬的懿德分院，常有感世道沉淪、人心不古，藉著廟堂之上來鴻儒家聖道的精神，以求人心的渡化。

　　夾道槐陰綠影垂，靜觀默坐手談時。

　　謝安一局重圍解，擅運胸中百萬師。

上五首〈槐陰觀奕〉雲林文獻第三十一輯 354 頁

晉代宰相謝安派姪子謝玄於淝水之戰中，領兵迎敵，打敗敵軍傳來捷報。謝安正在下棋，看完捷報面無表情，繼續下棋。下完之後高興的走過門檻，屐齒折斷卻沒有察覺。典出《晉書・卷七十九・謝安傳》。後以謝安折屐形容遇到美事而強自鎮定，壓抑喜悅的樣子。

　　古聖箴言恪守遵，躬修吾道冠群倫。

　　宅心寬厚渾無我，天性溫良必有鄰。

　　救困扶危原惻隱，疏財仗義本慈仁。

　　潛移民德歸同化，媲美甘棠頌好人。

〈道冠群倫〉雲林文獻第三十一輯 363 頁

《詩經・召南》的篇名。共三章。根據《詩序・甘棠》，美召伯也。

後用以表示對賢官廉吏的愛戴或懷念。因海松先生長期主持南天修道院懿德分院，故此詩有一般儒教鸞堂所特有之勸道向善的格調詩。

五、結　論

詩不但是中國文學的主流，同時也是時代縮影。詩的發展反應國家的興衰，社會的變遷。

台灣與大陸海峽阻隔，與中華文化的交流本就不多，直到明末鄭氏攜其遺民渡海來台開啓先端。因此連雅堂[4]（西元 1878－1936）在台灣通史上說：「台灣本無詩也，斯庵來，而台灣始有詩也矣！」故從開台至今三百於年，中土文學歷經不同時期紛紛注入，中國傳統漢詩也漸漸在台生根。

根據現有資料顯示，海松先生加入茨社的時期已屬傳統漢詩發展的末期，以致很難找到他在茨社參與的痕跡。當他另組懿德詩社的時代背景已和茨社時期有所區隔。茨社的輝煌時期是殖民地統治文化背景，在當時日本政府一方面要箝制台灣文化的發展，極力推動皇民化，因此公然禁止台灣人民學漢文，另一方面日本在台統治階層卻又極力拉攏本土文人知識份子的勢力。這種矛盾的政治力介入卻造就了漢詩蓬勃發展的生機。懿德詩社運作時期已是國民政府時期，新政權乍來初到難免與本土勢力會有所摩擦。然而某些政治事件的效應，使本土的文人知識份子大都心存戒慎，因此不乏歌功頌德之類的酬庸詩作。因此本文所蒐集的詩作已盡量不涉及此類作品。從個人的看法來評估與其同時期雲林地區的其他詩社的作品相比，鐘海松以及其他懿德詩社成員的漢詩除了佳作不少外，詩作數量頗多只是尚未發現有保存完整之作（如海松詩草集之類）。然而最重要的是其詩偏向於稟承儒教的傳統文化教育，對社會教化功能有不可磨滅的貢獻，因此很具有

4　連橫（西元 1878－1936)字武公，號雅堂，又號劍花。臺灣臺南人，原籍福建龍溪。擅寫詩文，精通史學，曾任職臺灣日報、臺南新報漢文部，民國元年入清史館工作。畢生致力於保存臺灣文獻，著有臺灣通史、臺灣語典、臺灣詩乘、劍花室詩集、文集等。

學術研究的價值及發展空間。原以為詩社的生活動已劃下句點，卻在一次的田野訪查中由羅樹溝義女訪談中得知，原懿德鸞友有部份成員轉向西螺廣興宮發展，只是吟詩之活動已甚少，大都為神明扶鸞降詩。但至少也可能保留一些有關詩社的史料。只是有待學者繼續投入，做更廣泛的調查、深入的研究探討，以期讓雲林地區的台灣現代文學注入一股生命力。並且期待藉由更多人對傳統漢詩的研究，促進學術界的交流，能讓台灣傳統漢詩發的展融入台灣現代文學新領域的。

六、文獻資料回顧

（一）鐘淵木先生年表

1910	出生。
1920	葵社成立。
1965	發表初韻三篇於詩文之友 22 卷第二期。
1967	望甘霖、至揚言、洗衣機等篇於詩文之友 6 卷第二期。
1970	組成西螺懿德吟社擔任詞宗並陸續發表範作於詩稿集錄，有暮秋二首、冬至二首、冬雨二首、毛錐二首等。
1975	懿德吟社詩題「聞簫」一首示範。
1978	參加台北保安宮全國詩人大會活動。
1981	參加第四屆全國民俗文藝大會詩聯徵作，榮獲榜眼。
1982	鴻飛詞兄八秩暨金剛石婚誌慶、詩伯、題許紹明詞兄新居、春游陽明山、柳塘聽鶯、信魚、端陽後雨中尋詩、屯山踏雪、初冬抒懷、光復節慶祝建國七十年於傳統詩集第 2 集。
1983	參加台中縣政府舉辦全國詩人聯吟大會，榮獲佳作。
1988	參加台中部五縣市詩人聯吟大會，榮獲探花。
1989	作振文書院沿革碑文。
1997	享年 88 歲逝世。

（二）附圖：

（1）鐘淵木之長子鐘柄炘先生（攝於南天修道院）。

（2）振文書院

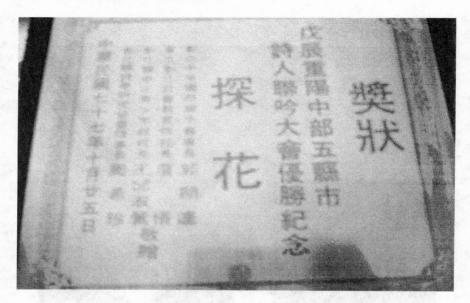

（3）參加台中部五縣市詩人聯吟大會，榮獲探花。

（4）參加台北保安宮全國詩人大會活動。

（5）參加第四屆全國民俗文藝大會詩聯徵作，榮獲榜眼。

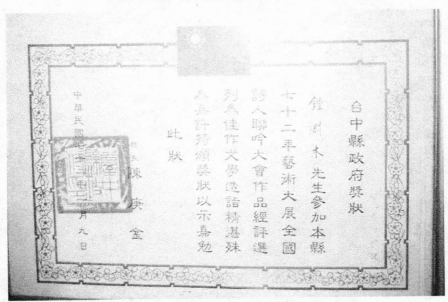

（6）參加台中縣政府舉辦全國詩人聯吟大會，榮獲佳作。

參考書目：

1.鄭定國主編：《日治時期雲林縣的古典詩家》台北市，里仁出版社，民 95 年

2.雲林縣政府：《雲林文獻，第三十一輯》雲林縣政府民政局，民 76 年

3.雲林縣立文化中心：《雲林縣寺廟寺文化專輯上》雲林縣：廖泉裕發行，民 84 年

參考論文：

1.鄭定國：台灣文學的治學方法和步驟

2.施懿琳：台灣古典文學的蒐集整理與研究

　參考網站：

1.西螺采風　　http://ms1.csps.ylc.edu.tw/sl/

2.台灣傳統詩社簡介 楊 維 仁 2000.5

http://www.ktjh.tp.edu.tw/yang527/j4.htm